新工科
创新创业蓝图
与实践指南

马化龙　著

化学工业出版社

·北京·

内容简介

　　《新工科创新创业蓝图与实践指南》是一本聚焦于新工科背景下创新创业教育与实践的指导性用书，具有很强的理论性、实践性和系统性。本书以新工科建设理念为指引，紧密结合当前创新创业教育的发展趋势，深入探讨了新工科创新创业的内涵、模式、路径及实践案例。本书内容丰富，涵盖了新工科创新创业的多个方面。首先，从新工科创新创业的理论基础入手，阐述了其与传统工科创新创业的区别与联系。接着，提出了多学科交叉融合、产教协同育人等创新模式。此外，还通过大量真实案例，展示了新工科创新创业的实践成果。

　　本书适用于高等院校新工科专业的学生、创新创业教育工作者以及对新工科创新创业感兴趣的从业者。对于学生而言，本书能够帮助他们系统地了解新工科创新创业的知识体系，培养创新思维和实践能力；对于教育工作者而言，这是一本极具价值的教材和参考书，有助于完善创新创业教育课程体系；对于从业者而言，书中丰富的实践案例和经验总结能够为其创新创业活动提供有益的指导和启发。

图书在版编目（CIP）数据

新工科创新创业蓝图与实践指南 / 马化龙著．

北京：化学工业出版社，2025.7． -- ISBN 978-7-122
-48158-0

Ⅰ. G647.38-62

中国国家版本馆CIP数据核字第2025HD4924号

责任编辑：陈　喆
文字编辑：马雪平　毛亚囡
责任校对：宋　夏
装帧设计：王晓宇

出版发行：化学工业出版社
　　　　　（北京市东城区青年湖南街13号　邮政编码100011）
印　　装：北京云浩印刷有限责任公司
710mm×1000mm　1/16　印张21¼　字数440千字
2025年9月北京第1版第1次印刷

购书咨询：010-64518888
售后服务：010-64518899
网　　址：http://www.cip.com.cn
凡购买本书，如有缺损质量问题，本社销售中心负责调换。

定　　价：99.00元　　　　　　版权所有　违者必究

在全球科技迅猛发展的新时代，工科教育已经站在了全面革新的十字路口。新兴技术（如人工智能、大数据以及云计算）的快速发展，不仅为工科领域带来了前所未有的机遇，也同时提出了亟待应对的严峻挑战。作为育人的摇篮，大学在重新审视传统工科教育的同时，必须积极探索和适应新工科教育所需的新路径，以培养出既具备扎实理论基础又具备创新实践能力的工程师。

　　"新工科"这一概念的出现，标志着一场融合创新与实践的教育变革的开始。它不仅是对传统教育模式的继承与拓展，更是对工科教育中如何培养学生创新能力的深刻反思与实践探索。《新工科创新创业蓝图与实践指南》立足于这一新的教育浪潮，旨在为工科学生铺设一条从理论学习到创新实践、从科研探索到创业发展、从校园到市场的全新路径。

　　新工科教育应不断深化课程改革和教学方法的创新，通过产学研合作推动教育改革的实际应用。本书探讨了高等院校如何通过课程改革与教学方法创新，以及与产业界的深度合作，来适应新工科教育的转型需求。同时，高等院校将创业精神视作工科教育的核心之一，通过多维度的实践项目、创新竞赛及实习合作等方式，激发学生的创业激情，并引导他们将新兴技术与市场需求紧密连接，激发了他们的创业潜能。具体到创业实践方面，本书为工科学生提供了详尽的创业导航，即从商业蓝图的规划到市场化的实际操作，从团队构建到资源整合，同时也提供了实用的建议和真实的案例分析。这些内容将帮助学生在真实情境下进行创业实践，提高解决实际问题的能力，真正实现从课堂知识到市场应用的无缝转化。

　　笔者在工科教育和创业领域积累了丰富的经验，书中案例涵盖制造业、互联网、新能源等行业，力求以全面且深入的视角，为读者解答新时代背景下工科教育与创新创业的种种疑问。通过书中的章节安排，读者将全面了解从教育变革至成功创业的完整路径和思维策略。第1章探讨了工科教育的变革与创新，结合新兴科技与教育实践展示多维度工程人才的培养路径，并通过具体高校案例分析验证理论的实践价值。第2章聚焦于塑造未来的创新思维，提供了系统化的思维工具和项目式学习的方法，结合跨学科合作和创新竞赛的成功案例，激发学生的创新潜力。第3章为工科学生绘制了一张从灵感至现实的创业地图，指导他们在市场调研、商业计划和财务管理等方面取得突破。第4章详细解析了实践项目的选择与市场验证策略，通过实践案例展示从校园走向市场的成功路径。第5章强调了工程与市场的无缝对接，以用户导向的产品创新为核心，探索技术转移与价值创造的路径，实现技术与市场的完美结合。第6章集中讲述了创业团队的构建与发展，提供了关于团队选择、文化塑造、领导力建设及高效沟通的深刻见解。第7章引领学生发掘政策红利与社会资源，探索政府支持与企业合作的新模式，通过具体案例展示如何整合资源而成就创新。通过全面的指南，学生能更好地适应新时代的创新需求，并在创业道路上获得实际支持与启发。

本书不仅面向立志于投身工业科技创新的大学生，也为教育工作者和行业从业者深刻思考关于未来工科教育发展的方向提供了一份参考。希望通过本书，架起理论与实践、教育与产业之间的桥梁，为未来培养创新型工科人才提供有力支持。

书中不足之处，敬请广大读者批评指正。

著者

目录
Contents

第4章　实践路径与成功轨迹

第5章　工程与市场的无缝连接 177

第**7**章　激活政策与资源的潜力

第1章
工科教育的
变革与创新

1.1 新工科理念：传统与现代的交融

在全球数字化、智能化和可持续发展的大背景下，传统工科教育模式已无法满足现代社会对于工程技术人才的需求。新工科的提出源于对这些变革的深刻认识，以及对工科教育改革的迫切要求。

1.1.1 工科教育的历史发展与演变

工科教育的历史发展与演变经历了多个重要阶段。工业革命时期，工科教育作为技术启蒙的重要手段，为应对工业化需求进行了初步探索；到了20世纪冷战和技术竞争时期，工科教育逐渐注重理论与实践相结合，以推动科学技术的全面发展；在全球化与信息化时代，新工科教育应运而生，旨在适应快速变化的科技与社会。

（1）工业革命时期：技术启蒙与初探

工科教育起源于19世纪工业革命，这是人类从农业社会向工业社会转型的重要阶段。蒸汽机的发明和纺织机械改良促使工业生产扩张，因此对技术人才需求激增。为满足这一需求，许多国家开始设立技术院校，如英国皇家理工学院专注于煤矿、铁路和造船等领域，美国的麻省理工学院（MIT）也在这一时期创立，其课程强调理论与实践相结合，学生需参与实验和实习，以解决实际问题。

这一阶段工科教育重在培养技术技能，课程以数学和物理为核心，注重实践和技术应用，形成了"技师型"人才导向模式。

（2）20世纪冷战和技术竞争时期：理论与实践并重

20世纪冷战时期，技术迅速发展，特别是1957年苏联发射"斯普特尼克"卫星后，科技竞争加剧，推动了工科教育改革。传统单一模式逐渐被理论与实践相结合的综合教育取代，各国注重研究生教育，培养科研型和创新型工程人才。

麻省理工学院（MIT）引领课程改革，提出了"学习通过实践"理念（学生通过项目、实验和实习将理论知识应用于实践），并结合管理和社会科学，培养具备工程基础与跨学科能力的复合型人才。德国应用科技大学（Fachhochschule）在20世纪发展出了"双元制"教育模式（图1-1）（课程与企业紧密联结，学生参与实习与合作项目），解决行业需求问题，培养适应职场的实用型人才。同时这种模式也促进了高校与行业的协作与技术创新。

图1-1 德国"双元制"教育模式

（3）全球化与信息化时代：新工科教育

进入21世纪，科技革命与信息化浪潮对传统工科教育提出了新挑战。人工智能、大数据、物联网等新兴技术重塑行业模式，推动了产品与服务创新，同时催生了对复合型工程技术人才的新需求。

各国政府和教育机构也相继发布政策，建议工科教育转型，如中国的"中国制造2025"计划、美国的"重塑美国制造业"战略和欧洲29个国家提出的"博洛尼亚进程"。这些政策都强调了工程教育必须适应新时代的要求，推动经济的可持续发展。我国在2017年发布的《教育部高等教育司关于开展新工科研究与实践的通知》及2018年教育部、工业和信息化部、中国工程院发布的《关于加快建设发展新工科实施卓越工程师教育培养计划2.0的意见》等政策，标志着全球范围内对工程教育转型的共识，旨在通过教育的创新来促进科技进步，支撑经济的长期稳定增长。

在新工科背景下，许多高校结合自身特点进行了一系列创新实践，比如，清华大学的交叉学科研究和项目导向的教学模式、上海交通大学的"新工科"建设试点，以及国外高校的"STEM"（科学Science，技术Technology，工程Engineering，数学Mathematics）教育等。斯坦福大学的"Makerspace"与"D-School"强调项目导向的学习，鼓励学生从不同学科背景出发，围绕实际问题进行创新设计。

随着全球化加深，国内外高校及学术机构间合作交流频繁，有力促进了新工科理念的传播与实践。例如麻省理工学院（MIT）的微硕士（MicroMasters）项目（图1-2）与众多项目展开教育合作。清华大学与MIT于2018年11月13日签署了微硕士项目合作协议。微硕士项目首先在清华大学全球创新学院（GIX）推出，首个合作学位是提供数据科学与信息技术（DSIT）的工程硕士学位（MSE）。

图1-2 麻省理工学院MicroMasters项目

1.1.2　新工科与跨学科融合的必要性

新工科与跨学科融合对支撑国家创新驱动发展战略、推动产业转型升级与技术革新，以及满足复合型人才培养需求具有重要意义。

（1）支撑国家创新驱动发展战略

在全球化与技术飞速发展的背景下，各国依托科技创新增强竞争力，促进可持续发展。我国正处于发展方式转变、经济结构优化、增长动力转换的关键时期。为此，中共中央、国务院于2016年5月19日发布了《国家创新驱动发展战略纲要》，提出实施创新驱动发展战略，强调以创新作为引领发展的第一动力。

新工科教育应运而生，为创新驱动发展战略提供了整合性教育框架。新工科通过跨学科融合，将不同学科的知识和方法有机结合，为国家创新体系建设提供支撑，整合科技资源，提升国家创新能力。

（2）推动产业转型升级与技术革新

当今技术创新日益依赖学科之间的紧密协作。例如，物联网技术就是电气工程、计算机科学、数据分析与网络安全等多个学科融合的产物。因此，新工科教育必须积极整合多学科知识，致力于培养能够应对复杂技术挑战、具备跨学科视野的复合型人才。

新工科与跨学科融合不仅促进了产业链、创新链与价值链的深度融合，还极大地推动了智能制造、生物科技、新能源等新兴产业的蓬勃发展。

（3）满足复合型人才培养需求

时代发展要求多维度知识与应用结合，如可持续城市设计需融合环境、社会、经济及信息技术等。新工科教育打破学科界限，设计跨学科课程体系，让学生在掌握工程设计的同时，深入理解环保、城市管理及数字技术。跨学科融合还强调系统思维，帮助学生建立全面视角，以应对如环境污染、能源短缺等现实世界问题，这些问题往往需要综合运用多学科知识解决。

复合型人才是技术创新的中坚，他们跨界运用知识，推动创新。新工科教育通过跨学科融合，将技术、商业、艺术等领域知识体系交织，形成了立体化教育网络。以清华大学"清华x-lab"为例，该平台汇聚了不同学科背景的学生，通过跨学科项目协作，将创意转化为创新技术，展现了新工科教育培养复合型人才的优势。

1.1.3　工科教育的未来愿景

工科教育的未来愿景是从深刻理解理论知识全面转型到高度实践应用。这一愿景旨在培养具备创新思维、实践能力和社会责任感的工程人才，以适应未来科技和社会发展的需求。

（1）深化理论理解和强化实践能力

未来工科教育将强化基础理论，并与现代技术相融合。学生需要掌握传统工程原理及最新科技趋势，通过跨学科视角培养系统性思维。借助人工智能和大数据，工科教育可采取个性化教育模式，深化学生对复杂理论的理解，如麻省理工学院（MIT）的新工程教育转型（NEET）计划通过项目中心式课程（Project-Centric Curriculum）及跨学科串联（Cross-Departmental Threads）来培养学生的系统性思维和批判性思维（图1-3）。学生参与跨学科项目时，需要兼顾技术解决方案及其对社会、环境和公共政策的影响。新工科人才应培养12种思维能力，运用合适思维模式，以应对复杂工程实践中的挑战并解决问题。

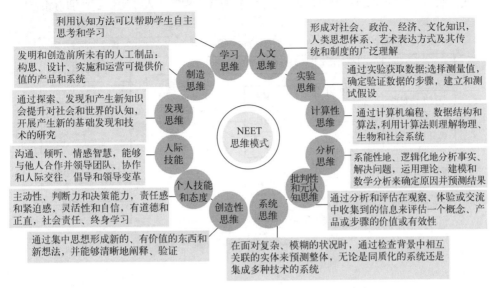

图1-3 麻省理工学院新工程教育改革项目思维模式

工科教育强化实践能力培养，通过真实工程问题解决和项目驱动学习，让学生参与实际项目和实地研究，提升动手、创新及问题解决能力。例如，北京航空航天大学在新工科背景下，实践教学改革注重学科交叉融合（如飞行器、控制与信息处理等），培养学生的系统、设计、工程思维，并提高学生的实践创新能力。

（2）构建灵活的学习路径

在未来的工科教育中，实践导向是重要方向。为确保学生理论与应用能力兼备，需构建灵活的学习路径。灵活学习路径依托模块化课程设计，将理论与实践紧密结合。课程体系打破传统线性结构，分为独立且关联的学习模块，学生可按需选择深入学习（图1-4）。每个模块均含实践环节，学生通过实验室项目、实地考察等方式应用知识。例如，山东大学在新工科背景下，采用个性化综合实践环节设计方法，以柔性模块化内容、弹性教学方式和针对性评价，培养创新创业型人才，成效显著。

在灵活学习路径中，学生可依据个人兴趣和职业目标选课，确保学习内容与未来职业趋势相符。通过实习、合作项目和行业认证课程，学生获得了实践经验，助力学术到职业的过渡。

（3）培养社会责任感和可持续发展意识

未来工科教育将强化实践，注重培养工程师的社会责任感与可持续发展意识。随着第四次工业革命及AI、大数据等科技变革，工程师角色已超越技术范畴，需关注社会福祉与环境可持续发展。工程师需将安全伦理放在首位，确保项目对社会负责，并考虑资源可持续利用，降低能耗、减少排放，选用可再生材料，实现经济、社会、环境效益的综合平衡。

新工科教育崛起，推动工科教育深刻变革，将社会责任感和可持续发展意识融入实践，明确了工程师更广泛的使命，为培养新时代工程技术人才提供了新动力和方向。

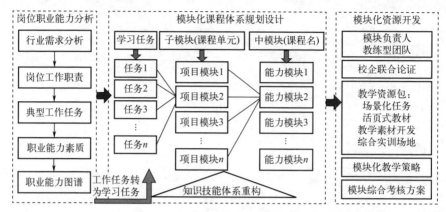

图1-4 某模块化课程内容构建路径框架

1.2 科技浪潮与工科教育的重新定义

进入21世纪以来，全球科技迅猛发展，新一轮科技革命深刻影响着各领域。人工智能、大数据、物联网、5G、生物技术及量子计算等前沿技术不断涌现，不仅改变了传统工商业规则，也给教育领域带来了新机遇与挑战。

传统工科教育偏重技术原理，忽视实践应用及学科间的联系。前沿技术的颠覆性变化正在重塑工科教育，推动其由传统模式向重实践、跨学科的新兴模式转变。这一变革要求工科教育更加注重项目的实际操作和跨学科的合作，以适应技术发展的新趋势。

1.2.1 人工智能给工科教育带来的机遇和挑战

人工智能技术给教育领域，尤其是工科教育，带来了前所未有的机遇与挑战。

（1）人工智能给工科教育带来的机遇

① 教学方式的自动化与智能化　面向生成式人工智能（GAI）技术、大语言模型（LLM）及未来的人工通用智能（AGI），工科教育可实现教学方式的革新，即实现自动化与智能化教学。

② 提高教学效率　凭借AI的超强计算能力与先进架构，教师可以从烦琐的机械任务中解脱，专注于创造性教学活动，从而提高整体教学效率。

③ 个性化学习　AI能实时评估学生知识水平，为学生提供个性化的学习路径与智能辅导，针对薄弱环节进行强化，避免无意义的重复考查。

④ 仿真实验平台　AI驱动的仿真实验平台，如NVIDIA Omniverse（图1-5），允许学生在虚拟环境中进行实践，提升创新思维与实践能力。该平台支持创作者、设计师、研究人员和工程师在共享的虚拟空间中进行协作。

组件	名称	功能描述
	Omniverse Nucleus	NVIDIA Omniverse的中央数据库和协作引擎，通过Omniverse Nucleus，用户可以共享和修改虚拟世界的表现形式
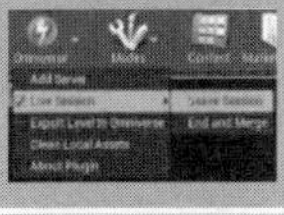	Omniverse Connect	Omniverse Connect是用于主流数字内容创建应用的插件。借助Omniverse Connect，用户可以继续使用自己惯用的行业软件应用，如SketchUp、Maya和虚幻引擎，同时受益于其他Omniverse工具
	Omniverse Kit	用于构建原生Omniverse应用，扩展程序和微服务的工具包
	Omniverse RTX Renderer	基于NVIDIA RTX的高级、多GPU渲染器，支持实时光线追踪和路径追踪
	Omniverse Simulation	一套功能强大的工具和SDK，可模拟物理级精准的世界

图1-5　Omniverse的组件及功能

（2）人工智能给工科教育带来的挑战

① 理论与实践脱节　在当前工科教育中，AI的讲解往往偏重算法层面，忽视了实践应用背景与环境，导致学生在实际工程项目中应用能力不足。

② 依赖性问题　AI的自动化特性高可能导致部分学生过于依赖其便利性，产生惰性心理，影响知识的深入掌握与实际应用。

③ 道德与伦理问题　AI技术的快速推广引发了数据隐私、安全性和透明性等道德与伦理问题。工科教育在培养技术能力的同时，也需重视AI相关伦理课程的设立，以培养学生的伦理意识。

综上所述，人工智能给工科教育既带来了机遇也带来了挑战。为了充分利用AI的潜力并应对其挑战，工科教育需要不断地创新与调整，确保学生能够全面、深入地掌握AI技术，并在实践中灵活应用，同时具备良好的伦理素养。

1.2.2　大数据驱动的教育与研究变革

（1）大数据时代：数据即价值

随着信息技术的迅猛发展，大数据应运而生，标志着人类在数据存储和利用能力方面实现了显著提升。大数据之所以"大"，原因不仅在于其庞大的数据体量，更在于其所蕴含的巨大潜在价值。未来社会的发展能否迈向更高层次，关键在于我们能否精确有效地分析和利用这些大数据。

在大数据时代背景下，数据被视为宝贵的价值源泉。对于现代工程师而言，掌握数据分析能力已成为一项不可或缺的技能。因此，工科教育必须高度重视数据科学的普及与深化，确保学生能够全面理解数据收集、分析、可视化和决策支持等关键环节，并培养他们运用数据科学解决复杂工程问题的能力（图1-6）。

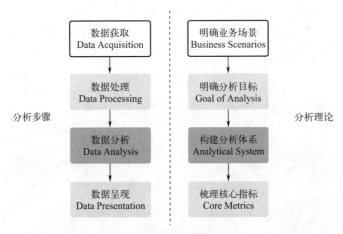

图1-6 数据分析的步骤及理论

为了顺应这一发展趋势，工科教育应积极采用项目导向教学法。通过鼓励学生参与真实数据项目，将所学知识应用于实践，从而提升他们的数据处理与分析技能。同时，学校应加强与行业和科研机构的合作，为学生提供接触和分析大规模真实数据集的机会。这样的教学实践不仅有助于学生深入理解数据驱动决策的过程和应用场景，还能为他们未来的职业发展奠定坚实的基础。

（2）数据科学：大数据的解析和应用

数据科学作为融合统计学、计算机科学、机器学习等多学科领域知识的交叉学科，其发展历程源远流长，可追溯至20世纪的数据处理和统计分析技术。起初，这些技术主要应用于科学研究和工程实践，助力研究人员深入理解实验结果并优化设计。随着计算机技术的不断进步，统计方法逐渐实现软件化和自动化，数据科学的雏形由此诞生。

数据科学的核心框架：

① 数据采集　通过传感器、社交媒体、公共数据库等多种渠道广泛收集数据。

② 数据预处理　对收集到的数据进行清洗和标准化，以解决数据的不完整性、不一致性和噪声问题。

③ 数据分析　运用统计学、机器学习和深度学习等模型深入挖掘数据中的潜在

模式和关系。

④ 数据可视化　通过图表、仪表盘等形式直观呈现分析结果，便于决策者快速洞察信息。

⑤ 决策应用　将分析结论应用于商业战略、政策制定和科学研究等领域，推动数据驱动的决策和创新。

在未来的工科教育中，数据科学课程的开设将紧密围绕这五大环节展开，旨在使学生全面理解大数据的解析与应用过程。通过系统的学习，学生将能够形成清晰的问题解决思路，在面对数据主导的分析课题时，能够熟练地将复杂数据转化为可视化的价值导向，为决策提供支持。

然而，数据科学在取得显著成就的同时，也面临着诸多挑战。其中，数据隐私和安全问题尤为突出，对法律和技术的完善提出了更高要求。因此，在工科教育中，加强学生的法律观念和隐私意识培养同样至关重要，以确保他们在未来的数据科学实践中能够严格遵守相关法律法规，保护数据安全和隐私。

(3) 案例分析：同济大学土木工程学科研发CivilGPT

在工科教育中，大数据正引领着教学与方法的深刻革新。同济大学土木工程学科研发CivilGPT的案例，展示了大数据如何重塑工科教育的面貌。

① 背景与挑战　同济大学土木工程学科作为传统工科领域的重要组成部分，面临着知识体系复杂、教学资源短缺、个性化学习需求难以满足等多重挑战。传统教学模式在跨学科知识获取和个体学生差异关注方面存在明显不足，导致教育成果与行业需求脱节。

② 大数据引领的教学与方法革新

a.自主研发知识大模型：同济大学土木工程学科依托百年学科积淀和"双一流"学科培养方案，自主研发了土木工程知识大模型CivilGPT（图1-7）。该模型集成了44门专业课程、超过50万页的专业语料、2600余本课程教材，以及7万道考试题目，形成了庞大的数据集。通过70亿token的数据集和720亿参数的模型训练，CivilGPT实现了对土木工程领域复杂知识体系的精准理解和高效推理。

b.个性化学习路径推荐：CivilGPT采用了基于同济大学自主构建的土木工程专业知识图谱增强的混合架构，包括11000多个知识点和13000余条关系。它能够智能定位学生的薄弱知识点，并为学生推荐个性化学习路径。这种个性化的学习方式，使每个学生都能根据自己的实际情况和学习需求进行有针对性的学习，提高了学习的效率和效果。

c.全天候答疑与自测系统：学生可以随时向CivilGPT提问，获得与课程内容相关的实例和解释。同时，学生还可以通过CivilGPT进行自测，检验自己的学习成果。这种即时反馈机制有助于学生及时发现并纠正自己的错误，巩固所学知识。

d.融合多学科知识：CivilGPT打破了学科边界，融合了交通、环境、力学、材料等多个工程领域知识。这有助于培养学生应对跨学科工程问题，综合解决问题的能力。

图1-7 CivilGPT界面

③ 成效与影响

a.提升教学质量：CivilGPT的成功应用，显著提升了土木工程学科的教学质量。它使教学更加精准、高效，满足了学生的个性化学习需求。

b.培养创新人才：通过CivilGPT的辅助学习，学生能够更好地掌握土木工程领域的前沿技术和知识，培养创新思维和解决问题的能力。这为工科教育培养适应未来发展的复合型拔尖创新人才提供了有力支持。

c.示范意义：同济大学土木工程学科研发CivilGPT的案例，对工科教育转型具有示范意义。它展示了大数据在工科教育中的应用潜力和价值，为其他工科专业的数字化转型提供了可借鉴的经验和模式。

通过自主研发知识大模型，提供个性化学习路径、全天候答疑与自测系统以及融合多学科知识等方式，大数据正引领着工科教育向着更加精准、高效、个性化的方向发展。

1.2.3 新兴技术中的教育机会与挑战

新兴技术给教育领域带来了诸多机会与挑战。云计算为工科教育提供了新的教学平台与资源，其应用不仅丰富了教学内容，还促进了新型计算架构的发展，包括量子计算等前沿领域的探索。同时，虚拟现实与增强现实技术正广泛应用于工科教育、游戏与文化领域，推动了教育模式的创新与多元化。然而，新兴技术也带来了挑战，如技术更新速度与课程改革之间的矛盾、师资力量的不足以及工科教育综合化需求的提升。面对这些挑战，需要灵活调整教学策略，加强师资培训，并推动教育体系的综合化发展，以充分挖掘新兴技术的潜力并应对其带来的挑战。

（1）云计算的构建与新型计算架构的涌现

① 云计算的基础定义与特性　云计算（图1-8）是一种通过虚拟化技术，将全球服务器整合为统一资源集群的技术模式。它采用按需计费的方式，使用户能够根据实际使用量支付费用。云计算提供的集成化虚拟资源池，使用户能够随时随地接入并获取所需资源，简化了管理投入，实现了资源的快速与便捷调用。

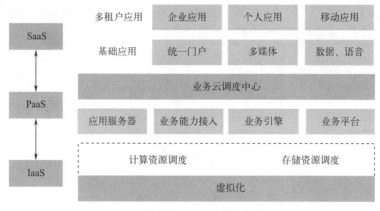

图1-8 云计算的三层体系架构

② 云计算在工科教育中的应用　云计算为工科教育提供了一种新的教学资源配置方式，其灵活的计算能力支持大规模仿真和复杂计算，为学生提供了丰富的实践平台。

借助云计算架构，学校可以搭建虚拟实验室，减少对实体实验设备的依赖，降低成本并提高资源利用效率。

云计算的多用户协作特性促进了远程学习与团队项目的开展，如使用MobaXterm（图1-9）等SSH客户端工具，方便学生在Windows操作系统下连接并操作Linux服务器。通过选择"NewSession"创建一个新的会话。选择连接方式（如SSH），填写云服务器的IP地址和端口号，以及其他必要的连接参数（如用户名和密码），即可与服务器建立连接。

图1-9 MobaXterm界面

③ 新型计算架构的发展及对量子计算的展望　云计算已经广泛渗透于各行各业，成为数字化转型与创新的核心驱动力。它通过整合全球服务器资源，不仅提供了按需计费、便捷接入的虚拟资源池，还极大地推动了各行各业的数字化转型。随着物联网（IoT）设备的普及，边缘计算（图1-10）作为一种新型计算架构应运而

生。它通过在数据产生的源头附近进行高效处理，显著降低了数据传输延迟，提高了处理效率，为实时性要求高的应用场景提供了有力支持。

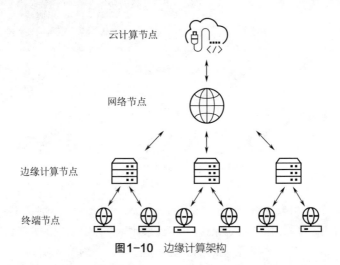

云计算节点

网络节点

边缘计算节点

终端节点

图1-10 边缘计算架构

与此同时，混合云与多云策略也逐渐成为企业应对数据安全、法律合规及性能优化挑战的主流选择。混合云融合了私有云与公有云的优势，既保障了数据的隐私性，又确保了应用的灵活性；而多云策略则通过灵活利用多个云服务提供商的资源，有效避免了供应商锁定，实现了整体性能和成本的优化。这些新型计算架构的涌现，为云计算的发展注入了新的活力，也为企业的数字化转型提供了更多元化的选择。

此外，量子计算（图1-11）作为另一种前沿的新型计算模式，正逐渐展现出其提升复杂计算能力的潜力。尽管当前量子计算仍处于早期发展阶段，但其计算能力呈指数级增长的特性已经预示着它在大数据分析、分子模拟、金融建模等领域中的巨大应用前景。量子计算的突破有望为云计算领域带来革命性的变革，为企业数字化转型提供全新的计算范式和可能性。

综上所述，云计算的构建与新型计算架构的涌现正在不断推动着技术的创新与发展，给工科教育及各行各业带来了深远的影响。

（2）虚拟现实与增强现实的多领域应用

虚拟现实（VR）与增强现实（AR）技术应用广泛且影响深远。

① 在工科教育中的应用

a.降低实验风险与成本：VR和AR技术使学生能够在虚拟实验室或虚拟仿真环境中进行危险或高成本的实验，从而有效降低了传统实验教学的风险与费用。

b.提升学习体验：通过虚拟技术，学生可以身

主处理器

控制处理器平面

控制和测量平面

量子数据平面

图1-11 量子计算机的硬件结构

临其境般地感受复杂的工程项目环境，如模拟建筑设计中的结构安全或电气工程中的电路故障，这种沉浸式的学习体验可极大地提高学生的学习效果。

② 在游戏与文化领域的应用

a.游戏交互设计：以低成本参与的各种 AR/VR 游戏交互设计为玩家提供了近乎真实的沉浸感，让玩家体验更加丰富多彩。

b.文化传承与保护："VR+文化"的主题设计将珍贵且脆弱的文物、建筑扫描成数字化模型，使参与者能够超越时空限制，仔细观摩甚至"触摸"这些文化遗产，展现了 VR/AR 技术在文化传承与保护方面的独特魅力。

③ 在教育模式创新中的应用　VaA 教学模式（图1-12）：刘勉等学者提出了基于未来课堂的 VaA 教学模式。在这一模式中，学生佩戴专用设备进入精心设计的虚拟环境，通过操控学习对象完成特定任务。虚拟体验区域的数据收集设备会记录学生在虚拟现实场景中的变化，这些数据在后续的分析中能够反映出学生在实践中的认知获取情况，为教学评估与反馈提供有力支持。

综上所述，虚拟现实与增强现实技术在工科教育、游戏交互设计以及教育模式创新等多个领域都展现出了广泛的应用前景和巨大的潜力。

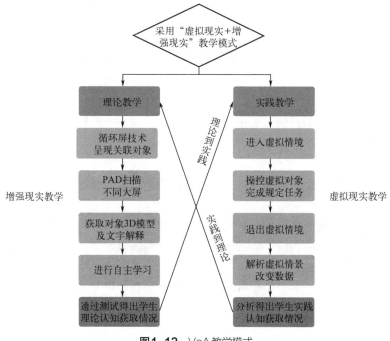

图1-12　VaA教学模式

（3）新兴技术带来的挑战及应对策略

在新兴技术的快速发展背景下，工科教育面临着多方面的挑战，主要体现在以下几个方面：

① 技术更新速度与课程改革的矛盾

a.问题描述：新兴技术迭代迅速，而高校课程设置往往相对传统，更新周期长，导致教学内容滞后于技术发展。这种滞后性使毕业生所学知识在入职时可能已过时，难以满足行业需求。

b.改革关键：实现教育体系的动态调整，确保教学内容与技术前沿保持同步，成为教育改革的关键环节。

② 师资力量的不足

a.问题描述：新兴技术的引入对教学提出了更高要求，但许多教师在前沿技术领域（如AI、量子计算）的知识储备有限。同时，师资培训面临诸多挑战，如教师年龄增长导致的学习能力下降，以及现有课程体系下教师工作繁重，难以抽出时间进行额外学习的问题。

b.解决基础：有效的师资培训是提升教师技术能力、让教师紧跟技术前沿的基础。需要探索灵活多样的培训方式，减轻教师负担，激发其学习动力。

③ 工科教育综合化需求的提升

a.背景分析：在数字化与网络化时代，技术创新成为跨越各环节和界面的动态过程，其实现需依托强大的组织能力、信息转译能力，以及利用制度条件的手段。技术创新的多方集成特性使工科教育需要更加综合化。

b.未来特征：受人工智能、大数据、云计算等前沿技术影响，未来的工科教育将呈现出跨学科、实践导向、综合创新和数字素养等特征。这要求教育体系不仅要注重知识的传授，更要培养学生的实践能力、创新能力和数字素养，以适应未来技术的发展趋势。

综上所述，面对新兴技术的挑战，工科教育需要不断创新和改革，以实现教育体系的动态调整、师资力量的提升和教育的综合化发展。

1.3　变革驱动的教育实践：创新课堂

在当今快速发展的社会中，教育实践的变革已成为不可逆转的趋势，这一趋势的核心即为创新课堂的构建。创新课堂不仅限于传统教学模式的更新，还涉及教育理念与技术手段的深层次革新。

项目导向学习与问题解决思维的整合为创新课堂提供了新的视角。这一教学方法，强调学生在真实情境中进行探索与应用。数字工具与虚拟实验的引入则使课堂教学更为多元化与生动化。另外，实验室与实践基地的现代化改造也对创新课堂的实现起着关键作用。

1.3.1　项目导向学习与问题解决思维

（1）项目导向学习

工科教育的核心目标是培养学生具备解决复杂工程问题的能力。在当今快速变化的科技环境中，传统的以灌输理论知识为主的教学模式已无法满足国家对现代工程师的需求，而项目导向学习正是解决这一问题的有效方法之一。

项目导向学习是一种以学生为中心的教学方法，学生通过参与真实的工程项目，在实践中学习和应用知识。它有以下几个优势。

① 知识的整合与应用　通过项目，学生可以将来自不同课程的知识整合起来，打破学科之间的藩篱。

② 动手能力和实践经验　项目导向学习要求学生亲自动手实施方案，从设计、实施到评估，每一个步骤都需要动手实践。

③ 团队合作与沟通技能　大多数工程项目都是由团队合作完成的，因此项目导向学习自然地培养了学生的团队合作意识和沟通技能。

④ 创新与创造性思维　在项目实施过程中，学生通常会遇到不可预测的挑战，这激励他们以创造性的思维去寻找解决方案。

（2）问题解决思维

问题解决思维是一种分析和解决问题的综合技能，是工程师必备的核心能力。在项目导向学习中，问题解决思维的培养可以通过以下几个步骤实现。

① 问题的识别与定义　学生需要学会识别复杂问题并清晰地定义问题的范围，这是找到解决方案的第一步。

② 综合分析和研究　学生需要进行全面的信息收集和分析，为问题解决提供必要的背景知识和数据支持。

③ 方案设计与评估　学生应当能够根据分析提出多个备选方案，并从中选择最优方案。

④ 迭代改进与实施　在实施方案的过程中，学生需不断地检测和反馈，以识别问题和潜在改进点。

⑤ 反思与总结　在项目结束后，对整个项目进行反思和总结十分重要。通过反思，识别自己在项目中的长处和不足之处。

（3）成功案例分析

① 加利福尼亚州圣迭戈的 High Tech High　High Tech High（HTH）学校因其创新地使用项目导向学习而广受认可，学校专注于通过跨学科项目帮助学生培养解决问题的能力。以下是HTH使用项目导向学习并培养解决问题思维的体现。

a.项目导向课程设计。HTH采用基于项目的课程，让学生通过实际的项目来学习各种学科。教师不是单纯地传授知识，而是引导学生在真实世界的背景下应用所学，通过协作和研究来解决复杂问题。

b.跨学科技能整合。学校注重跨学科的学习体验，鼓励学生将不同学科的知识整合到项目中。例如，一个项目可能会涉及科学、数学、艺术和技术等多个领域，使学生在合作中利用多维度思考去解决问题。

c.展示与反馈。学生在完成项目后，会对他们的作品进行展示，这通常包括向教师、同学以及社区成员做分享。

② 华南理工大学开展基于"4I"的工程人才培养模式改革　华南理工大学从学科、产业、社会、人才成长等四个维度重构以学生为中心的工程学习共同体，以高端工程科技人才培养为目标，以"4I"（Interdisciplinary 交叉复合、Industry University Institute Cooperation 产学研合作、International Education 国际化教育、In—depth Engineering Learning 深度工程学习）为路径构建工程人才培养模式（图1-13），并构建了实践驱动的"螺旋式"工程教育课程体系（图1-14）。以下是基于"4I"的工程人才培养模式改革进行项目导向学习并培养解决问题思维的举措。

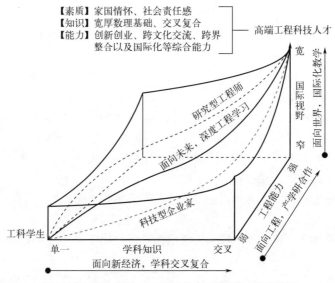

图1-13 基于"4I"的工程科技人才培养模式改革路径

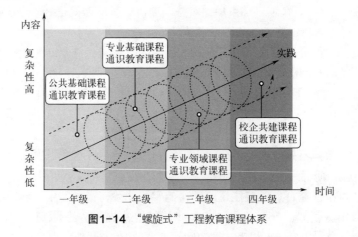

图1-14 "螺旋式"工程教育课程体系

a.高年级创新实践基地。学校为高年级学生提供各种创新实践基地，让学生在真实或模拟的项目环境中开展探究式学习。

b. "3+1" 学制模式。学校与中国广东核电集团等企业合作，探索实施 "3+1" 学制模式，即学生在校学习三年后，进入企业进行一年的实习和实践。

c. "新工科F计划"。学校提出了 "新工科F计划"，强调培养学生的自主学习能力、独立思考能力和行动能力。通过构建能够激发学生好奇心的教学体系、通识教育与专业教育深度融合的课程体系以及探索多维培养路径等方式，培养学生的多种能力。

③ 上海交通大学设立了 "新工科教育改革实践示范基地" "新工科教育改革实践示范基地" 致力于通过项目导向的教学模式，培养学生的实践能力和创新思维（图1-15）。此外，上海交通大学还与多家知名企业合作，开展 "校企联合创新项目"，为学生提供真实的工程实践和实习机会，促进理论与实践的紧密结合。这些示范项目不仅为学生提供了更为广阔的学习与实践平台，也为社会培养了一批能够适应未来科技与经济发展需要的高素质人才，成为新工科理念实施的重要参考。

图1-15 上海交通大学新工科教育改革实践示范基地

1.3.2 数字工具与虚拟实验在课堂中的应用

信息技术不断演进，使得数字工具与虚拟实验在教育领域，尤其是在工科课堂中变得愈发重要。下面将探讨数字工具与虚拟实验在工科课堂中的应用现状、优势及挑战，并对其成功案例进行分析。

（1）当前应用的现状

在当代工科教育的范畴中，理论知识的传授无疑是奠定学生专业基础的核心要素。然而，理论知识的掌握仅仅是工科教育的第一步，更为重要的是将这些理论运用于实际操作中的能力，即实践能力。在传统的工科教学模式中，实验课是学生获取实践经验的主要途径，然而其需求的庞大资源常常令教育机构望而却步，如必须购置大量的物理实验设备，这不仅需要高昂的资金投入，耗费大量的人力和时间进行实验准备和后期维护，还包括实验操作过程中的失误和设备损耗可能产生的额外成本和风险。

在这样的背景下，数字工具和虚拟实验室的出现为工科教育带来了变革。虚拟实验室利用先进的计算机模拟技术，能够在数字化、可交互的环境中重现复杂的物理和化学过程，消除对实体实验室设备的依赖。

（2）核心优势与面临的挑战

① 核心优势

a.灵活性与高效性：数字工具与虚拟实验的引入，使得工科课堂在时间和空间上展示出了前所未有的灵活性。这些技术通过自动化和模拟功能，显著提高了学习效率。例如，复杂的实验过程可以通过虚拟实验快速重复，便于学生多次尝试和深入理解。

b.沉浸式学习体验：虚拟现实（VR）和增强现实（AR）技术的集成，为学生创造了一个完全沉浸的互动学习环境。逼真的模拟场景使抽象概念具体化，有助于学生更好地理解和掌握知识。在桥梁设计课堂的虚拟实验中，学生能够在虚拟环境中实时观察并调整设计方案，从而更深入地理解其中的设计原理。

② 面临的挑战

a.技术局限性：现有技术的硬件分辨率、运算速度和交互体验仍存在局限性，影响了虚拟实验的沉浸感和真实感。这需要在技术研发上持续投入，以不断提升用户体验。

b.实际操作感知的缺失：尽管虚拟实验提供了直观、生动的学习体验，但它并不能完全替代物理实验所带来的实际操作感知。在工科教育中，学生仍需要通过实际操作来培养动手能力和对物理现象的直观理解。

（3）案例分析

① 科罗拉多大学博尔德分校开发的PhET交互式模拟　PhET提供了各种免费的交互式模拟，涵盖物理、化学、生物和数学等学科，专为教育用途而设计。这些模拟为学生提供了一种通过虚拟实验探索复杂概念的有趣方式，提高了他们的理解和解决问题的能力。

在物理学方面，PhET的模拟让学生能够探索力学概念，如力、运动、能量和动量（图1-16、图1-17）。通过对牛顿运动定律的模拟，学生可以操纵质量、施加力和摩擦力等变量，以观察这些因素如何影响物体的运动。这个交互式实验还会提供实时数据、图表和视觉展示。因此，他们可以在虚拟环境中测试假设、尝试不同的设置并根据结果得出结论。

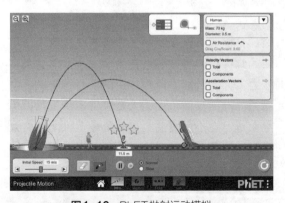

图1-16　PhET抛射运动模拟

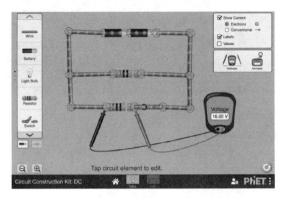

图1-17 PhET电路构造套件：DC模拟

② 佐治亚理工学院的航空航天工程课程　佐治亚理工学院的航空航天工程课程集成了MATLAB、Simulink和虚拟实验室等数字化工具，以改善控制系统和飞机设计等课程的教学和学习过程。

MATLAB（图1-18）和Simulink（图1-19）这些软件工具使学生能够对复杂的航空航天系统进行建模和仿真。特别是通过Simulink，学生能够使用图形界面来模拟实时系统行为。学生还可以虚拟测试他们的设计，通过调整参数以观察不同变量如何影响系统性能。与物理原型相比，这种方法风险更小，迭代速度更快。

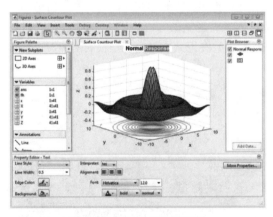

图1-18 MATLAB数字工具

1.3.3　实验室与实践基地的现代化改造

工科实验室与实践基地的现代化改造已经成为高等教育改革的重点课题。这些实验室能够为学生提供更先进的实验设备和更广阔的科研平台，也能够更好地适应产业转型升级的需求，培养出具有创新精神和实践能力的高素质工科人才。

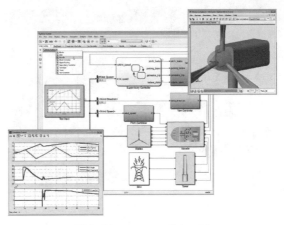

图1-19 Simulink数字工具

（1）技术创新：智能化与数字化融合

工科实验室的现代化首先体现在技术层面。实验室需要借助物联网、云计算、大数据和人工智能这些前沿科技，推动实验设备的智能化与数字化。在智能化实验室中，实验仪器能够互联互通，提高实验效率，实现实验过程的无缝衔接。实验室的虚拟化和远程操控技术也意味着，即使身处异地，学生和研究人员也能参与到实验和项目中来。例如，在麻省理工学院媒体实验室（图1-20），研究人员将人工智能、机器人和物联网融入各种实验环境。他们使用自动化系统执行DNA测序、细胞培养维护和化学合成等任务。人工智能驱动的自动化与实时数据分析相结合，帮助他们简化复杂的实验，提高准确性，并在无须大量人工干预的情况下进行大规模测试。

图1-20 麻省理工学院媒体实验室

（2）管理体制：机制创新与资源优化

现代化改造不能仅停留在技术的升级方面，还包括机制创新与资源优化。实现实验室和实践基地的高效运作，需要建立起科学合理的管理体系，包括人力资源的优化配置、设备资源的高效利用以及实验室管理的信息化。通过引入智能管理平台，自动化调度实验室的日常事务，提升资源利用率。同时，也要构建开放共享的资源平台，促进校际的合作与交流，实现资源的共建共享。例如，赛默飞世尔科技（Thermo Fisher Scientific）在其全球研究网络中使用基于云平台的LIMS（实验室信息管理系统），简化了数据共享并改善了不同时区团队之间的协作。基于云平台的LIMS允许实验室在集中的、可访问的平台上管理数据、安排资源和维护库存，并可实现不同地点研究人员之间的实时协作。

（3）产学研结合：多元合作与协同创新

工科实验室的现代化改造必须充分考虑与企业及科研机构的合作，深化产学研结合。实验室可以通过与企业合作，引入真实的工程项目，让学生在实践中锻炼解决实际问题的能力，培养创新意识。此外，通过设立专项研究项目，加强学校与科研机构之间的合作，促进基础研究成果的转化应用，实现科研资源的协同共享，为社会发展提供强有力的技术支持。例如，波音公司和佐治亚理工学院合作成立了波音制造开发中心（Boeing Manufacturing Development Center）。这是一个联合研发实验室，专注于开发航空航天新制造技术。学生和教师与波音工程师合作开展了直接影响飞机制造业未来的项目。项目将大学的研发实力与企业的生产和市场专业知识相结合，加速了创新。

（4）可持续发展：环保责任与文化建设

现代化改造的一个重要目标是实现可持续发展。实验室在使用新的技术和设备时，应强调环保和能源效率，降低碳排放。在实验室的设计上，要注重绿色建筑理念，最大化地利用自然光和通风，减少能耗。同时，实验室文化的建设也是现代化改造的重要组成部分。通过开展学术交流活动、设立导师制度、文化墙展示等方式，营造浓厚的学术氛围，激发学生的学习热情和创造力。

位于加利福尼亚州圣地亚哥的J. Craig Venter 研究所是一座净零能耗实验室，在设计时充分考虑了能源效率。该建筑采用了太阳能电池板、节能照明、雨水收集系统和绿色屋顶，以减少能源和水的使用。可持续建筑材料和太阳能电池板等可再生能源的使用可进一步减少碳足迹。

1.4　工科人才素质走向多维度发展

随着全球化进程的加速和科技的迅猛发展，现代社会对工科人才的需求呈现出了全新的趋势，这不仅延展了工科人才的职业边界，也重新定义了他们在社会中的角色。首先，传统的技术专长已不足以应对当前复杂的工程挑战，工科人才还需具备多元化的能力，例如，跨学科的知识、创新思维、系统分析能力等。其次，工程师的社会责任感与道德意识在现代社会备受关注。工程师是技术方案的实施者，更需认识到自身对环境、社会和经济的潜在影响。

1.4.1　技术与人文素质的全面培养

在现代工科教育体系中，技术与人文素质的全面培养已成为塑造未来创新者的关键。随着科技的迅猛发展，社会对工科人才的要求不再局限于扎实的技术背景，而是需要他们具有广阔的人文视野和深厚的人文素养。这种复合型的能力要求催生了一种新的教育模式，即以技术为基础，融合人文素养，全面提升工程师的综合能力。

技术素养强调逻辑思维、问题解决和创新能力，而人文素质的培养则关注于情感智慧、伦理道德和社会责任感。两者的结合能够使工科人才在面对复杂工程问题时，不仅能够从技术角度出发，还能够考虑到社会、环境和伦理等多方面的因素。

(1) 技术素养：扎实基础与跨学科融合

技术素养是个人在科学、工程、数学和技术等领域的知识、技能和态度。它强调逻辑思维、问题解决和创新能力，是工科人才的基础。然而，现代工程项目通常涉及多领域的交叉合作，因此，仅凭一种专业技能已经不足以完成复杂的工程任务。工科人才需要具备跨学科融合的能力，这样才能在多变的技术环境中迅速调整和应用创新。

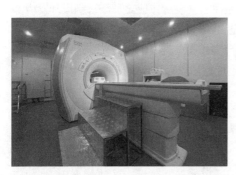

图1-21 功能性磁共振成像（fMRI）仪器

例如，现代医疗设备功能性磁共振成像（fMRI）（图1-21）的开发不仅需要生物工程来研究大脑的结构和功能，以便能够准确捕捉到不同区域的活动，还需要电子信息技术来处理复杂的数据集并生成详细的脑部成像。因此，工程师不仅需要掌握各自的专业知识，还需要理解其他学科的基本原理和应用场景。

此外，面对从云计算到区块链，从物联网到可再生能源等层出不穷的新兴技术，工科人才需要不断学习，确保自己的技术栈符合时代前沿，并能够将这些技术用于解决实际问题。通过技术素养的全面提升，工程师们能够更好地应对技术革新带来的挑战，并推动行业发展。

(2) 人文素养：情感智慧与社会责任

人文素养强调个人在人文和社会科学领域的知识和能力，包括情感智慧、伦理道德和社会责任感等。拥有这些素养的工科人才，能够在解决技术问题时，更全面地考虑其对社会、环境和伦理道德的影响。

情感智慧是人文素养的重要组成部分，它包括同理心和团队协作能力，能够在跨学科团队中建立良好的沟通与合作。成熟的情感智慧有助于工程师从用户角度思考问题，开发出更具人性化和市场竞争力的产品。

在伦理道德层面，工程师应始终坚持诚信和责任，确保在技术开发和应用过程中尊重用户隐私和数据安全，避免技术滥用。例如，谷歌的Project Loon项目就充分体现了人文与技术的结合（图1-22）。

社会责任感要求新工科人才具有全球化视野，理解技术对社会和环境的长远影响，致力于可持续发展和公共利益。这种全球化视野引导工程师不再局限于眼前的技术难题，而是从整体上思考技术的社会价值。

（3）双重素养打造未来创新者

综上所述，技术与人文素质的全面培养旨在打造具有创新精神、社会责任感和国际竞争力的工科人才。这种复合型教育模式不仅能够提升个体的综合素质，还能够促进科技进步、社会和谐和可持续发展。通过不断提升技术和人文素养，工程师将更好地应对未来挑战，成为塑造美好社会的关键力量。

图1-22　谷歌的Project Loon项目的
热气球空中基站

1.4.2　创意思维与批判性思维的双翼发展

创意思维与批判性思维是现代教育与职业发展中不可或缺的两大支柱，它们如同双翼，共同推动个人能力和社会进步的提升。尤其在新工科背景下，人才的培养已不仅仅依赖于传统的知识积累，更强调综合能力的形成，其中创意思维与批判性思维的双向发展显得尤为重要。

创意思维的培养对于新工科人才来说至关重要。在技术快速迭代的时代，仅仅掌握固有技术已不足以应对未来的挑战。因此，培养创意思维，鼓励新工科人才进行跨学科的知识融合，能够帮助其在复杂多变的环境中找到创新的解决方案。

批判性思维的锻炼帮助新工科人才进行深入分析与反思，确保他们在面对海量信息时能做出理性决策。在信息高度透明而又复杂的现代社会，批判性思维帮助学生质疑现状、评估证据的有效性，并从多个视角分析问题。因此，教育过程中需要注重逻辑思维的训练，让学生在面对工程问题时，不仅能解决"是什么"和"如何做"的问题，还能够思考"为什么"以及其背后的逻辑。

将创意思维与批判性思维相结合能够带来更全面的问题解决能力。在新工科人才培养中，一方面提倡创意思考，使学生能够提出具有前瞻性的创新概念；另一方面，加强批判性思考，使其能够对创新概念进行严谨的评估和调整。通过这种双翼发展模式，学生将更好地胜任未来多样化的角色，成为具备创新精神与批判能力的高素质人才。例如，Google的20%自由时间项目。Google鼓励员工将20%的工作时间用于自己的创新项目，这种做法激发了员工的创意思维。同时，Google建立了自由地交流和合作氛围，促进了批判性思维的形成，员工通过借鉴彼此的创新思维和经验，推动了创新的发展。

总的来说，在新工科背景下，创意思维与批判性思维的双翼发展不仅是对个人能力的提升，更是对教育体系的挑战与革新。通过合理设计课程结构和实践活动，推动这两种思维能力的同步发展，能够为社会培养出更多驾驭未来、推动技术和社会进步的人才。

1.4.3　综合能力拓展：从技术专才到综合型人才

在当今快速发展的时代，技术专才向综合型人才的转变已成为教育和职业发展的重要趋势。这一转变不仅涉及个人能力的提升，更是社会和经济发展的必然要求。

这种转变要求工科人才不仅要有深厚的专业知识，还要具备跨学科的素养、创新思维、沟通协调能力以及终身学习的能力。综合型人才需要具备以下能力：

（1）跨文化沟通与协作能力

在跨国公司和国际项目中，工科人才经常需要与来自不同文化背景的团队成员合作。因此，具备跨文化沟通的能力显得至关重要。能够理解和尊重不同文化的工作方式和价值观，不仅有助于提高工作效率，也能促进创新。例如，波音公司在研发787梦想客机（图1-23）时，充分利用全球供应链和不同国家的技术资源，实现了国际合作创新。项目涉及全球数十个国家和地区的工程师。工科人才必须具备跨文化沟通能力，以协调不同文化背景的项目成员，促使项目按时完成。

（2）技术创新与快速学习能力

面临不断更新的技术挑战，工科人才必须具备技术创新和快速学习能力。这种能力不仅是一种在职场上竞争的优势，更是适应时代变迁的必备条件。在现代社会，科学技术迅猛发展，新兴技术层出不穷，对工科人才的要求也在不断提高。这意味着工程师需要在学习传统知识的基础之上，迅速掌握如人工智能、物联网、区块链等新兴技术。同时，工程师还必须学会如何在这些互联的技术中寻找交集，并理解不同技术之间的相互影响及其在实际应用中的潜力。例如，自动化手术机器人（图1-24）是生物医学工程师通过学习自动化系统及机器人技术开发出来的。这种机器人可以在微创手术中辅助医生进行精确操作，提高了手术的成功率并缩短了患者的恢复时间。

图1-23　787梦想客机

图1-24　自动化手术机器人

（3）可持续性与环境责任意识

随着全球范围内对可持续发展议题的关注度不断攀升，人们对环境保护和资源合理利用的意识达到了前所未有的高度。在此背景下，工科人才作为推动社会进步和技术创新的关键力量，其责任尤为重大。在设计和实施工程项目的过程中，工程师不仅需要关注技术的先进性和经济效益，更需积极考虑项目对环境的潜在影响及长期可持续性。这要求工科人才具备全面的环保意识和可持续发展的设计理念，能够将绿色、低碳、循环等原则融入项目的每一个环节。从材料选择到能源利用，从施工建设到运营管理，都应力求对自然环境的干扰最小，最大化地促进社会、经济与环境的和谐共生。例如，新加坡滨海湾花园项目（图1-25），工程师在设计上充分利用自然资源，通过创新的节水技术和高效能源利用，配合自然通风和光照，打造了一个高效生态花园式的城市公共空间，减少了对城市资源的依赖。

（4）道德标准与法律理解

全球范围内的工程项目，因其跨国界、跨文化的特性，往往伴随着错综复杂的法律法规体系和道德挑战。对于工程师而言，深入了解并遵循不同国家和地区的法律法规是至关重要的。这要求工程师具备宽广的国际视野和跨文化交流能力，以便准确理解和适应各地的法律规范。同时，高尚的道德标准是工程师不可或缺的内在指引，它帮助工程师在面对利益冲突、环境保护、劳工权益等敏感问题时，能够做出负责任的决策。例如，北极石油钻探项目（图1-26）跨越多个国家的海域，涉及各国的法律法规，还包括国际海洋法、环保要求以及土著居民的权利。同时，工程师必须面对极地环境带来的技术挑战和道德考量，如气候变化影响。

图1-25 新加坡滨海湾花园项目　　　　　图1-26 北极石油钻探项目

1.5 案例分析

杭州电子科技大学作为中国电子信息领域的重要高校之一，积极响应国家新工科教育战略，积极探索适应新时代需求的工程人才培养模式。通过将新工科教育理念融入教育教学改革，学校取得了显著成效，为培养适应未来科技发展的高素质工程人才作出了积极贡献。

1.5.1 教育理念的革新与实施策略

杭州电子科技大学积极探索新工科教育理念，并将其融入教育教学改革的各个环节。学校通过优化课程设置、创新教学模式、加强产学研合作、拓展国际化办学等方式，不断提升人才培养质量，为推动国家科技创新和产业升级贡献力量。

（1）新工科教育理念的融入

杭州电子科技大学以培养"新工科"人才为目标，将新工科教育理念贯穿于人才培养的全过程，并构建了相应的"新工科"教育体系。学校强调跨学科融合、创新实践、产学研协同育人、国际化视野，致力于培养具有国际竞争力、创新能力和实践能力的"新工科"人才。

① 定位与愿景　杭州电子科技大学致力于培养面向未来的"新工科"人才，其体现在适应时代需求，集聚信息特色动态调整专业，实施专业复合计划以促进专业交叉融合，并通过教学相长的"智慧学习"强化学生的实践能力和创新思维。学校通过修订人才培养方案，将新知识、新技术、新思维及时融入各专业，并立足特色办学优势，开设了"人工智能"新专业，旨在培养能在人工智能领域从事科学研究、技术开发等相关工作的复合型高端人才，以满足未来社会和产业发展的需求。

② 人才培养理念　杭州电子科技大学秉持"适应学科发展和产业需求，深度融合信息技术，实践驱动创新能力培养"的人才培养理念，通过动态调整专业设置以满足国家战略和产业需求，与企业深度合作实现产学研一体化，强化课程体系中的信息技术教育，并推动跨学科学习。学校注重实践教学，建立了多样化的实践平台，鼓励学生参与项目和竞赛，以提升其创新和解决问题的能力。同时，学校致力于培养学生的国际视野，通过国际交流和合作项目，让学生了解全球科技趋势。在教师队伍建设方面，学校培养了"双师型"教师，并实施教师海外培训计划，以提高教师的教学和科研水平，从而培养出适应未来挑战的高素质"新工科"人才。

（2）创新教育实施策略

杭州电子科技大学以"适应学科发展和产业需求，深度融合信息技术，实践驱动创新能力培养"为人才培养理念，积极探索新工科教育模式，并取得了显著成效。学校通过新兴学院和专业建设、新工科专业升级改造、课程体系改革、国际化办学等创新教育实施策略，培养了一大批适应未来科技发展的高素质人才，为推动国家科技创新和产业升级作出了积极贡献。

① 新兴学院和专业建设　杭州电子科技大学积极拥抱国家新工科教育战略，通过成立人工智能学院、网络空间安全学院等新兴学院，致力于培养适应未来科技发展的高素质人才。学校紧跟科技发展趋势，开设了人工智能、大数据、网络安全等前沿专业，以满足新兴产业对专业人才的迫切需求。在专业建设方面，学校不仅注重学科的深度发展，还强化了学科与专业的联动，通过学科专业一体化建设，为国家战略和区域经济发展提供了人才支撑。

② 新工科专业升级改造　在新工科专业建设方面，杭州电子科技大学依托教育部新工科研究与实践项目，聚焦国家战略与数字经济产业需求，充分发挥学校电子信息特色优势，以数字经济内涵建设和增强学生自主创新能力为导向，开展了数字化新工科专业升级改造。

学校电子信息学院、计算机学院、自动化学院、通信工程学院及机械工程学院五个学院依托国家一流本科专业建设点，通过共建共育、交叉融合的办法，由不同专业共同打造培养方案，集合优质教学资源，设立"新工科"班，强化实践育人、科研育人、校企协同，提升学生的工程实践能力、工程设计能力及综合创新能力。

③ 课程体系改革 杭州电子科技大学在课程体系改革方面，采取了创新的三层递进式课程体系（图1-27）。这一体系涵盖了"工科基础课程→专业课程→跨学科综合课程"，并且系统性地融入了思政元素，以立德树人为根本任务。这种课程体系旨在培养学生的实践创新能力，通过基于工程实践、交叉创新和学科前沿的教学模式，打造线上线下融合、课内课外融合、校内校外融合的育人模式。

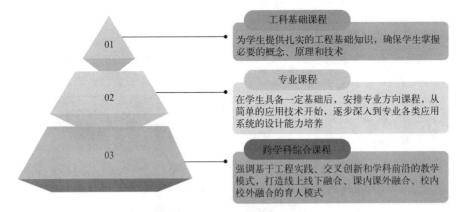

图1-27 三层递进式课程体系

④ 国际化办学 杭州电子科技大学在国际化办学方面采取了多元化的策略，致力于培养具有国际视野和全球竞争力的高素质人才。学校电子信息学院与墨西哥蒙特雷科技大学的合作是其中一个亮点，双方共同为"新工科"英才班学生开设了"Bootcamp"国际创新训练营，这不仅是一个创新思维的启蒙课程，也是学校国际化教育的重要组成部分。这个训练营采用线上线下混合式模式进行。课程全程采用"全英文教学"，确保学生能够在一个国际化的语言环境中学习和交流。

此外，杭州电子科技大学还积极推动其他国际化项目，如与俄罗斯圣光机大学合作建立了圣光机联合学院，这是学校首个中外合作办学机构，主要培养大数据、人工智能、机器人、云计算、互联网等新兴产业领域的高素质专业型人才。学校还与全球多个国家和地区的高校及机构建立了合作关系，开展了多个本科、硕士、博士国际联合培养项目，为学生提供了更高层次的国际化平台。

1.5.2 跨学科课程设置与实践成果

杭州电子科技大学致力于跨学科教育与创新实践，通过多元化的课程设置和实践活动，培养了一批具有跨学科能力和创新意识的新工科人才。

（1）跨学科课程设置

杭州电子科技大学的新工科创新实验班、特色教学班等，展现了学校在跨学科课程设置上的前瞻性和实效性。这些课程不仅注重学科交叉融合，还通过项目驱动制、定制化培养方案等方式，提高了学生的科研能力和创新实践能力。

① 新工科创新实验班　自2019年起，杭州电子科技大学卓越学院推出了一系列新工科创新实验班，涉及人工智能与大数据、智能制造、数字化工程管理等多个领域（图1-28）。这些实验班已成为新工科人才培养的"特区"，注重学科交叉融合，培养学生的跨学科能力和创新意识。新工科创新实验班的课程设置分为"入门""筑基""强基""拔尖"四个阶段，并与研究生课程相结合，由优秀年轻博士担任教师，考核形式灵活多样，主要考查学生的思维方式以及创造性解决问题的能力。

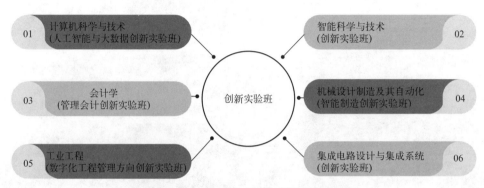

图1-28　杭州电子科技大学卓越学院创新实验班

② 特色教学班　杭州电子科技大学信息工程学院的特色教学班通过跨学科课程设置，如拔尖创新人才实验班（杭电班）、电子信息工程（成电联合培养）班、计算机科学与技术（中电联合培养）班等，旨在联合培养具有创新意识、创新精神、创新思维、创新能力的专业复合型人才。课程内容涵盖了智能计算、数据科学、智能硬件、系统开发等多个领域，提高了实践能力和创新能力，以满足社会及企业对高素质人才的需求。

③ 工业设计跨学科培养　杭州电子科技大学的工业设计专业是一个综合性和前沿性非常强的专业，它基于技能与思维双复合的人才培养目标，特别注重培养学生的跨学科能力。该专业融合了设计艺术学、计算机科学、机械工程学、电子信息工程等多个专业的知识，旨在通过跨学科的方式培养学生的创意能力、技术能力和思辨能力。

（2）实践成果

在实践成果方面，杭州电子科技大学在创新创业竞赛、学生创业项目孵化以及毕业生就业方面取得了显著成绩。学校通过完善学科竞赛体制机制，推动学生参与高水平学科竞赛，提升了综合素质和实践能力。同时，学校积极推动科技成果转化，为学生创业项目提供了平台和机遇。

① 创新创业竞赛　杭州电子科技大学重视学科竞赛在创新人才培养中的作用。学校通过完善学科竞赛体制机制，推动竞赛培训过程体系化、内容普及化、作品成果化，以赛促学、促练、促教，不断提升学生的综合素质和实践能力。学校针对不

同年级学生的特点和发展需求，实施相关的课外创新实践项目计划和大学生创新创业训练计划，鼓励学生参与高水平学科竞赛，加强科研训练，培养交叉复合型创新创业人才。

学校在ACM大学生程序设计、智能汽车、数学建模等领域的竞赛成绩显著，这些成就不仅提升了学校的声誉，也提高了学生的就业竞争力。例如，在第46届ACM国际大学生程序设计竞赛（ICPC）亚洲区中国各站的比赛中，杭州电子科技大学获得了5枚金牌、13枚银牌和5枚铜牌。在同期参加的第七届中国大学生程序设计竞赛（CCPC）全部四站比赛中，也取得了5金4银3铜的优异成绩。

② 学生创业项目孵化　杭州电子科技大学在学生创业项目成功孵化及科技成果转化方面取得了显著成就。这些活动和成就表明，杭州电子科技大学不仅重视学生的科技创新能力培养，还在积极推动科技成果的转化和应用，为学生的创业项目和科技创新提供了良好的平台和机遇。

例如，在2024年浙江省大学生科技创新活动计划（新苗人才计划）中，杭州电子科技大学自动化学院通过个人申报、学院资格审查、专家评审，拟推荐16个重点项目到学校进行评审。其中包括科技创新项目、科技成果推广项目和创新创业孵化项目（图1-29）。这些项目涵盖了多个领域，包括智能药品管理系统设计与实现、视频图像去雨雾的驾驶安全预警系统、多模态脑机接口情绪识别、智能立体仓库的WMS、智能辅助车辆研发系统等。这些项目不仅提高了学生的创新能力，还加强了科技成果的转化和应用。

序号	项目类别	项目名称
1	科技创新	BEV视角下车道线检测方法的研究
2	科技创新	数字化转型背景下基于STM32F4和物联网技术的智能药品管理系统设计与实现
3	科技创新	基于视频图像去雨雾的驾驶安全预警系统
4	科技创新	跨模态知识蒸馏优化下的多模态脑机接口情绪识别
5	科技创新	基于个性化特征约束的皮影面部生成
6	科技创新	基于数字孪生的智能立体仓库的WMS
7	科技创新	基于手势控制的智能识别抓取机器人
8	科技创新	基于深度学习的智能辅助车辆研发系统
9	科技创新	便携式固定翼无人机智能野外搜救系统设计与研究
10	科技创新	基于深度学习的腹部多器官CT图像分割方法
11	科技成果推广	基于多视角融合技术的鲜切花品质无损检测分选系统
12	科技成果推广	草药采摘机器人视觉检测与定位技术研究
13	科技成果推广	早产儿运行模式智能视频监测与分析
14	科技成果推广	面向复杂曲面的超声喷涂机器人设计
15	创新创业孵化	植入式缺血型中风肢体康复刺激器
16	创新创业孵化	基于异步EEG-fNIRS的运动想象康复系统

图1-29　杭州电子科技大学2024年浙江省大学生科技创新活动计划自动化学院项目

③ 毕业生就业 根据中国学位与研究生教育学会《中国研究生创新实践系列大赛十年发展报告》，杭州电子科技大学在创新实践系列大赛研究生培养单位贡献力位列前十，这一成绩凸显了学校在研究生教育和培养方面的卓越成就。而学校工科毕业生的高就业率和高就业质量，反映了学校在培养高素质工科人才方面的努力。毕业生在就业市场上展现出的强大竞争力，不仅得益于学校扎实的专业知识教育，还得益于学校对学生实践能力和创新思维的培养。

学校2023年毕业生就业情况显示，本科毕业生就业率达到95.11%，硕士生就业率最高，博士生接近95%，超过39%的本科生选择继续升学，其中34%在国内深造。而毕业生主要进入民营企业和IT行业，地域分布以浙江省为主，专业相关度和薪资水平较高，许多毕业生进入华为、海康威视等知名企业（图1-30），升学院校多为双一流大学，留学目的地主要是英国、俄罗斯和美国。这些数据共同证明了学校在培养高素质工科人才方面的显著成效和学生在就业市场上的强大竞争力。

单位名称	人数	单位名称	人数
华为技术有限公司	124	中国移动通信集团	76
宁波银行股份有限公司	49	海康威视数字技术股份有限公司	43
恒生电子股份有限公司	42	杭州银行股份有限公司	39
中国工商银行股份有限公司	37	新华三技术有限公司	35

图1-30 杭州电子科技大学2023届毕业生典型就业单位（部分）

1.5.3 创新实验室与技术平台的建设

杭州电子科技大学在创新实验室与技术平台的建设方面取得了显著成就，这些实验室和平台不仅体现了学校在科技创新和人才培养方面的努力，也是学校响应国家战略需求和推动地方经济发展的重要举措。通过创新实验室，学校能够进行前沿技术的研究和开发，培养高层次的科技创新人才，并促进科技成果的转化和应用。同时，技术平台为学生提供了实践操作和创新能力培养的环境，支撑了学术研究和学生实践能力的提升。

（1）创新实验室的建设

杭州电子科技大学创新实验室的建设不仅体现了学校在科技创新和人才培养方面的努力，也显示了学校在响应国家战略需求和推动地方经济发展方面的积极作为。通过这些高水平的实验室平台，学校能够进行前沿技术的研究和开发，培养高层次的科技创新人才，同时促进科技成果的转化和应用。

① 全省重点实验室的建设 杭州电子科技大学成功获批建设三家全省重点实验室，分别是"全省智能汽车电子研究重点实验室""全省敏感数据安全保护与保密治理重点实验室""全省空间信息感知与传输重点实验室"。这些实验室聚焦于智能汽

车电子、数据安全保护、空间信息感知与传输等领域的关键技术研究和创新，旨在支撑国家战略和浙江省科技创新、产业发展。

② 数字经济创新实验室　杭州电子科技大学与杭州城市大数据运营公司联合创立了"数字经济创新"实验室。该实验室旨在推动科技与经济的融合创新，聚焦于数字经济领域的研究和应用，促进高校科研与人才资源和社会市场、企业变革的需求紧密对接，助推产业数字化和数字产业化。

③ 电子信息工程联合实验室　杭电-爱尔兰国立科克大学共建的电子信息工程联合实验室是一个国际化的科研合作平台，依托杭州电子科技大学的优势学科，专注于集成电路与智能传感技术的研究与创新。通过引进高层次人才、国际合作、先进的实验设备和教学科研平台，推动了电子信息工程领域的技术进步和产业应用，培养出了高素质的科研人才。

（2）协同创新平台的建设

杭州电子科技大学通过与企业界的紧密合作，构建了多个协同创新平台，以推动人才培养和技术创新。这些平台融合了产业界的资源和需求，通过产教融合的模式，培养具有实战经验和创新能力的复合型人才，同时促进了科学研究和技术成果的转化，为区域经济发展贡献了力量。

① 杭电阿里云大数据学院　杭州电子科技大学与阿里云合作成立的杭电阿里云大数据学院，标志着双方在新一代信息技术、云计算、大数据、人工智能、物联网等领域的人才培养、国际教育合作、科学研究等方面达成了深度合作。

该学院依托杭州电子科技大学的优势学科资源，结合阿里云在产业界的先进技术和实践经验，共同优化课程体系，旨在打造"新工科+国际化"的创新人才培养模式。学院的人才培养方案中融入了阿里的人才培养体系，将学校的课程与阿里的认证体系课程相结合，同时阿里的专业师资团队也会参与到学院的教学中，以联合培养符合业界需求的领军人才。

这一合作模式不仅促进了教育资源与产业需求的紧密结合，也为学生提供了与国际接轨的学习平台，拓宽了学生的国际视野，提高了专业技能，共同推动了浙江省乃至更广泛区域的大数据国际化专业人才培养。

② 华为ICT学院　杭州电子科技大学与华为技术有限公司合作共建的华为ICT学院，通过签署深度合作框架协议，共同推进专业共建、实验室建设、智慧校园发展、人才培养和产教融合。该合作旨在培养ICT领域的创新型和应用型人才，提供实践机会和创新平台，提升学生的技术能力和创新思维，共同培养适应时代需求的应用型人才，为学生的职业发展和产业的人才需求作出积极贡献。通过这一合作，学院将依托华为的技术优势和产业经验，结合学校的教育资源，共同开发课程、建设实验室，并在智慧校园建设等领域开展全面合作，以实现教育链、人才链、产业链的有效衔接。

③ 杭州电子科技大学滨江创新中心　杭州电子科技大学滨江创新中心（滨江研究院）（图1-31）作为学校工科教育创新培养的重要实践基地，依托学校在数字经济

领域的学科优势，打造了技术创新与服务平台、产业项目孵化平台和技术培训教育平台，致力于跨学科研究、产学研合作和人才培养。通过项目培育和共建双创平台，有效提升了学生的实践能力、创新思维和双创能力，推动了区域经济社会发展，实现了产教融合、产城融合的新工科人才培养模式。

图1-31 杭州电子科技大学滨江创新中心

（3）技术平台的建设

杭州电子科技大学致力于技术平台的建设，以支撑学术研究和学生实践能力的提升。这些平台不仅提供了先进的实验设备和丰富的教学资源，还为学生创造了实践操作和创新能力培养的环境，使得学生能够在实际项目中锻炼技术能力。

① 云技术研究中心　杭州电子科技大学云技术研究中心（图1-32）隶属于计算机学院，依托于"复杂系统建模与仿真"教育部重点实验室等，拥有强大的师资力量和硬件设施环境。研究中心涉及的领域包括边缘计算、云存储技术、大数据分析处理等，为学生提供了云计算平台和大数据平台等技术支撑。

图1-32 杭州电子科技大学云技术研究中心

② 微电网数字孪生实验教学平台　杭州电子科技大学微电网数字孪生实验教学平台（图1-33）采用云服务、物联网、智能传感器、数字孪生等先进技术，构建微电网实验教学仪器和配套教学软件，使学生能够远程重现新能源微电网系统的离/并网运行情况，培养学生的创新思维和创新设计能力。

③ 泛雅网络教学平台　泛雅平台（图1-34）是杭州电子科技大学的一个网络教学平台，提供了丰富的课程资源，包括国家级一流课程和浙江省一流课程。平台涵盖了多个学科领域的课程，如数据库系统原理、测试技术与信号处理、工程图学等，为工科学生提供了广泛的学习资源和在线学习体验。

图1-33 微电网数字孪生实验教学平台

图1-34 杭州电子科技大学泛雅网络教学平台

参考文献

[1] 丁潇颖，李玮轲，赵致远，等 . 创新与融合——麻省理工学院新工程教育改革概况及启示 [J] . 高等建筑教育，2023, 32（2）: 28-35.

[2] 徐理勤，王兆义 . 德国应用科学大学双元制培养模式的内涵特征与动因分析 [J] . 中国高教研究，2023（5）: 71-78. DOI: 10.16298/j.cnki.1004-3667.2023.05.11.

[3] 中华人民共和国教育部 . 教育部高等教育司关于开展新工科研究与实践的通知: 教高司函〔2017〕6 号 [A] . (2017-02-20) [2024-11-24] .

[4] 清华大学 . 清华 x-lab [EB/OL] . [2024-11-24] . http: //www.x-lab.tsinghua.edu.cn/459/list.htm.

[5] MIT. New Engineering Education Transformation [EB/OL] . [2024-11-24] . https: //neet.mit.eud/.

[6] 朝乐门，邢春晓，张勇.数据科学研究的现状与趋势［J］.计算机科学，2018，45（1）：1-13.

[7] 中国教育和科研计算机网网络中心.李正：数字化背景下新工科人才培养的思考与探索［EB/OL］.（2024-01-09）［2024-11-24］. https：//www.edu.cn/xxh/zt/29cernet/dt/202401/t20240109-2553634.shtml.

[8] 来桂佩.项目式学习在我国各学科的应用研究综述［J］.创新教育研究，2023，11（7）：1963-1971. DOI：10.12677/ces.2023.117292.

[9] 张小乔，张绪扬.问题解决及其教学的信息加工理论［J］.教育研究与实验，1990（3）：46-50. DOI：CNKI：SUN：YJSY.0.1990-03-012.

[10] 赛默飞世尔科技公司.实验室信息管理系统（LIMS）［EB/OL］.［2024-11-24］. https：//www.thermofisher.cn/cn/zh/home/digital-solutions/lab-informatics/lab-information-management-systems-lims.html.

[11] 夏小华.新工科人才的工程素质及其培育路径［J］.上海理工大学学报（社会科学版），2020，42（4）：377-382. DOI：10.13256/j.cnki.jusst.sse.2020.04.014.

[12] KOTLUK N, TORMEY R. Compassion and engineering students' moral reasoning: the emotional experience of engineering ethics cases［J］. Journal of Engineering Education, 2023, 112（3）：719-740.

[13] 陈喜华，黄海宁，廖自娜，等.新工科背景下创新计算思维人才培养途径研究［J］.创新教育研究，2021，9（4）：974-979.

[14] 孙刚成，杨晨美子.新工科人才必备的批判性思维与核心能力培养［J］.民族高等教育研究，2021，9（4）：12. DOI：10.3969/j.issn.1008-5149.2021.04.002.

第**2**章
创新思维的
培养

2.1 创新思维的本质与培养基础

创新思维，这一推动社会进步与文明发展的核心动力，其深植于人类对未知世界的好奇心和解决问题的深切渴望之中，体现了人类智慧的无限可能。本质而言，创新思维是一种独特的思考方式和视角，它鼓励个体或集体跳出常规思维的束缚，以开放、灵活、多元的态度审视问题，探索并创造前所未有的解决方案或价值。而创新思维的培养是以广泛的知识积累、批判性思维、开放包容的心态等多方面为基础的。在信息技术、人工智能和大数据等前沿技术飞速发展的当下，创新思维的重要性愈发显著。我们需要从多个基础方面去培养创新思维，提高创新能力、解决复杂问题的能力和灵活适应动态环境的能力。

2.1.1 创新思维的定义、特征与理论基础

（1）创新思维的定义

创新思维作为一种高级认知活动，不仅是知识和技能的简单组合，更是一系列复杂的心理和智力功能的表现。它涉及对现有概念、产品、服务或系统进行重新组合、改进或创造新概念的能力。创新思维是一种高度综合性的思维方式，它涉及多种类型，以下是一些常见的创新思维类型：

① 发散思维与收敛思维　发散思维是从一个点出发，向多个方向延展思考，产生大量创意；而收敛思维则是从多个角度汇聚信息，筛选出最佳解决方案。这两种思维方法相辅相成，共同推动创新过程。

② 逆向思维　逆向思维是从相反的角度思考问题，打破常规思维模式。这种方法有助于发现传统方法中的漏洞和不足，从而提出新的解决方案。

③ 直觉思维与联想思维　直觉思维是指人在面对问题时，不经过逐步的逻辑分析，而是凭借内在的感知和已有的知识经验，迅速地对问题做出判断、猜想或设想的一种思维方式；联想思维是指通过联想和想象，产生新的创意和想法。

（2）创新思维的特征

与常规思维相比，创新思维在解决复杂问题时展现出了显著的独特性。常规思维往往依赖于既有知识体系和线性分析方法，而创新思维则倾向于在不确定性中寻求可能性，鼓励我们质疑现状，挑战假设，并从不同的角度审视问题。具体而言，思维的独创性、发散与自由联想、开放性与包容性以及问题导向与实用性、适应性与灵活性是创新思维的主要特征，这些特征共同作用，促进了人类对未知领域的探索和突破。

① 思维的独创性　创新思维强调打破常规，生成独特和富有创意的想法和解决路径。这种思维过程鼓励避开既有框架，探索新的视野和可能性，从而打破常规思维模式，产生多样性创意。

② 发散与自由联想　创新思维往往与发散性思维紧密结合，即从一个出发点生成多种思维方式和结论。自由联想是这一过程的核心，通过对看似无关的信息和概

念进行重组，形成新的联系和模式。

③ 开放性与包容性　创新思维需要个体对新观点和不同意见持开放态度。这种思维方式认识到，多样性是创新的重要源泉，因此它鼓励跨学科合作和多元文化的融合，以提高创新的潜力。

④ 问题导向与实用性　创新思维不仅关注创意的生成，还重视其实际应用能力。它是解决现实世界复杂问题的一项重要技能，通过识别问题、构思多种解决路径并加以实施，最终在实际场景中产生价值。

⑤ 适应性与灵活性　面对复杂多变的环境，创新思维强调灵活调整策略和方法，以迅速应对变化和不确定性。这种动态思维过程有助于个人和团队在创新旅程中保持灵活性和适应性。

(3) 创新思维的理论基础

创新思维的理论基础源自多学科的交叉研究，涵盖了心理学、教育学、设计学、管理学等多个领域。通过对这些理论进行研究，人们可以深入了解创新思维的本质、过程及其影响因素。这些理论强调了创新思维的多样性和复杂性，并提供了多种视角来探讨人类创造性的驱动因素与表现形式。

① 创造力理论　创造力理论在理解和培育创新思维中扮演了重要角色。吉尔福德（J.P. Guilford）的智力结构模型（图2-1）是这一领域的一项开创性工作，他通过研究发现智力不仅仅是单一维度的表现，还是由多种成分构成的复杂结构。他提出，创造力是智力的一种独特表现形式，包含流畅性、灵活性、独创性和精致性等多种要素。与此同时，托伦斯（E. Paul Torrance）的创造力测验进一步推动了创造力研究的发展。他设计了一套系统的测验方法，用以评估个体的创造潜力和表现。他的测验关注个体在不同任务中的创造性反应，包括

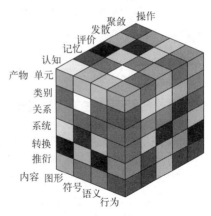

图2-1　吉尔福德的智力结构模型

生成新颖想法的速度和多样性、用非传统的视角解决问题的能力等。

② 心理学理论　心理学理论在创新思维的研究中提供了深刻的见解，特别是通过心理动力学和认知心理学的视角，揭示了创造力的内在机制和外部表现。奥斯本（Alex Osborn）的头脑风暴法是一种通过集体讨论激发创造性思维的方法，旨在消除批判性障碍，使团队成员能够自由地提出大胆且富有创意的想法。这种方法强调数量胜于质量，鼓励产生多样化的思维路径，为后续的创新提供丰富的素材。此外，爱德华·德·博诺（Edward de Bono）的水平思维方法则着眼于改变思维定式，他提倡通过非传统的思维路径打破常规，并通过侧向思考在新的方向上发现解决问题的方法。

③ 系统理论　系统理论在创新思维中强调整体性和相互联系的观念，指出创新

不只是个人能力的体现，更是复杂系统内多层级要素协同演化的产物。它主张看到问题的全貌，理解各个组成部分之间的相互影响。创新不应孤立地发生，而是要考虑到文化、社会、经济和技术等各种因素的协同作用。通过系统理论的视角，人们能够更好地理解创新过程中的动力学变化和多样化的反馈机制。这种观点引导人们在创造和应用新观念时，要超越单一视角，整合多层面的信息和资源，致力于持久的创新实践。系统理论因此赋予创新思维一种动态的、整体的看法，促使人们在宏观和微观的层面上进行思考，确保创新的可持续性和广泛影响力。

④ 过程理论　过程理论强调创新思维不是瞬间的灵感，而是一个有阶段性和连续性的思维过程。沃拉斯（Wallas）的创造性过程模型将这一过程分为准备、孵化、启示和验证四个阶段。在准备阶段，个体通过收集信息和理解问题背景打下基础。孵化阶段则是内隐的思考时间，这期间潜意识发挥作用，整合不同的知识和经验。当想法突然涌现时，即进入启示阶段，这往往是创新的高光时刻。最后，验证阶段涉及评估和修改创意，以确保其可行性和有效性。通过这样的分阶段理解，过程理论展示了创新并不是线性的，而是常常涉及复杂的心理活动和反复迭代。这一理论为系统化地培育创造力提供了路径，帮助个人和组织设计更有效的创新流程和策略。

总之，创新思维是一种复杂且动态的认知过程，它要求个体超越传统思维的局限，以开放和探索性的态度面对问题和挑战。创新思维为个人和组织应对快速变化的技术与社会环境提供了强有力的支持。这些特征不仅推动了多维度问题解决的思维变革，也为人类在未知领域的持续探索和发展提供了新路径与可能性。

2.1.2　创新思维在工程领域的重要性与策略

在工程领域，创新思维是推动技术革新和应对市场及政策变化的关键因素。它促进了新技术、新材料和新工艺的发展，帮助工程师超越传统方法，开发出更具性能、效率和竞争力的产品。创新思维是工程领域的核心驱动力。无论是在工程设计、工程管理、工程技术中，还是在工程教育中，创新思维都以其独特的广度与深度影响着传统领域的理念和实践。

（1）工程设计中的创新思维

在工程设计中，创新思维是指通过创造性的方法和解决方案来应对技术挑战的能力。它涵盖了从问题的定义、概念的产生到解决方案的实现等多个过程。创新思维鼓励工程师提出问题、多元思考、逆向思维，并聚焦于用户需求，以发现新的设计理念和解决问题的方法。

在工程实践中，问题的识别与定义是创新思维应用的首要核心环节，创新思维能够引导工程师从多元角度进行观察，利用系统思维打破传统界限，以识别未被察觉的潜在需求和机会；在工程解决方案生成阶段，在创新思维的指引下，工程师依赖于前沿思维工具和方法论，如快速原型开发、迭代设计等，推动多样化的解决方案的形成；在评估阶段，创新思维的批判性思维能力使工程师能够全面考量方案的可行性、经济性和环保性，确保选择的方案能够在技术、市场和社会等多维度达到最优平衡。以苹果、特斯拉为代表的科技公司，通过杰出的用户体验和创新思维，将技术转化为商业成功。创新思维使设计者可以深入洞察用户需求，而非仅仅追求要求的技术指标。

在工程设计中良好运用创新思维的一个典型案例是通用电气医疗集团（GE Healthcare）工程师道格·迪茨（Doug Dietz）重新设计儿童CT检查体验的故事。他通过运用设计思维方法，将扫描仪的外形重新设计成海盗船的模样，并导入海底世界、太空探险等主题，将原本严肃、恐怖的医疗检查转变为一次游戏、一次探险之旅，极大地减少了儿童患者的恐惧和焦虑。

（2）工程技术中的创新思维

创新思维在工程技术中的重要性体现在推动新技术、新工艺和新方法的开发和应用。这种思维方式通过推动探索、优化流程和设计新方法来支持新技术、新工艺和新方法的发展，不仅能够提高工程效率和产品质量，还能够改写行业标准和推动社会进步。

创新思维激发创造性探索与突破来支持新技术的开发与应用。正如人工智能领域的深度学习技术通过大胆的算法创新取得了巨大的飞跃一样，创新思维强调原型设计和快速实验，有助于加速技术从概念到实用的过程。

创新思维借助工艺改进与流程创新来支持新工艺的优化与创新。创新思维促使企业不断寻找方法来优化流程，提高生产效率并减少环境影响。通过增材制造技术，企业可以减少材料的浪费并提高复杂结构的制造能力。有时，企业还会借用其他行业的概念来激发工艺创新。

2.1.3　启发式教学法、系统化思维与横向思维

创新思维是适应和推动未来社会发展的关键因素，因此构建创新教育环境是未来培养创新人才和推动社会可持续发展的关键举措。需要将多元化的创新策略与实用方法纳入课程和教学方法中，培育学生的创新能力，打破学科界限，实现知识的整合与创造性应用。

（1）启发式教学法与问题导向学习

启发式教学法常常可以作为问题导向学习的一个组成部分。在问题导向学习中，教师可以运用启发式教学方法来引导学生自主探究，使他们更深入地理解问题并生成解决方案。通过结合这两种方法，教师能够更有效地支持学生全面发展。

① 启发式教学法的定义与基本原则　启发式教学法是一种以学生为中心的教学策略，其核心理念是通过教师的引导和有策略的提问，激发学生的好奇心和主动探究精神，促进自主学习。启发式教学法步骤如图2-2所示，以下是启发式教学法的一些基本原则：

a.引导而非灌输：教师通过提问、情境设置等方式，引导学生思考问题，而不是直接给出答案。通过设置刺激学生兴趣的问题情境，让学生产生强烈的求知欲和思考欲望。

b.反馈与反思：教师为学生提供及时的反馈，并鼓励学生自我反思和评估学习过程与结果。

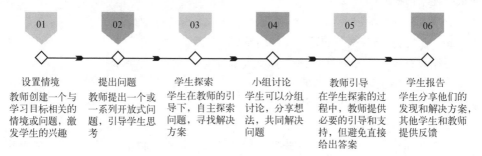

| 01 | 02 | 03 | 04 | 05 | 06 |

设置情境
教师创建一个与学习目标相关的情境或问题，激发学生的兴趣

提出问题
教师提出一个或一系列开放式问题，引导学生思考

学生探索
学生在教师的引导下，自主探索问题，寻找解决方案

小组讨论
学生可以分组讨论，分享想法，共同解决问题

教师引导
在学生探索的过程中，教师提供必要的引导和支持，但避免直接给出答案

学生报告
学生分享他们的发现和解决方案，其他学生和教师提供反馈

图2-2 启发式教学法实施步骤

在设计教育中，教师可以通过启发式教学法引导学生解决实际设计问题。例如，教师提出一个开放性设计挑战，让学生思考如何在有限资源下创造功能性和美观性的产品。通过一系列引导性提问和讨论，学生在探索过程中不断优化他们的设计方案，同时也培养了创造力和解决问题的能力。

② 问题导向学习的设计与实施　问题导向学习是一种以学生为中心的教学方法，它强调通过解决真实世界中的问题来促进学习。在这种方法中，学生被鼓励主动探究、批判性思考和协作，以解决具有挑战性的问题。以下是问题导向学习设计与实施的几个关键要素：

a.以问题为驱动：问题导向学习通过呈现真实世界中具有挑战性和复杂性的问题，激发学生的解决问题欲望。

b.多学科整合：问题导向学习通常涉及多个学科领域的知识，要求学生将不同领域的知识整合用于解决问题。

问题导向学习在培养学生批判性思维和团队合作能力方面具有显著作用。通过小组合作解决复杂问题，学生学会了如何从多角度审视问题，提出创新的解决方案。同时，通过角色分工与团队合作，学生提高了沟通技巧和团队协作能力。

（2）系统化思维与横向思维的综合运用

在培养创新思维的过程中，系统化思维与横向思维的综合运用是不可或缺的。这种结合不仅丰富了思维的层次和深度，也是解决复杂问题、促进创新设计和优化资源配置的重要策略。

① 系统化思维　系统化思维，是指通过对各种要素及其相互关系的全面理解，来洞察和解决复杂问题的思维方式。它强调整体视角，关注系统内各组成部分之间的关系及它们的动态交互，这有助于理解系统的复杂性。

其实施策略包括整体视角、反馈循环、跨学科视角。整体视角指在分析问题时，不仅聚焦于局部，还要考虑系统的整体运行机制，可以使用思维导图或流程图来识别不同要素及其相互关系。反馈循环指识别系统中存在的反馈环路。例如，在产品开发中，用户反馈是改进的关键。通过不断迭代和调整，形成良性反馈。跨学科视角指借鉴其他学科的理论和方法，加深对复杂问题的全面理解。定期与不同领域的专家进行讨论，以启发新的思路。

② 横向思维　横向思维也称侧向思维，是一种突破传统纵向思维局限的创新方法，基于爱德华·德·博诺的理论提出。通过重新组织信息和不拘泥常规的思维路径，横向思维在解决难题和创造新思路中发挥显著作用。

横向思维的实施策略包括头脑风暴、逆向思维、自由联想。头脑风暴指在头脑风暴讨论中，鼓励每位参与者提出各种点子，不进行早期评判，以创造开放的讨论环境。逆向思维指从反方向入手，思考如何使问题变得更糟，或如何实现相反的结果。这可以激发新的创意与解决方案。自由联想指通过联想与关键词探索，鼓励参与者在某个主题上自由发散，记录下所有想法并寻找其中的可能关联。

③ 系统化思维与横向思维的综合　在培养创新思维的过程中，可以将系统化思维与横向思维相结合，形成良性循环。其综合运用的步骤包括：

a.问题定义与分析：使用系统化思维，全面分析当前的问题背景与因素，找出关键影响要素。

b.创意生成：运用头脑风暴，鼓励团队自由发散，提出多种解决方案。在此过程中记录所有可能的创意，而不加以评判。

c.方案评估：应用系统化思维，从整体出发，评估各解决方案对系统的潜在影响，选出最佳的可行方案。

d.实施与反馈：在实施过程中，保持反馈与迭代，通过系统化思维观察新方案的实际效果，并进行适当调整。

通过融合系统化思维与横向思维，可以有效地培养创新思维。这种结合不仅能帮助团队全面分析问题，还能激励创造性解决方案的生成，为企业和组织在动态环境下的持续创新奠定基础。

2.2　创新思维的技术驱动与方法

在当今的数字化时代，技术进步改变了社会的运作方式，即大数据的出现为创新提供了更精确深远的路径，人工智能与人的互动配合擦出了创造力的火花，虚拟现实的发展逐渐消除了创新协作的时空限制。这些新兴技术更深刻塑造了创新思维的模式与进程，形成以技术为驱动的创新框架。这一变革推动了创新思维从线性到多维的演化，并为当代社会和经济的可持续发展注入了新的活力。

2.2.1　数字化与人工智能在创新中的应用

伴随着大数据、人工智能、云计算与物联网等前沿技术的不断成熟，创新思维的传统边界被拓宽。创新不再是单一领域或个人智慧的结晶，而是在数字化驱动下形成的系统化、跨学科的协作产物。

（1）数据驱动下的精准创新与创新思维重塑

在数字化时代，数据已然成为创新的关键驱动力。数字化技术的一大优势在于为创新提供了前所未有的精度和广度。过去，创新往往基于有限的调研、直觉或经验，而如今，海量数据通过智能算法的深度挖掘，揭示出隐藏的趋势与洞察，使得创新不再仅仅依靠灵感的迸发，而是建立在数据分析的基础上。

数字化技术的另一大优势在于推动了跨领域知识的融合与创新。人工智能不仅在科技领域取得了突破，还被应用于医疗、艺术、教育等多个领域，形成了"混合式创新"的新型思维模式。这种跨领域融合带来了创新思维的重塑与拓展，推动了创新思维从传统的垂直线性扩展到跨学科的多维交会。

（2）人工智能与创造力的融合

虽然许多人对人工智能存在多方面的担忧，但事实证明，人工智能切实拓宽了创新思维的边界。人工智能不仅能够通过大规模数据处理和模式识别来协助人类发现新规律，还能够在创造性领域如艺术、音乐和设计中展现出独特的潜力，推动了"人机共创"模式的形成。

① 模式识别与创新洞察 AI和ML（机器学习）的最大优势在于卓越的数据处理与模式识别能力。相比于传统创新依赖的直觉和经验，AI能够通过对海量数据进行分析，快速挖掘出隐藏的规律、模式和趋势，识别微小的变动，帮助创新者发现新兴的市场需求、用户行为变化和技术发展路径。Knewton Alta是一个基于AI的个性化学习平台（图2-3），通过分析学生的学习行为、课程表现、兴趣等，生成个性化的学习路径。机器学习算法可以预测学生在哪些知识点上可能会遇到困难，并提供定制化的教学资源和反馈，从而提升学生的学习效果。

图2-3 Knewton Alta平台的界面

② 自动化创新与效率提升 机器学习技术的广泛应用使创新过程中的重复多和耗时长任务能够被有效自动化，从而能让创新者将更多的时间与资源集中于价值高的创意探索上。自动化创新的一个显著特征是，它通过机器自主生成方案或设计思路，为人类创新者提供了灵感启发与选择参考。

在工业设计领域，借助Midjourney、Stable Diffusion等文生图应用，AI可以根据设计师输入的参数和设计要求，自动生成多个设计方案草图或是渲染效果图（图2-4），供设计师筛选和调整，以提供产品外形方面的设计灵感。

图2-4 Midjourney生成的产品渲染图

③ 人机共创的新范式——"人智协作" 在创新领域，人工智能（AI）和机器学习（ML）扮演的角色不仅是强大的工具，更是创新思维的"协作者"。创意系统分为三大类：独立生成系统、协助生成系统和共同创造系统。独立生成系统是指完全自主的智能系统。它们在创作过程中独立工作，无须与人类进行任何交互，是最为初级的创意系统。而凭借AI的智能化分析与机器学习的自主优化能力，计算机能够在创新过程中与人类展开深度协作，形成"人智协作"创新范式。在这之中，人与AI是身份较为平等的同事关系，而不是传统的上下级。

AI与ML展现出了巨大的潜力，也带来了新的伦理和社会挑战。AI的自主决策能力和数据依赖性可能导致创新过程中的偏见问题，或引发有关数据隐私的争议。另外，人们总是过分看重人工智能本身性能，而忽略了对人智交互设计的关注。因此，在推动AI和ML广泛应用的同时，如何平衡技术创新与人文关怀、技术深度与人智交互，仍是一个不可忽视的长期课题。

2.2.2 大数据分析与技术融合的创新范式

大数据最显著的特征是其信息广度和深度，涵盖了用户行为、市场趋势、社交动态等多维度的数据源。而技术融合是指多种不同的技术相互渗透、相互交叉，形成新的技术体系。因此，创新不再仅依赖于传统的灵感和经验，而是通过对大数据的全面分析和理解，挖掘出隐藏的创新机会，然后在技术融合的基础上跨界创新，跨越不同的行业、领域和学科，将技术应用于新的场景，解决新的问题，使企业能够在激烈竞争中获得先机。

（1）基于大数据的创新决策模式

① 实时洞察：预测创新与灵活决策 大数据的一个关键作用在于使企业能够实时掌握市场动态。在传统的创新过程中，决策往往依赖于历史数据和静态分析，市场变化与决策反应之间存在滞后。而基于大数据的分析平台可以实时处理海量数据，帮助企业在第一时间捕捉市场变化，甚至是预测未来市场的走向和消费者需求的变化，快速调整创新策略。

以淘宝、京东为首的电商行业经过多年的快速发展，吸引并获得了大量的用户，对这些用户的行为（行为包括点击商品详情页、购买商品、将商品放入购物车、收藏商品）进行分析，得出了用户流失的原因、哪些商品畅销等，从而及时调整库存管理、营销策略甚至产品设计，以满足瞬息万变的市场需求。图2-5所示为电商行业进行用户数据分析的一般流程。

② 数据共享与协同决策　大数据的另一个关键作用在于推动跨行业、跨领域的协同创新。开放数据生态使企业、政府和科研机构可以通过数据共享合作，共同推动技术和商业模式的创新。通过这种方式，各方能够在更大范围内整合资源，发挥集体智慧，为创新注入更多的动力。

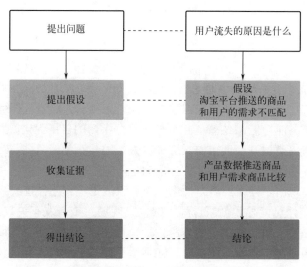

图2-5　用户数据分析的一般流程

比如说智能城市的发展依赖于交通、能源、环境等各个领域的数据共享。通过整合不同领域的数据，政府可以更好地优化城市资源配置，推动智能化基础设施的创新建设。这种协同创新不仅提升了技术创新的效率，也为解决全球性挑战提供了全新的思路。

（2）基于技术融合与跨界创新的思维模式

技术融合是指多种不同的技术相互渗透、相互交叉，形成新的技术体系。跨界创新则是在技术融合的基础上，跨越不同的行业、领域和学科，将技术应用于新的场景，解决新的问题。

在当今时代，技术的快速发展与融合为创新开辟了全新的道路，基于技术融合和跨界创新的"融合-跨界-协同-育人"思维模式应运而生。这种思维模式打破了传统行业与技术之间的界限，将不同领域的知识、技术和方法有机结合，创造出了前所未有的价值。

① 思维模式概述　"融合-跨界-协同-育人"思维模式致力于促使设计与技术深度相拥，借技术发展驱动设计新模式的构建，引领设计专业学生的多方面能力协同

共进。如图2-6所示，"融合"强调不同技术之间的深度融合，包括数字技术、智能制造技术、材料科学技术等与设计专业知识的融合；"跨界"则突出跨越设计与其他工程学科、人文社会学科的界限，汲取多学科的养分；"协同"注重学校、企业、科研机构等多方主体的协同合作，形成创新合力；"育人"将人才培养贯穿始终，培养具备技术融合与跨学科创新能力的设计专业人才。

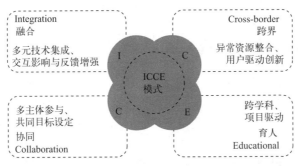

图2-6 "融合-跨界-协同-育人"思维模式

② 思维模式的具体内涵和实践运用

a.技术融合维度：技术融合是指将不同行业内的多种技术相结合，以创造新的解决方案和增加价值。这一过程的具体内涵包括多元技术集成、交互影响与反馈增强以及开放平台和标准化。多元技术集成强调不同技术之间的协同效应；交互影响与反馈增强指通过技术间的相互作用；开放平台和标准化则是技术融合的基础，保障不同技术间的兼容性和协作性。

例如，在产品设计中，利用AI进行用户需求分析和趋势预测，通过VR/AR技术实现产品的虚拟展示和交互体验设计，让设计师能够更直观地感受产品在不同场景下的使用情况，从而优化设计方案。

b.跨界创新维度：跨界创新是一种打破传统行业界限，以全新视角和方法推动创新的思维模式。其具体内涵包括异质资源整合、用户驱动创新等方面。通过交融不同的技术、市场和文化视角，创造增值的创新解决方案。以用户需求为导向，通过深入的用户研究和反馈环节，发现了跨界融合的潜在应用领域。

例如，在医疗设备设计中，设计师可以将符合患者心理需求的外观设计与先进的医疗技术相结合，提高医疗设备的易用性和患者的接受度。

c.协同合作维度：协同合作是一种通过联动不同个体和组织资源，实现共同目标的思维模式。其具体内涵包括多主体参与、共同目标设定以及沟通与信任等方面。倡导多方参与，不仅涉及企业内部的不同部门，还包括外部合作伙伴、客户、学术界和政府等多个利益相关方。在这一过程中，明确的共同目标和愿景是协同合作成功的关键，高效的沟通机制和信任关系是协同合作的基础。

例如，在智慧城市建设中，政府联合科技企业、城市规划师及社区居民共同开发智能交通系统，通过定期多方会议和数字化协作平台确保数据共享与目标对齐，最终实现交通效率与民生需求的双重优化。

d.育人维度：育人，主要关注如何培养具备综合素养和创新能力的人才。通过打破学科界限的学习模式，利用项目驱动和实践导向的教学方法，以及自我驱动与终身学习等方式，培养学生的综合思维能力和创新意识。

例如，高校开设"人工智能＋艺术"跨学科课程，组织学生团队利用机器学习算法分析艺术史数据并创作数字互动展品，通过真实项目训练技术整合与创意表达能力。

2.2.3 创造性问题解决与思维可视化

创造性问题解决（Creative Problem Solving，CPS）是一种结构化的方法，旨在通过创新思维和系统化的步骤，帮助个体或团队有效识别和解决复杂问题。CPS强调在问题解决过程中发挥创造力，利用多样化的思维方式和策略，从而生成新颖的解决方案。

而可视化工具已成为充满复杂性、不确定性的现代设计任务中促进设计创新的重要媒介。这些工具通过将抽象概念转化为直观的视觉表现，帮助设计师更好地理解、沟通和探索设计方案的多样性。实现思维的可视化，从发现问题到提出解决方案，都能有效地帮助创造性问题解决，学生在每一阶段都可以通过可视化工具来增强其表达效果。

（1）CPS在设计项目中的应用步骤

CPS流程在设计项目中应用时，需要灵活调整各阶段的重点，以适应项目特性和创新目标。

① 灵活识别与构思　根据项目复杂性和平衡创造与限制的需求，灵活使用工具和方法促进有效问题识别和富有创意的解决方案生成。

② 互动选择与反馈　在选择阶段，融入团队的多元视角和反馈机制，确保方案不仅创新且可操作。

③ 适应性实施　在实施过程中，应用敏捷方法，允许迭代调整，提高设计的响应力和最终效果。

如图2-7所示，某技术型企业在产品研发初期使用CPS方法识别用户深层次需求，产生多种原型设计方案，并通过灵活实施与客户反馈循环，最终实现用户满意度高的产品上市。这一过程展示了CPS在复杂设计环境中灵活有效的应用与创新优势。

（2）思维可视化工具在创新中的应用

培养创新思维的过程通常涉及多个步骤和阶段，从发现问题到提出解决方案，每一阶段都可以通过可视化工具来增强其效果。

① 六顶思考帽法　六顶帽思考方法，由爱德华·德·博诺提出，是一种将群体讨论和个体思考相结合的思考方法。它是一种思维训练模式，提供了"平行思维"的工具，使个人或团队能够从多个角度系统地分析问题或思考创意。

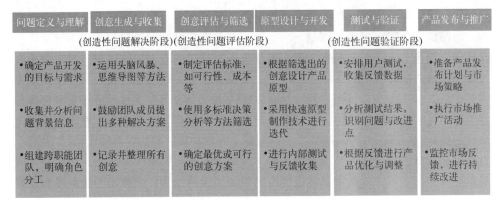

问题定义与理解	创意生成与收集	创意评估与筛选	原型设计与开发	测试与验证	产品发布与推广
(创造性问题解决阶段)		(创造性问题评估阶段)		(创造性问题验证阶段)	
• 确定产品开发的目标与需求 • 收集并分析问题背景信息 • 组建跨职能团队，明确角色分工	• 运用头脑风暴、思维导图等方法 • 鼓励团队成员提出多种解决方案 • 记录并整理所有创意	• 制定评估标准，如可行性、成本等 • 使用多标准决策分析等方法筛选 • 确定最优或可行的创意方案	• 根据筛选出的创意设计产品原型 • 采用快速原型制作技术进行迭代 • 进行内部测试与反馈收集	• 安排用户测试，收集反馈数据 • 分析测试结果，识别问题与改进点 • 根据反馈进行产品优化与调整	• 准备产品发布计划与市场策略 • 执行市场推广活动 • 监控市场反馈，进行持续改进

图2-7 某技术公司使用创造性问题解决进行产品开发流程

如图2-8所示，六顶思考帽分别代表不同的思考角度，即白色（信息）、红色（情感）、黑色（批判）、绿色（创新）、黄色（乐观）和蓝色（控制）。通过佩戴不同的思考帽，可以系统地分析问题，提出全面的解决方案。

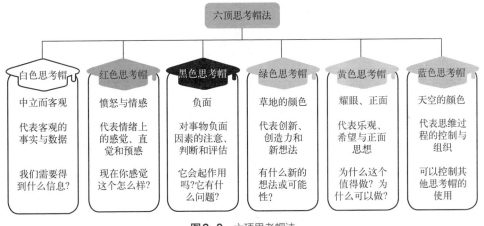

图2-8 六顶思考帽法

② 思维导图　思维导图（Mind Mapping）是一种图形化的思考工具，用于组织和表示信息，其核心是通过图形化的方式揭示和促进信息的层次结构和关联性。该方法由英国心理学家托尼·布赞（Tony Buzan）在20世纪70年代提倡并广泛推广。思维导图通过视觉化的布局，帮助使用者更有效地处理和分析信息，增强记忆和创造力。其结构与特点如下：

a.中心主题：每个思维导图由一个核心思想或主题开始，通常在图的中心，以图像或关键字呈现。这种视觉中心的概念传达了主题的主导性和统摄性。

b.分支与层次：从中心主题放射出各个分支，每个分支表示一个重要概念或主题的主要组成部分。进一步的分支可以细化这些概念，形成一个层级结构，这种树状结构帮助使用者辨识和理解信息的层次性。

c.图像和色彩：思维导图的一个关键特征是利用图像、符号和颜色来增强记忆和促进创新思维。图像和色彩的使用不仅提高了视觉的吸引力，还增强了大脑的联想能力和信息存储。

如图2-9所示，在产品开发阶段使用思维导图，有助于进行系统化的信息整理与分析，支持创造性思维，生成创新解决方案，且可以帮助快速规划、做出决策，以及传达复杂的信息和战略。

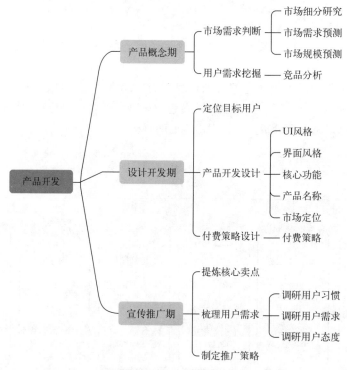

图2-9　产品开发阶段思维导图

③ JTBD　JTBD（Jobs to be Done）是一种产品开发和市场创新的理论与方法，其核心理念是聚焦于客户在特定情境下"雇佣"产品或服务来完成特定任务的原因。JTBD方法由哈佛商学院教授克莱顿·克里斯坦森（Clayton Christensen）及其同事提出，强调理解顾客的根本需求和动机，而不是仅依赖于传统的人口统计数据或购买行为分析。JTBD模型的操作流程如图2-10所示，其关键概念如下：

a.动机驱动：JTBD认为，客户的购买决策主要由他们想要完成的工作或任务驱动，而非产品本身的特点。了解这些动机本身能够更有效地创新和满足客户需求。

b.情境因素：该方法强调特定情境的影响，这包括时间、地点、外部条件及与态度和情感相关因素。理解这些情境因素是成功设计出能够满足客户需求产品的关键。

c.功能性与情感性需求：JTBD方法探究的不仅是客户所需的功能性解决方案，

还包括他们的情感需求和社会需求，即产品如何让他们感觉良好，以及使用产品时如何与他人互动。

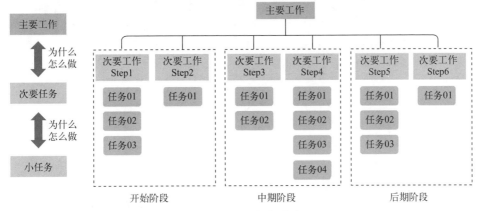

图2-10 JTBD模型操作流程

JTBD方法不仅为产品设计和市场创新提供了不同于传统方法的独特思路，还不断激发企业重新审视客户关系及其引导下的价值创造过程。随着大数据分析和人工智能技术的发展，JTBD可能进一步与这些技术融合，提升分析精度和预测能力，为个性化产品开发和精准市场定位注入活力。这无疑为企业在快速变化的市场环境中保持竞争力提供了可靠支撑。

④ 九宫格分析法　九宫格分析法又称为Morphological Analysis（形态分析法），是一种系统化的创造性问题解决和创新思维方法。该方法用于探索问题的多维组合解决方案，尤其适用于复杂、多层次的问题情境。

九宫格分析法的运用方式有两种。其一为"曼陀罗法"，分为发散型和围绕型（图2-11）。发散型的宫格外围8个区域的内容可以互相不关联，但是都围绕中间的原点展开，这种方式有利于使用者发散思维；围绕型的外围8个要素则是按照一定的顺序、逻辑展开。其二为"莲花法"（图2-12），即将现有的九宫格看作是新的九宫格中间的一格，将原有的外围8个法则作为新的外围8个九宫格中的核心，继续展开思考。

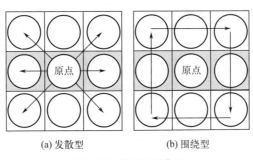

(a) 发散型　　　　　(b) 围绕型

图2-11 "曼陀罗法"图

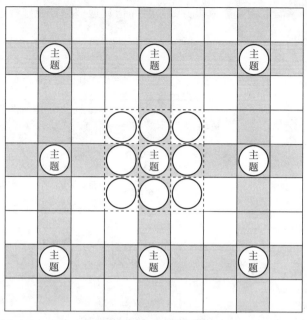

图2-12 "莲花法"图

综合来看，九宫格的特征如下：

a.多维度思考：九宫格分析法通过将问题的主要维度列出来，并为每个维度列出可能的变项，形成一个多维矩阵。这种多维度的分析方式能够揭示新的思路和方案，避免单一维度思考的局限。

b.组合创新：该方法强调在不同维度变量间自由组合，从而生成大量创新方案。这种组合思考鼓励探索无数种可能性，有助于识别具有潜在创新价值的配置。

九宫格分析法的价值不仅在于帮助识别创新路径，还在于系统性思考的引导，促进跨领域的知识整合。在数字化和数据精细化发展的背景下，该方法能与计算机建模和AI技术相结合，提升分析复杂度和组合计算效率，从而拓宽应用领域。

⑤ 奥斯本检核表法　奥斯本检核表法（Osborn's Checklist Method）又称为"奥斯本检查清单法"，旨在通过结构化的思维过程，帮助团队系统性地生成创意，评估方案，解决问题。奥斯本检核表法的核心在于利用一系列引导性问题，促使团队从多角度思考，确保创意的全面性和深度。奥斯本检核表法的检核内容如图2-13所示，主要包括以下几个步骤：

a.问题明确：在应用检核表法之前，首先需要清晰地界定待解决的问题或目标。这一环节至关重要，因为明确的问题为后续的思考和创意生成提供了方向。

b.生成创意：利用头脑风暴等创意生成技术，鼓励团队成员提出尽可能多的解决方案。此阶段不应对创意进行评判，而是应开放式地接纳所有想法，以激发更多的创意产生。

c.制定检核表：依据问题的性质和目标，构建一个包含多个维度的检核表。这个检核表应涵盖与问题相关的关键因素、潜在风险和机会。例如，针对新产品的开发，检核表应该包括市场需求、技术可行性、成本效益、竞争分析等方面的问题。

d.逐项评估：团队成员根据制定的检核表，对生成的创意进行逐项评估，分析其优缺点、可行性和潜在的影响。每个创意都需要回答检核表中的问题。这一过程能够帮助团队理清思路，筛选出最具潜力的解决方案。

e.总结与实施：最终，团队需要将经过检核的创意进行汇总，制定具体的实施计划。在此过程中，应明确责任分工和时间节点，以确保方案的有效落地。

序号	检核类别	检核内容
1	能否他用	有无新的用途?是否有新的使用方式?可否改变现有的使用方式?
2	能否借用	利用类比能否产生新观念?过去有无类似的问题?可否模仿?能否超过?
3	能否扩大	可否增加些什么?可否增加使用时间?可否增加频率、尺寸、强度?可否提高性能?可否增加新成分?可否加倍?可否扩大若干倍?可否放大?可否夸大?
4	能否缩小	可否减少些什么?可否密集、压缩、浓缩、聚束?可否微型化?可否缩短、变窄、去掉、分割、减轻?可否变成流线型?
5	能否改变	可否改变功能、颜色、形状、运动、气味、音响、外形、外观?是否还有其他改变的可能性?
6	能否代用	可否代替?用什么代替?有何别的排列、成分、材料、过程、能源、音响、颜色、照明?
7	能否调整	有无互换的成分?可否变换模式、布置顺序、操作工序、因果关系、速度或频率、工作规范?
8	能否颠倒	可否颠倒正负、正反、头尾、上下、位置、作用?
9	能否组合	可否尝试混合、合成、配合、协调、配套?可否把物体组合、目的组合、特性组合、观念组合?

图2-13 奥斯本检核表

通过在每个阶段运用适当的可视化工具，可以加深团队和个体对问题的理解，促进创意产生和优化方案选择。这些工具不仅限于信息的呈现，还促进跨学科协作，有助于培养和提升创新思维能力。

2.3 工程教育与创新教育模式

工程教育与创新教育模式紧密相连，旨在培养具有创新精神和实践能力的工程人才。其中，基于项目的学习（Project-Based Learning）与工程设计思维是核心，通过真实项目驱动，引导学生运用跨学科知识解决问题，同时培养其系统思考和创新能力。产学合作及创新孵化平台的构建，则为学生提供了实践机会和创业支持，促进了学术与产业的深度融合。此外，跨专业合作与协同创新实践打破了学科壁垒，鼓励学生跨学科交流与合作，共同探索解决复杂工程问题的新路径。这一系列举措共同构成了工程教育与创新教育模式的完整体系。

2.3.1 基于项目的学习与工程设计思维

基于项目的学习是一种以学生为中心的教学方法，它侧重于通过长时间工作来解决现实复杂的问题，从而帮助学生获得知识和技能。PBL的特点为真实性、学生主导性、跨学科整合等。其实施流程包括经过精心设计和规划的多个步骤。与PBL相呼应的是工程设计思维，这是一种以人为中心的方法论。工程设计思维的核心理念强调同理心、跨学科的协作、创造性思维和快速原型迭代。以下是对基于项目的学习与工程设计思维的具体阐述。

（1）基于项目的学习的定义与特点

① 基于项目的学习的定义　基于项目的学习是一种以学生为中心的教育方法，通过让学生参与真实世界的项目来促进深度学习。在这个过程中，学生以小组形式围绕一个具体的问题或挑战进行探索，制定解决方案，进行研究，最终完成一个可交付的项目成果。

② 基于项目的学习的特点　基于项目的学习以其独特魅力引领教育改革。其核心特点（图2-14）：项目紧密贴合真实情境，让学生在解决实际挑战中深度学习；学生成为项目的主导者，从规划到评估全程参与，教师则转变为指导者和支持者；跨学科整合促进知识融会贯通，学生得以综合运用多学科知识；在团队合作模式下，学生携手并进，共同攻克难关，团队协作能力显著提升；实践操作成为学习常态，在动手实践中知识得以内化与应用；项目结束后的反思总结，让学生提炼经验，实现个人成长的飞跃；个性化学习路径依据学生兴趣与能力量身定制，满足多元学习需求；更重要的是，PBL着重培养高阶思维能力，如批判性思维能力、问题解决能力及创新能力，为学生未来发展奠定了坚实基础。

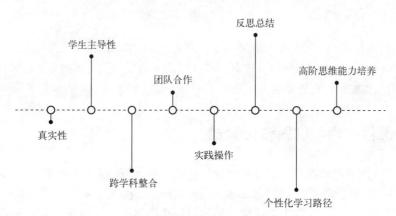

图2-14　基于项目的学习的特点

（2）基于项目的学习的实施流程

典型的基于项目的学习的实施流程（图2-15）始于确定主题与问题，这一关键步骤明确了学习目标与核心挑战，为后续工作奠定了基石。紧接着，进入设计项目方案阶段，依据主题精心规划，设定目标、分配任务并制定时间表，通过小组分工强化团队合作。随后，项目正式启动，进行各项前期准备工作，确保顺利推进。然后，进入研究与探索阶段，学生们深入钻研，运用多元方法与资源探寻解决方案，同时锤炼批判性思维和问题解决能力。在此基础上，开发与执行阶段将研究成果转化为具体实践，强调动手操作与理论知识的融合应用。最终，项目以总结与展示收尾，学生们回顾学习历程，分享知识与经验，实现知识的内化与升华。

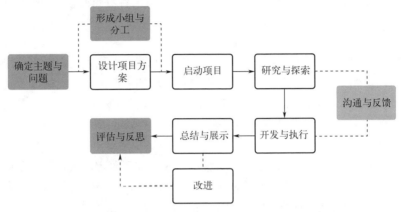

图2-15 典型的基于项目的学习的实施流程

（3）工程设计思维的定义与核心理念

① 工程设计思维的定义　工程设计思维是一种以人为中心的方法论，旨在解决复杂问题并开发创新解决方案。它结合了对用户需求的深刻理解和对技术可行性的深思熟虑，同时注重创意生成和解决方案的快速迭代。

② 工程设计思维的核心理念　工程设计思维的核心理念（图2-16）集中体现在几个关键方面：它倡导系统化与结构化思考，从全局视角出发，将复杂问题拆解为子任务，有条不紊地推进设计工作；坚持以人为本的设计理念，将用户需求置于核心，确保设计成果不仅能满足人的需求，更能提升生活质量；强调跨学科合作与创新，打破学科壁垒，融合多元知识，通过团队协作激发创新火花；秉持迭代与持续改进的精神，依据反馈不断调整优化设计方案，追求永无止境的进步；同时，注重伦理与可持续发展，确保设计在符合社会道德的同时，也兼顾环境保护，为构建更加和谐、可持续的社会与环境贡献力量。

图2-16 工程设计思维的核心理念

（4）案例分析一：北京师范大学未来设计学院的PBL大挑战项目

① 项目背景与理念　每年10月，北京师范大学未来设计学院会正式发布PBL大挑战项目，全院师生可以跨专业报名、自由组队，次年4月交付设计成果。这种教学模式旨在推动产教融合，培养学生的创新能力、实践能力和团队合作精神。

② 2023—2024学年的PBL大挑战教学实践项目内容与亮点。

a.故宫建筑少儿读本研发项目（图2-17）。

合作单位：故宫学校、故宫出版社。

项目亮点：该项目旨在通过研发故宫建筑少儿读本，促进故宫文化遗产在当代教育体系的学术梳理及应用传播。读本将故宫建筑知识以生动有趣的方式呈现给儿童，既激发了儿童对历史的兴趣，又传承了传统文化。

b.深圳湾文化广场D/BAY场馆智慧服务系统设计项目（图2-18）。

合作单位：华润集团。

项目亮点：该项目与华润集团开展校企合作，旨在为未来服务设计产业培养优秀的创新服务设计人才。通过设计深圳湾文化广场D/BAY场馆的智慧服务系统，学生将学习到最新的服务设计理念和技术，同时提升解决实际问题的能力。

图2-17　故宫建筑少儿读本研发项目

图2-18　深圳湾文化广场D/BAY场馆智慧服务系统设计项目

③ 项目实施与成果　每个PBL大挑战项目均精心设计，学生围绕真实问题调研、设计、制作并展示成果。学院邀请行业专家与企业导师指导，确保项目高质量完成。最终，学生的设计成果不仅展现了其创新能力与实践能力，也为相关领域的发展贡献了力量。

（5）案例分析二：长江三峡水利枢纽工程——工程设计思维的实践

① 系统分析与综合最优

a.系统分析：长江三峡水利枢纽工程（图2-19）的设计涉及防洪、发电等多个复杂因素。设计者通过系统分析，评估了各因素之间的相互影响和制约关系。

b.综合最优：在权衡利弊的基础上，设计者追求综合最优解。他们不仅考虑了工程的基本功能需求，还充分考虑了经济成本、社会效益以及对生态环境的影响。

② 跨学科合作与创新思维

a.跨学科合作：长江三峡水利枢纽工程的设计需要多学科知识的运用。设计者寻求水利工程、土木工程、地质工程等多学科的专家合作，共同解决设计难题。

b.创新思维：在设计过程中，设计者敢于突破传统设计理念的束缚，采用新技术、新材料、新工艺，实现了工程设计的创新。

③ 环境友好与可持续发展

a.环境友好：长江三峡水利枢纽工程的设计充分考虑了对生态环境的影响。设计者采取了多项措施减少对环境的破坏，如设置生态鱼道、保护珍稀植物等。

b.可持续发展：长江三峡水利枢纽工程的建设不仅满足了当前的需求，还考虑了未来的可持续发展。该工程通过科学规划和管理，为长江流域的生态环境改善、经济发展和社会进步作出了重要贡献。

图2-19　长江三峡水利枢纽工程

综上所述，长江三峡水利枢纽工程的设计过程充分体现了工程设计思维，其不仅确保了长江三峡水利枢纽工程的成功建设，也为其他大型工程项目的设计提供了宝贵的借鉴和启示。

2.3.2　产学合作及创新孵化平台的构建

产学合作已成为工程教育中的关键环节。它打破了学术界与产业界的传统界限，将前沿技术与实际应用紧密结合，为学生提供了理论与实践并重的教育环境。同时，创新孵化平台作为产学合作的重要载体，发挥着技术成果转化与创新推进的重要作用。

（1）产学合作模式的构建因素

推动产学合作模式构建的因素（图2-20）多元且复杂，这些因素共同发力，为产学合作注入了强大动力。政府政策的积极推动，不仅为合作指明了方向，更提供了有力的支持和激励。行业需求的迫切驱动，使企业主动寻求与高校及研究机构的深度合作，以满足技术创新与人才培养的迫切需求。同时，跨学科专家的紧密合作与资源共享，极大提升了创新效率，促进了知识的深度融合。此外，创新思维的鼓励与激励机制的建立，有效激发了合作各方的积极性与创造力。而实践检验与持续优化的良性循环，则确保合作模式不断迭代升级，始终保持高效与强适应性。最后，市场机制的调节作用不容忽视，它精准调配资源，有力提高了产学合作的效率，共同构建起一个充满活力、高效协同的产学合作新生态。

图2-20 推动产学合作模式构建的因素

（2）创新孵化平台的特征

创新孵化平台在产学合作的广阔生态系统中稳居核心地位，发挥着知识转化与技术商业化的桥梁作用。其显著特征（图2-21）主要体现在以下几个方面：首先，平台构建了一站式服务体系，从研发、融资到市场化，提供全链条的鼎力支持，确保科技成果能够顺畅地从实验室迈向市场，其间平台还提供了丰富的资源与专业的指导；其次，平台致力于打造跨界融合的创新生态，积极促成学术、商业与社会领域的深度合作，以此激发综合性、突破性的创新灵感，不断催生全新的服务与产品开发思路；最后，平台还搭建起前沿技术的实验场，让前沿技术在真实市场环境中接受检验与调整，这一举措不仅极大地加速了技术的成熟进程，还有效降低了技术应用的风险，为科技成果的商业化铺平了道路。

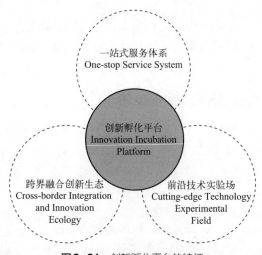

图2-21 创新孵化平台的特征

（3）案例分析：杭州电子科技大学与时空节拍（杭州）科技有限公司的"产-学-研"合作

杭州电子科技大学与时空节拍（杭州）科技有限公司的"产-学-研"合作是杭州电子科技大学在产学合作领域的一次重要实践，充分体现了该校在推动科技创新、人才培养和产业升级方面的积极探索。

① 合作背景与目的　随着科技的飞速发展，新知识新技术的诞生、扩散与消亡的周期正在加速变短，大爆炸让教育体系面临全新挑战。为了应对这些挑战，杭州电子科技大学与时空节拍（杭州）科技有限公司携手开展了"产-学-研"合作。

② 合作内容与成果

a.数字学生的研发与推广。

背景：时空节拍（杭州）科技有限公司作为专注于人工智能、大数据技术的科技企业，积极探索3D数字人在高校教学中的各项应用。

成果：与杭州电子科技大学信息工程学院联合推出了第一代数字学生（图2-22）。这些数字学生能够在各项技术的支持下与其他学生、教师进行互动和合作学习，参与虚拟课堂、虚拟实验室、虚拟讨论等学习活动。

图2-22　"数字学生"原画设计

b."产-学-研"合作签约与基地揭牌。

活动：双方举行了"产-学-研"合作签约仪式和"创新创业教育基地"揭牌仪式，标志着合作进入实质性阶段。

内容：未来双方将在动作识别算法与数字人深入结合、垂类小模型在数字人产业的应用等多个方向进行探索合作。

c.共同探索教育数智化。

目标：双方合作不仅局限于具体项目的研发与推广，更着眼于教育数智化的整体推进。

实践：通过将时空节拍（杭州）科技有限公司的AI数字化技术手段与杭州电子科技大学的教学资源相结合，共同探索如何将虚拟现实、人工智能等前沿技术应用于教育领域，提升教学质量和学习体验。

综上所述，杭州电子科技大学与时空节拍（杭州）科技有限公司的"产-学-研"

合作，充分体现了该校在产学合作领域的积极探索和显著成效。

2.3.3　跨专业合作与协同创新实践

在当今快速变化的社会与技术环境中，单一学科的知识已难以满足复杂问题的解决需求。因此，跨专业合作与协同创新实践成了推动工程教育与创新教育发展的重要趋势。

（1）跨专业合作与协同创新实践的必要性

跨专业合作与协同创新实践至关重要。跨专业合作打破了传统专业界限，促进了多学科知识的交融与互补，为解决问题提供了更全面、更创新的视角。在合作中，不同专业背景的团队成员能够相互学习，共同探索未知领域。

同时，协同创新实践优化了资源配置，提高了工作效率，使得项目或产品能够更快地推向市场，满足社会需求。此外，这种合作模式还促进了团队成员之间的沟通与协作，增强了团队凝聚力，为未来的深入合作奠定了坚实的基础。

从更宏观的角度来看，跨专业合作与协同创新实践是推动社会进步的重要力量。它们促进了科技、经济、文化等多领域的融合与发展，为培养具备跨学科视野和创新能力的复合型人才提供了重要支撑。

（2）案例分析：清华大学"未来实验室"

清华大学"未来实验室"通过一系列具体举措体现了"跨专业合作与协同创新实践"的精神。以下是对其如何实现的详细阐述。

① 实验室定位与愿景

a.定位：清华大学"未来实验室"作为清华大学面向未来的技术孵化器、思想脑库和未来科学的探索者，自成立之初就明确了跨学科交叉的研究方向。

b.愿景：实验室以"计算、传播、媒体、艺术汇聚合一"为愿景，旨在通过"原创性、交叉性、颠覆性"的无疆界技术创新，推动人机物融合社会协调发展，促进人类认知、交互、逻辑的变革。

② 组织架构与团队构成

a.组织架构：作为清华大学首批授权独立自主运行的跨学科交叉研究实体实验室，未来实验室拥有高度的自主权和灵活性，能够迅速响应跨学科合作的需求。

b.团队构成：实验室汇聚了来自科学、技术、人文、艺术等多个领域的国际一流专家学者。这种团队构成为实现跨专业合作与协同创新实践提供了坚实的人才基础。

③ 研究方向与成果

a.广泛的研究方向：实验室的研究方向涵盖人机物融合、生物材料、智能医疗、新材料与设计、老龄化社会与用户体验、感知与意识研究等多个领域。

b.显著的研究成果：例如，在人机物融合的前沿研究中，实验室聚焦于多感知（听觉、视觉、触觉、嗅觉、味觉）人机交互及新型材料交互领域，取得了多项创新成果。这些成果不仅推动了相关学科的发展，还促进了跨学科知识的融合与应用。

④ 合作模式与机制

a.跨学科合作：实验室积极寻求与国内外各领域的专家学者、企业机构开展合作，共同推动跨学科交叉研究与学术交流。例如，实验室与美术学院合作推出了国内第一支中国风机器人乐队"墨甲"，展现了艺术与科技的完美融合。

b.创新机制：实验室建立了灵活高效的创新机制，鼓励团队成员打破学科壁垒，勇于探索未知领域。同时，实验室还注重与产业界的合作，推动科技成果的转化和应用。

综上所述，清华大学"未来实验室"通过明确的定位与愿景、跨学科的组织架构与团队构成、广泛的研究方向与显著的研究成果、灵活的合作模式和创新机制，具体体现了"跨学科合作与协同创新实践"的精神。

2.4 创新思维的实践与社会责任

创新是驱动社会进步的重要引擎，其核心在于从创意到实践的转化能力，同时融入社会责任与可持续发展的理念。创新思维的实践不仅强调技术与商业成果的实现，还注重推动社会进步和多领域的价值创造。创新的实践过程以"从想法到原型"为核心，通过设计思维和原型测试实现创意的具体化。社会责任与创新伦理是创新实践中不可忽视的维度。任何创新都需要对环境、资源和社会公平负责，确保对未来产生积极影响。创新文化是多领域创新表现的土壤，激发跨学科合作与多元化探索，展现出了强大的渗透力和变革力。

2.4.1 从想法到原型：实践导向创新学习

一切创新始于想法。这些想法可能源于日常生活中的不便、对现有技术的不满，或是对未来世界的憧憬。对于工科学生而言，培养敏锐的观察力和丰富的想象力是激发创新想法的关键。同时，保持好奇心，勇于探索未知领域，也是创新不可或缺的品质。

（1）从想法到原型的步骤

① 想法的孵化与筛选　在创新孵化的初期阶段，想法的孵化与筛选至关重要。首先，要养成随时记录想法的好习惯，无论是突如其来的灵感闪现，还是经过深思熟虑的巧妙构思，都应立即捕捉并记录下来，以免稍纵即逝。接下来，对这些记录下来的想法进行严谨的初步评估，综合考虑技术实现的可行性、市场需求的迫切性以及潜在的商业价值等多方面因素，从而筛选出最具发展潜力和市场前景的想法，为后续的深入开发奠定坚实基础。最后，与同学、导师或行业内的资深专家进行深入的团队讨论，积极分享创意，并认真倾听他们的宝贵意见和建议。这种团队讨论不仅能够进一步完善和优化想法，还可能在交流碰撞中激发出更多新的灵感火花。

② 原型的初步设计　在原型设计的初步阶段，首要任务是明确目标，即清晰界定原型旨在解决的具体问题或实现的核心功能，为整个设计过程指引方向。随后，

通过绘制简洁明了的草图或示意图，勾勒出原型的初步形态，细致展现其内部结构、工作原理等关键要素。在此基础上，进行谨慎的技术选型，依据原型的实际需求，精心挑选适宜的技术方案、材料以及工具，过程中需综合考量成本效益、资源可获得性以及操作的便捷性等多重因素，以确保原型设计的可行性与实用性。

③ 原型的制作与测试　在原型的制作与测试阶段，首先需动手实践，充分利用实验室资源、开源硬件及软件，或自行采购的材料，开始原型的制作之旅。在此过程中难免会遇到技术瓶颈、材料不匹配等挑战，需以耐心和毅力逐一克服。原型初步成型后，便进入迭代测试的关键环节。通过反复测试与调整，深入挖掘原型存在的问题与不足，并据此进行精准改进。迭代测试不仅是原型优化的必经之路，更是创新学习中不可或缺的一环。此外，若条件允许，应积极邀请目标用户或潜在用户参与测试，悉心收集他们的宝贵反馈。这些直接来自用户的意见，是评估原型价值、指引后续改进方向的宝贵财富。

④ 实践中的学习与反思　在实践中的学习与反思阶段，原型制作不仅是一次技术探索之旅，更是一次能力全方位提升的契机。在这一过程中，学生习得编程、电路设计、机械加工等多领域的新技能，这些技能不仅能为学业添砖加瓦，更能为未来的职业生涯铺设坚实的基石。若原型制作有幸成为团队合作的结晶，那么团队协作的魔力将让你受益匪浅。你将学会如何跨越背景差异，与伙伴有效沟通，巧妙协调资源，合理分配任务，这些能力在创新项目的征途中显得尤为宝贵。而每次原型制作落幕之际，都应静下心来，进行深刻的反思与总结。细细剖析成功的奥秘与失败的根源，将这些宝贵经验悉心收藏，为未来创新项目的扬帆起航提供坚实的智慧支撑。

在从想法到原型的实践过程中（图2-23），值得注意的是，原型只是创新成果的一个初步形态。要想将原型转化为真正的产品或服务，还需要经过更多的测试、优化和商业化运作。

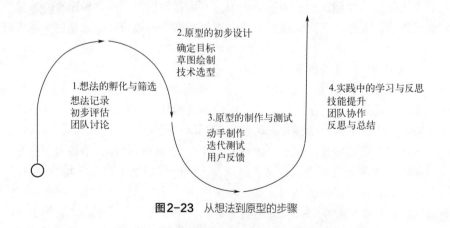

图2-23　从想法到原型的步骤

（2）案例分析：杭州电子科技大学折纸交互机器人项目的实践之旅

折纸交互机器人项目是一个在工科设计思维框架引导下的生动实践案例，它完美地诠释了从想法到原型的创新过程。

① 调研阶段：需求的发现与挖掘　项目成员深入乡村，通过实地调研与亲身体验，深切感受到了乡村中小学孩童对科技与艺术教育的渴望。项目成员不仅了解了孩子们的兴趣点，还发现了学习中的难点，这为后续的项目设计提供了宝贵的第一手资料。这一阶段，项目成员成功地将社会需求与项目目标相结合，为项目的定义阶段奠定了坚实的基础。

② 定义阶段：理念的明确与策略的制定　在深入调研的基础上，项目成员敏锐地洞察到了社会对于低成本、高质量教育的迫切需求。他们提出了以低成本策略实现高质量教育的理念，旨在让每一个孩子都有机会探索科技的魅力。这一理念的明确，为项目的后续发展指明了方向，也体现了成员对社会责任的深刻认识。

③ 构思阶段：创意的迸发与方案的规划　进入构思阶段，项目成员充分发挥想象力，设计出了多种玩法和形态的折纸机器人。他们不仅考虑了机器人的趣味性，还规划了涵盖教、学、研、赛、娱的配套服务体系，以确保项目的全面性和可持续性。这一阶段，成员展现出了卓越的创新能力和规划能力，为原型的创造奠定了坚实的基础。

④ 原型创造阶段：实践的探索与成果的呈现　在原型创造阶段，项目成员选用了低成本材料，并巧妙地结合了激光切割和电子模块化编程技术。他们反复试验，不断调整和优化设计，最终成功完成了爬行类、哺乳类动物折纸机器人系列产品。这些机器人［如牛、狗、狐狸、熊猫、鲸等（图2-24）］不仅形态各异，还根据原创科普课程的进程进行了迭代，以满足不同教学阶段的需求。

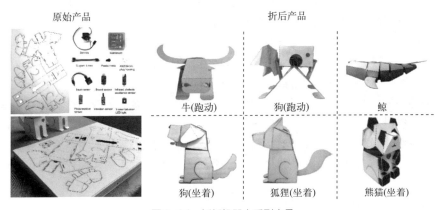

图2-24　折纸机器人系列产品

同时，项目成员还自主研发了配套教学的线上小程序和可视化编程Web端工具（图2-25）。这些工具不仅实现了数字化教学、远程控制和可视化编程等功能，还将物理世界的电子信息与虚拟世界的编程信息相互联通，为孩子们提供了一个更加丰富、立体的学习环境。

图2-25 可视化编程平台和配套小程序

折纸交互机器人项目的成功，不仅证明了从想法到原型的实践导向创新学习的重要性，还展示了应对现代社会和教育需求的创新策略。

2.4.2　创新伦理、社会责任与可持续发展

在工科学生的学习过程中，创新伦理、社会责任与可持续发展不仅是理论上的概念，更是实践中的指南。作为未来工程师和技术创新的引领者，工科学生应当深刻理解并践行这些原则，以确保技术进步，同时兼顾伦理道德、社会责任和环境保护。

（1）创新伦理：技术进步的道德基石

创新伦理是技术创新领域不可或缺的道德指南，它要求工科学生在追求技术突破的同时，必须深刻认识并严格遵守技术应用的伦理界限与社会责任。这意味着，在开发各类技术产品或服务时，应始终将尊重人权与隐私放在首位，特别是在人工智能与大数据等前沿领域，要坚决避免个人敏感信息的非法收集与滥用，确保数据处理的安全性与合规性，切实保护用户权益。此外，技术创新还应秉持公平公正的原则，致力于让技术成果惠及全社会，特别是要关注弱势群体的需求，提升技术的可及性与包容性，避免因技术鸿沟加剧社会不平等。同时，工科学生需承担起技术责任，对技术可能引发的风险与不确定性保持高度警觉，并在创新过程中保持信息的透明度，及时向公众及相关利益方公开技术详情，主动接受社会监督，以实际行动践行创新伦理，推动技术健康、可持续地发展。

屠呦呦团队在研发青蒿素时，严格遵循伦理规范，尊重人权与隐私，确保数据安全和合规使用。他们追求公平公正，致力于为全球疟疾患者提供有效且价格低廉的治疗药物。同时，团队成员保持高度责任感和透明度，及时披露研究进展，接受社会监督。屠呦呦甚至以身试药，体现了对科研和人类健康的深厚责任感，是创新伦理的典范。

（2）社会责任：技术创新的应有之义

社会责任是企业发展不可或缺的一环，它要求企业在追求经济效益的同时，必须肩负起对社会、环境及员工的全面责任。对于工科学生而言，这一理念在技术创新过程中显得尤为重要。他们应当时刻铭记，技术创新不仅要驱动进步，更要兼顾环境保护，积极推动绿色、低碳、环保技术的研发与应用。在能源、交通、建筑等关键领域，工科学生应勇于探索可再生能源、节能减排等前沿技术，力求在技术创新的同时，最大限度地减少对环境的负担与破坏。同时，技术创新还应紧密围绕社

会福祉，聚焦教育、医疗、养老等民生痛点，运用科技力量提供切实可行的解决方案，切实提升民众的生活质量与社会福祉。此外，工科学生在技术创新过程中，还应将员工关怀置于重要位置，努力营造良好的工作环境，建立公平合理的薪酬福利体系，以及提供广阔的职业发展空间，确保每一位员工都能共享技术创新的丰硕成果，共同构建和谐、可持续的创新生态。

沈阳化工大学的学生研发出了新型可降解聚酯催化剂。该技术提高了可降解塑料的生产效率和质量，降低了成本，有助于减少塑料污染，推动了环保技术的发展。这一创新既体现了对环境的保护，也增进了社会福祉，是工科学生积极履行社会责任的典范。

（3）可持续发展：技术创新的长远目标

可持续发展作为人类社会发展的核心理念，强调在满足当前世代需求的同时，确保未来世代也能满足自身需求的能力不受损害。对于工科学生而言，这一理念深刻影响着他们的技术创新路径。在追求技术突破的过程中，他们必须时刻将长期影响纳入考量，致力于推动经济、社会与环境的和谐共生。具体而言，工科学生应积极拥抱循环经济模式，从产品设计、制造到使用的全生命周期中，注重资源的循环利用与节约高效，确保材料的可回收性与再利用性，最大限度地减少资源浪费与环境污染。同时，在技术创新的全链条中，构建绿色供应链成为不可或缺的一环，这要求他们精心选择环保原材料，采用清洁能源与绿色生产工艺，确保供应链的每一个环节都符合环境友好的高标准。此外，工科学生还需具备前瞻性的长远规划能力，在技术研发与应用的每一步中，深入评估其对经济、社会及环境的长期影响，坚决避免短视行为可能引发的负面后果，以实际行动践行可持续发展的深刻内涵。

比亚迪作为国内新能源汽车的领头羊，通过技术创新展现了可持续发展的长远目标。它注重电池的回收再利用，打造绿色供应链，并采用清洁能源生产。同时，比亚迪加大了在电动汽车等领域的研发，引领行业变革，为可持续发展贡献了力量。

创新伦理、社会责任与可持续发展是工科学生在技术创新过程中必须遵循的重要原则。通过深入理解并践行这些原则，工科学生不仅能够成为优秀的技术创新者，更能够成为有道德、有担当、有远见的社会责任践行者。

2.4.3　创新文化与多领域表现

创新文化是推动科技进步和社会发展的核心动力之一。在工科教育中，培养学生的创新思维、倡导创新文化，对于激发学生在不同领域中的创造力和提高实践能力具有重要意义。本节将探讨创新文化的内涵、特征及其在多个领域中的具体表现，旨在鼓励工科学生深入理解并融入创新文化，为未来的科技发展和社会进步贡献力量。

（1）创新文化的内涵与特征

① 创新文化的内涵　创新文化是一种鼓励探索、容忍失败、追求卓越的组织氛围和价值观体系。它强调开放思维、跨界合作、持续学习和快速迭代，鼓励个体和团队勇于尝试新事物，不断探索未知领域，以实现技术突破和价值创造。

② 创新文化的特征　创新文化以其独特的魅力，成为驱动社会进步与发展的重

要力量。它展现出了高度的开放性，积极吸纳来自不同背景、不同领域的精英人才，鼓励他们跨越学科界限，自由交流思想，共享宝贵知识，从而激发出前所未有的创意火花。同时，创新文化深具包容性，对失败抱有宽容与理解的态度，将其视为成功之路上不可或缺的学习与成长契机，而非简单地惩罚对象，这种氛围极大地鼓舞了人们的探索勇气。此外，协作性也是创新文化的显著特征，它强调团队合作的力量，通过汇聚集体智慧，实现资源共享，携手攻克难关，共同推动创新进程。而学习性则贯穿创新文化的始终，它倡导持续学习的精神，鼓励个人与组织不断汲取新知识，掌握新技能，灵活适应日新月异的外部环境，确保在激烈的竞争中始终保持领先地位。

（2）创新文化在多领域中的表现

① 在工程技术领域　在工程技术领域，创新文化表现为对新技术、新工艺、新材料的不断探索和应用。工程师们勇于挑战传统设计，敢于采用非传统方法解决问题，推动工程技术的不断进步。

② 在信息技术领域　在信息技术领域，创新文化鼓励开发者不断挑战技术极限，探索人工智能、大数据、云计算等前沿技术的应用。开发者们通过跨界合作，将信息技术与其他领域深度融合，创造出具有颠覆性的新产品和服务。例如，阿里巴巴集团在信息技术领域展现出了鲜明的创新文化，通过深度应用人工智能技术、强化大数据处理与分析能力、确立云计算服务的领导地位，以及营造鼓励尝试与创新的内部氛围，不断推动技术突破与业务创新，为行业树立了典范。

③ 在环境保护领域　在环境保护领域，创新文化推动科研人员开发更加环保、可持续的技术和解决方案。他们致力于减少污染、节约资源、保护生态环境，通过绿色化学、生物降解材料等技术手段，实现经济发展与环境保护的双赢。例如，为解决"黑烟车"污染治理难题（图2-26），广东省历时8年打造了完善的"天地车人"一体化监管体系。这一体系整合了遥感监测设备、机动车年检机构、重型柴油车远程在线监控和快检队伍等多方资源。通过大数据实现移动源智能分析，溯源分析，精细化、精准化的监管和应用。这一创新实践不仅提高了污染治理的效率，也为其他地区的环境保护工作提供了有益的借鉴。

图2-26　平台抓取的正在路上行驶的黑烟

④ 在社会科学领域　在社会科学领域，创新文化鼓励学者运用跨学科知识解决复杂社会问题。他们通过融合心理学、经济学、社会学等多学科知识，深入研究社会现象背后的规律，提出具有创新性的解决方案。例如，行为经济学的兴起是创新文化在社会科学领域的一个显著体现。它融合了心理学和经济学，打破了传统经济学的"理性人"假设，揭示了人们在经济决策中的非理性行为。通过跨学科知识，行为经济学学者提出了许多创新性解决方案，如"助推"理论，以更全面地理解和改善经济现象，展现了创新文化推动社会科学研究的力量。

未来，随着科技的不断进步和社会的快速发展，创新文化将在更多领域中展现出其独特的魅力和价值。

2.5　全球视野下的创新思维

2.5.1　国际创新体系与跨文化管理

（1）不同地区创新体系对比

① 美国的创新体系　美国的创新体系以高度市场化为特点，依托于成熟的风险投资机制和灵活的市场环境。该体系鼓励企业和个人大胆创新，通过成功的创业文化和丰富的学术资源推动科技与商业界的深度合作。如图2-27所示，SpaceX是美国的创新体系和私营航天事业的典型代表，通过利用风险投资和灵活的市场契约，改变了航天领域的商业模式。这种创新模式反映了自由竞争的力量，然而也可能存在过度商业化导致的短视现象。

图2-27　美国私营航天事业的典型代表——SpaceX

② 欧洲的创新体系　欧洲的创新体系更强调政策引导和社会责任。德国的"工业4.0"战略（图2-28）和北欧国家的可持续发展创新，均通过政策规范和财政支持为企业提供框架和方向。这种政府与市场结合的方式确保了创新活动与社会价值的

统一，但在某些情况下缺乏快速反应与灵活性。

③ 亚洲的创新体系　亚洲以日本和中国为代表，展示了另外一种创新范式。日本的创新以精益求精和长远规划著称，其企业在研发和质量控制方面投入巨大，形成了稳健的技术积累。例如，在2023年，日本汽车制造商丰田在研发方面花费了约105亿美元，重点关注电气化、自动驾驶以及先进的制造工艺。通过不断地精益求精，丰田代表车型卡罗拉（Corolla）经过数十年的发展已成为丰田在全球汽车市场领导地位的持久象征（图2-29）。但是日本在创新体系上也存在着如何打破传统企业文化的束缚，提升跨领域合作和竞争的挑战。

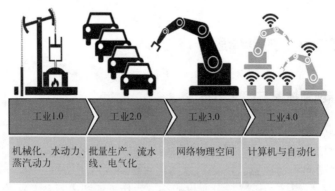

图2-28　德国的"工业4.0"战略

图2-29　丰田卡罗拉（Corolla）车型的发展过程

相比之下，我国的创新体系近年来展现出了强大的动态适应能力，得益于庞大的市场需求和政策支持，我国科技产业迅速崛起。强大的动态适应能力在人工智能、5G技术和电动汽车（EV）等关键领域展现了强劲的竞争力，我国已成为这些领域的全球领导者。我国政府通过"中国制造2025"计划等举措积极推动创新，培育先进制造业，并大力投资研发。此外，华为等我国科技巨头在推动国家技术进步方面发挥了关键作用。这种模式强调速度和规模，同时也在积极探索自主创新的可持续路径。

在全球化时代，创新已经成为国家、企业获取竞争优势的重要手段。然而，随着全球市场一体化程度的加深，创新不仅需要技术上的突破，还需要在管理和文化的交会中寻找新的突破口。国际创新体系的构建，必须紧密结合跨文化管理实践，以推动企业在多元文化内涵中寻找共赢之道。

(2) 跨文化管理推动国际创新体系发展

跨文化管理对于国际创新体系的发展至关重要。跨文化管理强调对不同文化背景的员工进行有效管理，以实现企业目标。这不仅包括对文化差异的包容与尊重，还涉及如何将不同文化背景下的认知和行为有效整合，从而激发创新潜力。

① 理解差异：文化融合的驱动力　在我国，华为公司作为国际市场的重要参与者，通过其跨文化管理实现了全球创新的良性循环。华为在全球设有多家研究机构，员工来自各个国家和地区。在这样的多元化背景下，华为依靠包容性的文化政策和灵活的管理机制，鼓励全球员工深入交流与合作。通过设立多文化团队，华为能够在复杂的市场环境中迅速响应，开发出符合当地市场需求的创新产品。比如，华为在欧洲市场的成功，部分归功于其根据当地消费者习惯与技术趋势做出的产品调整和创新（图2-30）。

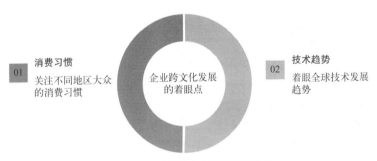

图2-30 企业跨文化发展的着眼点

② 提升效率：多元化团队的合作典范　跨文化管理在国际创新体系中扮演着提升团队合作效率的角色。在一个多文化的工作环境中，不同文化背景的成员可能对决策过程、时间管理、风险偏好等有不同看法。这种差异如果处理不当，就会导致沟通障碍和效率低下。跨文化管理可以通过建立一个开放和信任的沟通平台，鼓励团队成员利用多元化视角促成新想法的诞生。

以阿里巴巴为例，其全球化布局强调"全球买、全球卖"的战略。在这一战略指引下，阿里巴巴通过整合来自不同国家和地区的人才，以多元化团队助力创新。

公司内部的"多语言日"等活动，旨在提高员工的跨文化沟通能力，并增强团队凝聚力。这不仅帮助阿里巴巴更好地理解和进入当地市场，还增强了整个团队的创新意识和提高了创新能力。

③ 吸收再创新：本土智慧与全球视野相结合　国际创新体系中的跨文化管理还需要充分重视对本土文化的吸收和再创新。简单地复制成功经验往往难以获得持久的市场成功，唯有将全球视野与本土智慧相结合，才能推动持续创新。在这一方面，字节跳动在国际化进程中的表现可圈可点。字节跳动不仅借鉴了全球先进的科技理念，更重要的是将其与我国本土的媒介文化相结合，打造出如抖音（TikTok）这类全球皆宜的产品，成功吸引了不同文化背景的用户群体。

（3）跨文化创新团队的实践案例

① Airbnb的多元文化创新　每年，Airbnb都会举办一场备受期待的盛会——"Airbnb Global Gathering"。在这一全球性的活动中，来自世界各地的员工、合作伙伴和行业专家齐聚一堂，共同探讨和交流最新的市场创新策略和文化见解。这不仅是一个展示Airbnb在共享经济领域领先地位的平台，更为与会者提供了独特的学习和成长机会。在活动中，Airbnb会分享其在市场上取得成功的创新策略，例如，如何应对不断变化的市场需求、如何通过数据驱动的决策来提升公司的整体绩效。此外，全球各地的文化代表和行业领袖会带来关于多元文化的演讲和讨论，探讨如何在全球范围内尊重和融合各地独特的文化差异，营造一个包容和丰富的社区氛围。

② IBM公司的跨国合作项目　IBM公司的跨国合作项目展示了其在全球范围内推动创新和协作的战略。通过"全球业务服务（Global Business Services）"计划，IBM公司不再局限于单一市场的经验与资源，而是积极组建由来自不同国家和地区的专家组成的多元化团队。这些团队成员不仅在技术和咨询方面具备深厚的专业知识，而且深入了解各自国家的市场动态与文化差异，使他们能够更好地识别并抓住全球各地的商业机会。在这样的跨国合作框架下，IBM公司致力于通过共享知识和最佳实践，推动技术创新和解决方案的开发。

③ 宜家的全球设计团队　宜家在产品开发方面具有独特且卓越的能力，这得益于其多元化和国际化的视野。公司深知，满足全球顾客的需求不仅仅是提供质量高和实用的家具产品，还需要了解并融入各个地区的文化和生活方式。因此，宜家一直致力于打造一个由来自世界各地、具有丰富文化背景的设计师们组成的国际团队。这些设计团队不仅仅设计家具，他们更像是文化的桥梁，通过对全球各地风俗和空间需求的深入理解，将各地独具特色的文化元素融入产品设计中。这种文化融入不仅体现在外观和材质的选择上，还反映在功能性和使用体验的创新中。来自不同文化背景的设计师们通过开放的交流与合作，分享灵感与创意，确保设计作品既具有全球吸引力，又能在本地市场引起共鸣。

2.5.2　社会价值创新：国际合作中的共享机制

在全球化的时代背景下，国际合作中的创新思维共享机制成为推动全球创新发展的重要引擎。建立全球创新网络、强化知识产权保护与共享、推动数字化创新合作、培养国际化创新人才是这一机制的四大关键环节。

图2-31　国际防盲协会（IAPB）

国际合作中共享机制的典型案例如下。

（1）全球致盲性疾病研究合作

全球致盲性疾病研究合作的目的是通过集体的智慧和努力，消除可预防性的失明问题。其中，以国际防盲协会（International Agency for the Prevention of Blindness，IAPB）（图2-31）为代表的全球协作网络在防盲领域发挥着至关重要的作用。IAPB作为一个国际性非政府组织，汇集了来自不同国家和地区的眼科医生、研究人员和其他相关专业人士，通过多种方式推动眼健康事业的发展。

（2）开源软件运动

开源软件运动的核心理念是通过开放源代码，让任何人都可以查看、修改、使用和分发软件。这样做不仅实现了共享知识和技术的目标，还激发了无数创意和创新。Linux操作系统、Apache服务器、Mozilla Firefox浏览器等知名开源项目，正是这种协作精神的结晶。Linux操作系统是开源软件的代表性成果之一，由Linus Torvalds于1991年首次发布以来，Linux（图2-32）便迅速发展成为世界上使用最广泛的操作系统内核之一。无论是在服务器、超级计算机还是手机和平板电脑中，都可以看到Linux的身影。这个项目集结了来自全球的成千上万名开发者，他们通过版本迭代和代码贡献不断优化和增强系统功能。

图2-32　Linux

2.5.3　创新思维在全球范围内的未来展望

（1）创新思维的多领域影响与表现

随着全球化的深入发展和技术的飞速进步，各领域对创新思维的需求愈加强烈且多样化，产生了丰富而深远的影响。

在科技行业，创新思维是驱动变革的引擎。以特斯拉为例，其不仅革新了汽车行业的技术标准，更推动了能源使用观念的变革，这背后正是创新思维在产品设计和市场策略上发挥深刻作用［图2-33（a）］。教育领域同样受益于创新思维的推动。

教育技术的兴起，使得在线学习平台、自适应学习系统等新型教育模式成为可能[图2-33（b）]。这不仅打破了时空限制，让优质教育资源更为普及，也启发教育者重新思考教学方法与学习评估的创新方式。

在医疗行业，创新思维促进了精准医学和个性化医疗的迅速发展。通过大数据和人工智能技术的结合，医疗行业正经历从传统经验医学向技术驱动医学的重大转变。这一转变不仅提高了诊疗效率，也为复杂疾病的研究带来了全新的视角和方法[图2-33（c）]。

(a) Hagerty 21 世纪第二个十年全球　　(b) 中国大学生慕课平台　　(c) 达·芬奇手术机器人
最佳车型：特斯拉 Model S

图2-33　创新思维的多领域表现

由此可以看到，创新思维正在全球各行业中发挥着不可替代的作用，为其注入活力与变革的力量。它引导各领域不断突破瓶颈，迎接挑战，并通过对新技术和新方法的灵活应用，提供更具价值的产品和服务。在未来，创新思维的跨领域融合将不断推动社会朝着更加智能化、个性化和高效化的方向发展。

（2）创新思维发展的前景展望

随着科技的迅猛发展和全球化的深入发展，创新思维的发展正在迎来前所未有的机遇与挑战，成为驱动个人、组织乃至整个社会不断进步的核心力量。展望未来，创新思维的发展前景将更加广阔，其影响力也将更加深远。

首先，人工智能和物联网等技术的普及为创新思维提供了全新的工具和平台。这些技术不仅能够处理复杂的数据分析和决策，帮助我们更深刻地理解问题本质，还可以激发新的创意灵感。例如，随着技术的不断发展，智能家居系统正在逐步实现家居设备的智能化控制。通过智能家居系统，人们可以远程控制家电设备，提高生活的便捷性。同时，智能家居系统还可以通过数据分析，了解用户的生活习惯，为用户提供更加个性化的服务。

其次，创新思维将在多学科交叉合作中焕发新的活力。面对全球性挑战，如气候变化、公共健康危机和资源短缺，仅依赖单一学科的深度探索不足以应对。未来的创新将更多地依靠科学、技术、人文和艺术等多领域的交融，从而催生出更多变革性解决方案。跨学科团队将成为创新的"催化剂"，通过集思广益和资源整合，开发出更具有社会价值和可持续性的创新成果（图2-34）。

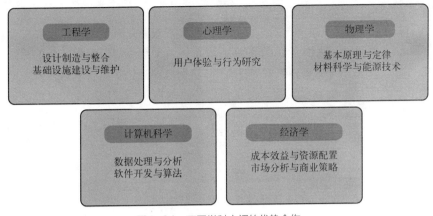

图2-34 不同学科之间的优势合作

此外，信息的民主化正在改变创新思维的传播和实践方式。随着互联网的普及和信息技术的发展，知识共享和协作已不再受地域限制。开放式创新平台、众包创新和全球化的在线协作成为普遍趋势，使个体和组织能够更及时地获取全球创新资源。这种趋势不仅加速了创新的速度，也使创新成果更加多元化和接地气，助推社会的全面进步。

2.6 创新思维的实践案例

2.6.1 校企合作与真实项目创新实践

在当今快速变化的科技环境中，校企合作已成为高校推动创新教育、实现科研成果转化的关键路径之一。这种模式不仅拓展了学术研究的深度和广度，而且加速了技术从实验室到产业应用的过渡。这种合作通过多种机制将理论与实践紧密结合，为学生提供了前所未有的学习和成长平台。这不仅对双方都具有价值，更为教育改革和科技进步提供了实践支持和理论启示，因此值得深入探讨与推广。通过以下案例分析来揭示创新思维如何在校企合作项目中发挥关键作用。

（1）浙江微芯思源科技有限公司

浙江微芯思源科技有限公司是一家基于射频识别技术（RFID）的产品和服务供应商，专注于酒类防伪市场，致力于以科技关怀生活，引导放心消费，提倡健康生活。公司与杭州电子科技大学"射频电路与系统"教育部重点实验室进行合作（依托高校的科研实力和人才优势），开展了技术研发、人才培养和成果转化等工作，实现了校企合作与科技成果转化的良性互动，为公司的发展提供了强大的支撑。

① 依托高校资源，开展技术研发　浙江微芯思源科技有限公司的成功离不开与杭州电子科技大学"射频电路与系统"教育部重点实验室的合作。该实验室拥有强大的科研实力和经验丰富的师资，为公司提供了技术支持和人才储备。公司研发人员不仅参与核心技术研发，还参与了浙江省重大科技专项重点项目，取得了多项专

利和软件著作权，为公司的技术领先地位奠定了基础。

② 基于项目学习，培养创新人才　公司积极参与基于项目的学习（PBL）模式，将理论知识与实践应用相结合，培养具备创新能力和解决实际问题能力的员工。例如，公司研发人员参与的项目不仅包括RFID防伪系统，还包括安全监控SOC（安全运营中心）及应用、射频收发器及测试仪器等。这些项目培养了研发人员的研发能力和创新能力（图2-35）。

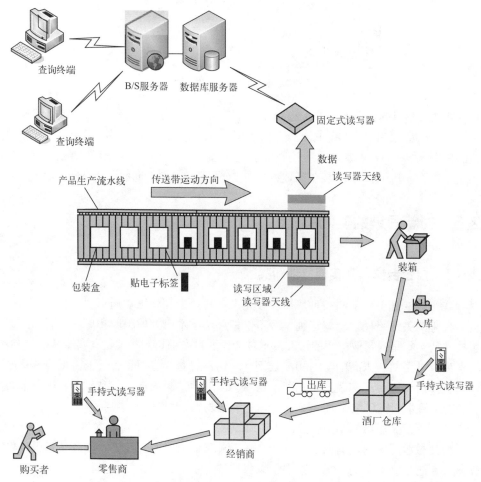

图2-35　RFID防伪技术在企业中的应用场景

③ 校企合作平台，促进成果转化　公司与杭州电子科技大学建立了紧密的合作关系，并积极参与学校组织的各类科技创新活动，例如"挑战杯"大学生创业计划竞赛等。这些活动为公司提供了展示成果、寻找合作伙伴、获取投资的机会，促进了科技成果的转化，也为公司的发展提供了新的动力。

④ 创新思维在实践中的应用　公司注重将创新思维应用于产品研发和市场营销

中。例如，公司开发的产品不仅具备防伪功能，还集成了防窜货、物流管理等功能，为酒类企业提供了一体化的解决方案（图2-36）。同时，公司采用了渗透定价策略，以较低的价格进入市场，迅速抢占市场份额，并建立了良好的品牌形象。

（2）摩思特智能门控有限责任公司

摩思特智能门控有限责任公司是一家充满活力和创新精神的新兴企业，其核心理念在于利用先进的手机蓝牙及全球移动通信系统（GSM）网络技术，开发出安全、便捷、高效的智能门控系统，从而推动我国门控行业的安全化、便捷化和网络化发展。摩思特智能门控有限责任公司的案例充分展示了校企合作在真实项目创新实践中的重要作用。通过与杭州电子科技大学合作，公司获得了技术支持、人才支持和平台支持，从而加速了产品的研发和迭代，提升了企业的竞争力。这种模式为工程教育与创新教育模式提供了新的思路和方向，因此值得推广和应用。

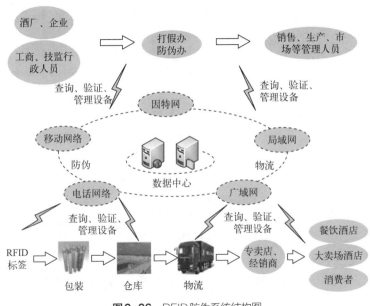

图2-36 RFID防伪系统结构图

① 技术研发与专利合作 摩思特智能门控系统的核心技术——手机蓝牙及GSM网络技术（图2-37），源自杭州电子科技大学的学生，他们拥有相关专利并参与公司的技术指导和产品研发。这种模式不仅为企业节省了研发成本，也促进了高校科研成果的转化和应用。

② 人才培养与就业合作 公司与杭州电子科技大学管理学院合作，聘请高校教授作为营销顾问，为公司提供市场营销方面的指导和支持。此外，公司还通过在该高校招聘应届生，为企业的未来发展储备人才，也为该校学生提供实习和就业机会，帮助学生将理论知识与实践经验相结合，提升了就业竞争力。这种模式既解决了企业的用人需求，也为高校学生提供了就业平台。

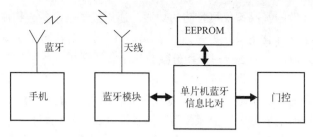

图2-37 手机蓝牙收发控制部分框图

③ 项目实践与创新孵化　公司与杭州电子科技大学合作开展了项目实践，将智能门控系统应用于校园宿舍、实验室等场所，进行实地测试和改进。这种模式不仅检验了产品的性能和可靠性，也为学生提供了参与真实项目的机会，提升了他们的实践能力和创新能力。同时，公司与高校共建了创新孵化平台，为学生提供创业指导、资源对接等服务，鼓励学生进行创新创业实践。这种模式将为高校学生提供更加广阔的发展空间，促进科技成果的转化和应用。

④ 合作共赢，共创未来　高校拥有丰富的技术资源和人才优势，企业拥有市场资源和实践经验。校企合作可以实现优势互补，共同推动科技成果的转化和应用。一方面，校企合作可以帮助学生将理论知识与实践经验相结合，提升就业竞争力，为企业输送优秀人才。另一方面，校企合作也可以促进高校科研成果的转化和应用，推动企业技术创新，提升企业竞争力，推动社会经济发展，创造出更大的社会效益。

(3) 申图科技有限公司

申图科技有限公司是一家致力于提供旅游导航服务的初创企业，其核心产品为地理信息系统（Geographic Information System，GIS），关键技术为百科全书Wiki技术和地理信息系统（GIS）（图2-38）服务技术的融合体。公司致力于提供多模式、多精度的电子地图，建立虚拟社区，搭建用户与公司、用户与用户之间的交流平台，满足用户的个性化地图需求。通过与高校的合作，申图科技不仅实现了技术突破，还获得了人才培养、资源共享和成果转化等多方面的益处，有效提升了自身的竞争力，并成功将产品推向市场。

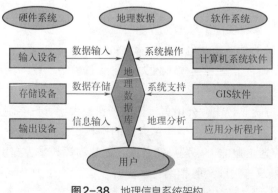

图2-38　地理信息系统架构

① 校企合作驱动技术创新　申图科技的核心产品是融合了Wiki技术和GIS服务的旅游导航系统。为了弥补技术短板，申图科技选择了与杭州电子科技大学等高校进行合作，充分利用高校的科研资源和人才优势，共同进行旅游导航系统的技术研发。这种校企合作模式为申图科技带来了多方面的益处。

a.技术突破：高校拥有先进的科研设备和优秀的科研人才，能够为企业提供前沿的技术支持和解决方案，帮助企业在技术创新方面取得突破。

b.人才培养：校企合作可以为学生提供实践机会，使学生将理论知识与实践相结合，培养适应企业需求的复合型人才。

c.资源共享：校企双方可以共享实验室、设备、数据等资源，降低研发成本，提高研发效率。

d.成果转化：高校的科研成果可以通过企业转化为实际产品，实现产学研一体化，促进科研成果转化。

② 校企合作助力产品开发　申图科技在产品开发过程中，始终坚持以市场为导向，充分考虑游客和旅游管理部门的需求。然而，如何将市场需求转化为实际的产品，是公司面临的一大挑战。通过与杭州电子科技大学等高校合作，申图科技获得了宝贵的专业知识和人才支持，有效地解决了产品开发过程中的技术难题。例如，高校的地理信息系统专业可以为申图科技提供地图数据、空间分析等技术支持，帮助公司开发出功能更完善的旅游导航系统（图2-39）。同时，高校的软件工程专业可以为申图科技提供软件开发人才，帮助公司进行产品开发和维护。

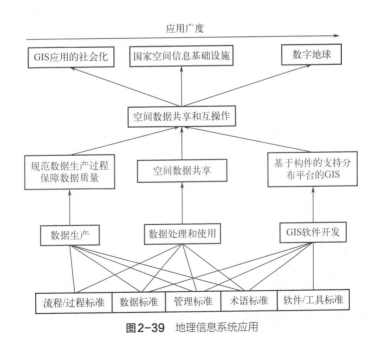

图2-39　地理信息系统应用

③ 校企合作推动市场拓展　申图科技在市场拓展方面也积极寻求与高校的合作。通过与高校合作开展项目，申图科技可以将产品推向更广阔的市场，并获得更多的客户资源。例如，申图科技与高校合作开展旅游信息化建设项目，将公司的旅游导航系统应用到高校的课程中，让学生通过实际操作了解旅游信息化的重要性，并提高对申图科技产品的认知度。此外，申图科技还与高校合作开展旅游推广活动，将公司的产品推向更广泛的旅游市场。

2.6.2　创客空间、学生社团与创新竞赛

创客空间、学生社团及创新竞赛在培养学生创新意识和实践能力方面发挥了至关重要的作用。这些平台不仅提供了动手实践的机会，还营造了自由探索和分享思想的氛围，促进跨学科合作与思维碰撞。通过多学科背景的学生共同参与项目，激发出新的创意和解决方案，从而大幅度提升了学生的团队合作能力和综合创新素质。

（1）创客空间的建设与运营

创客空间作为学生创新项目孵化和实践能力提升的重要平台，通过提供实验设备、技术指导、资源共享和交流机会，极大地降低了学生将创意转化为现实项目的门槛，激发了学生的创造潜能和动手能力。在创客空间里，学生可以在专业导师的指导下，利用丰富的资源进行实践探索，通过团队合作和项目实操，不断提升自己的创新思维、问题解决能力和项目管理技能。

西湖创客汇（Westlake Maker Space）成立于2013年12月15日，是位于杭州的一个非营利性社会组织，也是浙江省第一家创客空间，同时也是我国最早的创客空间之一。它在2015年被科技部评定为首批国家级众创空间，并成为中国创客空间联盟（CMSU）的发起单位之一。

① 创新辅助　西湖创客汇致力于为会员提供全方位的创新支持，包括技术指导、经验分享和资金援助。在大学内开设的创客孵化营，特别针对学生群体，旨在培养他们的创新思维和动手能力。通过组织各类工作坊、讲座和实践活动，学生可以在专业人士的指导下，将创新想法逐步转化为可行的项目（图2-40）。这种辅导模式不仅提高了学生的专业技能，还激发了他们的创造潜能，为未来的创业之路打下了坚实基础。

图2-40　西湖创客汇妙学沙龙活动

② 项目孵化　"碎片化创业"模式是西湖创客汇的一大特色，它将大学生的空闲时间与产品经理的专业知识有效地结合，以低成本的方式孵化创客项目。这种方法降低了创业初期的风险，让学生在探索商业可能性的同时，逐步完善自己的项目。通过这个过程，学生不仅学会了如何将创意转化为实际产品，还掌握了市场调研、产品设计、商业模式构建等关键技能。

③ 交流与展示社区　西湖创客汇构建了一个活跃的交流与展示平台，鼓励会员之间分享观点、技术和经验。定期的头脑风暴会议和项目展示活动，为会员提供了展示创新成果、接收反馈和改进的机会。这种互动不仅促进了知识和技能的传播，还增强了学生的沟通能力和团队合作精神。通过这个平台，学生能够更好地了解行业动态，拓宽视野，提升自己的实践能力。

④ 资源共享　为了降低创新门槛，西湖创客汇提供了丰富的资源，包括供应链资源、实验设备、工作场地和开源软硬件等。这些资源为学生提供了实验和创作的空间，使他们能够将更多的精力投入到创新实践中。通过共享资源，学生不仅能够减少在准备工作上的时间消耗，还能在合作中学习到更多的实践技能，从而提高创新项目的成功率。

通过这些职能和服务，西湖创客汇有效地推动了学生的创新项目孵化，提升了他们的实践能力。它不仅为学生提供了一个将创意转化为现实项目的平台，还通过资源共享、专业指导等方式，帮助学生更好地理解和掌握创新过程中的关键技术和步骤。

(2) 学生社团的创新活动

学生社团通过组织多样化的研讨、竞赛、调研和实践活动，为学生提供了一个开放的学习环境和思维碰撞的平台，有助于激发学生的好奇心和探索欲，培养其创新思维。这些活动鼓励学生突破传统课堂的束缚，主动发现问题、提出假设、设计方案并进行验证，从而在不断的尝试和反思中锻炼思维的灵活性、独创性和批判性，为形成独立思考和创新能力提供了有效的锻炼途径。杭州电子科技大学学生社团通过举办创新竞赛和项目实践，孕育了一系列科技成果，如研发新型电子设备、开发智能软件等，展现了学生们的创新精神和实践能力。

① 自动化科技创新协会　"科协九点半"活动是杭州电子科技大学自动化科技创新协会推动学生科技创新和提升实践能力的重要平台，通过定期的科技创新交流活动，为学生提供了一个展示才华、交流思想的舞台。该活动包括技术讲座、研讨会、工作坊等形式，涉及自动化、人工智能、机器人技术等多个领域。活动内容包括最新科技动态的分享、科研项目的探讨、技术难题的解决等，以促进学生之间的知识交流和技术合作。"科协九点半"作为学生社团的精品立项之一，显示了学校对学生科技创新活动的支持和重视。通过举办这样的活动，学生不仅能够提升自己的专业技能，还能够培养团队合作精神和创新能力。

② 电子工程学会　杭州电子科技大学的电子工程学会是一个专注于电子工程领域学术交流与科技创新的学生组织。该组织主导了数字电路系统创新设计竞赛，旨在提高学生在数字电子技术设计领域尤其是可编程逻辑器件应用领域的创新设计能力。比赛方式采用指定平台、开放竞赛、统一评审的形式，鼓励学生自主设计，并在实践中发挥创意。竞赛内容聚焦于数字电子技术基础知识，旨在促进电子信息类专业和相关课程的建设，引导高校在教学中注重培养大学生的实践创新能力、协作精神（图2-41）。

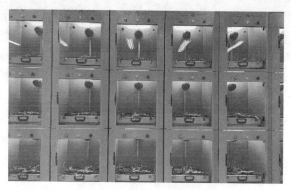

图2-41 数字电子技术远程实境实验平台

③ 华为智能基座社团 杭州电子科技大学华为智能基座社团是一个专注于人工智能技术实践与创新的社团，依托华为智能基座的资源与技术，帮助成员深入学习人工智能、云计算、大数据等前沿科技，培养AI领域的未来人才。该社团通过实际项目、数据集处理与模型训练等活动，帮助成员掌握AI的核心技能，并定期举办研讨会，邀请行业专家分享最前沿的研究成果与技术趋势。社团通过提供丰富的学习资源、实践平台和专家指导，为学生提供了一个优秀的科技创新和学习环境，有效促进了学生在人工智能领域的技术提升和创新能力培养。

（3）创新竞赛的组织与成效

创新竞赛作为一种激发学生潜能和创造力的有效途径，在培养学生的创新思维方面发挥着至关重要的作用。它通过设定具有挑战性的课题，鼓励学生跳出传统思维框架，进行大胆设想和探索，从而锻炼他们的独立思考能力和问题解决能力。同时，竞赛过程中的团队协作、沟通交流以及批判性思维训练，有助于学生形成系统的创新思维模式，为未来在科学研究、技术开发或创业实践中取得突破奠定坚实的基础。杭州电子科技大学通过举办丰富多样的创新竞赛活动，培养了一大批创新型人才，取得了包括多项专利授权和高水平竞赛奖项在内的显著成果。

① 中国国际"互联网+"大学生创新创业大赛 中国国际"互联网+"大学生创新创业大赛是一项以"互联网+"为主题的大学生创新创业竞赛，旨在深化高等教育综合改革，激发大学生的创造力，培养造就"大众创业、万众创新"的生力军。通过工科项目的实践，杭州电子科技大学的学生在大赛中不仅体现了跨学科整合、问题导向、工程实践等创新思维的运用，而且取得了优异成绩。如"基于医疗大模型的数字家庭医生"项目运用了大数据和人工智能技术，创新性地将医疗大模型应用于家庭医生服务；"国产新一代Wi-Fi 6E射频前端保密芯片"项目，学生团队针对现有无线通信技术的不足，研发了新一代射频前端芯片，体现了他们在提升通信安全性和效率方面的创新。

② 大学生工程实践与创新能力大赛 大学生工程实践与创新能力大赛是一项面向全国大学生的科技竞赛，旨在提高大学生的工程实践能力和创新意识，培养适应

社会发展需要的高素质工程技术人才。杭州电子科技大学在此竞赛中的工科创新创业项目有着优异的表现。学校设立新能源赛道，包括太阳能电动车和温差电动车两个赛项。这些项目聚焦于新能源技术的应用和创新，旨在培养学生在新能源领域的工程实践能力。学校创造性地设置未来技术探索赛项，以"未来人居环境"为赛题，鼓励学生团队面向未来技术的"奇思妙想"，重点考查参赛团队的前瞻性思维与原始创新能力水平。

③ 大学生物理科技创新竞赛　浙江省大学生物理科技创新竞赛是一项旨在激发大学生学习大学物理的积极性，培养创新思维与创新能力，提高运用物理知识解决实际问题能力的竞赛。主题涵盖全国大学生物理实验竞赛（创新）主题类、科技作品主题类以及科技作品推广类。竞赛要求学生进行创新性思考和实验设计，这有助于培养学生的创新能力和解决问题的能力。

杭州电子科技大学在浙江省大学生物理科技创新竞赛中取得了优异的成绩。多个优秀的创新项目展示了杭州电子科技大学学生在物理科技创新领域的实践能力，也体现了学校在培养学生工科创新思维方面的成效。如"远程智能灰霾监测和净化系统"项目通过跨学科技术融合、创新监测技术、智能化数据处理、实时监测与预警、高精度监测系统、环境友好型设计以及科技支撑精准治霾等多方面，展现了工科创新思维的良好运用。

2.6.3　全球创新合作的成功案例分析

在全球化背景下，创新合作已成为推动现代科技进步和高等教育发展的战略要地，其必要性体现在通过资源共享、知识互补和联合研发等方式，提升科研项目的深度与广度。全球创新合作开创了跨文化、跨国界协作的新模式，吸纳不同背景的科学家和学者共同参与，通过文化、智慧的交汇与融合，拓宽创新思维的边界，提升解决复杂国际问题的能力，从而在全球科技舞台上缔造出更多具有深远影响的创新成果。这种合作范式不仅推动了科技进步，还提高了高等教育机构的国际化程度，促进了创新人才的全球化流动和培养，成为21世纪科技和教育发展的重要推动力。

（1）跨国联合实验室

高校跨国联合实验室吸引来自各国的研究人员和学生共同参与科研项目，创造了多元化的知识交流和交叉学科合作的平台。这种国际化的科研环境激发了不同文化背景和学术训练的成员碰撞新思维、挑战传统观点，促进了创新概念和技术的融合。同时，跨国联合实验室还为学生提供了直接与国际顶尖专家和研究机构互动的机会，拓宽了他们的研究视野，培养了全球视野和跨文化沟通能力，从而助力形成具有前瞻性和适应广泛场景需求的创新思维能力。杭州电子科技大学的联合实验室项目体现了在国际合作、技术研发与创新方面的积极努力和成果，通过与海外高校和研究机构的合作，推动了相关技术的发展和应用。

① 国家脑机协同智能技术国际联合研究中心　该中心于2017年由科技部批复立项建设，依托于杭州电子科技大学计算机学院，与意大利罗马大学、德国汉堡大

学、美国伊利诺伊理工大学、日本理化学研究所等共同建设。中心围绕"脑、机、智"三个方面，开展脑认知功能、脑机接口、智能信息系统、人机闭环等方向的国际联合研究，推动了我国脑机智能领域研究进入国际前沿。

② 中国－奥地利人工智能与先进制造"一带一路"联合实验室　该实验室由杭州电子科技大学联合奥地利MUT环保技术与机械设备工程有限公司、维也纳技术大学及杭州言实科技有限公司共同申报。实验室依托于杭州电子科技大学"控制科学与工程"浙江省重中之重学科和一级博士点，聚焦物联网与智能感知、高端装备智能诊断与安全评估、智慧教育及数字孪生智能工厂虚拟现实可视化仿真等工业智能化领域方向。

③ 集成电路与智能传感国际科技合作基地　该基地依托杭州电子科技大学的"电子科学与技术"省A类一流学科，以及多个国家、省部级平台，围绕集成电路与智能传感领域，突破核心芯片、元器件、软件、智能仪器仪表等基础共性技术，加快传感器网络、传感器集成应用等关键技术研发创新。基地充分利用国际科技资源和开放的国际科技合作环境，开展全方位、宽领域、多层次的对外科技合作，为国家经济建设、社会发展和科技进步服务，解决"卡脖子"的问题。

（2）国际学生交流与合作项目

案例分析：描述某个国际学生交流项目的具体内容及成果，以及学生在跨文化合作中培养的创新能力和全球化视野。

①"亚洲校园"项目　"亚洲校园"第三期项目为杭州电子科技大学联合日本国立山梨大学、韩国国立釜庆大学、马来西亚玻璃市大学申请的"亚洲人工智能应用型人才培养计划：以解决实际问题为驱动的人工智能教育项目"。该项目旨在通过四国高校间优秀学生深度交流，深化合作，培养亚洲下一代杰出人才。之后项目扩展为"亚洲校园＋"，将东盟国家高校纳入申报范畴，为提升学校国际化办学水平提供了更高水平的国际交流合作平台。

② 国家留学基金委创新型人才国际合作培养项目　杭州电子科技大学与爱尔兰都柏林城市大学合作的电子信息创新型人才国际合作培养项目获得了立项资助。该项目聚焦于集成电路设计、微纳器件、智能信息处理、半导体材料与器件等领域，旨在为我国智能制造在芯片制造、半导体器件等领域培养研发应用人才，体现了学校在国际合作中的创新能力和全球化视野。

③ 与塞浦路斯理工大学合作培养电子科学与技术硕士研究生教育项目　杭州电子科技大学与塞浦路斯理工大学合作培养了电子科学与技术硕士研究生教育项目，采用1+1+1模式，学生在两校分别完成课程学习和科研创新实践。这种模式不仅增强了学生的国际化视野，还提升了其跨文化合作的能力，培养了具有国际竞争力的高层次人才。

（3）全球创新网络的建设

全球创新网络整合了世界各地高校、研究机构和企业的科技资源与智慧力量，构建起了一个高度互动的学术与产业生态圈。通过这一平台，学生和研究人员能够以更广阔和多元的视角接触全球最新的研究前沿、技术突破和创新实践，激发跨文化和跨学科的思维碰撞。全球创新网络不仅促进了知识的快速流动和广泛共享，还提升了合作研究的深度和广度，使参与者具有更强的创新能力和解决复杂问题的综合素质。如杭州电子科技大学通过多种方式参与工科的国际学术会议、发表联合研究成果，构建全球创新合作网络，并提升学校的国际学术声誉。

① 国际学术会议参与　杭州电子科技大学在国际工科学术会议参与方面表现卓越，通过举办和参与包括国际青年科学家发展大会、高端装备与智能制造国际会议（图2-42）、ACM SenSys国际会议、IEEE International Conference on Multimedia and Expo（ICME）以及能源工程与电力系统国际学术会议（EEPS）等在内的多个重要会议，学校不仅加强了与全球学术界的交流合作，还显著提升了其在智能制造、物联网、多媒体技术、能源工程等领域的国际学术声誉和影响力。

图2-42　杭州电子科技大学举办2023年高端装备与智能制造国际会议

② 国际科研项目合作　杭州电子科技大学在国际工科科研项目合作及成果方面取得了显著成就，与全球20多个国家和地区的知名高校建立了合作关系，拥有多个国际科技合作平台和研究团队。学校承担了多项国际合作项目，发表了众多高水平SCI论文，并在专利授权和成果转化方面取得了显著成绩，特别是在集成电路与智能传感领域。通过中美、中法、中白俄等国际合作项目，学校在智慧母婴产品、毫米波通信芯片、微纳传感器及微系统等领域取得了突破性进展，推动了相关技术的发展和产业化应用。

③ 国际学术成果发表　杭州电子科技大学在国际工科学术领域取得了显著成果，包括在Advanced Functional Materials、Nature Communications等顶级期刊发表的研究成果，以及在CVPR、IEEE ICME等国际会议上发表的论文。这些成果不仅提升了学校在全球学术界的影响力，也体现了其在推动科研创新和国际合作方面的努力和成就，尤其是在计算机视觉、磁电子器件、集成磁器件、脑机协同智能技术以及钙钛矿光伏等领域的突破性进展，进一步巩固了学校在国际工科创新合作网络中的地位。

参考文献

[1] 陈劲，赵炎，邵云飞，等.创新思维［M］.北京：清华大学出版社，2021：10.

[2] 何林雪.关于创造性思维研究综述［J］.教育进展，2023，13（6）：3466-3471. DOI：10.12677/ae.2023.136548.

[3] 王国平，阎力.头脑风暴法研究的现状和展望［J］.绥化学院学报，2006，26（3）：3. DOI：10.3969/j.issn.2095-0438.2006.03.061.

[4] SADLER S E. Wallas' four-stage model of the creative process: more than meets the eye? ［J］. Creativity Research Journal，2015，27（4）：342-352.

[5] 上海交通大学设计学院.《设计》专访韩挺：通过设计思维建立驱动社会创新和资源的系统［EB/OL］.（2019-11-16）［2024-11-25］. https：//designschool.sjtu.edu.cn/.

[6] 陶沼灵.启发式教学方法研究综述［J］.中国成人教育，2007（7）：2.

[7] 崔炳权，何震宇，王庆华，等. PBL教学法的研究综述和评价［J］.中国高等医学教育，2009（7）：105. DOI：CNKI：SUN：ZOGU.0.2009-07-050.

[8] 吴琼.人工智能时代的创新设计思维［J］.装饰，2019（11）：4.

[9] 陈柳钦.技术创新、技术融合与产业融合［J］.科技与经济，2007，20（3）：4. DOI：10.3969/j.issn.1003-7691.2007.03.005.

[10] 马家兴.学科交叉与跨界融合推动创新型人才培养模式探索［J］.神州，2020（26）：150.

[11] TREFFINGER D J. Creative problem solving: overview and educational implications ［J］. Educational Psychology Review 7，1995（3）：301−312. DOI：10.1007/BF02213375.

[12] 吴智华.论六顶思考帽在问题教学法中的运用［J］.教学方法创新与实践，2020，3（8）：147-149. DOI：10.26549/jxffcxysj.v3i8.4902.

[13] OSBORN A F. Applied imagination: principles and procedures of creative problem-solving ［M］. New York: Scribner，1957.

[14] VAN B，DEREK C M，BOB M，et al. Jobs to be done: a toolbox ［M］. Boston: Harvard Business School，2021.

[15] 黄明燕，赵建华.项目学习研究综述——基于与学科教学融合的视角［J］.远程教育杂志，2014（2）：90-98.

[16] 中国科学院.张亚平、宋利璞：努力实现科技伦理与科技创新的良性互动［EB/OL］.（2022-05-16）［2024-11-25］. https：//www.cas.cn/zjs/202205/t20220516_4834729.shtml.

第**3**章

工科创业者的创业导航

3.1 从灵感到现实：创业之旅的完整指南

在当代，工科创业者不仅是创新技术的创造者，更是未来商业变革的推动者。从想法到公司的创业过程是创意概念化的过程。创意概念化指将一个初步的想法或概念转化为一个具体、可行的计划或产品的过程，需要进行灵感触发、研究与分析、概念发展、执行与实施、评估优化等步骤。创意的概念化是一个动态的过程，需要不断地创新思维和选用灵活的策略。在当今快速发展的市场中，有效的创意概念化是创业公司保持竞争力和创新力的关键。

3.1.1 创业孵化与创新：识别机会与验证概念

在创业的旅途中，第一步是孵化一个可行的想法。创业机会的识别是这一过程的核心，它要求创业者具备敏锐的市场洞察力和对行业趋势的深刻理解。机会识别不仅包括对市场需求的感知，还包括对潜在技术革新的预见。概念验证阶段涉及对产品或服务的初步设计、用户反馈收集以及原型测试等。这一阶段的目的是确保创业想法不仅具有吸引力，而且在实际操作中具有可执行性。

（1）识别创业机会

识别创业机会是指创业者通过观察、分析市场环境，发现潜在的需求或问题，并构思出能够满足这些需求或解决问题的商业想法的过程。创业机会具有吸引力、持久性、适时性、依附性以及可识别等特征。而创业机会的识别作为一种主动行为，受到个人因素（警觉性、先验知识、创造力、社会资本）、机会因素及其他因素相互作用的影响。

著名管理学家德鲁克在其革新来源理论中提出创业机会（创新机会）的七个来源：意外成功或失败、不一致、过程需要、行业和市场结构变化、人口结构变化、观念的变化和新知识。其内涵如图3-1所示。

同时，Shrader和Lumpkin提出以创造力为基础（creativity-based）的多维度机会识别过程模型。该模型将机会识别分为五个阶段，如图3-2所示。

（2）创意概念验证

一旦机会被识别，就会进入概念验证阶段。在这一过程中，通过构建最小可行产品（Minimum Viable Product，MVP），创业者可以以较低成本测试市场的初步反应。快速原型开发、用户测试和反馈循环的引入，帮助创业者快速迭代产品概念，确保产品与目标市场的契合度。

最小可行产品（MVP）测试是创业和产品开发中的一个关键概念。它旨在快速验证产品想法是否具有市场潜力，同时最小化时间和资源投入。进行MVP测试的一般步骤如图3-3所示。

图3-1 创新机会的七个来源

行业和市场结构变化

04 如新竞争者的进入、现有竞争者的退出或市场需求的重大变化，都可能导致创新

意外成功或失败

01 创业公司在某个产品、服务或市场中的成功或失败，都可以成为创新的起点

人口结构变化

05 人口统计特征如年龄结构、教育水平、收入水平的变化，可能会带来新的需求和市场机会

不一致

02 市场或行业中的不一致现象，如顾客行为与创业公司对市场的认知之间的差异，可以成为创新的来源

观念的变化

06 人们价值观、认知、偏好的变化，可能会产生新的产品或服务需求，从而推动创新

过程需要

03 在创业公司的生产或运营过程中，为了提高效率或解决某个具体问题，可能会产生创新的解决方案

新知识

07 科学研究和技术发展带来的新知识，可以开辟新的产品、服务或市场机会

德鲁克创新机会的七个来源

准备阶段	沉思阶段	洞察阶段	评估阶段	经营阶段
此阶段涉及创业者对相关知识和技能的积累，这些知识可能源自个人经历、职业背景、兴趣爱好以及社交网络等资源	在这一阶段，创业者进行创新构思活动，这一活动并非直接地解决问题或系统性分析的过程，而是一种对各种可能性的探索	在这个阶段，创意突然从潜意识中显现，可能是受他人启发，创业者顿悟到这些创意，类似于灵感闪现的瞬间	此阶段涉及对创意的实际价值和实施可能性的深思熟虑，包括进行初步市场研究、与他人讨论以及对商业潜力的分析	在这一步骤中，创业者对创意进行深入开发和精细化，以确保其能够转化为现实

图3-2 以创造力为基础的多维度机会识别过程模型

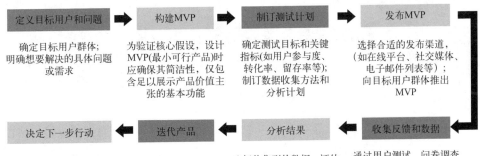

定义目标用户和问题	构建MVP	制订测试计划	发布MVP
确定目标用户群体；明确想要解决的具体问题或需求	为验证核心假设，设计MVP(最小可行产品)时应确保其简洁性，仅包含足以展示产品价值主张的基本功能	确定测试目标和关键指标(如用户参与度、转化率、留存率等)；制订数据收集方法和分析计划	选择合适的发布渠道，(如在线平台、社交媒体、电子邮件列表等)；向目标用户群体推出MVP

决定下一步行动	迭代产品	分析结果	收集反馈和数据
MVP测试若显示市场潜力，则可继续投资开发和推广；若结果不理想，则需重新评估产品方向或进行重大调整	依据测试反馈调整优化产品，经多次迭代改进，每次迭代以前次数据为依据	分析收集到的数据，评估用户对产品的接受程度；确定产品的哪些方面表现良好，哪些方面需要改进	通过用户测试、问卷调查及数据分析工具，收集用户反馈与产品使用数据，观察用户与产品互动模式，分析功能使用频率与问题所在

图3-3 进行MVP测试的一般步骤

另外在创意概念验证阶段，除技术原型的构建与测试外，还应注意验证以下技术的可行性。

① 深入探究技术原理　评估创意概念所涉及的技术原理、算法或方法的科学性和创新性，判断其是否具备突破性或对现有技术进行改进的潜力。

② 技术实现难度分析　研究技术实现的难度和复杂性，考虑所需的技术资源、研发周期以及潜在的技术障碍，以确保技术实现的可行性。

③ 知识产权调查　全面调查相关技术的知识产权状况，包括专利的申请和保护情况，以确保技术的合法性和独特性。同时，评估潜在的知识产权风险，如侵权风险、专利无效风险等，并制定相应的风险应对策略。

3.1.2　战略布局：制订计划与推进实施

创业中的市场布局是指创业公司进入市场，进而在市场中立足和扩展的战略计划。这一过程涉及多个层次的分析和决策，为创业公司描绘了清晰的成长路径，以确保产品或服务能够有效占据市场份额，并实现可持续增长。

（1）市场研究与分析

创业公司应通过市场调研与分析确定目标市场，涵盖需求、竞争格局及客户偏好。此过程旨在揭示市场特征、需求及客户行为模式，以确立市场定位并确保产品服务与市场需求一致，同时评估市场规模、增长潜力及营利性，这对业务规划与收益预测至关重要。

① 市场调研　市场调研是一种系统性的方法，用于收集和分析特定市场或行业的数据，其中包括消费者需求、市场趋势、竞争对手信息以及产品或服务的需求等。市场调研的一般步骤如图3-4所示。

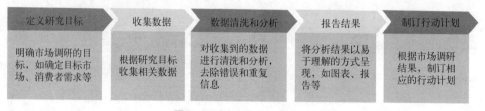

图3-4　市场调研的一般步骤

在市场研究中，收集数据的方法主要分为定性数据收集和定量数据收集。定性数据收集方法是非结构化的，用于了解人们的行为、动机和意见。定量数据收集则是结构化的，收集数字数据，可以使用统计方法进行分析。

主要的数据收集方法包括调查、访谈、焦点小组讨论、观察研究、案例研究等。通过这些方法，企业可以更深入地了解市场和消费者需求，从而优化产品或服务并制定有效的市场策略。

② 市场细分　市场细分是根据消费者的不同特征将整个市场拆分为更小的、有

同质需求的顾客群体。这能够帮助创业者精准识别目标市场，并根据其特定需求进行个性化的产品设计与营销。市场细分的各种类型如图3-5所示。

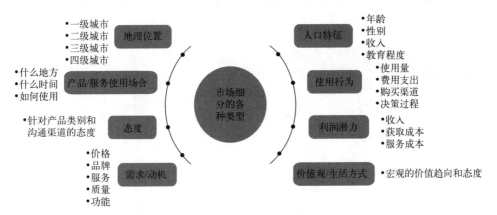

图3-5 市场细分的各种类型

③ 市场需求分析　需求分析是指通过系统性的方法，识别和理解市场中存在的需求缺口或潜在的增长机会。通过分析市场需求，创业公司可以发现未被满足的客户需求，从而找到市场进入的切入点。在明确目标用户的需求后，可以更好地调整产品特性和市场定位，以满足用户期望。市场需求分析通常具有以下三个维度。

a.行业环境：分析行业环境可运用PEST分析方法。对政治、经济、社会和科技等宏观环境因素（图3-6）进行PEST分析，可以了解到这些因素对市场需求的影响。

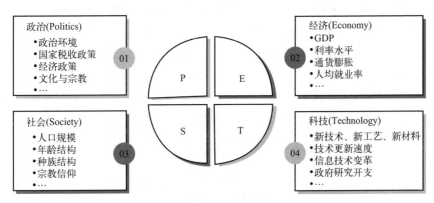

图3-6　PEST分析方法

b.用户需求：主要从两个方面分析市场用户需求，一是人口的基本属性，二是用户的消费习惯 、偏好等基本属性。人口的基本属性包括年龄、性别、区域、人均GDP等，消费习惯和偏好则根据不同人群、不同场景而不同。根据基本属性和习惯偏好，可以整理出目标用户画像。

c.市场阶段：在了解潜在的市场存在的空间情况下，企业需要分析并确认即将进入哪个阶段的市场生命周期。不同阶段所采取的策略则不相同。一般情况下，市场生命周期分为发展期、增长期、成熟期和衰退期四个阶段。行业的生命周期矩阵如图3-7所示。

项目	产业发展期	产业增长期	产业成熟期	产业衰退期
产品特征	高价、高成本，质量低，利润少	推广导致成本上升，但销量和产量提升，单位生产成本低	产品标准化、销量稳定，价格下降，净利润适中	追求低成本导致的质量问题，价格毛利润低
市场表现	竞争少、用户少、销量少、产品过剩	市场初步完善，销量提升，新的竞争者涌入，但竞品质量参差不齐	出现价格战，市场饱和，主要来自老客户，局部过剩	市场饱和，产能过剩，主要取决于销售渠道
风险	高 主要取决于商业模式是否可行	偏高 主要取决于竞争者	中 主要取决于销售的稳定、持续	风险最低 考虑选择退出市场
目标	成为领头羊	争取最大市场份额坚持到成熟期	巩固份额，提高投资回报率	防御，获取最后的现金流
措施	R&D(研究与开发)、提高质量	市场营销、树立形象、提高性价比	提高效率、降低成本	价格有限，尽量控制成本，或及时止损

图3-7　行业生命周期矩阵

④ 竞品分析　竞品分析是对竞争对手的产品进行比较分析的过程。它包括对竞品的基础数据管理、流程管理、详细分析和展示。这个过程带有一定的主观性，因此需要明确分析的目的，以确保分析结果能够为决策者提供有价值的信息。根据目的，竞品可划分为直接竞品、间接竞品、翘楚竞品和潜在竞品（图3-8）。竞品分析的方法有如下几种。

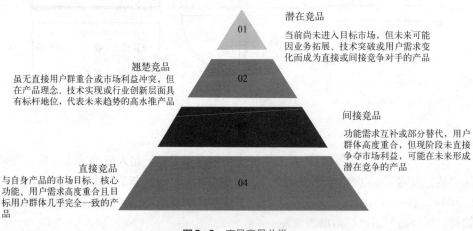

图3-8　产品竞品分类

a.SWOT分析：对竞品的优势、劣势、机会和威胁（图3-9）进行分析，以制定相应的战略。

b.波特五力分析：分析行业或细分市场中的竞争力量，包括供应商议价能力、潜在进入者的威胁、购买者的议价能力、替代品的威胁和同行竞争者竞争能力（图3-10）。

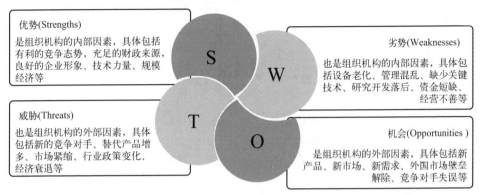

图3-9 SWOT分析方法

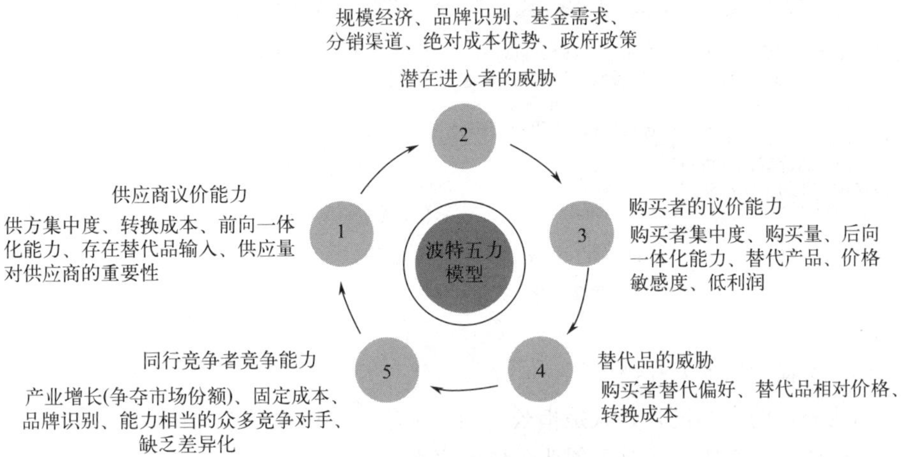

图3-10 波特五力模型分析方法

通过这些方法，创业者可以更深入地了解市场和竞争对手，从而制定出更有效的产品和市场策略。

（2）明确产品定位

市场定位是指企业在目标消费者心中创造并维持一个独特且有价值的位置的过程。这涉及设计产品和形象，用于满足特定市场细分的需求。产品定位是指确定产品相对于竞争对手产品的独特卖点（USP）和特性，以便在目标消费者心中占据一个明确的位置。产品定位分析五步法如图3-11所示。

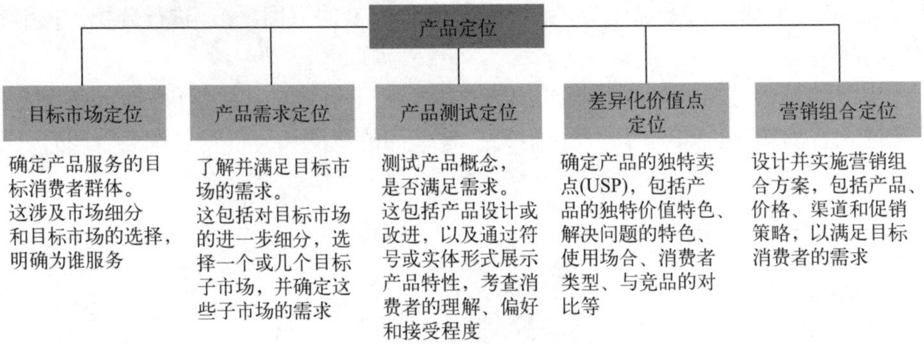

图3-11　产品定位分析五步法

产品差异化策略作为获取市场优势的手段，通过设计、功能、服务、营销等方面的独特性实现。企业在采纳差异化战略时，需综合市场需求、消费者偏好、产品趋势及自身资源能力，以选定适宜的差异化路径。图3-12是几种常见的产品差异化策略。

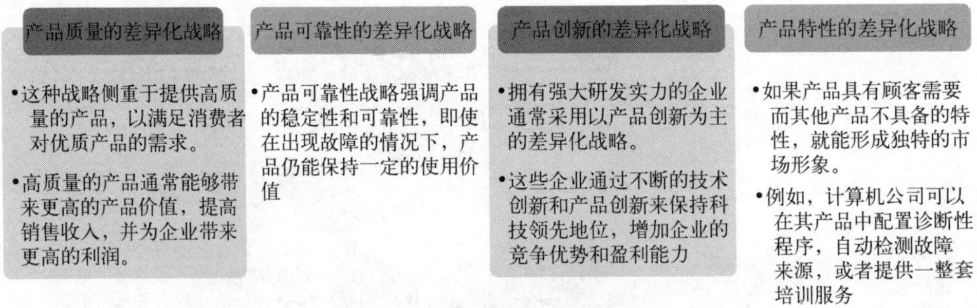

图3-12　常见的产品差异化策略

（3）选择市场进入方式

创业公司的市场进入方式是指公司为了将其产品或服务推向市场而采取的一系列行动和计划。这些方式对于创业公司而言至关重要，因为它们直接关系到公司的生存和发展。独特的市场进入方式使其与竞争对手之间存在差异，并帮助创业公司在新市场中建立品牌和产品认知。

创业公司在选择市场进入方式时，需要结合自身的实际情况（包括资源、能力、市场环境、竞争状况等因素）进行综合分析和决策。市场进入的方式如图3-13所示。

（4）制订市场推广计划

创业公司市场进入的推广计划可通过4P策略来进行制订与实施。4P策略是指产品（Product）、价格（Price）、渠道（Place）、促销（Promotion）四个市场营销组合要素（图3-14）。

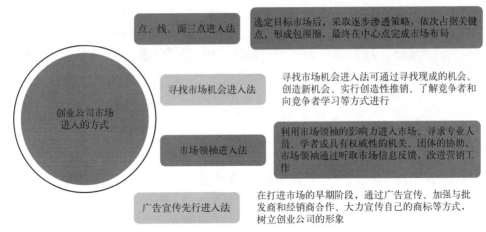

图3-13 市场进入的方式

图3-14 4P营销策略模型

创业公司在应用4P策略时，需要综合考虑产品、价格、渠道和推广四个方面的因素，并进行整体规划和协调。同时，在未来也需要根据市场情况和竞争环境灵活调整营销策略，以确保企业能够适应市场变化并实现营销目标。

3.1.3 面对挑战：创业韧性与成功路径探析

创业韧性是指创业者在面对创业过程中的各种障碍和挑战时，所展现出的持续努力、适应和克服困难的能力，这种能力使他们能够从挑战中恢复并找到成功路径，最终实现企业的成长和市场的成功。

（1）创业过程中的常见障碍与应对策略

创业之路充满挑战，创业者必须具备足够的韧性和适应性来应对各种障碍。这些障碍可能包括资金短缺、市场竞争、技术难题和法律风险等。创业者应通过建立强大的支持网络、灵活的战略规划和风险管理框架来增强其韧性。以下是四种常见的创业障碍及其应对策略。

① 资金短缺（Financial Constraints） 资金短缺是创业企业成长中的常见困境，

制约了产品开发、市场扩展等关键运营。应对策略包括：实施精密的财务规划以确保资金的有效配置；探索多元化融资途径，如天使投资、风险投资等；采用精益创业模式，利用最小可行产品（MVP）以降低成本；提升资金运用效率，通过资源共享等手段减少开支。

② 市场竞争（Market Competition） 市场竞争涉及创业企业与其他成熟企业争夺市场份额，后者通常具备资源、产品及客户优势。应对策略包括：市场细分以锁定特定目标市场，利用需求差异构建竞争优势；根据产品差异化与创新设立竞争门槛；提升品牌建设与客户忠诚度，借助营销和客户关系管理吸引和维系客户；灵活适应市场动态，迅速响应消费者需求与行业变迁。

③ 技术难题（Technical Challenges） 技术难题是指在产品开发或服务供给中的技术性障碍，可能延迟产品上市时间或降低产品质量。应对策略包括：加大研发投入，以技术创新突破技术限制；与学校和研究机构及企业合作，利用外部专业资源解决问题；实施敏捷开发，快速迭代产品以适应技术进步；招募或咨询技术专家，以其专业知识解决特定技术问题。

④ 法律风险（Legal Risk） 法律风险涉及创业企业在运营中遭遇的法律挑战，如知识产权侵犯、合同争议等。应对策略包括：熟知并遵循相关法律规范，特别是公司法、税法、劳动法及知识产权保护；咨询专业律师，保障商业行为合法合规；通过专利、商标、版权申请保护企业创新；建立合同管理机制，明确交易条款，降低合同纠纷风险。

（2）创业成功案例分析

创业成功的企业往往在其路径中以良好的策略来应对成功道路上的各种障碍。通过分析成功创业者的路径，创业者可以更好地规划自己的路线，避免掉进常见的陷阱，并利用新兴技术和社会发展趋势来推动其业务增长。

① 上海黑湖科技有限公司 上海黑湖科技有限公司成立于2016年，专注于智能制造和服务。它利用云计算、物联网、区块链、AI等技术，推出了多种SaaS应用，构建了一个工业协同平台，帮助制造企业提高运转效率、质量及柔性制造能力。

a.强大的技术背景：黑湖科技采用云原生＋微服务架构，实现快速部署和新需求的敏捷开发，同时利用移动端设备实现低成本落地，解决了最后一米的数据协同问题。

b.深入一线的用户洞察：黑湖科技的创始人曾"潜入"工厂与工人同吃同住数月，深刻理解了传统制造转型的痛点。这种深入一线的体验使黑湖科技能够更准确地把握用户需求，开发出更符合实际应用场景的产品。

c.数据驱动制造：黑湖科技倡导"数据驱动制造"理念，依托数据流通促进制造协同，助力工厂提升效率并敏捷应对市场。该理念支撑其提供工业软件，促进工厂间及供应链的数据交互。

黑湖科技的成功强调了深入一线、以用户为中心的产品开发和数据驱动制造的重要性。对于工科创业的启示在于，创业者需要进入实际工作环境，理解用户的需求和痛点，以此为出发点设计和优化产品，确保技术解决方案能够真正解决用户的实际问题，并通过数据的自由流通实现高效协同，提升生产效率和响应市场的能力。

② 北京字节跳动科技有限公司　北京字节跳动科技有限公司是一家成立于2012年的中国互联网科技公司，最初以其新闻聚合平台今日头条而闻名。之后公司迅速扩张，推出了包括抖音（国际版称为TikTok）、西瓜视频、懂车帝等多个产品，覆盖了短视频、内容平台、教育等多个领域。

a.市场竞争：字节跳动创业初期面临激烈的市场竞争，需与腾讯等互联网巨头抗衡。公司凭借高效推荐算法，实现个性化内容推荐，提升用户黏性，形成差异化竞争优势。

b.用户增长与留存：对于任何初创公司来说，获取用户并保持他们的活跃度是一个巨大的挑战。字节跳动通过多元化内容策略（涵盖新闻、视频、音乐等）吸引了异质用户群体，并通过促进用户互动与评论，构建社区归属感，提升了用户的忠诚度。

c.资金和资源限制：字节跳动在创业初期遭遇资金与资源约束，限制了研发和市场拓展。公司采取成本控制和运营效率优化策略，并通过多轮融资（包括红杉资本、软银等投资者注入），为规模扩张提供了财务保障。

字节跳动的案例表明，工科创业者应侧重于技术革新以塑造核心竞争力，并围绕用户体验进行产品迭代。适应市场动态、迅速响应需求及资源整合是关键成长策略。同时，创业者需持续学习并自我更新，以保持对新兴技术的敏锐洞察。

③ 深圳市大疆创新科技有限公司　深圳市大疆创新科技有限公司成立于2006年，由汪滔在香港科技大学的研究项目孵化，专注于飞行器控制技术。初期以性价比高的无人机切入市场，并凭借性能优势获得认可。2009年，其"飞行控制器"产品推动无人机行业革新，使得大疆创新科技有限公司成为全球无人机市场的领导者。

a.技术创新：大疆在无人机领域的技术创新是其成功的核心。大疆通过持续的技术创新（每年投入约20%的收入用于研发），维持其在飞控、图像传输和自动飞行等关键技术上的领先地位。其无人机产品，如Phantom系列，因其易用性和高性价比，特别是高清摄像和智能飞行功能，而广受消费者欢迎。

b.市场布局：大疆实施以海外市场为中心的市场策略，北美洲和欧洲为主要市场，海外营收占比高达80%。同时，公司正加速国内市场拓展，中国市场有望成为继北美洲之后的第二大市场。在好莱坞和硅谷的品牌认可进一步巩固了其在无人机市场中的领导地位。

c.产品多样化：在消费级市场成功后，大疆迅速扩展至专业及商业级市场，推出了Inspire、Mavic等产品（图3-15），满足影视制作、测绘、农业监测等多元化需求。这种产品线的扩展不仅增加了大疆的市场份额，也提高了其在不同应用领域的影响力。

d.社会责任：大疆执着追求技术完美与产品

图3-15　大疆DJI Mavic 3产品

质量好，同时也非常注重社会责任。在多个地区，大疆积极参与公益项目，利用无人机的技术优势，为灾后恢复、环境监测等提供支持，提升了品牌的社会认同感。

大疆的非凡成就为创业者提供了宝贵的经验，即坚持不懈地推动技术创新，精准地锁定目标市场，实施全球性市场战略，丰富产品线以满足多变的市场需求，以及积极履行企业社会责任。正是这些要素的集合效应，使大疆能够在竞争异常激烈的市场中脱颖而出。

3.2 商业蓝图的艺术：打造一个有生命力的计划

3.2.1 商业计划书：核心构架与关键要素

商业计划书是一份全面的正式书面文件，旨在明确企业的愿景、目标、策略以及实施路径。它概述了企业的核心构想、市场定位、运营策略和财务预测，不仅用于吸引投资者，更能帮助创业者进行自我探索和理清思路。一份商业计划书通常具有以下基本结构和内容（图3-16）。

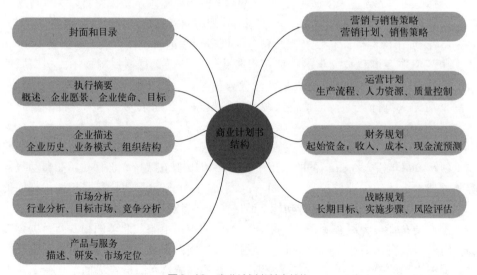

图3-16 商业计划书基本结构

（1）封面和目录

封面是商业计划书的第一页，包含基本识别信息（企业名称、商业计划书标题、编写日期和联系信息）。目录则列出文档的主要部分和页码，方便读者快速定位到感兴趣的部分。

（2）执行摘要

执行摘要是商业计划书的概述，它应该简洁、有力地概述企业的核心内容，提炼整个计划书的精华。其包括：

① 概述　简洁地介绍企业的业务模式、产品或服务、市场机会、管理团队和财务概况。

② 企业愿景　描述企业未来发展的长远目标和理想状态。

③ 企业使命　阐述企业存在的根本目的和核心价值。

④ 目标　设定具体的短期目标和长期目标，这些目标应当是可量化的。

（3）企业描述

公司描述部分详细介绍企业的历史、业务模式和组织结构，帮助读者了解企业的背景、现状以及未来的发展方向。其包括：

① 企业历史　介绍企业的成立背景、发展历程和重要里程碑。

② 业务模式　解释企业如何创造价值、收入来源和客户群体。

③ 组织结构　描述企业的法律形式、管理架构和关键团队成员。

（4）市场分析

市场分析展示了对行业、市场和目标用户的深刻理解，包括市场规模、行业发展趋势、消费者需求等方面的数据，以便了解市场的整体状况。其包括：

① 行业分析　研究行业的发展趋势、规模和关键参与者。

② 目标市场　定义并描述目标客户群体的特征和需求。

③ 竞争分析　分析主要竞争对手的优势、劣势和市场地位。

（5）产品与服务

产品与服务部分详细介绍公司的核心产品或服务，并结合用户痛点，突出解决方案的独特性和市场竞争力。其包括：

① 描述　详细说明产品或服务的特性、功能和优势。

② 研发　介绍产品开发的过程、技术支持和知识产权情况。

③ 市场定位　阐述产品或服务在市场中的定位策略。

（6）营销与销售策略

营销与销售策略是指企业如何推广和销售其产品或服务的方法和计划，确保目标客户了解产品，建立销售渠道，实现销售目标。其包括：

① 营销计划　描述如何通过广告、促销和公关活动吸引客户。

② 销售策略　阐述销售流程、渠道和客户关系管理。

（7）运营计划

运营计划包括团队构成、供应链管理、技术支撑等内容，展示了企业的执行力和落地能力，确保企业能够高效、稳定地运营，满足市场需求。其包括：

① 生产流程　说明生产设施、供应链管理和质量控制。

② 人力资源　描述招聘计划、培训体系和员工福利。

③ 质量控制　阐述如何确保产品或服务的质量标准。

（8）财务规划

财务规划包括对企业财务状况的预测、预算和分析，需要对未来几年的财务状况进行预测，包括收入、利润、现金流等数据，为企业管理提供财务指导，向投资者展示企业的财务健康和盈利潜力。其包括：

① 起始资金 列出创业初期所需的资本和资金来源。

② 收入预测 提供未来几年内的收入预测和预算。

③ 成本预算 详细列出运营成本、固定成本和变动成本。

④ 现金流预测 展示企业的现金流入和流出情况。

（9）战略规划

战略规划是企业为实现长期目标而制定的计划和策略，旨在指导企业资源分配，确保企业沿着既定目标前进，应对市场和竞争的变化。其包括：

① 长期目标 明确企业的长期发展方向和战略目标。

② 实施步骤 详细规划实现这些目标的具体步骤和时间表。

③ 风险评估 识别潜在风险并制定应对策略。

商业计划书的每个部分都有其独特的作用，共同构成了一个全面的商业构想概览。对于创业者来说，商业计划书是一个重要的工具，用于规划、沟通和吸引资源。

3.2.2 洞察市场：竞争分析与机会把握

在商业计划书中，市场洞察与竞争分析是非常关键的部分，它帮助创业者深入理解市场和全面评估竞争对手。

（1）市场洞察

市场洞察涉及对目标市场的全面分析，包括规模、增长潜力、趋势、客户需求及影响市场的宏观因素。通过数据分析，企业可定位市场地位，并利用技术生命周期分析和Gartner技术成熟度曲线等工具，识别行业技术趋势和市场缺口。

① 技术生命周期分析 技术生命周期分析是一种根据专利统计数据绘制技术S曲线的方法，它帮助企业确定当前技术所处的发展阶段并预测技术发展极限（图3-17）。通过这种方法，企业可以了解相关技术领域的现状和未来发展方向，从而进行有效的技术管理。

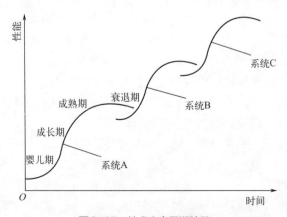

图3-17 技术生命周期阶段

② Gartner技术成熟度曲线　Gartner技术成熟度曲线是Gartner公司提出的一个模型，用于描述新技术的发展过程。Gartner技术成熟度曲线是评估创新技术市场位置的工具，它描述了技术从出现到成熟的过程，并预测其对市场的影响（图3-18）。这个曲线通常包括五个阶段：技术萌芽期、期望膨胀期、泡沫破裂低谷期、稳步爬升恢复期和生产成熟期。通过这个工具，企业可以评估一项新兴技术的市场接受度和潜在的商业应用。

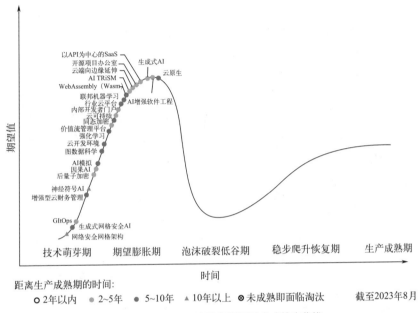

图3-18　Gartner2023年新兴技术成熟度曲线

（2）竞争分析

竞争分析是对企业竞争对手的评估（包括市场地位、产品或服务、市场份额、优势和劣势、战略和行为），旨在了解创业公司的竞争状况。竞争分析不仅关注直接竞争对手，还要考虑替代技术及行业标准的变化。以下是评估竞争对手的几个关键方面：

① 市场地位　分析竞争对手在市场中的位置，包括产品的品牌知名度和在消费者心中的形象。评估市场份额，了解谁是市场领导者、挑战者、跟随者或利基者。

② 产品或服务　比较竞争对手的产品或服务的特性、质量、价格和功能。识别他们的产品或服务的独特卖点（USP）和创新之处。

③ 市场份额　跟踪竞争对手的市场份额变化，了解他们的市场增长速度和趋势。

④ 优势和劣势　识别每个竞争对手的优势和劣势，这有助于企业发现市场机会和潜在的威胁。

⑤ 战略和行为　分析竞争对手的市场进入策略、扩张计划、营销活动和定价策略。观察他们如何应对市场变化和客户需求的变化。

通过全面的竞争分析，创业公司能够更好地定位自己的产品或服务，制定出有针对性的商业策略，并在激烈的市场竞争中保持优势。

3.2.3　立足产品：独特定位与营销策略

商业计划书中的产品定位与营销策略帮助投资者和合作伙伴理解产品或服务如何满足市场需求，以及如何吸引和保留客户。它需要包含产品定位、定价策略、分销渠道、促销策略等内容。

（1）产品定位

产品定位部分需要阐述技术的独特性及如何满足客户需求。产品的独特性通常体现在其技术优势方面。在商业计划书中进行产品定位时，结合波士顿矩阵（Boston Matrix）可以帮助企业分析和展示产品的市场地位，从而为产品定位提供决策依据。

波士顿矩阵是一种分析企业产品组合的工具，通过市场增长率和相对市场份额两个维度，将产品分为四类，即明星产品（Stars Product）、问题产品（Question Product）、现金牛产品（Cash Cows Product）和瘦狗产品（Dogs Product），如图3-19所示。

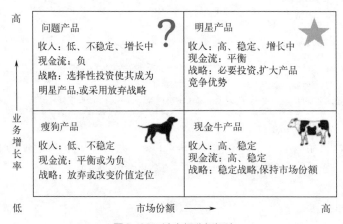

图3-19　波士顿分析矩阵

因此，在商业计划书中可以创建一个波士顿矩阵图表，并详细说明产品在矩阵中的位置及其含义、产品的市场增长潜力和市场份额，以及针对产品类别的具体定位策略和执行计划。

（2）定价策略

结合成本、市场需求及竞争格局进行定价。考虑采用差异化定价或渗透定价策略以快速占领市场份额。差异化定价策略基于产品或服务的独特性，以及客户对这种独特性的价值认知。渗透定价策略是一种低价策略，旨在快速占领市场份额。制定定价策略的步骤如下：

① 成本分析　计算产品的直接成本（材料、生产、运输等）和间接成本（管理、营销、研发等）。确定产品的成本价格，即不包含任何利润的价格。

② 市场需求分析　通过市场调研了解目标客户对产品价值的认知和支付意愿。评估不同价格对需求的影响。

③ 竞争格局分析　研究竞争对手的定价策略，包括价格水平、产品特性、市场定位等。分析竞争对手的定价策略对市场的影响。

④ 定价目标　确定定价目标，如最大化利润、提高市场份额、品牌定位等。

⑤ 定价策略选择　根据上述分析，选择合适的定价策略。

（3）分销渠道

根据产品的技术属性和目标市场特点，选择合适的分销渠道。例如，通过专业展会、线上科技平台等实现市场拓展。分销渠道层次分类如图3-20所示。确定分销渠道的步骤如下：

① 产品特性分析　考虑产品的技术复杂性、标准化程度、体积、重量、易腐性等。确定产品是否需要特殊存储或运输条件。

② 市场分析　确定目标市场的地理位置、客户购买习惯和偏好，评估目标市场的规模和增长潜力。

③ 竞争分析　观察竞争对手使用的分销渠道。识别竞争对手渠道的优势和劣势。

④ 渠道目标　明确分销渠道的目标，如覆盖范围、市场渗透率、客户服务级别等。

⑤ 渠道选择　根据上述分析，选择最合适的分销渠道，考虑渠道的成本效益、控制程度和灵活性。

⑥ 渠道管理　制定渠道管理策略，包括渠道成员的选择、培训、激励和评价。确保渠道成员之间的协调和合作。

⑦ 渠道评估　定期评估分销渠道的表现。根据市场变化和业务需求调整分销渠道。

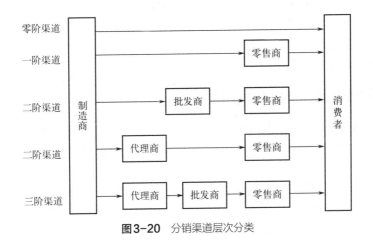

图3-20 分销渠道层次分类

（4）促销策略

促销策略描述了如何吸引客户和增加销量。在商业计划书中，对于促销策略的描述要明确希望通过促销实现的目标、选择适合产品和市场的促销工具、为促销活动制定合

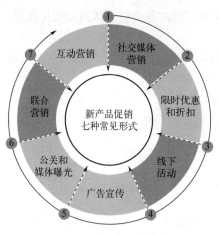

图3-21 新产品促销的七种常见形式

理的预算、详细描述如何实施促销策略、制定评估促销效果的方法和调整策略的方案。在初期可考虑通过行业协会、科研论坛发表技术论文或技术展示活动等方式进行市场教育，逐步培养目标客户群体对技术的信任。新产品有效的促销方式有以下几种（图3-21）。

① 社交媒体营销　通过有趣、有教育意义的内容吸引目标客户进行内容营销；与行业内的意见领袖或达人合作，推广新产品；利用社交网络平台的定向广告功能营销。

② 限时优惠和折扣　可提供限时折扣或优惠券吸引消费者购买；将新产品与畅销产品以优惠价格捆绑销售。

③ 线下活动　举办新产品发布会，邀请媒体和行业专家参加；在人流密集的地区进行产品展示和互动体验；在行业展览会上展示新产品。

④ 广告宣传　在目标市场的主流电视台播放广告；在收听率高的广播节目中投放广告；利用搜索引擎、视频平台等在线广告宣传。

⑤ 公关和媒体曝光　向媒体发布新闻稿或接受媒体采访，介绍新产品的特点和优势；邀请产品对应分类下的博客或行业媒体评测新产品。

⑥ 联合营销　与同行业非竞争品牌合作，共同推广新产品；与不同行业的品牌进行跨界合作，开拓新的市场和客户群。

⑦ 互动营销　举办与新产品相关的在线竞赛，如设计大赛、创意命名等；鼓励用户分享与新产品的互动照片或视频。

选择促销方式时，应考虑目标市场的特点、产品定位、预算和促销目标。通常，结合多种促销方式可以获得更好的效果。

3.2.4　整体运营：计划制订与执行路径

运营计划是商业计划书中阐述公司日常运作细节的部分。运营计划的目标是确保公司能够高效、有效地运作，以满足市场需求，实现盈利目标。运营计划的主要内容包括：

① 组织结构　描述公司的组织架构，列出主要团队成员及其角色和职责。介绍公司的管理层和关键职能部门（如研发、市场、销售、物流等）。描述公司的决策流程，包括决策的层级和审批机制。

② 人力资源规划　制定招聘优秀人才的具体策略，包括招聘渠道和选拔标准。规划员工培训和发展计划，以提高员工技能和工作效率。计划团队建设和团队协作活动，以增强团队凝聚力。

③ 产品/服务的生产与交付　详细说明产品或服务的生产、开发或交付流程，

包括所需的技术、设备和材料，以及供应链管理。

④ 质量控制　制定产品质量标准和检验流程。实施质量保证措施，确保产品和服务满足标准。通过反馈和数据分析，不断改进产品质量。

⑤ 客户服务与支持　说明如何维护客户关系和提供售后服务，包括客户支持渠道、反馈机制和质量控制。

⑥ 运营流程与改进　讨论日常运营的关键流程，如订单处理、库存管理和生产监控。规划如何定期评估和改进这些流程，以提高效率。

3.2.5　财务与风险：规划未来的基石

财务规划和风险管理能够展示创业者的商业理解和准备程度。通过在商业计划书中详细阐述财务规划和风险管理，创业者可以更好地应对挑战，并向潜在投资者展示其商业模式的可行性和稳健性。

（1）财务规划

财务规划是商业计划书中的关键部分，通过对企业的财务数据进行分析和解读，帮助投资者、合作伙伴和决策者了解企业的财务状况、盈利能力和偿债能力，从而评估企业的可行性和潜在风险。通常财务规划包含以下内容：

① 资金筹集　初期资金来源包括自有资金、个人投资者、银行贷款和风险投资等。要详细列出启动公司所需的所有资金，包括设备购置、研发、市场推广、人力资源等。创业者需要选择适合自身发展阶段的资金筹集方式，以保障企业的正常运营和发展。

② 财务预测　包括收入预测、成本预测、现金流预测等。要精确评估研发成本、市场开发费用，以及生产运营成本。需要详细的三年或五年财务模型，包含利润预期、现金流及资本需求等。需要注意的是，对企业的发展前景要进行合理的预测和分析，制订可行的盈利计划（图3-22）。

项目	第一年（公司建立后）	第二年	第三年	第四年	第五年	第六年
主营收入	100.00	210.50	450.80	600.34	1000.63	1349.33
主营成本	56.34	88.79	259.21	309.21	377.35	556.00
总利润=主营收入-主营成本	43.66	121.71	191.59	291.13	623.28	793.33
管理费用	15.00	15.10	13.11	27.22	53.44	89.57
财务费用	1.20	6.00	6.00	6.00	6.00	0
利润总额=总利润-(财务费用+管理费用)	27.46	100.61	172.48	257.91	563.84	703.76
所得税	1.96	6.09	25.87	53.67	89.58	100.00
净利润=利润总额-所得税	25.50	94.52	146.61	204.24	474.26	603.76

图3-22　举例：某创业计划书财务损益表

③ 财务指标分析　包括盈亏平衡分析、财务比率分析、投资回报分析等。盈亏平衡分析用来计算达到盈亏平衡点所需的时间和销量，评估不同销售水平下的盈利情况；财务比率分析提供关键的财务比率，如流动比率、速动比率、负债比率、净利润率等；投资回报分析预测投资者的回报，包括内部收益率（IRR）和净现值（NPV）。

（2）风险管理

风险管理指识别和评估可能存在的风险，并提出相应的风险管理策略。这些策略应涵盖市场风险、技术风险、财务风险、管理风险和法律风险等方面，以确保企业的持续稳定发展。商业计划书中的风险管理的一般步骤如图3-23所示。

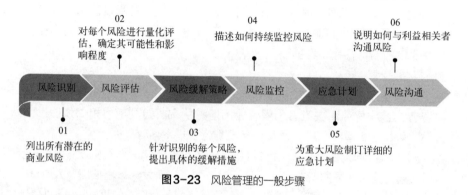

图3-23　风险管理的一般步骤

3.3　超越常规：市场调研与消费者洞察

本节深入探讨了市场调研的精髓与消费者行为的理解。从设定调研目标、选择适当的方法开始，到运用质化与量化分析技术解码市场数据，再到通过消费者行为学构建精准客户画像，本节全面覆盖了市场调研的关键步骤。最终，这些洞察被转化为实际战略优化，助力企业在竞争激烈的市场中超越常规，精准捕捉消费者需求，实现持续增长。

3.3.1　探索市场：调研的目标与方法

市场调研主要是帮助企业深入了解市场环境、识别客户需求、分析竞争格局、制定精准的市场策略等多方面的内容。

（1）市场调研的演进

市场调研不再只是单向的信息采集，更是深入市场机理、洞察消费者需求和竞争动态的综合性工程。

在信息技术加速发展的今天，为了适应商业环境的变化和消费者行为的变迁，市场调研的目的和方法都在不断演进（图3-24）。在当前环境中，调研的主要目的包括识别市场机会、评估竞争态势、支持产品开发及优化营销策略等。传统的问卷调查、访谈和观察法虽然依旧有效，但与大数据分析、人工智能辅助分析等结合，能显著提高调研策略的精准度与灵活性。

（2）市场调研的核心目的

市场调研的核心目的（图3-25）如下：

① 分析市场竞争态势 深入了解竞争对手的产品、市场份额、定价策略、品牌影响力等，能够帮助企业识别市场竞争优势和劣势，评估自身的市场地位，并制定差异化策略。

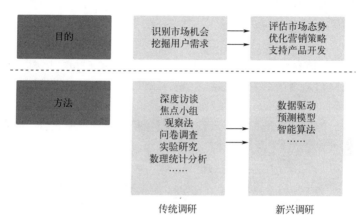

图3-24 市场调研目的与方法的演进

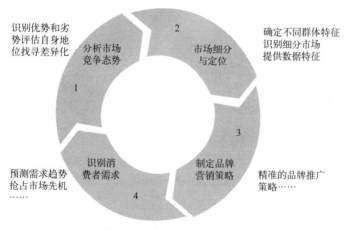

图3-25 市场调研的核心目的

② 市场细分与定位 市场细分的目标是通过调研确定不同市场群体的特征，识别出最具潜力的细分市场，为品牌定位提供数据支持。

③ 制定品牌营销策略 市场调研的其他目的不外乎为企业的营销和品牌策略提供数据支持。通过了解消费者的品牌认知度、忠诚度和购买动机，企业可以制定更

精准的品牌推广策略。

④ 识别消费者需求　预测需求是进行调研的一个关键目的。通过大数据分析和行为跟踪，企业可以预测消费者未来的需求趋势，提前布局抢占市场先机。例如，通过社交媒体的互动数据，分析消费者对新产品或新产品的需求概念的兴趣变化，为产品开发提供新的思路。

(3) 市场调研的具体方法

根据传统的划分标准来看，市场调研方法因其调研内容的不同，可以被分为定性调研方法和定量调研方法。

① 定性调研方法

● 深度访谈

a.定义：与受访者进行一对一的深入交谈，通常持续30min~1h。

b.适用场景：适用于探索新概念、产品开发初期理解用户需求或获取深层次的消费者体验。

c.优缺点：能够深入挖掘受访者的真实想法和情感；数据量少，难以代表广泛目标群体。

● 焦点小组

a.定义：召集一小组人（通常6~12人），围绕特定主题进行讨论。

b.适用场景：测试新的产品概念、广告或营销策略，在群体互动中获取多样化观点。

c.优缺点：能迅速收集多种观点，动态互动激发创新想法；可能存在群体压力导致某些观点被抑制。

● 观察法

a.定义：直接观察并记录消费者行为和互动。

b.适用场景：适用于研究购物行为、产品使用情况及用户体验观察。

c.优缺点：不需要直接询问受访者，减少主观偏差；可能无法了解动机、思维过程。

② 定量调研方法

● 问卷调查

a.定义：通过设计标准化问卷收集大量数据，以统计分析理解消费者行为和态度。

b.适用场景：用于收集广泛的市场信息，验证或推广新产品。

c.优缺点：量化分析提供数据信心度，易于进行统计分析；问卷设计复杂，若不当可能引导偏向。

● 实验研究

a.定义：通过控制变量的变化研究其对消费者行为的影响。

b.适用场景：市场营销策略的效果评估、价格敏感性测试。

c.优缺点：可确定因果关系，验证假设；设定实验环境可能不自然，影响真实反映。

③ 以数据为驱动的调研方法　近年来，大数据和人工智能等前沿技术的介入，引出了新型的以数据为驱动的调研方法。它是从多个渠道中获取数据，引入预测模型与智能算法，利用复杂的数据分析技术，对市场动态进行实时的监测，以及对市场变化进行预测。

● 社交媒体分析

a.定义：利用大数据技术收集和分析社交媒体平台上的用户生成内容。

b.方法：使用自然语言处理（NLP）技术解析文本情感和主题，识别趋势和热点话题，并通过数据可视化工具进行展示。

c.优缺点：可以实时获取消费者的情感和行为洞察；覆盖范围广；信息噪声大，需要过滤和筛选；隐私问题需注意。

● 网络行为追踪

a.定义：通过追踪用户在互联网上的行为，收集网页浏览、点击路径等数据。

b.方法：利用Cookie、像素标签等工具进行数据收集。数据分析工具如Google Analytics集成全渠道数据。

c.优缺点：高精度个性化洞察，有助于理解用户旅程；数据量大，需要云计算支持分析处理；合法性和统一问题需注意。

● 交易数据分析

a.定义：对消费者的购买历史、交易频率和金额等进行分析。

b.方法：数据挖掘技术用于模式识别和预测消费者行为。数据仓库技术整合来自多渠道的交易数据。

c.优缺点：能直接反映消费者行为与偏好；便于客户细分和精准营销；数据整合难度大，需确保数据的一致性和准确性。

市场调研的目的和方法在不断拓展和演变，唯有灵活应用定性与定量的方法，紧跟技术变革的脚步，实现信息向决策的有效转化，才能维持并创造长远的商业价值。

3.3.2　解码数据：质化与量化分析技术

（1）质化与量化调研技术

质化与量化调研技术（图3-26）作为市场调研中的定性定量方法，犹如一对双生子，各展所长。在复杂多变的市场环境中，灵活运用这两种技术能为企业提供全面且深入的市场洞察，对决策与战略的制定至关重要。

首先，质化研究擅长探索不易量化的感受与态度。它主要用于发现问题、揭示动机及洞察原因。具体方法包括深度访谈、焦点小组和观察法。通过这些方式，在自然或控制环境中观察消费者行为，与目标受众深入交流，或收集小组内的多样化意见，以理解消费者的观点、动机、期望，进而探索复杂问题并挖掘深层需求。

其次，量化研究则侧重于提供数据支持，助力提取普遍性结论。它主要用于确定数量、程度等具体指标。量化调研技术主要包括问卷调查和实验研究。这些方法通过大规模样本的结构化调查获取数据，进行统计分析，验证假设，推测趋势，并在控制条件下探究变量间的因果关系。

在市场调研实践中，质化与量化技术相辅相成。质化研究为量化数据提供背景解释，揭示数据背后的动因；而量化研究则验证质化洞察的普遍性与代表性。通常，企业可先用质化方法识别潜在现象，再通过量化调查评估其广泛影响，从而提升调研结果的可信度与有效性。

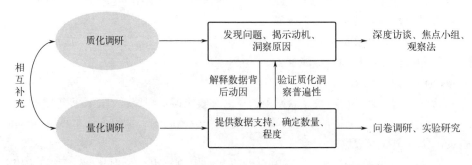

图3-26 质化调研与量化调研

(2) 数据收集与分析工具

在大数据时代，数据等同于价值，而数据分析流程则精细划分为数据获取、数据处理、数据分析及数据呈现四大环节，其中，数据获取与数据分析尤为关键。数据获取关乎数据来源与获取方式，是数据之旅的起点；数据分析则是将海量数据转化为具有实战意义的决策依据。

随着市场调研需求的深度与广度不断攀升，高效且先进的数据收集与分析工具成为不可或缺的助力。这些工具不仅极大地提升了数据收集的效率与多样性，更在数据分析的精准度与即时性方面实现了质的飞跃。

在数据收集领域，互联网爬虫（图3-27）、线上调查平台等主流工具凭借其快速收集大量数据的能力脱颖而出。它们通过问卷发放、网站自动收集等手段，轻松获取海量信息。同时，传感器与物联网（IoT）技术的融入，使得产品流动跟踪、消费者购物路径分析及停留时间监测成为可能，实时收集消费者使用数据，进一步丰富了数据维度与增强了实时性。

在转向数据分析层面，传统统计分析软件（如SPSS）与基于开源语言的大规模数据处理工具（如Python）并肩作战。而Tableau（图3-28）、Power BI等数据可视化工具，则利用其复杂数据直观呈现的能力，助力用户快速洞察数据背后的故事。此外，Spark、Google Cloud等大数据与云计算平台，以及人工智能与机器学习平台的加入，更是为数据分析注入了前沿科技的活力。

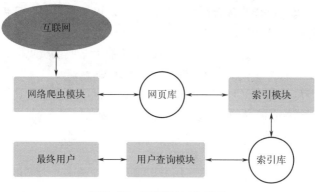

图3-27 网络爬虫工作原理

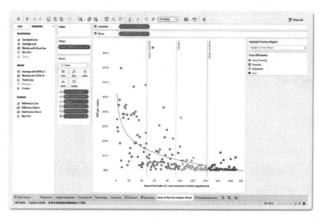

图3-28 数据可视化工具Tableau的部分界面

值得注意的是，数据收集与分析的流程并非一成不变，而是随时间不断优化，所用工具也随之迭代升级，向着智能化与集成化的方向迈进。对于现代企业而言，熟练掌握并运用这些先进工具，不仅是提升市场敏感度的关键，更是优化业务流程、保持竞争优势的必由之路。

3.3.3 消费者心理：行为学与客户画像

（1）消费者行为学基础

① 消费者行为学　消费者行为是市场调研的关键，对精准定位市场至关重要。要理解这一行为，需研究消费者行为学。它探讨消费者选择、购买、使用及处理产品的全过程，包括心理、情感和行为因素。数字化时代使消费者行为更加多元化，线上线下差异显著，且消费者如今更看重品牌服务体验和社会价值，而非仅产品本身。

为了顺应这些变化，企业需要深入洞察消费者行为的新趋势，并据此制定市场策略。具体而言，这包括三个关键方面（图3-29）。

a.个性化营销：依托消费者行为数据，企业可以量身定制产品和营销活动，提升吸引力和相关性，实现精准营销。

b.客户体验优化：通过分析消费行为，企业能够获取宝贵见解，进而改善消费者在整个购买旅程中的各个接触点，提升客户整体体验。

c.品牌忠诚度培养：通过实施奖励计划、提供优质服务以及建立情感连接，企业可以显著增强消费者的品牌忠诚度，从而巩固市场地位。

综上所述，深入理解消费者行为的变化趋势，并据此调整市场策略，对于企业在竞争激烈的市场环境中脱颖而出至关重要。

图3-29 针对消费者行为的市场策略

② 消费者行为调研方法　消费者行为构成了一个系统的决策过程，这一过程可细分为以下几个关键步骤（图3-30）。

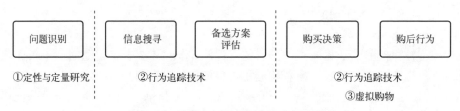

图3-30 消费者决策过程中的行为调研方法

a.问题识别：此阶段，消费者意识到自身的需求或问题，标志着购买决策的起点。

b.信息搜寻：消费者通过两种途径获取信息。一是内部检索，从个人记忆中提取过往经验和信息；二是外部搜寻，利用广告、口碑、媒体报道等外部渠道获取产品信息。

c.备选方案评估：基于特定的评估标准和权重，消费者对不同的产品或服务进行比较和评估。

d.购买决策：在综合考虑后，消费者最终选择并购买某一产品。此过程可能受到诸如意外情况、产品可得性等干扰因素的影响。

e.购后行为：购买后，消费者的满意度将直接影响其品牌忠诚度和口碑传播。

针对这一决策过程，消费者行为调研方法应运而生，主要包括以下几种：

a.定性研究与定量研究：通过这两种方法，可以深入了解消费者的动机和态度，并收集广泛的消费者数据。

b.行为追踪技术：运用大数据分析、眼动追踪、社交媒体分析等先进技术，实时监控和记录消费者的行为，如消费日志，为理解消费者行为提供有力支持。

c.虚拟购物：利用虚拟现实技术模拟真实的购物环境，让消费者在虚拟环境中体验并记录其选择过程，为消费者行为研究开辟了新的视角和方法。

（2）目标用户画像的构建

精准定位目标用户是市场调研的基础。现代用户画像需融合行为、心理、社交等多维度数据。借助大数据与AI，企业能构建详尽用户画像，精准把握用户需求与偏好，助力产品设计、定制服务及精准营销。用户画像调研包含三大步骤（图3-31）。

构建用户画像　　　　挖掘痛点需求　　　　反馈与迭代

图3-31　目标用户画像的构建、应用及后续完善

① 数据的收集与分析　构建用户画像，首先就是要对其相关数据进行收集。通过定性和定量的方式收集目标群体的相关信息，包括年龄、性别、职业、教育背景、收入水平，或是潜在用户的动机、兴趣、价值观和学习习惯等（图3-32）。接着就是对获得的数据进行分析整理，根据总体的特征，划定细分的用户群体。

② 挖掘痛点与需求　经过上一步对群体的分类后，就能够根据这一标准，从每一个特定群体中探求其个性化的真实需求。通过这些具体明晰的信息，企业可以制定相应的营销策略，采用合适的商业模式。

③ 用户反馈与画像迭代　同样地，目标用户画像（图3-33）并不是一成不变的，而是一个动态化、实时性的构建过程。新技术和新需求的涌现，社会市场环境的巨变，都是影响客户画像构

图3-32　用户画像基本要素

建的因素。通过持续收集用户的反馈和消费行为数据，企业可以不断完善用户画像，去捕捉细微的市场变动。

Lululemon作为一个以瑜伽为灵感来源的国际运动服饰品牌，其建立的消费者画像是年龄在20~39岁之间喜欢瑜伽和运动的人群，主要分布在北京、上海、深圳等城市。运动场景分布在慢跑、旅行、通勤、社交等方面。该品牌从中得出的消费者洞察是女性消费理念与能力提升，开始注重自我投资，注重时尚、身材管理和生活品质。在这些具有价值的信息的指导下，Lululemon确定了在中国市场的品牌定位与产品策略，主打以产品为载体的差异化社交价值，在近几年取得了一定程度的商业成功。

姓名：张一一

居住地：上海

年龄27岁，居住在上海的都市女性，酷爱运动、社交。

目标动机
Goal Motivation

用户路径
User Path

痛点分析
Pain Point Analysis

使用场景
Usage Scenarios

图3-33 用户画像

3.3.4 数据应用：从调研到战略优化

市场调研的价值在于如何将调查结果有效应用于企业战略转型与业务优化。当下，调研不仅需要反映现实，也需要预测趋势。通过不断试错与优化，企业可以在确保调研结果准确性的同时，迅速调整市场策略，降低决策风险。

（1）调研结果的应用——产品服务的优化与市场营销的调整

市场调研的最终成果在商业实践中的应用，主要体现在两个方面：一是对内优化产品服务，二是对外调整市场营销策略。

首先，产品服务的优化是市场调研最基础也是最直接的目标。商品作为企业与消费者直接交互的桥梁，其质量和体验直接关系到消费者需求的满足程度以及品牌文化的契合度。通过市场调研，企业可以深入了解消费者对产品服务的真实反馈，进而优化产品，以更好地满足消费者需求，提升品牌忠诚度。

其次，市场营销策略在商业实践中的作用日益凸显，尤其在信息化网络化日益普及的今天，其重要性不言而喻。对于一些新型网络公司而言，市场营销甚至成为其核心业务。市场调研结果能够为市场营销策略的制定提供有力支持，帮助企业明确市场宣传的关键卖点和沟通方式，选择最佳的沟通渠道（如社交媒体、网络广告或线下宣传），从而提升营销的精准度和效果。

以莉莉丝游戏公司为例，其成功就离不开精准的市场调研和有效的市场营销策略。公司采用"集中买量、平台推荐、让产品快速冲上来"的营销策略，通过全平台大规模推广，确保游戏在前期拥有足够的转化率。同时，公司还注重游戏本地化运营，根据不同国家市场投放针对性推广，使得游戏产品能够在全球范围内获得巨大成功，取得了商业上的辉煌成就。

(2) 调研结果的优化——动态追踪与迭代更新

调研的价值不在于一次性的结果，而在于为持续优化提供依据。企业应建立一个动态反馈机制，将定期调研结果融入产品内容设计和管理的循环中，形成"调研—应用—优化"的闭环。只有这样，市场调研的结果才能持续性、高利用率地为企业的运行提供长期性、动态性的指导意见，最大程度上发挥其作用。

越来越多的企业引入大数据分析和人工智能技术来辅助调研结果的优化。不断更新的调研结果意味着数据量级的庞大，仅凭人工或是传统的数据分析工具已无法胜任数据管理的这一角色。前沿技术的引入势必会有更高的运营开发成本，但高风险伴随着高收益，畏首畏尾且过于谨慎的企业是无法在这风起云涌的商业环境中抢占先机的。

3.4 开创未来：从实验室到市场冲锋

科技成果大多诞生于实验室之中，新的技术从萌发新芽到发展成熟再到最终能落地实施，创造商业价值，往往有着很长的一段距离。这中间包含了技术的稳步完善，以及合适的商业模式的应用。科技的进步和市场需求的变化不断催生新的商业模式，这些模式不仅要求理论上的突破，更需要在实践中可操作、可持续和具有市场活力。

3.4.1 颠覆性商业模式：理论实践新视角

商业模式创新是企业实现长久竞争力的关键。商业模式创新不仅仅是对现有模式的改良，更是一种范式转变，涉及价值创造、传递和获取的全过程。

首先，从理论上看，商业模式画布（Business Model Canvas）作为一种战略管理工具，用于帮助企业设计、描述、创新和分析其商业模式，为创新提供了结构化的框架。

（1）商业模式画布概念

商业模式画布（Business Model Canvas，BMC）（图3-34）是由亚历山大·奥斯特瓦尔德（Alexander Osterwalder）和伊夫·皮尼厄（Yves Pigneur）在其著作《商业模

式新生代》（*Business Model Generation*）中提出的一种帮助创业者和创业公司管理家系统地描述、设计、创新、比较和分析商业模式的视觉图表。它具有如下几种优点：

① 增强战略规划　商业模式画布能够帮助创业者和创业公司清晰地定义其业务方向和目标，从而增强战略规划的准确性。通过识别关键活动和资源，创业公司可以更有效地进行资源分配，确保战略目标的实现。

② 快速测试和调整商业模式　商业模式画布的设计允许创业公司快速地测试和调整其商业模式，以适应市场变化。该结构支持敏捷开发和灵活的业务流程，有助于创业公司在动态环境中保持竞争力。

③ 创建共同参照点　商业模式画布提供了一个共同的框架，使团队成员和利益相关者能够在同一页面上讨论和沟通。通过共同理解和分析BMC，有助于建立团队内的共识和协作。

④ 专注于价值主张　商业模式画布迫使创业公司专注于客户需求，确保价值主张与客户痛点紧密相关。通过明确价值主张，创业公司可以更好地实现产品或服务的差异化，增强市场竞争力。

⑤ 提高适应性与创新　商业模式画布的灵活性使创业公司能够快速适应市场变化，调整商业模式以抓住新机会。通过分析BMC的各个模块，创业公司可以探索新的商业模式，推动创新和持续改进。

这些优点共同作用使商业模式画布成为创意概念商业化的重要工具。它不仅有助于创业公司在初创阶段明确方向，而且也能够在创业公司的成长和成熟过程中提供指导和支持。

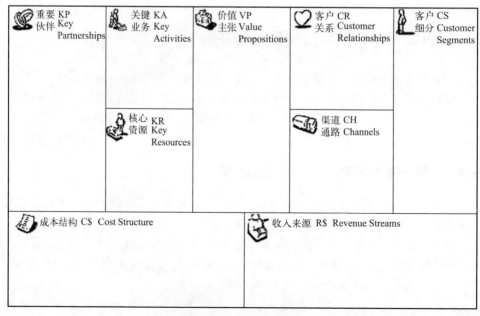

图3-34　商业模式画布

（2）商业模式画布结构

商业模式画布由九个基本模块组成，即客户细分、价值主张、渠道通路、客户关系、收入来源、关键资源、关键活动、关键合作伙伴和成本结构（图3-35）。这些模块概述了创业公司创造、传递和捕获价值的方式。

① 客户细分（Customer Segmentation） 客户细分指的是创业公司所服务的一个或多个客户群体。识别不同的客户群体，理解他们的需求、行为和特征，继而描述企业目标客户的具体群体。创业机会应专注于最有可能产生价值的客户细分，即那些能带来最大收益或与企业价值主张高度契合的群体，并设计特定的解决方案来满足他们的需求。

② 价值主张（Value Propositions） 通过产品或服务向客户提供的价值集合，以及明确产品或服务如何解决客户的问题或满足他们的需求。价值主张需要清晰、独特，并能够与竞争对手区分开来。它主要集中在问题解决、需求满足和创新改进三个核心方面，即确定客户面临的主要问题，并设计能够高效解决这些问题的产品或服务；满足客户的隐性或显性需求；提供市场上尚未存在的独特价值，或显著改进已有解决方案。

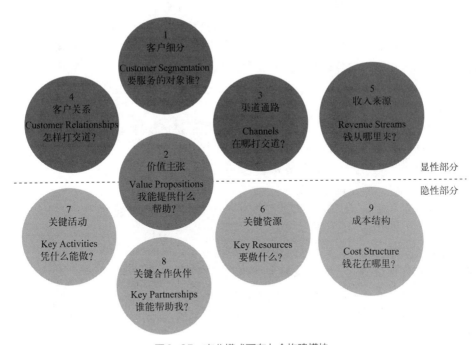

图3-35 商业模式画布九个构建模块

③ 渠道通路（Channels） 通过哪些渠道与客户细分进行沟通和交付价值主张。选择成本效益最高的渠道来接触客户。对于创业机会而言，可能需要利用线上和线下相结合的方式，以最大化覆盖范围。

④ 客户关系（Customer Relationships） 客户关系指的是创业公司与其客户群体之间所建立的关系。根据客户细分的特点和需求，建立和维护适当的客户关系。对于创业公司而言，这可能意味着提供个性化的服务和频繁的客户互动。

⑤ 收入来源（Revenue Streams） 收入来源指的是创业公司从每个客户细分中获取的收益。这是公司通过为目标客户提供价值获取收益的方式。这不仅仅是企业的"收入来源"，更是对客户价值的货币化。对于创业公司来说，确定如何通过价值主张创造收入，需要明确收入来源的多样性和可持续性，以建立稳健的盈利模式。同时也要探索不同的收入模式，如一次性销售、订阅费、广告收入或许可费。

⑥ 关键资源（Key Resources） 关键资源指的是为了提供和交付前面所说的元素，创业公司所需的关键资产。识别实现商业模式所需的关键资源，包括物理资源、人力资源、知识资源（专利、商标、版权、客户数据库）和财务资源等。对于可能存在的创业机会，重点在于获取最关键的资源，支撑客户关系的维护和促进渠道的高效运作，并尽可能利用合作伙伴的资源。

⑦ 关键活动（Key Activities） 关键活动指的是为了确保商业模式运行顺利，创业公司必须进行的关键操作和流程。确定实现价值主张、维护客户关系、赚取收入所需的关键业务活动。对于创业公司来说，这些活动应专注于核心竞争力。

⑧ 关键合作伙伴（Key Partnerships） 关键合作伙伴指的是为了确保业务有效运行，创业公司所需合作的外部合作伙伴。识别可以提供关键资源、完成关键活动或进入新市场的合作伙伴。对于创业机会而言，合作伙伴可以提供所需的专业知识、资金或市场渠道。

⑨ 成本结构（Cost Structure） 成本结构指的是运营商业模式所产生的所有成本。分析固定成本和可变成本，寻找降低成本、提高效率的方法。对于创业机会而言，控制成本结构对于实现盈利至关重要。

（3）商业模式画布运作机制

从实践的角度入手，商业模式画布的每个要素都相互关联，形成了一整个完整的商业模式运作机制。

重要的合作关系、关键业务和核心资源构成了生产价值主张的基础。首先，创业公司与合作伙伴协同，利用关键业务与资源创造出价值主张。其次，客户关系、渠道通路和客户细分则是将这一价值主张传递给目标用户的关键手段。最后，用户在认可价值主张的基础上进行支付，从而形成创业公司的收入。收入减去创造和传递价值所产生的成本，等于创业公司所追求的利润。

其中，重要合作、核心资源、关键业务、成本结构是商业模式中价值创造的核心组成部分，它们共同推动着创业公司为客户提供独特、高效、创新的价值。而在创造价值的过程中，必然会产生成本。因此，这些生产要素反映了创业公司创造价值的过程。

价值被创造后，需要通过客户关系、渠道通路、客户细分三个要素向客户完成价值传递。同时，在价值传递过程中，用户获取价值并进行支付，创业公司获得收入。

在实践中，越来越多的企业意识到，实验室到市场的转化不仅仅依赖于先进性的技术，更依赖于对市场洞察的深度理解。得益于这一认识，跨领域合作成为一大趋势，新型科技公司与传统行业的结合、与设计思维的融合，发挥各自领域的优势，通过开放式创新的商业模式，加速产品的落地和上市时间。小米SU7（图3-36）作为2024年上半年最受瞩目的产品之一，是小米公司历时三年投入超百亿的倾心巨献。研发部门将自身开发科技产品的成功经验应用到其中，使其不仅在性能、配置和驾驶体验方面表现得非常出色，更重要的是形成了小米移动生态的闭环，这是成熟科技公司才能完成的壮举。

图3-36　小米 SU7的相关设计

理论与实践的有机结合，是新时代企业实现商业模式创新的必要条件，也是挖掘出富有潜力的细分市场及商业模式的机会所在。

3.4.2　价值主张：清晰化与有效市场沟通

（1）价值主张的概念

在上一小节提到的商业模式画布的模块中，价值主张是其中之一。明确的价值主张（图3-37）是商业模式成功的核心要素之一，它就像一座连接两头的桥梁，一端是产品或服务，另一端是顾客的需求与欲望。优秀的价值主张就是要回答能帮助消费者什么、为什么客户会选择这个品牌等问题。随着市场透明度的提高，价值主张也更加清晰化，客户对价值的感知不仅仅局限于产品本身，更关注企业的社会责任和带给客户的情感共鸣。

（2）价值主张的关键元素

① 独特性　它解释了产品或服务的与众不同之处，就像一座设计独特、引人注目的桥。这是与竞争对手区别开来的关键。

② 相关性　它表明如何理解顾客的需求和痛点，就像一座桥准确地连接到顾客所在的岸边。这说明此解决方案能够满足他们的具体需求。

③ 价值　它清楚地传达了顾客使用产品或服务后获得的好处，就像一座桥梁清晰地指向对岸的美好风景。这个价值需要是量化的或者至少是容易感知的，使顾客相信过河是值得的。

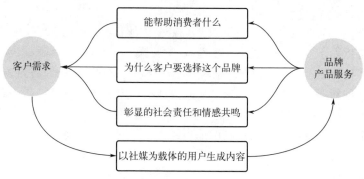

图3-37 价值主张的"桥梁作用"

（3）价值主张画布

价值主张画布（图3-38）同样是由亚历山大·奥斯特瓦尔德（Alexander Osterwalder）设计的一种战略工具，其核心目标在于帮助企业精准地聚焦客户需求，并据此提供有针对性的产品或服务。该画布通过拆解客户画像（Customer Profile）和价值地图（Value Map）两个主要部分，引导企业深入了解客户的实际需求、遇到的问题（痛点）、追求的利益（收益），以及客户期望达成的目标。企业则基于这些洞察，设计出能有效解决客户问题、满足客户期望价值的产品特性或服务方案。

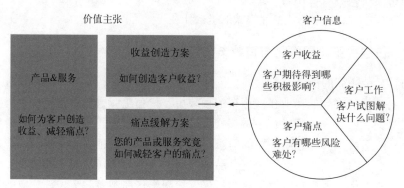

图3-38 价值主张画布

（4）营销沟通策略的实施

市场沟通也被称为营销沟通，指的是企业利用多种形式和工具（包括但不限于广告、促销活动、社交媒体营销等）来传递信息，目的在于吸引受众的注意力，激发购买意愿。

在实施营销沟通策略时，首先要充分考虑目标受众的特点偏好，比如选择合适的沟通方式和内容。其次，营销沟通需要符合企业本身价值主张的社会责任和情感共鸣，不能与价值主张所宣传的内容相悖，并与整体营销策略相配合，以达到预期的市场效果。

另外，数字化技术为企业提供了全新的市场沟通手段。大数据分析和人工智能驱动的精准营销，使企业能够更好地塑造品牌形象，推动销量增长。同时，社交媒体的兴起让用户生成内容（User Generated Content，UGC）成为企业与消费者双向沟通的重要桥梁，通过客户体验分享引导用户自发传播品牌故事，实现品牌与消费者间的深度互动。

比较经典的一个例子就是可口可乐的"Share a Coke"营销活动。在这个活动中，可口可乐瓶身上会印有人的名字，此种行为鼓励消费者购买带有他们名字或朋友名字的可乐，然后在社交媒体上分享图片。这一活动激励了成千上万的用户分享他们的"可乐时刻"，达到了很好的营销效果。

GoPro是一个户外运动相机的品牌，它鼓励用户分享用GoPro拍摄的极限运动和冒险视频，这些影像通常能够带有其品牌LOGO的水印或者有强烈的第一人称的品牌特色。这些用户拍摄的视频因此也就成为GoPro品牌形象的一部分，看到这一类视频，人们首先联想到的就是该品牌，从而在全球范围内推广了其产品的多功能性和耐用性。

3.4.3 持续生长：把握商业模式的扩展机会

未来，随着可再生能源、智能制造、区块链等前沿技术的逐渐成熟，企业需要在技术架构、组织流程和客户体验上进行颠覆性创新。例如，区块链技术的去中心化特性为跨境支付和供应链管理提供了全新的解决方案，提高了透明度和效率。同时，企业应积极研究循环经济模式，实现资源的可持续利用，减少环境影响。

商业模式的持续性和可扩展性是企业长期成功的保障。持续性要求企业不断创新，同时保持核心竞争力。可扩展性则要求企业具备在新市场和新领域实施其商业模式的能力。

（1）商业模式的持续性前提

从持续性的角度来看，商业模式的可持续要求企业不仅注重短期的利润，还要考虑长远的环境、社会和经济影响。

其一，包含于可持续发展的范畴，即对资源的合理利用、对环境的保护以及对社会责任的履行。企业可以从这些方面去切实践行可持续发展，如通过采用绿色技术、优化供应链管理及投资于员工发展，抑或是将数字孪生技术运用到产品生命周期管理（PLM）系统中去优化设计与提高资源效率，减少物理原型的需求，节约材料，降低能耗，并且延长产品的使用寿命。

其二，注重客户关系的维护和品牌忠诚度的培养也是确保商业模式持续性的关键因素。保持持久的客户沟通，建立信任和透明度。若客户能够长期信赖企业品牌，那么企业也应如一地展示其价值观和承诺加以回报。

苹果公司的持续性商业模式可以说是一种典型。其不管是包装形式的简约化，还是产品本身的极简化设计，都在一定程度上减少了材料的损耗。另外，苹果公司在一些产品线上的产品迭代和硬件软件方面的升级幅度都控制在一个较小的范围内，虽然被众多消费者诟病有"挤牙膏"之嫌，但最新科技成果的发布，确保了其科技资源底蕴的雄厚。

（2）商业模式的额外扩展机会

可扩展性指的是企业商业模式在不显著增加成本的情况下，能够有效扩大业务规模和提高影响力的能力。在设计可扩展性的商业模式时，企业需要优先进行自我评估，调研市场的潜力和估量自身的增长能力，比如识别潜在的新市场，灵活调整产品和服务，以及优化内部流程以提高运营效率。技术创新在这方面扮演着重要的角色，通过借助云计算、大数据分析等现代技术，企业可以实现更快速和精准的市场扩张。可扩展性在具体实践应用中，包括了品牌联名、分店加盟等形式。

瑞幸咖啡与贵州茅台的跨界联名，以创新的方式将传统白酒的风味融入现代咖啡文化中，让消费者能够以很低的价格品尝茅台的特殊风味，使更多的年轻消费者对茅台品牌产生兴趣，并通过咖啡这一更为日常化的产品扩大其市场影响力。麦当劳与三星堆博物馆的合作，通过快餐这一高流量平台将广受欢迎的历史文化更广泛地传播给公众，以喜闻乐见的大众化载体弘扬了非遗文化。这些合作形式不仅为双方品牌带来了可观的经济效益，还进一步丰富了品牌故事，提高了品牌美誉度和忠诚度，为未来的品牌合作模式提供了新的思路和借鉴。

持续性与可扩展性并不是相互独立的概念，而是相辅相成的。成功的商业模式需要在追求增长和扩展的同时，确保其发展路径是可持续的。为了探索商业模式的未来，企业需要进行持续地创新和调整。一方面，需要保持敏锐度，迅速捕捉市场的新趋势和响应市场的新需求，通过不断试验和迭代来优化现有模式，确保其适应快速变化的市场环境。另一方面，定期进行市场调研和竞争分析，与客户保持紧密的反馈循环。这些都是保持商业模式动态适应性的有效策略。

总之，实验室到市场的转化不仅是一个技术实现的过程，更是一个商业模式不断探索和演进的旅程。企业需要在理论与实践、价值主张与营销沟通、持续性与可扩展性等多重维度上不断寻求平衡与突破，以应对不断变化的商业环境和客户需求。

3.5　开启财务智慧：创业财务策略与管理

3.5.1　初创财务战术：资源规划与效益管理

初创企业的财务管理是确保企业从构想到实际运营成功的关键环节。合理的资源分配不仅决定企业能否顺利起步，还关系到其长期发展的可持续性。首先，在资金的战略配置上，企业需要精准分配有限资金于核心业务和市场拓展。除此之外，风险管理至关重要，必须建立合理的资金储备与应急机制，由此实现合理的资源规划与效益管理。

（1）平衡运营和增长资本要求

对于初创企业而言，如何在日常运营所需的资金（运营资本）和推动企业扩展的资金（增长资本）之间找到平衡，是有效财务管理的关键。这一平衡至关重要，有助于实现企业的可持续增长和长期成功。以下三个要点揭示了平衡运营资本与增长资本的复杂性和重要性。

① 优先战略性增长投资　增长资本应战略性地分配到能带来最高回报的领域，如产品创新、市场扩展或客户获取。然而，这需要仔细评估潜在的风险与回报。增长投资不应以牺牲企业核心运营为代价。公司需要建立一个优先级框架，依据战略匹配度、财务回报和资源可用性来评估增长项目。例如，Netflix 在从 DVD 租赁业务向流媒体过渡时，战略性地投资于技术和内容，同时保持了高效的运营。这一转型需要大量增加资本，但其财务模型坚实，确保了短期运营稳定与长期战略增长之间的平衡。

② 利用财务指标引导资本分配　使用息税折旧摊销前利润（EBITDA）、自由现金流（FCF）和营运资本比率等财务指标，能有效监控初创企业的资本分配情况。EBITDA 反映企业的核心盈利能力，帮助评估增长投资是否影响了运营健康；自由现金流则衡量企业扣除资本支出后的可用资金，揭示是否存在过度扩张的风险；营运资本比率衡量企业的短期流动性，确保不会因为资金保守导致增长停滞。通过定期分析这些指标，初创企业可以在确保财务健康的同时，合理平衡运营和扩展需求，使资本分配与公司战略目标和市场状况保持一致。

③ 根据市场动态调整资本分配　在当今快速变化的市场环境中，初创企业必须保持敏捷性。维持运营和推动增长所需的资本将根据行业趋势、竞争压力和技术变革而波动。企业领导者必须不断重新评估其财务战略，并在市场变化时迅速调整资本分配。采用如人工智能驱动的财务分析技术，可以帮助企业预测市场变化并相应优化资本分配策略。例如，Airbnb 在应对疫情时，迅速调整了资源分配（图3-39）。公司从全球扩展的增长重点转向确保运营稳定，削减成本的同时重新定位平台，满足长期需求。这种灵活性使其在危机后得以生存并在疫情后更加强大。

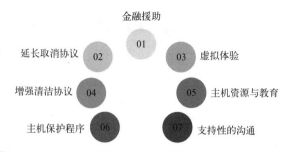

图3-39　Airbnb 在疫情期间如何支持房东以减少对其业务的影响

（2）风险管理分配，实现长期可持续性

有效的风险管理分配是企业在日益复杂和不可预测的全球市场中实现长期可持

续性的关键。通过战略性分配资源来应对风险，不仅可以确保业务连续性，还能让企业在稳定与动荡的环境中都能蓬勃发展。以下是两个关键的风险管理分配策略：

① 为突发事件建立财务缓冲　经济衰退、供应链中断或全球疫情等危机可能严重影响企业的运营和现金流。通过设立财务缓冲，企业能够在收入下降时维持运营，避免做出急迫的裁员或缩减业务的决定；在供应链中断时，有资金寻找替代供应商或解决方案；在全球危机中，企业能够支付员工薪资等固定运营成本，确保在危机过后迅速恢复。通常建议企业建立足够覆盖3~6个月固定成本的财务缓冲，并定期调整策略以应对未来的不确定性。例如，在疫情期间，拥有充足流动性储备的公司，如苹果等科技巨头，比那些利润率较小的竞争对手更有效地应对了供应链中断和需求波动。这些储备使他们在全球危机中仍能保持运营、保护工作岗位并投资新机遇。将资本分配到应急资金或紧急储备中是一种明智的策略，可以确保在不利条件下维持运营的连续性。

② 分散投资和收入来源　分散投资和收入来源是有效的风险管理策略，能够帮助企业降低市场波动的影响。通过投资不同的产品线、项目或市场，企业可以在某一行业或市场下行时，依赖其他业务维持盈利。以特斯拉为例，其扩展至中国和欧洲等国际市场的战略，能够抵御不同地区需求波动的风险。此外，特斯拉在能源存储和太阳能产品领域的多元化布局（图3-40），确保了其收入不再仅依赖于电动汽车的销售。将资源分配到多元化的收入和地域布局有助于企业抵御特定市场的风险，并确保长期的可持续性。

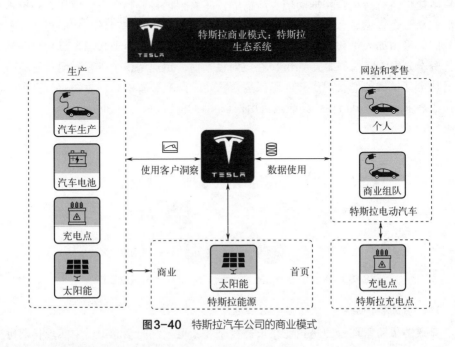

图3-40　特斯拉汽车公司的商业模式

（3）科技驱动金融资源优化

在数字化转型重塑各行各业的时代，通过技术优化财务资源不仅具有竞争优势，更是一种必然选择。企业如今可以利用创新工具和平台来增强决策能力，提高效率并确保长期的财务可持续性。以下是三个关键的技术驱动财务资源优化策略：

① 利用人工智能（AI）与机器学习（ML）进行预测分析 人工智能（AI）和机器学习（ML）正在彻底改变财务管理，使企业能够更精准地预测财务结果。通过分析大量数据，AI和ML帮助企业识别趋势和模式，提供比传统方法更高效、精确的决策支持，即通过分析历史数据预测未来收入、支出和现金流，同时综合市场波动和客户行为等因素，提高财务预测的准确性。此外，AI还能自动化决策，优化风险管理，减少人为错误。通过增强数据透明度与实时监控，AI和ML提升了财务管理的可控性和效率，助力企业更好地应对未来挑战。例如，摩根大通（JPMorgan Chase）（全球最大的金融机构之一）使用AI简化其投资流程，分析复杂的市场数据以提供实时见解和风险评估。基于预测分析更高效地分配资源，企业能够做出数据驱动的决策，最大化回报并减少不必要的开支。

② 云端财务管理系统提供实时洞察 云端财务系统为企业提供了实时访问财务数据的能力，显著提升了现金流管理、预算编制和财务预测的效率。通过实时更新，财务团队可以快速获取关键数据，及时做出决策，优化支付和收款策略，确保资金流动顺畅。云端系统还简化了预算编制过程，报告自动化生成减少了手动工作，并通过跨部门协作提升了预算的准确性。实时数据和分析工具增强了财务预测能力，帮助企业提前识别风险并调整策略。借助云端系统，企业能够更加灵活高效地管理财务，增强竞争力。这些平台，如Oracle NetSuite（图3-41）或SAP S/4HANA（图3-42），允许企业整合各部门的财务信息，提供全局的财务健康状况视图。此外，云端解决方案减少了对本地昂贵基础设施的需求，并为不断发展的企业提供了可扩展的选项。这项技术让企业能够快速应对财务变化，确保资本能够分配到最具价值的地方。

图3-41 Oracle NetSuite产品

图3-42 SAP S/4HANA产品

③ 机器人流程自动化（RPA）提高成本效率与准确性　机器人流程自动化（RPA）（图3-43）指通过自动化重复性的财务任务，如发票处理、工资核算和费用管理，极大优化了财务资源。RPA减少了人工干预，降低了人为错误风险，并提高了数据的准确性。自动化发票处理、工资核算和费用报销流程，加快了处理速度，提升了效率。此外，RPA还能帮助财务部门实现流程标准化和合规性，确保操作符合公司政策。通过RPA，释放了人力资源，让员工专注于更具战略性和增值的任务，如财务分析和风险管理，从而为企业创造更多的业务增长机会。例如，德勤等公司使用RPA关键会计功能，大幅减少了运营成本并提高了准确性。这使财务资源能够从行政任务中释放出来，转而用于更有价值的活动，如战略投资或研发。

图3-43 机器人流程自动化（RPA）的关键思想

3.5.2 财务健康：收支平衡与盈利能力预测

在当今快速变化且竞争激烈的商业环境中，卓有成效的财务管理对于维持企业的长期生存能力至关重要。平衡收入与支出，同时准确预测利润，是这一过程的核心。这些财务管理技巧已经演变，以适应现代发展趋势，如自动化、数据驱动分析和灵活的商业模式。接下来将探讨一些先进的财务策略，帮助维持现金流平衡并提升盈利预测的准确性，从而确保与当代商业现实稳健财务规划一致。

（1）动态预算管理：平衡收入与支出

有效的财务规划要求平衡收入与支出，特别是在当今波动频繁的商业环境中，这一任务需要更大的灵活性。传统的静态预算基于固定假设，难以应对市场的快速变化，而动态预算通过实时调整，成为现代财务管理中的关键工具。动态预算允许企业根据实际的市场条件、需求变化和成本波动迅速调整支出，确保财务的稳定性。它依赖实时数据，跟踪收入和支出情况，帮助企业优化资源分配，及时应对潜在风险。与静态预算相比，动态预算具有更大的灵活性，能够让企业在市场变化时迅速做出反应，避免超支或资金分配不当。此外，动态预算在战略规划中也发挥着重要作用，确保财务规划与企业的长期战略目标保持一致。通过这种方式，企业不仅能更好地适应不确定的市场环境，还能抓住新的增长机会，提升财务管理的效率和竞争力。例如，当企业遇到意外的需求激增时，灵活的预算可以分配更多的资源用于生产或营销，而不会影响现金流。相反，在经济下行时期，支出可以快速减少，以维持一定的利润。通过持续监控和调整财务趋势，企业可以在不确定时期维持健康的收支平衡，避免财务压力。Anaplan（图3-44）是一款广泛应用于企业的动态预算和财务规划软件。它提供多维度数据分析，允许企业根据实时财务表现和市场条件灵活调整预算和资源分配，提高财务决策的灵活性和准确性。

图3-44 Anaplan软件

（2）数据驱动的盈利预测

精准的盈利预测对于战略决策至关重要。传统的盈利预测通常依赖于历史数据和市场趋势。然而，随着大数据和预测分析的兴起，现代财务管理已实现了跨越。如今的盈利预测依赖于高级算法，这些算法能够分析从消费者行为到经济指标的大量数据，从而提供更加精确和前瞻性的财务预测。预测分析工具可以在大型数据集中识别模式和趋势，提供传统方法可能忽略的见解。这些工具利用机器学习模拟多个未来情景，考虑市场波动、客户偏好和全球经济条件等变量。这种方法不仅提高了盈利预测的准确性，还通过提前准备应对潜在的挑战来帮助公司降低风险。将这些先进的预测方法融入财务管理中，企业可以更好地预判盈利能力，积极调整战略，并识别增长机会。无论是预测季节性需求波动，还是应对全球供应链中断，数据驱动的盈利预测都是现代企业保持竞争力的关键技能。IBM Planning Analytics（图3-45）这款软件基于云计算和预测分析技术，允许企业从多个维度分析数据，提供精确的盈利预测。它利用高级算法和机器学习模型，帮助企业应对复杂的市场波动，并提前制定应对策略。

（3）现金流优化与自动化

有效的现金流管理是维持收支平衡和盈利预测的核心。现金流代表着企业的生命线，优化现金流能确保企业在履行财务义务的同时，还能投资于未来增长。近年来，自动化技术已经彻底改变了企业管理现金流的方式。自动化现金流管理系统允许企业实时监控资金的流入和流出，检测异常情况，并预测未来的资金需求。例如，通过使用自动开票和支付系统，可以加快应收账款流程，确保收入及时到账。此外，支出管理平台可以自动跟踪和分类支出，突出显示可以削减或更好控制成本的领域。这些自动化解决方案不仅提高了准确性和效率，还提供了更深入的财务操作洞察，使管理者能够做出更明智的决策。

图3-45 IBM Planning Analytics 软件

利用自动化技术，企业可以保持流动性，确保收入覆盖支出，并改善整体财务健康状况。根据麦肯锡报告，自动化技术在现金流管理中的应用能够帮助企业将发票处理时间减少30%~50%，加速收入回收过程，从而增强企业的流动性和财务健康状况。自动化系统通过减少人为错误，提高了财务操作的准确性。

（4）战略风险管理与情景规划

在平衡收入与支出和预测利润的过程中，不可避免地会面临一定的不可预测性。外部因素（如市场波动、政策变化和突发事件）都可能影响企业的财务状况。因此，战略风险管理和情景规划是至关重要的财务管理技巧。有效的战略风险管理需要识别可能影响现金流和盈利的威胁，并制订应急计划。这可能包括多元化收入来源、确保信用额度或实施节约成本的措施，以应对意外挑战。

情景规划则是基于不同的潜在未来条件建模不同的业务结果。通过为多个财务结果（例如市场衰退、供应链中断或新的竞争压力）做好准备，企业可以相应调整预算和预测。这种战略性的前瞻性思维有助于确保企业即使在不确定的环境中也能保持财务韧性。

例如，宝洁（P&G）公司通过战略风险管理，将其收入来源多元化，并实施了全球供应链的备份计划，以应对突发事件和市场波动。这使宝洁在面对如疫情这样的全球性危机时，能够保持财务韧性。

3.5.3 智能工具：简化管理与决策支持

在当今瞬息万变的商业环境中，企业有效管理财务资源的能力对其生存与发展具有举足轻重的意义。面对现代市场的复杂性、日益激烈的竞争以及持续增长的压力，手动财务流程已难以满足高效财务管理的需求。此时，财务工具与软件便显得尤为重要。它们通过简化财务运营、提高数据准确性并提供实时洞察，助力企业优化决策，确保长期盈利能力。本节将深入探讨企业可利用的财务工具与软件，重点聚焦于会计软件、预算与预测工具，以及综合决策平台，这些工具与软件不仅使财务管理变得更为简便，还使创始人与财务经理能够做出与公司战略目标相契合的数据驱动决策。

（1）高级会计软件：自动化财务核心流程

对于企业而言，采用先进的会计软件是保持准确财务记录、满足监管要求的关键。传统会计方法劳动密集且容易出错，使企业难以适应快速发展的市场变化。现代会计软件［如 QuickBooks（图 3-46）、Xero（图 3-47）、Zoho Books（图 3-48）等］致力于实现关键财务流程的自动化，包括记账、发票处理、工资单编制以及税务合规等。这些解决方案与银行账户、支付网关无缝对接，可实时追踪现金流及金融交易。

这些软件的一个显著优势在于，它们能够自动生成详细的财务报告，如损益表、资产负债表和现金流量表，无须人工干预。这种自动化极大地减轻了团队的管理负担，使他们能够更专注于与增长相关的活动。此外，基于云计算的会计系统确保所有财务数据均得到安全存储且易于访问，从而支持企业跨团队高效协作，无论团队成员身处何地。

这些软件的另一个显著优势在于还提供多货币支持、与库存管理系统集成等高级功能。对于在全球市场运营或管理复杂供应链的企业而言至关重要。会计软件通过自动执行重复任务并确保财务准确性，为企业的高效运营与遵守财务法规奠定了坚实基础，为业务扩展提供了有力支撑。

图3-46 QuickBooks

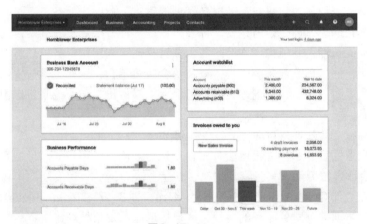

图3-47 Xero

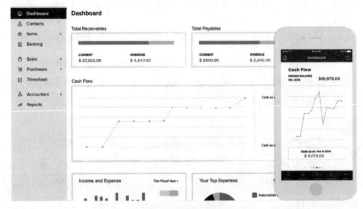

图3-48 Zoho Books

（2）预算与预测工具：助力战略财务规划

会计软件专注于记录历史财务数据，而预算与预测工具则使企业能够展望未来，规划未来。这些工具根据各种业务场景预测收入、支出和现金流，帮助企业创建全面的财务模型。Float、PlanGuru（图3-49）等工具提供复杂的财务建模功能，使企业能够针对不同的市场条件进行规划，并实时进行战略调整。

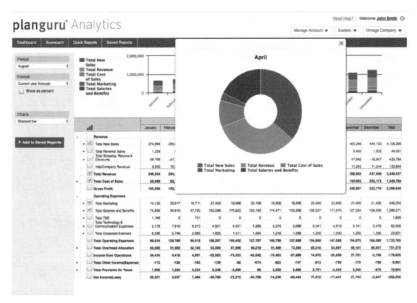

图3-49 PlanGuru

对于企业而言，现金流预测尤为重要，因为资金和资源往往有限。通过预算与预测工具，企业可以预估何时可能面临现金短缺或盈余，从而为潜在的融资轮次或成本削减举措做好准备。这些工具还实时更新财务业绩，使企业能够根据新数据输入调整预测，确保企业保持敏捷性并响应市场变化。

此外，这些工具还具备情景分析功能，这是一种探索不同战略决策如何影响财务业绩的方法。例如，公司可以创建各种财务模型来评估拓展新市场、推出新产品线或调整定价策略的潜在影响。这种模拟不同情景的能力使企业能够做出明智决策，确保财务规划与长期增长目标保持一致。

（3）人工智能决策平台：利用数据洞察未来

随着人工智能（AI）与机器学习（ML）技术的不断进步，它们与财务管理工具的集成变得日益普遍。Kabbage Insights、Fathom等人工智能决策平台旨在处理大量财务数据，为企业提供预测性见解和战略建议。这些平台为企业带来了显著优势，使它们能够做出数据驱动的决策，从而提高盈利能力、降低风险并优化资源配置。

人工智能在财务管理中最有价值的方面之一是其预测分析能力。这些平台通过分析历史财务数据和市场趋势，帮助企业预见潜在的现金流缺口或收入机会。例如，人工智能工具可能会预测季节性销售下滑导致的现金短缺，从而使企业能够主动采取措施，如获得短期贷款或调整营销策略以促进该期间的销售。

此外，人工智能驱动的平台还可以提供对毛利率、客户获取成本和终身价值等关键绩效指标（KPI）的实时洞察，从而改善财务决策。这些洞察使企业能够持续监控财务状况，并在必要时对运营或战略做出明智调整。人工智能技术的整合还可以自动识别财务风险（如超支或利润率下降），为企业提供预警系统，避免陷入潜在陷阱。

参考文献

[1] 陈宗学，周林丽，赵丽丽，等.开展大学生创业教育，促进创新创业教育改革 [J].山西农业大学学报，2018，38（1）：121-125.

[2] 罗圳.创业教育与大学生创新创业素养培养 [J].现代职业教育，2017，14：105-107.

[3] 程锐，刘玉成，王磊.大学生创业教育在专业培养中的重要地位 [J].市场现代化，2019，13（21）：204-205.

[4] 李雪艳.创新创业教育对硕士研究生的影响研究 [J].中国继续教育，2016，6：60-61.

[5] 刘丽娟，贺红峰.大学生创业教育需重视培养综合能力 [J].教育探索，2017，35（3）：112-113.

[6] 邢小强，周平录，张竹，等.数字技术、BOP商业模式创新与包容性市场构建 [J].管理世界，2019（12）：116-136.

[7] 赵云，张立伟，乔岳，等.颠覆性创新在中国的理论探索与政策实践 [J].中国科技论坛，2022（6）：57-67.

[8] 朱承亮.颠覆性技术创新与产业发展的互动机理：基于供给侧和需求侧的双重视角 [J].内蒙古社会科学，2020，41（1）：112-117.

[9] 许泽浩，张光宇，刘贻新.颠覆性技术选择策略研究 [J].中国高校科技，2018（增刊1）：119-122.

[10] 刘安蓉，李莉，曹晓阳，等.颠覆性技术概念的战略内涵及政策启示 [J].中国工程科学，2018，20（6）：7-13.

[11] 石慧，潘云涛，苏成.颠覆性技术及其识别预测方法研究综述 [J].情报工程，2019，5（3）：33-48.

[12] 孙永福，王礼恒，陆春华，等.国内外颠覆性技术研究进展跟踪与研究方法总结 [J].中国工程科学，2018，20（6）：14-23.

[13] CHRISTENSEN M. The innovator's dilemma: when new technologies cause great firms to fail [M]. Boston: Harvard Business School Press, 1997: 201-205.

[14] ROTHAERMEL F T. Technological discontinuities and interfirm cooperation: what determines a startup's attractiveness as alliance partner? [J]. IEEE Transactions on Engineering Management, 2002, 49（4）：388-397.

[15] TEECE D J. Business models, business strategy and innovation [J]. Long Range Planning, 2010, 43（2/3）：172-194.

第**4**章
实践路径与
成功轨迹

4.1 实践项目的选择

在快速变化的技术经济环境下，工科学生创业需精心规划项目。实践项目是理论与应用的桥梁，选择项目主题尤为关键。本章讨论选择策略，如利用本地资源、多元合作、前瞻技术布局，以结合理论与实践，顺应时代发展。

4.1.1 就地取材：本地资源的智慧利用

在全球竞争加剧时，智慧利用本地资源对于实践项目的成功而言至关重要，即需深挖自然、文化、历史和社会资源，最大化本土优势，为项目奠基。本节探讨如何分析并利用这些资源来驱动项目选择、设计及实施，以实现资源高效、经济可行，并提升区域竞争力。

（1）地域资源特征分析

在工科项目中，分析地域资源特征有助于发掘并转化资源，即需调研自然、产业及社会文化资源，挖掘优势。同时，巧妙利用学校科研资源和设备，降低投入并提供技术支持。

① 自然资源分析　在分析自然资源时，需调研种类、分布及独特性，评估应用潜力，并建立资源数据库，运用 AI 和大数据进行全方位分析，如利用地理信息系统（GIS）评估区域资源。同时，注重资源可持续开发与环保，鼓励绿色技术、循环经济项目，确保长远发展。

例如，荷兰以循环经济为基础的大型农业项目，通过高效率的土地利用技术，大幅提升了农业产出。荷兰政府高度重视农业循环利用技术的研发和应用，这包括无土栽培、精准施肥、雨水收集、水资源和营养液的循环利用等方面的技术创新。荷兰利用仅有 7% 的耕地建立了大量的现代化温室，这些温室约占全世界温室总面积的 1/4。这些温室采用电脑自动控制，包括光照系统、加温系统、液体肥料灌溉施肥系统等，保证了农作物的高效和优质生产（图 4-1）。荷兰通过这些创新和高效的农业技术，不仅克服了当地自然条件的限制，还大幅提升了农业产出，成为全球农业的典范。

② 产业基础分析　在分析产业基础时，需了解产业结构、主导产业及链条，找准项目切入点。评估技术成熟度和创新能力，确定技术可行性。同时，分析市场需求，为产品定位提供依据。

如结合物联网（IoT）设备和人工智能（AI）技术，企业能够实现对生产线的实时监控和数据收集，进而优化生产参数和流程。西门子采用其 Mindsphere 工业物联网平台进行生产数据采集和分析，实现了生产效率的提升和能源消耗的优化（图 4-2）。西门子的 Mindsphere 平台是一个开放的工业物联网操作系统，能够连接机器、工厂、系统和产品。通过 Mindsphere，企业可以集成来自不同设备和系统的数据，实现数据的统一管理。同时，Mindsphere 利用 AI 和机器学习技术对采集的数据进行深入分析，将大量的工业数据转化为有价值的洞察力，帮助企业提高效率、降低成本、增强竞争力，并推动数字化转型。

图4-1 荷兰温室农场

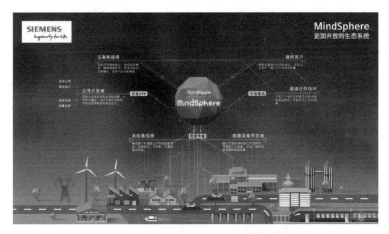

图4-2 西门子Mindsphere工业物联网平台

③ 社会文化分析 社会文化分析需调研当地特色，如传统工艺、民俗文化，以增强项目文化底蕴。同时，了解居民生活方式、消费习惯和社会需求，指导项目设计。评估社会接受度和支持度，对于项目的推广和实施而言至关重要。

例如，某高校"古遗新生"项目聚焦宁海"十里红妆"婚俗，通过文化创意与区域合作，挖掘非遗内涵，开展艺术振兴乡村建设，融合非遗传承与数字化产品创新（图4-3），打造"宁海样本"，探索艺术设计与乡村振兴路径，构建"十里红妆文化地图"，实现非遗保护与发展、乡村经济与文化振兴双赢。

（2）社区需求与项目机会

社区需求与项目机会紧密相关。深入社区调研可识别关键需求，如环境改善、就业机会等，以此定义项目方向，确保市场定位准确。工科项目需现场考察了解物理环境，应用工程方法分析需求，结合最新技术设计解决方案。开发原型验证设计，采用敏捷方法不断测试改进。通过试点项目（如智慧城市中的智能照明网络测试）检验效果，确保解决方案实用有效。

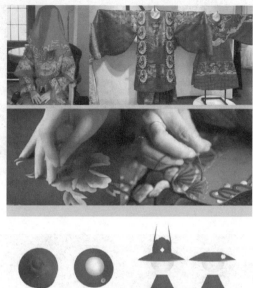

图4-3 婚俗文化项目设计

例如，芝加哥的"绿色屋顶"项目是一项创新的社区发展计划，它通过细致的社区需求调研，了解到居民对改善城市生态环境和提高生活质量的渴望（图4-4）。项目据此引入了先进的生态绿化技术，将传统屋顶改造为具有植被覆盖的绿色屋顶，这不仅美化了城市景观，还提升了建筑的能效，促进了城市生态系统的健康发展，从而提高了城市的可持续性。

图4-4 芝加哥的"绿色屋顶"项目

（3）本地资源可持续策略

本地资源可持续策略利用新兴技术高效配置资源，强调了自然与人力资源的可持续利用。其需设计可回收、可再生产品生命周期策略，综合考虑经济、环境和社会影响，实现资源长周期利用。结合生命周期分析与智能制造技术，平衡经济、社会和环境效益，推动资源节约、环境友好型发展，实现可持续发展目标。

产品生命周期管理（Product Lifecycle Management，PLM）是指管理产品从概念设计到退役的整个过程中的所有数据和流程。设计可回收、可再生的产品生命周期管理策略是指将可回收和可再生理念融入PLM，意味着在产品生命周期的每个阶段都考虑资源的可持续性（图4-5）。

a.设计：考虑可回收性与可再生性，使用易分离组件、标准化连接件和可回收材料。

b.生产：考虑高效、清洁生产，减少消耗和排放。

c.使用：提高耐用性，易于维护升级，延长寿命。

d.废弃：确保回收再利用，无法回收部分易生物降解。

图4-5　产品生命周期管理

瑞典 Hammarby Sjöstad 生态城是资源可持续利用典范（图4-6），位于斯德哥尔摩城区东南部，由废弃工业区转变为高循环、低能耗的宜居生态城。采用"哈马碧模式"，衔接能源、水、废弃物循环链，形成生态循环圈，减少污染物排放。将垃圾进行分类，其中可燃垃圾发电，厨余垃圾转化为肥料，有害垃圾无害化处理，采用真空抽吸系统减少二次污染。

图4-6　瑞典哈马碧生态城区

而长周期利用策略要求在资源利用时，不仅要考虑经济效益，还要考虑对环境和社会的影响，并寻求长期有效的资源利用方式。

a.经济：寻求成本效益，考虑长期投资回报。

b.环境：评估生态影响，提高资源效率，减少浪费。

c.社会：确保社会责任，公平分配资源。

d.长周期：推动资源循环，确保可持续性。

日本汽车公司Toyota（丰田）的Woven City项目展示了城市资源高效可持续利用（图4-7）。该项目为零碳排放，使用清洁能源车、太阳能设施减排。环保房屋利用木材建造，氢气驱动，配备太阳能电池板。倡导循环经济，回收废弃物，发展共享经济。将建地下货运路，未来基础设施和物流系统地下化，自动服务全城。

图4-7 丰田"Woven City"智慧城市

最后，结合生命周期分析（Life Cycle Analysis，LCA）与智能制造，优化资源消耗与回收。利用智能制造技术减少能耗，通过LCA识别环境影响热点并进行优化。

4.1.2　多元合作：跨学科与跨界的协同创新

多元合作是创新突破和项目成功的关键，需跨学科协同，整合各领域知识，也需学术界与产业界紧密合作，加速解决方案的应用。建立开放合作平台和创新生态系统，通过政策、资源共享和人才流动促进创新。加强国际合作，洞察前沿动态，推动项目创新。

（1）跨学科项目团队构建

在选择工科实践项目时，将以下跨学科项目团队构建的原则应用于决策过程，可以帮助团队充分发挥其多样性和协作优势。项目团队不仅能够提升项目的实施效果，还可以为学生提供宝贵的跨学科学习和合作经验。

① 项目选择符合多学科性质　在进行项目选择时，要利用团队多样性，选择需多学科协同解决的问题，如产品开发需工程、市场、设计等多方配合。确保项目足

够复杂，让各学科成员都能发挥所长。在实施过程中，建立有效沟通机制，鼓励交流共享，根据项目进展灵活调整方向，保证协同性。

②利用跨学科课程和活动 跨学科课程和活动能够提升团队合力，促进知识的交叉。在选择项目时，匹配学校跨学科资源以获得支持。利用讲座、研讨会等资源，了解各领域最新研究，交流想法，寻找合作，提升技能。如湖南大学创办了"新工科·新设计"系列讲座，通过一系列知识学习，促进了个人或团队的跨学科知识掌握。

③加强成员的协作与沟通能力 选择高度互动、团队协作项目，如设计头脑风暴、实施协同工作。鼓励定期会议分享知识、进展，提升沟通效率。建立反馈机制，鼓励建设性意见。保持信息透明，确保团队访问文件更新。例如，设计师、社会学家、商学家合作社区服务创新项目，从视角创造社会价值。

④促进创新和实用解决方案 在项目选择时需优先考虑创新且实用的项目，激发团队创造力。团队应结合各学科优势，提出独特解决方案。可研究成功案例，举办创意工作坊，鼓励创新想法，集体讨论完善。评估潜在技术，确保带来创新和实用价值。如可再生能源存储项目，融合化学工程、材料科学、环境科学，开发高效存储方案。

（2）校企合作与社会支持

在工科实践项目的选择过程中，充分利用校企合作和社会支持可以为项目带来实质性的资源和指导。通过搭建与行业专家和企业的合作网络，以及利用校友资源和地方政府支持，可以为项目提供实用指导、资源、政策优惠和资金资助。

①建立合作网络 与行业专家和企业建立合作，可有助于工科项目精准定位，紧贴行业需求。选择能获得专家指导的项目，接触行业前沿。企业应选择有技术洞察力的和市场前景的项目。项目需贴合企业需求，可联合研发或协同现有项目，以降低成本并提供实践环境。同时，项目应为企业带来价值（如解决问题或助其发展），以建立长期合作，并提供实习就业机会。如比亚迪与北京理工大学开展绿色能源技术创新合作，通过联合研发，双方成功开发出新一代电池管理系统，不仅提升了比亚迪新能源汽车的市场竞争力，也为该校学生提供了实践操作和研究成果转化的平台。

②充分利用校友网络 利用校友网络，可选校友具有影响力和资源的项目。校友提供行业洞察、技术指导及合作伙伴引荐。其行业经验有助于团队了解现状，选择有价值的项目。校友的专业知识和实践经验可指导技术开发，避免陷入陷阱，并优化路线。

③政策优惠与资金资助 选择项目需贴合地方政府科技创新或产业升级战略，以获得政策支持和资金补助。利用高校与地方政府合作，确保项目符合政策，能够获得最大支持。合作含科研转化、人才培养等内容，按需求特色合作。如重庆市政府与南京大学、中国农业大学、华中师范大学、西南交通大学等签署战略合作协议，各高校根据重庆市经济社会发展需求，提供决策咨询、评估和论证服务，助力重庆

市科技创新资源行动的全面实施。

（3）全球合作与竞争力

加强国际科研合作与参与全球创新联盟，能够拓宽学生和团队国际视野，接触多元文化及先进技术。与全球领先机构合作，获取前沿资讯和技术趋势。学习国际最佳实践对于提升项目竞争力和扩展性而言至关重要，需对标国际标准，满足全球市场需求。借鉴成功国际案例，使项目策划具有扩展性，保持全球领先。

① 加强国际科研合作　国际科研合作是不同国家研究机构、大学和企业间的科研活动协作，包括共同项目、资源共享、知识交流和技术转移。合作能够提高研究效率，提供跨文化交流机会，培养国际视野人才。

选择能够参与国际科研合作的项目，参与到国际研究基金项目或者大学间的联合研究计划中，这样可以了解到多国研究团队的专业知识和技术资源。考虑可以通过国际交流项目获取经验和知识的项目，例如，国际热核聚变实验堆（International Thermonuclear Experimental Reactor，ITER）计划是一个国际大科学工程，旨在验证核聚变发电的科学和工程技术可行性。中国科学院等离子体物理研究所作为ITER计划的主要依托单位之一，承担了重要研发任务。例如，该所研制的高温超导电流引线在ITER计划中发挥了关键作用，提升了我国在高温超导大电流引线领域的国际竞争力。

② 参与全球创新联盟　科技创新是增长的关键。在全球性挑战下，国际科技合作需求激增。项目需连接全球创新网络，加入联盟或协会获取研究趋势、技术进展和市场信息。利用联盟平台，获得多元反馈，助力项目完善优化。如国家自然科学基金委员会与荷兰研究理事会合作研究项目旨在促进中荷科学家之间的合作与交流，其资助领域为"城市气候变化下的物理与社会韧性"。

③ 国际视野拓展　选择立足于国际市场需求的项目，有助于学生了解和分析全球市场的不同需求与挑战，从而设计出更具普适性和市场潜力的解决方案。同时，也可以选择建立国际化团队的项目，在文化多样性中锻炼学生的跨文化沟通能力和团队协作能力。如昆明理工大学组织学生参加剑桥大学举办的现代高阶深度学习、网络安全与联邦学习模型、智慧通信与万物互联等前沿学科线下交流项目。这些项目旨在增强学生的创新精神、跨文化交流能力与全球胜任力，提升国际化人才培养水平。

④ 学习和采用国际最佳实践　项目应借鉴国际最佳实践和标准，确保国际水平。采用国际技术标准、质量管理体系等，研究国际成功案例策略，应用于自身项目。如我国新工科项目，由教育部指导，全国新工科教育创新中心主办，总结实践情况，研讨重点工作。项目涉及多个高校和企业，强调卓越人才培养，注重项目式教学、评价体系改革及教育生态创建。

4.1.3　未来导向：前瞻性技术的前期布局

未来实践项目需要前瞻布局人工智能、量子计算、生物技术等前沿技术，以获得创新潜力和市场机会。项目选题应融入最新技术趋势，确保超前视野。需规划技术路线图，做出可行性研究，构建风险管理机制，动态调整评估。结合政府、风险资本支持，推动创新成果产业化。

（1）技术趋势识别与应用

AI、物联网、智能制造成为推动技术不断进步的关键力量。工科教育需紧跟前沿趋势，提供最新知识技术。工科学生应关注研究这些技术，识别创新趋势。

例如，一些高校开展了以智能制造为主题的实践项目。在这些项目中，学生不仅学习智能制造的基本理论，还参与到实际的智能制造流程设计中。通过使用先进的制造软件和设备，学生能够亲身体验到智能制造技术的应用。学生还可以通过参加创业比赛、寻求导师指导等方式，进一步发展课程项目。

（2）前期技术投入与产业化

高校可与产业园、创业基地等建立合作联盟，共享资源、知识和专长，促进技术转移，分散风险，提高商业化潜力。早期资本投入，如风险投资、政府资助，对于技术发展而言至关重要。利用政策扶持（如税收优惠、补贴等），推动技术产业化。

产学研深度融合是企业、高校、研究机构合作的新模式，旨在协同创新，促进科技成果产业化。它结合企业市场导向、高校科研实力与机构创新资源，提升研发效率和市场应用能力。例如，南京大学产学研深度融合，通过创新创业办公室实践前瞻合作。该校现代工程与应用科学学院谭海仁教授团队的全钙钛矿太阳能电池项目获得学校资金支持，与天合光能共建实验室，进行项目的熟化与验证，最终自创公司实现技术转化。

（3）创新生态系统建设

创新生态系统需多方协同，构建平衡系统。其关键在于高效框架，紧密结合研发与市场，快速响应。敏捷项目管理强调灵活迭代，提升项目可控性和竞争力。将导师制和行业伙伴结合，提高商业化率，获取经验指导和市场支持。

德勤的《中国创新崛起——中国创新生态发展报告2019》提供了对中国创新生态系统的深入分析。报告指出，中国创新生态系统在人工智能、无人驾驶和先进制造等领域展现出了蓬勃生机。中国的创新生态体系特点鲜明，例如京津冀地区以北京为核心，长三角区域综合创新水平普遍较高，粤港澳大湾区则以广州、深圳为龙头。这些地区通过持续加强人才和技术的投入，使其科技创新能力稳步增长。

4.2　市场验证与商业模式的精进

在企业发展过程中，市场验证和商业模式精进至关重要。在当今迅速变化的商业环境中，企业必须灵活应对市场需求，并不断优化其商业模式。本节将探讨市场验证的重要性，以及如何通过差异化定位和创新收益模型来实现持续盈利。

4.2.1　精益验证：市场反馈与迭代优化

在快速发展的现代社会，市场需求和技术都在不断演变和革新。因此，传统的长周期开发模式愈发难以适应现代快节奏的产品市场。企业必须面对这样的挑战，

即客户期望的变化速度比以往任何时候都要快，新技术的涌现使竞争格局更加动态化。传统的开发模式通常依赖于较长的设计、反馈和实施周期，这导致企业无法迅速响应市场变化，从而丧失竞争优势。

企业需采用灵活敏捷的开发方法（如精益创业思维、敏捷开发等），缩短周期，快速迭代，迅速推向市场，并快速调整以满足客户需求。传统开发模式与灵活敏捷开发模式的比较见图4-8。

精益验证是通过最小化成本和风险，快速验证产品或服务市场需求的过程。

精益验证模式以最小化投入获取最大化市场反馈，确立核心功能，舍弃不必要的开发。它需持续收集分析市场和客户反馈，进行迭代优化。

图4-8 传统开发模式与灵活敏捷开发模式的比较

（1）市场调查与数据分析

使用问卷调查、用户访谈和数据分析工具来了解客户的真实需求和痛点是进行精益验证的重要前提步骤（图4-9）。每种方法都有其独特的优势和适用场景，因此，理想的策略是将这些方法组合使用，以获取全面的客户信息。

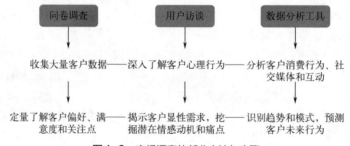

图4-9 市场调查的部分方法与步骤

① 问卷调查是收集大量客户数据的有效方法 通过精心设计的问题，企业可以定量了解客户的偏好、满意度和对产品特性的关注点。在线调查工具的广泛应用，使得我们能够高效地收集和分析大量反馈，从中提取有价值的信息。在这一步骤中主要会运用到SurveyMonkey、PowerCX风铃系统、Google Forms等在线问卷工具或平台，实现问卷的创建、收集、结果可视化呈现等功能。

② 用户访谈则提供了一种深入了解客户心理和行为的途径 通过一对一的交流，企业可以获取具体而详细的反馈，这些反馈不仅能够揭示客户的显性需求，还能挖掘出其潜在的情感动机和未表达的痛点。这种质性研究方法帮助企业更好地理

解客户背景和使用场景，以便制定更具针对性的产品策略。

③ 数据分析工具在现代商业环境中扮演着不可或缺的角色　通过收集和分析来自消费行为、社交媒体和客户支持互动等多种渠道的大数据，企业能够识别趋势和模式，预测客户未来行为。

结合使用这些工具和方法，可以帮助企业建立一个360°的客户视图，从而确保产品和服务的开发紧贴市场需求，优化资源配置，提高投资回报率。

（2）构建最小可行产品（MVP）：初步测试与探索用户需求

精益验证的关键步骤在于创建一个最小可行产品（MVP）。MVP的开发不仅能够快速进入市场验证假设，还能有效控制开发成本，减少不必要的功能开发投入。这种循环式的流程（图4-10）验证能显著降低创新的试错成本，并保证产品快速贴合用户需求。例如，在开发基于人工智能的个性化学习平台时，可以先推出简化版（如智能推荐系统）功能，再逐步增加个性化学习路径、数据分析等模块。通过在每个迭代周期中收集用户数据、理解需求痛点，创新者可以不断优化产品，最终获得高效、个性化的教育体验。

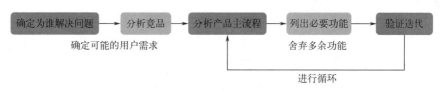

图4-10　构建最小可行产品（MVP）的流程

目前市面上较为成熟完善的产品，如微信（Wechat）、谷歌邮箱（Gmail）、爱彼迎（Airbnb）等，都经历了产品的起源版本、功能的扩展和商业化阶段。

（3）快速反馈

精益验证的核心在于快速反馈循环。这一过程在每一次迭代中都被强调用户调研、数据分析和试错调整，并通过快速调整和实验，逐步优化产品或服务。

① 快速反馈循环是一种能够有效降低风险的策略　它通过不断测试和验证假设，使企业能够及时发现产品问题和市场机会。较短的反馈周期意味着企业可以在产品开发的早期阶段获取宝贵的用户反馈，减少浪费，从而节省成本和资源。

② 明确反馈收集渠道在快速反馈循环中起着关键作用　通过深度访谈、焦点小组以及用户行为分析，企业能够深入了解用户需求和痛点，从而更准确地定义产品开发的优先事项。数据分析则进一步支持这一过程，通过量化的指标评估产品改进的成效，以及用户对变更的反应。

③ 及时告知反馈结果是快速反馈循环的另一个重要组成部分　对用户的反馈给予及时回应，告知处理进度和结果，对无法立即解决的问题，能解释原因和提供替代方案。同时也可以建立激励机制，给予用户奖励，鼓励更多的用户参与。

微软公司在萨提亚·纳德拉（Satya Nadella）担任CEO之前，面临着创新停滞、市场份额下滑和企业文化僵化等问题。为应对这些挑战，纳德拉决定实施一系列变革，以重新定位微软在科技行业中的地位。

纳德拉上任后，提出了"移动优先、云优先（Mobile First，Cloud First）"的战略愿景。这一愿景旨在将微软从传统的软件销售模式转型为基于云计算和移动应用的服务模式。在变革实施过程中，微软建立了严格的监督与反馈机制，确保计划顺利进行。通过定期评估和员工反馈，纳德拉和领导团队能够及时发现问题并调整策略。例如，定期举行全公司范围的Town HaLL会议，听取员工的意见和建议。变革完成后，微软通过数据分析和反馈机制，评估变革效果并巩固成果。

总之，建立一个快速反馈循环需要企业文化的支持，领导层需鼓励创新和容错，在保证速度的同时不断提升产品质量。通过这种持续的迭代优化过程，企业可以更好地适应市场变化，保持竞争优势，并在长期内实现可持续发展。

（4）多渠道市场测试：挖掘潜在市场需求

在精益验证中，多渠道市场测试可以帮助教育产品及早发现潜在的用户群体和需求差异。通过在多个市场和渠道上同时进行小规模的实验和测试，从而捕捉到不同用户群体的多样化需求和偏好。

产品往往服务于多元化的用户群体，尤其是在全球化和个性化教育的背景下，不同地区、文化、年龄层的用户需求各异。通过在多平台、跨渠道进行测试，团队可以更全面地了解不同市场对产品的反应，从而细化产品策略和市场定位。

① 多渠道测试通过扩大覆盖面，让企业能接触到更广泛的受众群体　这包括在线渠道和离线渠道，如社交媒体广告、电子邮件营销、内容推广、教育博览会、校园推广等。通过这些多维度的渠道，企业可以评估各个用户群体的反馈和参与度，从而识别出最佳的市场切入点。

② 能够帮助企业理解不同市场之间的需求差异　不同地区和社群在文化、经济和教育水平上的不同，会导致对产品服务的不同需求和期望。在多个渠道进行测试，企业可以获取详细的反馈，了解在不同市场条件下用户的优先需求和关注点。

③ 多渠道市场测试能够加速产品的迭代过程　通过快速、真实的市场反馈，企业能够迅速调整产品功能、营销策略和用户体验设计，以更好地契合各个细分市场的需求。这种快速调整和优化，不仅提高了产品的市场适配性，也显著缩短了产品的开发周期。

④ 利用多渠道测试还能有助于识别和培养关键的用户群体　这些群体可能会成为产品早期推广的品牌大使和口碑传播者。通过与这些群体建立良好的互动和关系，企业能扩大产品的市场影响力。

Couch Console是一个几年前的众筹产品（图4-11），可以放在沙发上、床上或是车内，有自平衡设计的杯口用来放饮料，里面可以插充电宝的数据线，当作一个巨大的充电宝使用；盖子反过来还可以当作一个支撑手的垫子。这件产品于2021年在众筹网站Kickstarter上收获了来自16477名网友总计约238万美元的资金。这一过程其实就是对潜在目标用户的筛选，识别出可以作为关键口碑传播者的用户群体。

图4-11 Couch Console的产品外观造型

这种多渠道测试不仅有助于找到理想的产品定位，还能及早发现不同市场的需求偏好，确保产品具备更广泛的市场预期。

4.2.2 差异化定位：打造独特价值主张

差异化定位在竞争激烈的市场中具有深远意义，能够帮助企业脱颖而出，并有效地吸引和留住目标客户。随着全球化的发展和市场的高度饱和，消费者在面对大量类似的产品和服务时，选择变得越来越困难。此时，差异化定位成为企业确保竞争优势的一种战略选择。

（1）差异化定位的意义

① 差异化定位能够明确地展现企业的独特价值主张 通过识别和发挥企业的独特优势，无论是通过创新的产品特性、独特的客户服务，还是通过品牌的文化和价值观，企业都可以与竞争对手区分开来。这不仅提升了品牌的个性化认知，还增强了品牌在消费者心中的地位。

日本品牌三得利在做乌龙茶之前，已经有了一个强大的对手伊藤园，它是日本瓶装乌龙茶和绿茶的开创者。在日本人的认知中，来自中国的乌龙茶最好。伊藤园的乌龙茶原料也是从中国进口的，但是伊藤园并没有强调这个。而三得利定位为来自中国正宗的乌龙茶，并依据这个定位进行了近乎完美的品牌形象操作。三得利从1984年开始在中国拍摄广告，把北京相声、大闹天宫、中国舞蹈等中国特色的文化元素与三得利乌龙茶的品牌内涵关联，看似天马行空的创意，其实都没有脱离自己的品牌定位。用丰富的中国元素向消费者证明：三得利才是正宗的乌龙茶品牌。最终，三得利在市场的竞争中占据优势地位。

② 差异化定位有助于增强客户忠诚度 当客户认同企业提供的独特价值时，通常更愿意与这种品牌形成长期关系。这种忠诚不仅体现在重复购买上，还包括通过口碑传播和推荐来为企业带来新的客户。这有助于企业在长期内建立稳定的客户源。

③ 差异化定位使企业能够适应和应对市场变化 在一个快速变化的市场环境中，企业通过差异化定位能够灵活调整其产品和服务，以保持与目标市场的相关性。

这种调整为企业提供了足够的空间来创新并满足不断演变的客户需求。

环球影城作为全球知名的主题乐园，是迪士尼乐园的最佳对手。目前在全球范围内总共5家环球影城中，由于各地区消费者喜好、消费能力及地区文化差异，导致各园区的定位、价位及娱乐项目的丰富程度等存在不同，因此各园区各具本土化的特征（图4-12）。

好莱坞环球影城
•好莱坞电影爱好者的天堂、好莱坞电影博物馆；
•独家特色的Studio Tour，直击电影制作场景；
•环球影城主题乐园的发源地

大阪环球影城
•Cool Japan 日本限定人气IP 游乐项目(比如海贼王舞台剧、名侦探柯南真人密室逃脱、「鬼灭之刃XRRide」、超级任天堂世界等)；
•独有的季节限定体验项目(比如夏季小黄人水花惊喜游行等)

北京环球度假区
•国风场景及本土体验项目—《功夫熊猫》；
•人气NPC-喋喋不休的威震天；
•全球首个《变形金刚》主题园区，并以中国为背景创作新故事

奥兰多环球影城
•由奥兰多环球影城外和奥兰多冒险岛乐园组成；
•典型的美式嘉年华风格，主题最丰富；
•最大的《哈利波特》园区；
•真人大小的辛普森一家主题雕塑以及NPC合影体验

新加坡环球影城
•坐落于新加坡南部小岛，作为"圣淘沙名胜世界"中的一环，打造充满东南亚特色的集成式娱乐体验；
•《木乃伊》特色表演及古埃及场景营造；
•全球首个芝麻街室内主题游乐项目

图4-12 环球影城的本土化策略

通过有效的差异化定位，不仅可以提升产品的市场吸引力，还能支持企业实施溢价策略，从而实现更高的盈利能力。与竞争对手相比，拥有明确差异化定位的品牌更有可能在营销传播中实现更高的投资回报率。

（2）独特价值主张

企业应明确自己的核心竞争力，打造与众不同的价值主张。以下是一些建议：

① 识别核心优势　分析竞争对手的优势和劣势，明确企业在技术、品牌或客户体验方面的核心优势。

② 打造品牌故事　结合目标客户需求，提炼出独特的价值主张，再结合企业的历史、使命和愿景，构建打动人心的品牌故事，以增强客户的品牌忠诚度。

③ 差异化营销　在营销传播的过程中，强调产品服务的独特性，强化差异化形象。

（3）定位策略

企业可根据自身情况选择以下定位策略。

① 成本领先　成本领先策略旨在通过降低运营成本，从而以较低的价格提供优质产品或服务。企业采取这一策略的目标是成为行业中成本最低的生产者，并以此为基础吸引价格敏感型客户。

首先，通过优化生产流程、供应链管理和规模经济，提高运营效率，企业可以

减少生产和运营成本。这种效率提高不仅能扩大企业的利润空间，还能支持低价战略。其次，采用新技术和自动化工具，进一步降低生产成本，使企业能够以可持续的方式保持低价定位。最后，通过与供应商建立长期合作关系，获得更优惠的采购条款，能够进一步压缩成本。

瑞幸咖啡定位高便捷性的快取店，通过低成本优势实现了快速扩张。其坚持性价比，积极下沉，果断放弃高端产品定位，以更具价格优势的产品来吸引更多年轻消费者，秉持着"不怕赚得少，就怕你不喝"的理念，在咖啡行业分得一杯羹。

② 差异化　差异化策略关注的是提供与众不同的产品或服务，以满足特定客户群体的独特需求。这种策略要求企业在某些方面（如产品质量、功能、设计和品牌体验等方面）与众不同。

首先持续投资于研发活动，引入新功能、设计和技术，使产品和服务始终保持创新和高质量。然后通过品牌故事和营销传播，建立独特的品牌形象，使消费者在感知上与竞争对手区分开来。最后通过卓越的客户服务和支持，提高客户的满意度和忠诚度，从而强化品牌的差异性。

③ 集中化　集中化策略关注特定的市场细分，专注于该细分市场的特定客户需求，提供高度专业化的产品或服务。这种策略通常用于企业无法在整个市场中实现金融规模效益时。

通过深入研究特定的市场细分，并了解客户的具体需求、挑战和偏好，以定制产品和服务。同时发展和强化企业在该细分市场中的专业知识和能力，使得企业在技术、产品解决方案或服务方面都达到卓越标准。最后通过满足特定群体的独特需求，企业能够建立强大的客户关系，从而获得稳定和可持续的盈利。

小罐茶是一个独创小罐保鲜技术的中国茶品牌，以线下店模式为主，着重场景化消费体验，目标客户面向中青年商务人群。产品定位为高端商务茶，以简约低奢风格的包装设计，高质量、多品类的茶叶，纯手工的炒茶技艺，开辟了专属于高端茶叶的细分市场（图4-13）。

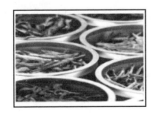 

破解「有品类，无品牌」现状

以大师工艺为标准，形成差异化的品牌认知

统一品级、统一规格、统一价格、统一包装

十大名茶　统一品牌

小罐是形　标准化是神

历时3年，调整13稿

既是包装和产品形态上的创新，又把产品从设想变为现实

图4-13　小罐茶的部分广告宣传亮点

4.2.3 持续盈利：创新收益模型设计

创新收益模型的设计是确保企业在长时间内使财务稳定和增长的前提和关键。首先，合理的收益模型能够帮助企业明确其盈利来源，并优化收入结构，使企业能够在动荡的市场环境中保持稳定的现金流。这不仅提升了企业的财务健康状况，还为其在研发、市场拓展和人力资源开发等方面提供了充足的资金支持。此外，创新的收益模型可以激发企业内部的创造力和灵活性，迸发出蓬勃的活力。通过探索新的商业模式和收入渠道，企业能够更好地满足客户多样化的需求。

（1）收益模型设计原则

① 符合市场需求　确保收益模型与目标客户的购买能力和意愿相匹配是至关重要的。这要求企业深入了解客户的经济条件、消费习惯和支付意愿。

首先，通过市场调查和数据分析，评估客户对价格的敏感度，以此制定合理的定价策略。考虑到不同客户群体的支付能力，可能需要提供不同价位的产品或服务。其次，提升产品的独特价值和差异化优势，提高客户对价格的接受度，使收益模型更具竞争力。此外，还可以制定灵活的定价策略，包括分层定价、动态定价、订阅模式等，以适应不同客户群的需求和支付能力，确保覆盖更广泛的市场。

知名的高奢侈品牌PRADA，其目标消费人群多是消费能力强，喜好奢侈复古风且年龄较大的成熟人士。而MIU MIU则是PRADA的副线品牌，以更年轻的顾客为销售对象，设计风格独特，注重优雅精致且不乏趣味，将女性气质发挥到极致，代表了一种简约青春的风格。在面料的选择上多采用轻盈的布料，如棉纱、丝质等，给人一种简约风的时尚感。最重要的是MIU MIU的价格定位更加符合年轻人的消费水平，在500~20000元。

② 可持续发展　确保收益模型在长期内具有竞争力意味着关注业务的可持续性和市场动态的变化。

定期评估市场变化和消费者偏好，及时调整收益模型，以保持市场相关性是首要前提。另外还需要不断寻求产品和服务的改进和创新，更新或升级收益模型以应对竞争对手的挑战。建立和维护强大的品牌形象和高水平的客户忠诚度，也能为收益模型提供坚实的支撑基础。

③ 风险可控　降低收益模型实施过程中的风险是企业必须考虑的重要一环，这涉及细致的风险识别和管理策略。

企业在经营活动过程中，面对的风险包括两类：行业风险和经营风险。本节提到的风险管控主要偏向于经营层面的风险。

在设计收益模型时，需要进行全面的风险分析，识别潜在风险因素并制定相应的应对策略。然后通过小规模试点和市场测试，验证收益模型的有效性和稳定性，确保在正式实施时降低不确定性。发展多条收益渠道，如附加服务、合作伙伴关系等，分散单一收益模型的风险，还能提高财务弹性。

华为在风险识别和分析的基础上，面对不同种类、不同程度的风险，还会结合自身的实际情况，选择合适的风险应对策略，如规避、承受、利用、减小和分担（图4-14）。

应对策略	详细说明
规避	严格管控业务中风险显著高于其他业务的部分
承受	对产品服务进行重新定价，对风险部分进行补偿
利用	对风险进一步的分析，挖掘风险中潜藏的机会点
减小	启动危机管理机制，降低风险带来的冲击
分担	外包缺乏竞争力的业务，从而转移风险

图4-14 华为对不同风险的应对策略

（2）常见收益模型

① 订阅制　订阅制是指用户按照固定周期（如月、季、年）支付费用以持续获得产品或服务。这种模式在软件即服务（SaaS）、媒体和内容平台等行业中应用广泛。国内的爱奇艺、腾讯视频等平台，有月付、季付、年付等订阅付款模式，还有普通会员、高级会员等不同的会员等级，甚至一些刚刚推出的剧集还有超前点播的选项。国外的网飞Netflix也是提供了三种不同的会员计划：基本版、标准版和高级版。区别主要在于观看的视频清晰度以及屏幕数量，其订阅费用因国家地区而异。

以下是订阅制收益模型的特点：

a.现金流稳定性：订阅制提供了持续的收入来源，帮助企业在财务计划方面实现更高的稳定性和可预测性。

b.客户关系管理：通过不断提供价值，促使用户长期订阅，这往往需要公司关注客户留存率和生命周期价值。

c.灵活的订阅选项：可以提供多层次的订阅计划以满足不同客户的需求，从基本服务到高级功能，以此扩大客户群的广泛性。

② 交易费　交易费模式通过促成交易来赚取收入，通常以佣金或费用的形式收取特定比例。这种模式常见于电商平台、金融服务和房产中介等行业。最常见的比如微信支付和支付宝在转账、提现的操作中会收取一定比例的手续费。

这种模式主要由交易流量驱动。企业需要吸引大量的交易活动以实现盈利，这要求平台具有足够的吸引力和有效的营销渠道。

交易费还具有规模效应。随着交易量的增加，固定成本在增加的交易中被摊薄，平台能够实现更高的利润率。同时，还需要在卖家与买家之间建立信任，同时与市场参与者合作，以确保平台上的交易顺利进行。

③ 广告费　广告费模式通过在网页、应用或平台上展示广告获取收入。这是网

站、社交媒体和移动应用的主要收益来源。

它以用户基数为基础，收入与用户基数和访问流量直接相关，平台需要有足够的用户黏性和高访问量。通过数据分析和用户行为追踪进行精准定位来提供个性化广告，提高广告展示的相关性和效果，从而提升投放价值。除此之外，采用多种广告格式（如视频广告、横幅广告和赞助内容），能最大化广告收入。

目前主要存在界面植入和内容植入两种广告植入形式。例如，在手机中浏览抖音（TikTok）上下滑动时跳出的广告视频属于前者，而在视频特别是长视频的播放过程中出现的与视频内容存在一定关联性的广告植入一般属于后者。随着视频红利的逐渐消失，广告植入将成为自媒体工作者的主要收入来源。

④ 服务费　服务费模式通过为用户提供增值服务来收取费用。这种模式可以在旅游、金融、专业咨询和其他行业中看到。

这些收益模型都具有各自的优点和适用性，企业在选择时需要考虑自身的行业特性、市场环境以及与客户的交互方式。通过灵活运用这些模型，企业可以在多变的市场中建立稳定的收益来源并实现可持续发展。

（3）创新收益模型的设计

① 多元化收益渠道　开发多种盈利渠道（如订阅服务、增值服务），以分散风险，还可以在基础产品或服务之上，提供额外的、有吸引力的增值服务（如Apple推出的Apple Care服务，或是其他电子产品的延长保修年限的服务）。

与其他企业或品牌建立战略合作伙伴关系，开发联合产品或交叉销售机会，不仅可以提高市场影响力，还能共享资源和客户基础，降低市场风险。目前比较流行的是通过跨领域品牌联名来实现破圈效应，提升知名度，或是跨行业合作，通过技术共享，开发出更具技术集成性的合作产品。

② 动态定价策略　根据市场需求的变化和客户的购买行为，采用灵活的定价策略，以最大化收益。采用A/B测试方法试验不同的定价策略，分析和比较不同价格方案对销售量和收入的影响，以寻找最优定价策略。也可以根据季节性需求变化，例如假期、促销季或特定活动，对产品或服务进行价格调整，或是在特定时间段或库存水平下提供有吸引力的折扣或促销活动，以抓住时机提高销量和利润。

4.3　学习循环：从反思到突破

4.3.1　问题驱动：从失败中汲取经验

（1）识别失败根源：问题的深入分析

在工科领域，失败并非简单的错误，而是复杂现象的体现。深入分析其原因是解决问题的基础。首先，将问题分解为起因、表现和影响因素，通过鱼骨图或5W1H法系统追溯根源（图4-15）。其次，识别工艺流程、设备选择等关键薄弱点。分析时结合环境变量，如市场压力、资源和时间限制等因素，以揭示其放大效应。

最后，通过对比分析失败案例的共性和差异，为改进措施奠定基础。深入分析不仅识别表象，更揭示内在逻辑，为未来优化提供经验。

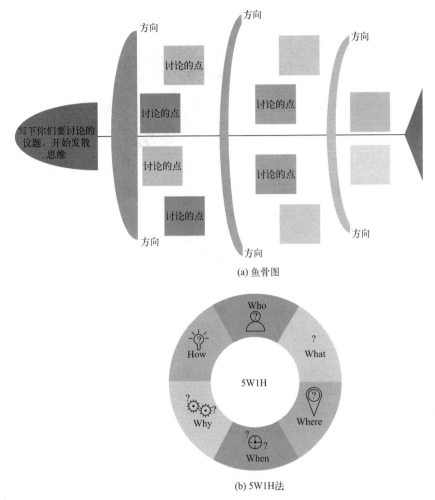

(a) 鱼骨图

(b) 5W1H法

图4-15 对策型鱼骨图和5W1H法

华为虽然在手机芯片研发方面取得了多次成功，但从早期的ASIC芯片到如今的麒麟系列5G SoC，也经历了重大挑战，尤其是在面对外部制裁和供应链断裂的情况下，其芯片业务（如麒麟系列）（图4-16）一度陷入困境。华为通过深入分析失败根源，持续优化其研发和生产流程，逐步推动了芯片的自主化。

（2）经验提炼：从教训中总结关键因素

成功经验的总结应包含失败教训，其核心在于从失败中提炼出具有普遍指导性的关键因素。通过回顾失败案例，识别导致问题的决策或环节，以及潜在改进点。可采用数据分析、流程回溯、对比测试等方法，将失败分解为各个部分，量化影响程度，并通过矩阵分析法按重要性和可改进性分类，优先关注关键改进领域。总结的最终目的是形成简明的要点清单，作为未来行动指南，使经验提炼不仅积累知识，更培养反思和警惕性。

图4-16 麒麟9000系列发布

共享单车自2015年在我国兴起，迅速成为共享经济的代表性产业。以ofo和摩拜为代表的品牌在资本推动下大规模扩张，通过快速投放车辆争夺市场份额。然而，企业在扩张过程中忽视了市场调研、管理和维护等基础问题，最终导致大量单车闲置、资源浪费，行业面临破产倒闭的困境。通过数据分析、流程回溯和对比测试，可以进一步分解失败原因，并量化每一环节的影响程度（表4-1）。

表4-1 矩阵分析法量化分析与分类早期共享单车失利的各个问题

失败因素	重要性	改进潜力	优先级
市场需求分析	高	高	高
车辆管理与维护	高	高	高
资金管理与财务控制	高	低	中
城市管理协调不足	中	高	中

（3）应对策略：针对性调整与优化措施

识别问题和提炼经验只是改进过程的起点，接下来需要制定针对性强的应对策略，以确保未来类似问题不会再次发生。应对策略应包括优化流程、提升技能和调整资源配置等方面的措施。首先，制定优化方案。对原有流程中的薄弱环节进行强化或替换。可以借助实验和模拟测试方法，检验方案的可行性和有效性，以避免使用新方案引入新的问题。其次，建立明确的技能提升计划。例如，针对关键技术人员的培训或认证要求，使他们具备处理更复杂问题的能力。最后，根据问题的具体特性，合理分配资源，确保各个环节的支持到位。例如，优化人力、物资或设备的使用策略。通过这些具体措施，将应对策略落实到每一个执行细节，确保应对方案具备实际操作性和执行的延续性。

丰田公司在生产质量问题中引入"安灯系统"的改进实践。丰田公司在早期的生产过程中，发现生产线中常出现质量问题，部分小缺陷在未被及时处理的情况下逐步积累，最终导致更严重的产品缺陷和生产效率低下。这些问题引发了丰田公司对"丰田生产系统"（TPS）（图4-17）的进一步改进需求，为了解决生产中的问题，丰田公司设置了"安灯系统"（Andon System）。该系统允许生产线上的员工在发现问题时，立即拉下安灯开关使生产线停止，以便快速解决问题，从而保证产品质量。

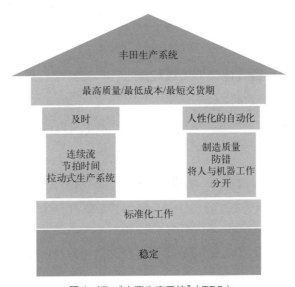

图4-17 "丰田生产系统"（TPS）

在问题识别与经验提炼方面，丰田公司认识到，仅仅依赖质量检测团队在生产终端发现问题是不足的，必须建立一个即时、可视化的系统，确保每一个问题都能够在出现时立即被识别并处理。安灯系统（图4-18）因此应运而生。

图4-18 丰田的"安灯系统"

识别问题只是改进的开端，为确保安灯系统的有效性，丰田公司制定了全面的应对策略，从优化流程、提升技能到合理配置资源，力求在每个细节上落实安灯系统的改进效果。

（4）反馈循环：构建持续改进的机制

反馈机制是学习循环的核心，它能够确保问题的解决方案在实践中得到验证和优化。一个完善的反馈循环应当包括结果监控、定期评估和改进反馈三个环节。首先，通过建立实时监控系统，能够在问题再度出现前迅速捕捉到异常情况，并及时做出响应。其次，定期进行评估，将反馈数据与预期效果进行对比，识别应对策略的实际效果和潜在不足之处。在此基础上，形成进一步的优化方案，不断提高解决方案的可靠性。通过定期复盘和优化迭代，将应对策略的有效性不断提高，逐渐形成一套动态、可演进的改进机制。

4.3.2 创新反思：自我评估与持续改进

（1）确立评估标准：量化创新成果

创新成果评估是创新管理的核心，通过量化成果可以帮助个体或团队识别成效并为改进提供依据。评估标准的确立需从目标设定、指标设计、数据收集与分析三方面入手。

① 目标设定 明确创新工作的预期成果，确保目标与项目战略一致。例如，技术创新项目的目标可能是提高产品性能，市场创新项目的目标可能是增加客户使用频率。清晰的目标为后续量化评估提供了方向。

② 指标设计 确保评估维度的全面性和合理性，常用指标包括技术、经济、社会指标。例如，技术指标可用新技术应用次数衡量，经济指标可用销售额或市场份额衡量，社会指标可用用户反馈等衡量。指标应遵循SMART（明确的、可衡量的、可实现的、相关的、有时限的）原则（图4-19），确保结果可靠。

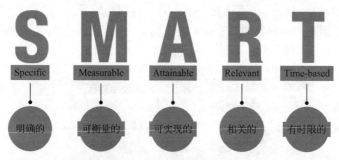

图4-19 SMART原则

③ 数据收集与分析 量化成果的核心步骤，通过合理工具分析创新数据。现代企业可利用大数据技术和机器学习提取关键绩效点，为创新项目提供指导。通过数据分析，企业可优化资源配置并识别创新关键点，实现精准成果评估。

（2）问题识别：发现改进空间

在创新过程中，持续改进需要有效的问题识别。识别当前的瓶颈与不足是制定改进措施的前提，既能发现创新过程中的偏差，也有助于明确改进方向。例如，丰田公司通过5Why分析法（图4-20）层层剖析问题根源，找到改进机会。

图4-20 5Why分析法

① 数据驱动识别　利用数据分析可以帮助企业发现管理瓶颈，识别创新过程的薄弱环节。通过分析产品生命周期数据，团队能够找出高消耗、低产出的阶段，以优化资源配置。用户反馈数据则揭示市场需求的变化，为创新提供指引。

② 跨职能团队沟通　建立跨部门沟通机制，有助于从多视角发现问题。研发团队关注技术细节，而市场部门聚焦用户需求，通过定期沟通，团队可以及时发现设计与需求不匹配的问题，为改进创新路径提供依据。

③ 反思与总结　反思是问题识别的重要环节。通过定期回顾创新过程，团队总结优缺点，鼓励开放讨论，确保每个成员提出真实的困惑与建议，从而在实践中优化创新路径。

（3）优化策略：基于反思的迭代改进

识别问题后，制定优化策略是实现创新突破的关键。优化不仅改善当前成果，还完善创新流程。例如，谷歌的OKR体系（图4-21）设定迭代周期和关键指标，通过数据反馈持续优化创新方向。基于反馈和数据反思创新路径，有助于明确优化点，推动迭代改进。

① 建立迭代周期　短周期迭代［如Agile方法和Scrum方法（图4-22）］可提高灵活性和创新效果。每月的小范围测试（如MVP迭代）和用户反馈收集能快速验证产品假设的有效性，并为下一阶段的功能优化或方向调整提供数据支持，从而降低创新风险。

图4-21 谷歌的OKR（目标与关键结果）体系

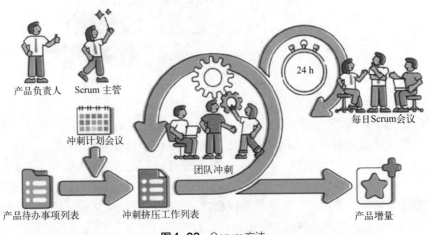

图4-22 Scrum方法

② 针对性与可操作性 根据问题类型采取措施，如技术瓶颈可引入新技术，需求不匹配则进一步细化用户画像，提高产品功能精准度。

③ 知识管理 知识沉淀和共享是优化策略实施的关键。通过文档记录和平台工具共享经验，团队可复用已有经验，减少重复错误，实现持续迭代改进。

腾讯在微信产品开发中采用优化策略。

a.迭代周期：微信采用敏捷开发（Agile）方法（图4-23），每月小范围更新，通过反馈和数据分析快速迭代，降低风险，持续优化产品。

b.针对性与可操作性：发现需求变化后，微信细化用户画像，精准定位，并加强相关功能以增加用户黏性。同时，引入新技术解决技术瓶颈，如优化小程序加载速度。

c.知识管理：腾讯建立知识管理系统，记录文档、共享经验，提升团队协作效率，支持微信持续迭代改进（图4-24）。

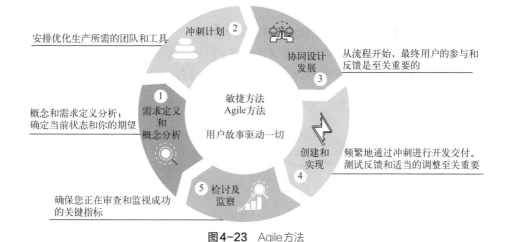

图4-23 Agile方法

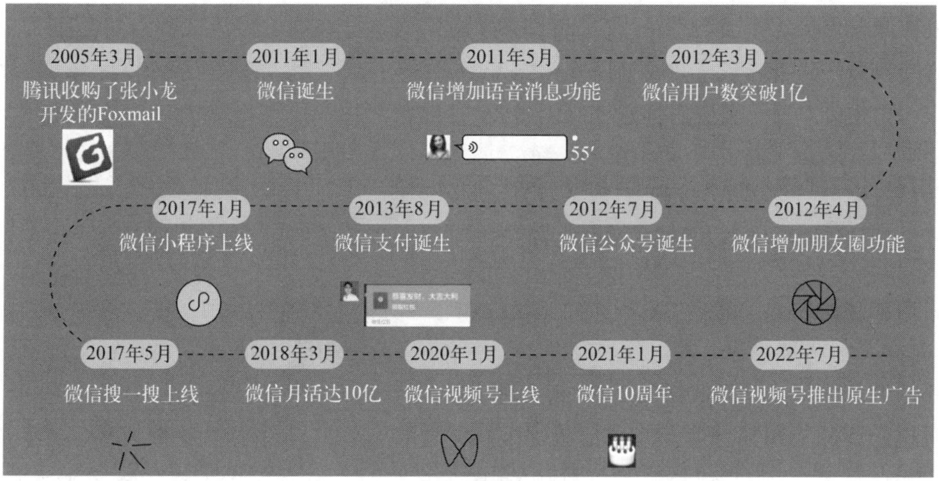

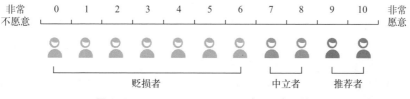

图4-24 微信生态发展简史

（4）评估反馈：建立持续改进闭环

建立评估反馈闭环是实现持续改进的关键步骤。有效的反馈机制促进了创新过程中的问题与解决方案形成良性循环，推动项目进步。比如，微软的Net Promoter Score（NPS）（图4-25）系统，通过量化用户满意度，帮助公司识别问题并优化服务。

| 非常
不愿意 | 0 | 1 | 2 | 3 | 4 | 5 | 6 | 7 | 8 | 9 | 10 | 非常
愿意 |

贬损者　　　　　　中立者　　推荐者

图4-25 Net Promoter Score（NPS）系统

① 用户反馈机制　用户是创新成果的最终受益者，其反馈直接反映市场适应性。收集用户意见和体验数据，如在线调查和客户访谈，能够为改进提供基础。

② 内部反馈系统　创新团队通过定期评审和工作会议进行反馈，确保各部门的意见得到有效沟通。这种机制能帮助团队从多个角度识别问题，避免因单一视角造成的忽视。

③ 数据驱动改进闭环　通过数据分析将反馈量化，提高反馈的精确度和分析效率。使用KPI和用户满意度指数等量化方法，可以持续追踪和改进创新成果，确保创新活动的效果得到不断提升。

以下是阿里巴巴的客户反馈和数据驱动机制。

a.用户反馈机制：阿里巴巴通过"客户之声（Voice of Customer，VoC）"（图4-26）系统收集用户反馈，包括问卷、访谈和社交监控，以深入了解用户需求，指导电商平台和产品服务的改进。

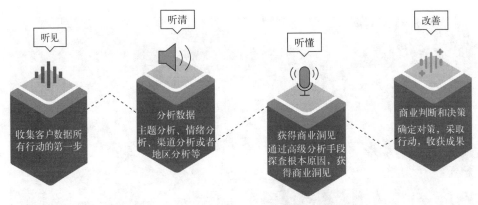

图4-26 客户之声（Voice of Customer，VoC）系统

b.内部反馈系统：阿里巴巴设立内部反馈机制，通过定期会议和跨团队交流，确保问题被及时解决，避免因沟通障碍导致的改进机会流失。

c.数据驱动改进闭环：阿里巴巴利用大数据分析，量化反馈并建立指标，实时追踪用户满意度和关键表现，快速响应调整策略，形成持续改进闭环。

4.3.3　方法迁移：跨行业成功经验的借鉴与应用

（1）成功经验筛选：甄别适用的跨行业方法

跨行业方法应用并非简单复制，而是需严格筛选。首先，明确问题与目标，与跨行业成功案例匹配，确保资源需求与目标契合。其次，考虑适用性，确保引入方法在相似条件下能够成功。通过了解成功关键，精准识别有价值的经验。例如，丰田精益生产系统原用于制造业，其跨行业方法包括看板系统（Kanban）、5S管理、持续改进（Kaizen）（图4-27）等核心理念。后其原理被成功引入医疗领域，如弗吉尼亚梅森医疗中心。

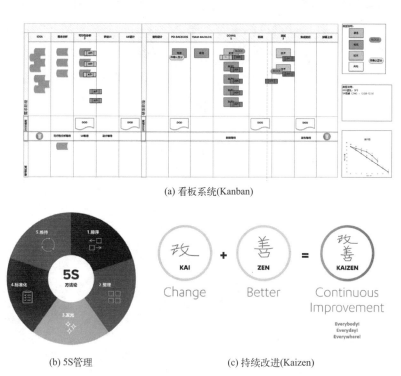

(a) 看板系统(Kanban)

(b) 5S管理   (c) 持续改进(Kaizen)

图4-27 看板系统（Kanban）、5S管理和持续改进（Kaizen）

（2）核心要素提取：提炼共性与关键因素

核心要素的提取是方法迁移成功的基础。在对跨行业方法进行适应性调整之前，企业需识别出该方法中的共性和关键成功因素。这些核心要素往往是方法迁移中能够带来效果的关键。核心驱动因素（Core Drivers）指那些对方法成效起决定作用的要素。提炼核心驱动因素有助于识别不同情境下的适用性。例如，精益管理的核心要素可能包括流程优化、废弃物减少等，通过识别这些共性，企业可以有针对性地进行调整。这一过程要求对方法的关键驱动因素具有深刻理解，确保提炼出的要素能够真正促进目标行业的进步。

在我国，海尔的管理模式，即"人单合一"模式（图4-28），将跨行业方法中的核心要素进行提取并成功迁移。

在竞争激烈的家电行业中，海尔意识到仅依靠传统的生产和管理模式已无法满足不断变化的市场需求。因此，海尔选择从制造业的精益管理方法中提炼核心驱动要素（如流程优化、员工赋权、敏捷响应），结合自身业务特性和目标，将这些跨行业共性要素转化为适配家电行业的创新管理方式。以下是海尔"人单合一"模式中的核心驱动因素：

a.流程优化：海尔借鉴精益管理，精简协作流程，提高响应速度，优化资源配置。

b.员工赋权：鼓励员工自主创新，参与决策，以客户需求为导向，自主解决问题。

c.敏捷响应：海尔以用户需求为导向，快速调整产品和服务，提升市场适应性。

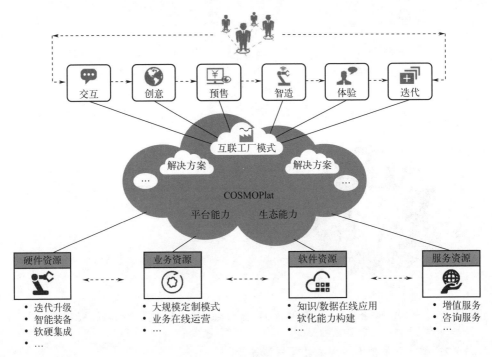

图4-28 "人单合一"模式

（3）迁移路径设计：制定方法迁移的实施步骤

设计清晰的迁移路径能够帮助企业在方法迁移过程中降低风险、提升效率。在制定实施步骤时，应从短期和长期两个角度考虑，逐步实施小规模试点，以测试迁移效果。在试点成功的基础上，再逐步扩大应用范围，直至全面推广。渐进式实施（Incremental Implementation）策略强调通过小范围试点和逐步推广，使方法迁移更加稳健可靠。此外，应根据不同部门和岗位的需求进行针对性部署，并制定相应的配套措施，如人员培训和资源配置等。清晰的实施步骤不仅能指导迁移过程，还能确保方法在不同层面的高效执行。

图4-29 PDCA循环

例如，流程管理中的PDCA循环（图4-29），最早由质量管理学家提出，PDCA循环在多个行业应用中成效显著。无论是制造还是服务业，都通过设计明确的实施步骤，分阶段、试点方式确保新方法得以顺利迁移。

（4）风险预估与调整：评估潜在障碍及适应性调整

跨行业方法迁移面临员工抵触、成本增加、技术适应差等风险，因此风险预估与调整机制变得尤为关键。风险管理理论（Risk Management Theory）要求建立评估模型，预案概念强调灵活调整策略。企业应事先评估风险，制定应对策略，如安排缓冲期和多次测试，并保持灵活性以根据反馈调整。例如，ADKAR变革管理模型（图4-30）应用时需根据员工适应性、组织资源等风险评估，通过适应性设计降低抵触风险。

| 意识 | 欲望 | 知识 | 能力 | 加强 |

1.什么在我的组织中　1.交流采用Scrum的　1.学习新的技术技能　1.清空合适的治理框架　1.聘请Scrum教练
有效和无效　　　　好处　　　　　2.学会以团队的方式　2.训练基础　　　　　　识别冠军
2.我有什么选择　　2.识别所涉及的风险　思考　　　　　　　3.从小处着手　　　　2.分享Scrum经验
3.沟通有问题　　　3.造势　　　　　　3.学习如何计时　　4.不要偷偷摸摸　　3.从早期错误中学习
4.关注改变的最　　4.解决恐惧　　　　4.分享资讯　　　　5.调整涉及Scrum团队
重要原因　　　　　　　　　　　　5.设定合理的目标　　的流程

预想　　　预想　　　预想　　　预想　　　预想

图4-30 ADKAR变革管理模型

（5）成效监测与反馈：建立效果评估与持续优化机制

方法迁移后的成效监测至关重要，它决定了该方法能否在目标行业得到长期应用。企业需建立完善的效果评估体系，制定可量化的指标，如生产效率、客户满意度等，并通过数据分析定期跟踪迁移成效。此外，反馈机制的建立能够及时发现应用中的问题，便于进行适应性调整和优化。持续改进理论（Continuous Improvement Theory）提出，在方法迁移后，监测和反馈可以帮助企业发现不足之处，从而进行持续改进。持续的反馈和优化不仅能提高方法迁移的有效性，还能帮助企业在动态环境中维持竞争优势。

4.4 科技成果的市场化创新思考

4.4.1 技术落地：从实验室到生产线

在现代科技飞速发展的背景下，将实验室中的科研成果成功转化为生产线上的实际产品，是科技成果市场化过程中至关重要的一步。这个过程不仅仅关乎技术本身的成熟，更涉及市场需求的精准对接和生产工艺的合理设计。本节将从技术转化的概念、过程、挑战等方面深入探讨这一主题。

（1）技术转化的定义与重要性

技术转化，即将实验室中的科学发现或技术创新转变为可生产、可销售的产品或服务的过程。这一过程的核心在于实现"从理论到实践"的跨越，将实验室阶段的不确定性转变为生产阶段的稳定性。在技术转化的过程中，技术从一种概念或小规模实验验证逐步发展为一种能够大规模生产和销售的成熟应用。而技术落地的重要性就在于，通过成功的转化，技术可以创造商业价值，提升企业竞争力，并推动整体社会生产力的发展。

　　技术转化的重要性可以通过基因编辑技术的商业化应用得到充分体现。以CRISPR-Cas9技术（图4-31）为例，这种基因编辑技术起初在学术界是作为一种基础研究工具被发现和开发的。它允许科学家精确地对基因组进行修改，为治疗遗传疾病和改良农作物提供了新的可能。然而，CRISPR从实验室工具到实际应用的道路充满挑战，涉及技术的优化、法律规制的适应以及伦理问题的解决。

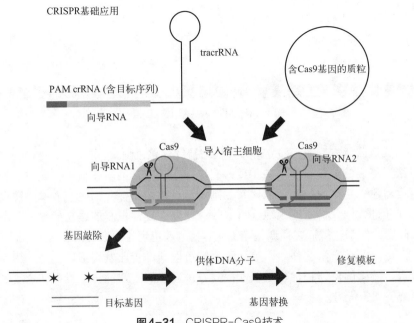

图4-31　CRISPR-Cas9技术

　　但通过与生物技术公司的合作，CRISPR技术得以优化和规模化生产，并应用于多个领域。在农业领域，CRISPR被用于开发抗病虫害、耐旱作物，提高农作物产量和品质。在医疗行业，CRISPR已进入临床试验阶段，为治疗某些基因缺陷疾病提供了新的策略。这样的技术转化不仅为相关公司开辟了新的商业机会，带来了显著的经济效益，还推动了生命科学的发展，带来可观的社会价值和福祉。CRISPR技术的成功转化示例说明：只有通过有效的技术转化，科学突破才能真正改变现实，解决重大社会问题，促进经济发展；企业和研究机构才能够更好地发挥其科技潜力，将创新转化为实际的经济和社会价值。

　　（2）技术转化的基本流程

　　在当今快速发展的科技时代，创新技术层出不穷，它们不仅推动了社会的发展，也为企业和个人提供了前所未有的发展机遇。然而，将一项创新技术从实验室的构想转化为市场上的实际产品，是一个充满挑战的过程。这个过程涉及创意的孕育、技术的成熟、市场的验证、资金的筹集、产品的开发，以及最终的商业化等多个环节。技术转化流程是连接科技创新与商业成功的桥梁，它要求我们不仅要有前瞻性的技术洞察力，还要有敏锐的市场嗅觉和高效的执行力。

技术转化不仅仅是科学实验的延续，更是一个系统工程，涉及知识产权的保护、商业计划的制订、资金的筹集、产品的开发与测试、市场的推广与销售，以及客户服务与支持等各个方面。每一个环节都是环环相扣的，缺一不可。成功的技术转化需要跨学科团队的紧密合作，即需要创新者、企业家、投资者、市场专家和法律顾问等多方的共同努力。其具体过程如下。

① 需求分析与技术评估　首先，企业需要对市场需求进行深入分析，以明确所研发技术的商业应用潜力。同时，在技术评估环节，需要确认技术的可行性、先进性以及相对于现有工艺的改进空间。

② 小规模试生产　在确保技术稳定性的前提下，企业通常会进行小规模试生产。这一阶段的目的是验证技术在实际生产中的适用性，并对设备、材料及工艺参数进行调整优化。

③ 生产线设计及改造　根据试生产结果，企业需要设计或改造生产线，以适应新技术的应用。这包括选择合适的生产设备、配置自动化系统，以及规划生产流程，以提高效率和保证质量。

④ 全面投产及市场推广　技术在生产线上全面投放后，企业应积极进行市场推广，以开拓新技术产品的市场份额。在此过程中，根据市场反馈持续改进产品和生产工艺，也是技术转化成功的关键。

（3）技术转化面临的挑战

在技术落地过程中，企业可能面临以下几大挑战。

首先是技术的不确定性，实验室中的技术可能在大规模生产中表现出不同的特性，这需要企业具备强大的技术调整和问题解决能力。除此之外，还有资金与资源的投入，如生产线的改造、设备购置、人员培训等。它是中小企业技术转化的一大障碍。

同时还有市场风险，即使技术本身成功落地，市场仍可能因为诸如消费者接受度、政策变化或者竞争对手的反应等因素而导致风险。以3D打印技术为例，它从实验室走向生产线的过程为我们提供了丰富的研究素材。早期，3D打印技术主要应用于科研和高端制造领域，通过快速成型提供原型设计。然而，随着技术的成熟和成本的降低，它逐渐被应用于航空航天、医疗器械、汽车制造等众多工业领域。在技术的初期应用阶段，企业通常会进行小批量生产，以验证3D打印技术在实际产品制造中的适用性。例如，波音公司曾在飞机制造过程中应用3D打印技术生产某些零部件，验证其在强度和耐用性方面的表现。但不同于传统制造工艺，3D打印不需要模具，这既是优势也是挑战。企业需要建立完全不同的生产线布局，并对生产流程进行重新设计，使其能够高效地运用3D打印技术。

总的来说，技术落地（从实验室到生产线）不仅是技术本身的进步，更是一个全方位、多层次的创新过程。面对各种挑战，企业需要综合市场与技术方面的优势，同时灵活应对市场变化，以成功实现科技成果的市场化。

4.4.2 创新转化：商业价值的释放路径

商业价值的释放首先依赖于对市场需求的深刻理解。市场需求指明了企业产品和服务的方向，为技术创新提供了明确的目标。通过市场调研、竞争分析和消费者研究，企业能够识别目标市场的痛点和需求变化，从而调整其创新方向。例如，在智能手机的发展历程中，企业通过对消费者行为的深入分析，发现用户对便携性和多功能性的需求日益增长。这一需求催生了智能手机的不断进化，从而极大地推动了相关技术的快速转化和商业化。下面将从四个方面具体阐述如何实现商业价值的释放。

（1）构建商业模式

商业模式是描述一个企业如何创造、传递和捕捉价值的一整套方法和流程。它描述了企业如何运作，即如何生产产品或提供服务，如何满足客户需求，以及如何从这些活动中获得收益。一个有效的商业模式能够确保企业在竞争激烈的市场中生存和发展。科技成果要释放商业价值，必须依托于行之有效的商业模式。商业模式具体而言包含收入来源、客户群体、渠道策略、价值主张等多个方面。

例如，Netflix的成功源于其不断创新和完善的商业模式。通过按需点播（On-Demand Streaming）打破了传统租赁的模式限制，并通过大数据分析精准投放，以强大的用户个性化服务赢得市场口碑与商业成功。Netflix的按需点播模式提供了更高的便利性、更广泛的内容选择、更环保的观看方式以及更好的用户体验，而传统租赁模式则在便利性和即时性方面存在局限（图4-32）。随着技术的发展和消费者习惯的变化，按需点播已经成为主流的娱乐消费方式。

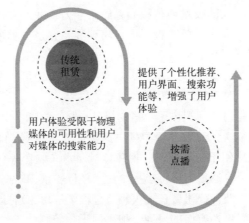

图4-32 Netflix商业模式的转变

（2）实现技术规模化应用

创新转化的一个核心环节是实现技术的规模化应用，即将实验室开发的技术成功应用到量产阶段。技术规模化应用是指将某一技术从研发阶段转化为大规模生产和广泛应用。这一过程涉及技术成熟度的提升、生产流程的优化、市场接受度的培养、相关政策和标准的支持等多个方面。

技术规模化应用的挑战在于确保技术能够在经济上可行，同时保持质量和性能的稳定。以电动汽车产业为例，特斯拉就是通过不断优化其电池技术，改善生产工艺，从而实现了电动车的规模化生产。这不仅帮助特斯拉占据市场领先地位，也逐渐推动了整个产业链的发展。与之相似的还有激光清洗技术，尽管其在工业清洗领域的市场占比仅为1%左右，但随着激光技术的进步和环保法规要求的提高，激光清洗技术有望在未来实现规模化应用，并在更多领域发挥重要作用。这一过程需要克服技术瓶颈、成本控制、市场教育等多方面的挑战，但随着技术的成熟和社会对环保要求的提升，这些技术的规模化应用前景广阔。

（3）市场推广与品牌建设

市场推广是指企业通过各种手段和策略，将产品或服务的信息传递给目标市场，以促进销售和增加市场份额的过程。市场推广的主要目标是提高产品的市场知名度、激发消费者的购买欲望，并最终实现销售目标。品牌建设是指企业通过一系列的策略和活动，塑造和维护品牌形象，以建立消费者对品牌的认知和忠诚度。品牌建设的目标是使品牌在消费者心中占据独特的位置，并使其成为消费者在选择产品或服务时的重要考量因素。

成功的创新转化离不开有效的市场推广和品牌建设。市场推广策略包括广告宣传、公共关系、销售渠道选择、定价策略等。

（4）从创新到商业价值的转化

在当今快速变化的商业环境中，将创新转化为商业价值已成为企业保持竞争力的关键。这一过程涉及将新颖的想法或技术转化为可盈利的产品、服务或流程，从而满足市场需求并创造收入。创新转化的成功不仅取决于创新本身的独特性和实用性，还需要企业能够有效地识别市场机会、进行资源配置、构建商业模式，并实施市场进入策略。企业必须通过市场调研来验证创新的商业潜力，并通过原型开发和测试来优化产品或服务。此外，创新的商业化还需要企业建立合适的合作伙伴关系，以获取必要的技术和市场资源。在创新成果转化为商业价值的过程中，企业还需要关注知识产权的保护，以确保其创新成果的独占性和竞争优势。最终，通过有效的市场推广和品牌建设，创新成果才能被市场接受并实现商业化。这一转化过程是复杂且动态的，需要企业在战略规划、组织结构和文化方面进行相应的调整和优化，以适应不断变化的市场和技术环境。

以华为的5G技术（图4-33）为例，华为从5G技术领域的创新到商业价值转化的过程中展现了卓越的战略布局和执行力。通过持续的研发投入，华为在5G关键技术（如极化码和大规模MIMO等）领域积累了大量核心专利，这些技术成果被广泛应用于5G标准的制定中，为华为在全球通信技术领域赢得了话语权。华为不仅在基础设施建设方面提供全面的5G网络解决方案，还通过推出集成自家5G芯片的智能手机等终端设备，直接将5G技术带入消费者市场。此外，华为积极探索5G技术在智能制造、远程医疗、车联网等多个行业的应用，开发出一系列创新应用场景，推动了5G技术的商业化进程。在全球合作方面，华为与各地运营商和产业链伙伴建立了广泛的合作关系，共同推动5G技术的部署和普及，同时，我国政府的政策支持也为华为等国内企业提供了良好的发展环境。华为的5G技术商业化之路，是一条从技术创新到标准制定，再到基础设施建设、终端产品开发、应用场景创新，最终实现全球合作与市场拓展的完整路径。在这一过程中，华为不仅实现了自身技术的商业价值，也为全球通信技术的发展和数字化转型作出了重要贡献。

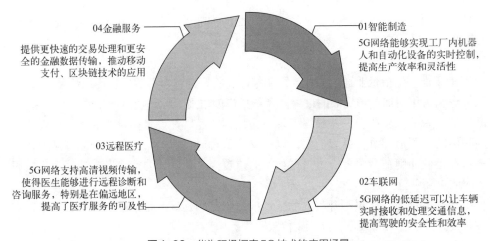

图4-33 华为积极探索5G技术的应用场景

　　创新的商业价值释放是一个复杂的、涉及各个层面的过程。通过深刻理解市场需求、构建有效的商业模式、实现技术的规模化应用和实施有效的市场推广，科技企业才能够成功将创新转化为商业价值。在这个过程中，不仅需要技术上的突破，更需要战略的制定与执行，正是这些因素的共同作用，推动了科技成果的市场化与商业成功。

4.4.3　知识产权：护航创新的法律保护策略

　　在科技成果的市场化过程中，知识产权（Intellectual Property，IP）如同一架坚实的桥梁，将创新者的创意和市场价值连接起来。知识产权的有效保护不仅是确保创新者权益的基础，也是驱动技术进步和经济增长的关键因素。为此，合理制定和运用知识产权策略，成为企业在激烈的市场竞争中脱颖而出的重要保障。本节将探讨知识产权的核心概念、保护策略，以及实际案例分析，以期为推动科技创新的市场化提供借鉴。

（1）知识产权的基础概念

知识产权作为创新与市场之间的桥梁，是现代化经济体系中激励创新、促进技术转化、保护创新成果的关键机制。它不仅涉及法律层面的保护，更关乎国家治理体系和治理能力的现代化。知识产权保护工作对于高质量发展、人民生活幸福、国家对外开放大局乃至国家安全都具有重大意义。

在商业领域，知识产权的保护能够确保企业和个人对其创新成果享有独占权，从而在市场上获得竞争优势和经济利益。随着知识型经济的发展，企业价值大部分来源于无形资产，如技术诀窍、品牌或技术技能。知识产权的有效管理和运用，可以为创新提供资金支持，创造新的收入来源，并在融资活动中发挥重要作用。

知识产权更是法律赋予创作者和发明人对其创造性智力劳动成果的专有权利，包括专利权、商标权、著作权及商业秘密等多种形式。每种形式都有其特定的保护对象和法律意义。

a.专利权：保护发明、实用新型和外观设计。专利授予发明人一段时间内的垄断权，以鼓励技术创新与分享。

b.商标权：保护商品和服务的标识性标志，帮助消费者识别并信任某一品牌。

c.著作权（版权）：保护文学、艺术、科学作品的表达形式，而非思想本身。

d.商业秘密：保护不为公众所知、能够带来经济利益的信息，例如技术诀窍和商业计划。

（2）知识产权策略

知识产权策略是企业或国家在知识产权的创造、运用、保护和管理等方面制定的一系列行动计划和政策。其核心目标是通过合理利用和保护知识产权，促进创新成果的转化和商业化，增强竞争力，推动经济的高质量发展。知识产权策略首先要求对知识产权进行系统性的管理和战略规划，这包括但不限于专利、商标、著作权和商业秘密等各类知识产权的获取、维护和运用。苹果公司是科技行业中知识产权策略应用的典范，其成功在很大程度上得益于对知识产权的严格管理和灵活应用。苹果公司不仅在全球范围内申请了大量专利，涵盖从核心硬件技术到用户界面的各个方面，还高度重视商标和版权的保护。

以华为为例，华为的知识产权策略在全球范围内展现出了深远的布局和强大的执行力（图4-34）。作为全球领先的通信设备及解决方案提供商，华为在专利申请与布局方面表现出以下几个显著特点：首先，华为坚持将每年收入的10%以上投入到研发中，这一策略使华为拥有了强大的技术储备和知识产权库。2023年，研发费用支出为1647亿元，占全年收入的23.4%，近十年累计投入的研发费用超过11100亿元。这种持续的研发投入为华为在全球范围内的专利申请和布局提供了坚实的基础。其次，华为在全球范围内的运营和研发中心的设立，使其能够及时获取各地的技术趋势和市场需求。通过这些研发中心，华为不仅能研发出符合当地市场需求的产品，还能在全球范围内申请专利保护。这种全球布局策略使华为能够及时满足不同市场的需求，并在多个国家和地区获得专利授权。

11100亿元	23.4%	12000篇	14万件
近十年累计投入的研发费用超过11100亿元	2023年，研发费用支出为1647亿元，占全年收入的23.4%	2023年，向全球标准组织贡献近12000篇标准提案	截至2023年底，华为在全球共持有有效授权专利超过14万件

图4-34　华为的产权与创新动态

除此之外，华为早在成立之初就重视知识产权的布局，通过自主创新与合作创新的方式，不断扩大其技术优势。之后，华为在全球范围内的知识产权布局逐步完善，为其未来的国际化增添了保护伞。综上所述，我们也可以看出华为的知识产权策略是一个全方位、多层次的全球布局，涵盖了研发投入、专利申请、质量控制、许可合作等多个方面，体现了其在全球科技竞争中的战略眼光和执行力。

（3）知识产权的未来趋势

在知识经济时代，知识产权的未来发展趋势将受到技术创新、全球化进程、法律环境调整与社会创新需求的多重影响，知识产权的形态与策略正持续演变（图4-35）。

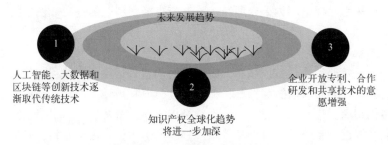

图4-35　知识产权的未来发展趋势

首先，数字化和智能化技术的进步将大幅改变知识产权的管理和保护方式。随着人工智能、大数据和区块链技术的快速发展，传统的知识产权保护手段正逐渐被创新的技术手段所替代。例如，区块链因其去中心化和不可篡改的特性，被认为是加强版权保护和管理的一种潜在工具。通过区块链技术，作品的创作、使用和变更记录可以实现自动化、实时化的追踪和管理，从而减少侵权纠纷，提升版权交易的透明度和安全性。

其次，知识产权全球化趋势将进一步加深，跨国企业和国际合作对统一知识产权规则的需求日益迫切。在全球市场中，企业需要在多个国家和地区保护其创新成果，这对现有知识产权制度的协调提出了更高的要求。未来，国际知识产权协定的深化和知识产权体系的逐渐融合，将有助于建立一个更加公正、透明和高效的全球知识产权保护网络。例如，《专利合作条约》（PCT）和其他国际协议的不断完善，将为专利申请人提供更便捷的国际申请途径和更全面的保护。

最后，随着社会对开放式创新和知识共享的关注逐渐增多，知识产权战略将向更具包容性的方向演变。越来越多的企业和组织意识到，通过开放专利、合作研发和共享技术，可以加速创新的传播和应用，创造更大的社会价值。在开放式创新模式下，知识产权的角色由单纯的保护工具转向激励合作、促进技术扩散的重要机制。这种趋势要求相关法律和政策创新，以平衡开放共享与利益保护之间的关系，确保各方的合法权益，激励持续创新。

总而言之，知识产权的未来发展将受到技术革新、全球化深入、法律框架优化及社会创新需求的共同作用，朝着智能化、全球化和开放化的方向演进。这不仅为创新主体带来新的机遇，也对法律和政策制定者提出了新的挑战和要求。

从法律层面看，各国政府也在加强对知识产权的保护力度，实施更严格的侵权惩罚措施。而在企业战略上，对开放式创新的接受和对知识共享的促进正在成为新的趋势。

知识产权是守护创新、促进市场化的有力工具。企业通过合理设计和实施知识产权策略，可以有效保护和提升自身的创新优势。在知识经济的时代，知识产权不仅是一种法律权利，更是一种重要的竞争资源和战略资产。无论是从国家、企业还是个体的层面，深刻理解并妥善管理知识产权，不仅关乎当前利益，也决定着未来发展的广度和深度。

4.5　案例分析：从校园到市场的成功案例

在创新驱动发展的时代浪潮下，许多科技创新项目源于校园，在校园环境中孵化成长，最终走向市场，并取得了显著的经济和社会效益。这些项目不仅体现了科技创新的活力和潜力，也反映了校园创新创业教育的成果。本节将以两个项目为例，深入分析其从校园到市场的成功轨迹，探讨实践路径与成功轨迹之间的关系，为其他科技创新项目的转化提供参考，同时也为校园创新创业教育提供借鉴和启示。

4.5.1　"交通预测之眼"——AI赋能智慧交通

"交通预测之眼"项目利用大数据和人工智能技术，开发了交通流预测软件，能够预测未来交通状况。项目团队关注城市交通拥堵问题，利用科技创新，为用户提供便捷的出行方案，并推动智慧交通建设。项目成功地将AI技术与交通管理相结合，为城市交通管理提供了重要的技术支持，提高了交通效率，缓解了交通拥堵问题。

（1）科技创新，技术驱动

"交通预测之眼"项目通过科技创新和前沿技术的应用，展现了在交通流预测领域的技术驱动力。项目团队利用大数据和人工智能技术，结合Matplotlib可视化技术、图卷积网络（GCN）、图注意力网络（GAT）和Chebnet等先进方法，开发出了一款能够预测未来交通状况的软件。这款软件不仅能够为用户提供便捷的出行方案，还能为城市交通管理提供前瞻性的技术支持。

在技术研究和开发过程中，项目团队面对技术挑战，展现出了从失败中汲取经验、不断优化算法的能力。他们通过自我评估和市场反馈进行持续改进，不仅体现了创新反思的过程，也展示了团队在技术迭代和产品优化方面的专业性。此外，项目团队还借鉴了其他行业的成功经验，例如将图网络技术应用于交通预测领域，实现了方法的迁移和创新。

"交通预测之眼"项目在智能交通管理领域也展现出了重要的发展前景。该项目能够有效缓解道路堵车问题，节省出行时间，减少事故发生的概率，提升人们的出行体验，并减轻交警的工作负担。在发展前景上，项目的应用范围不仅限于交通网络，还扩展到了运输网络、紧急突发医疗事件、公安部门特殊事件等多个领域，显示出了广阔的实践前景。此外，该项目还可应用于导航软件中，通过半小时后的交通流预测优化导航路线选择，并对交通信号灯系统进行优化提升。

（2）市场需求，政策支持

在当前快速城市化和机动化背景下，城市交通拥堵问题已成为制约城市发展的重大挑战。特别是在我国，随着经济的快速发展和城市人口的不断增加，交通拥堵问题日益严重，对交通流预测技术的需求变得迫切。在这样的背景下，"交通预测之眼"项目应运而生，利用城市交通数据，为城市交通拥堵问题提供了创新的解决方案。

① 本地资源的智慧利用　"交通预测之眼"项目团队以浙江省杭州市的交通状况为调研对象，深入分析了杭州市的交通堵塞指数、拥堵路段长度等关键数据（图4-36）。调研发现，现有的交通监测技术仅限于实时监测，而各类导航应用往往优先推荐最近且最方便的快速路，未能充分考虑实际交通流通情况，导致车辆大量拥堵。这一发现为项目提供了明确的切入点，体现了项目团队对本地资源的智慧利用，以及对地域资源特征的深入分析和利用能力。

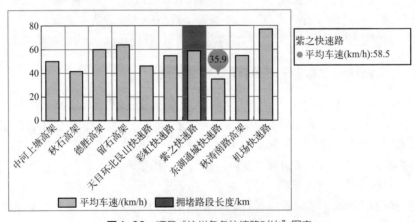

图4-36 项目"杭州各条快速路对比"图表

② 政策支持下的技术发展　国家对智慧交通建设的大力推动，为交通流预测技术的发展和应用提供了坚实的政策支持。在这样的政策环境下，"交通预测之眼"项

目利用大数据和人工智能技术，通过预测未来交通状况，为使用者分配最佳路线，有效减缓城市交通压力，从根本上解决城市拥堵问题。项目团队不断进行技术研发和应用推广，优化产品功能和用户体验，为市场提供可靠的技术解决方案。

③ 技术落地与市场需求对接　在技术转化的过程中，"交通预测之眼"项目不仅关注技术本身的成熟度，更重视市场需求的精准对接和生产工艺的合理设计。项目通过小规模试生产验证技术在实际生产中的适用性，并根据试生产结果设计或改造生产线，以适应新技术。这种从实验室到生产线的转化，不仅需要技术的进步，更需要市场与技术的紧密结合，以及政策的引导和支持。

综上所述，"交通预测之眼"项目在市场需求的推动和政策支持下，通过智慧利用本地资源，成功地将交通流预测技术转化为实际的解决方案。项目的实施不仅解决了城市交通拥堵的问题，也为智慧交通建设贡献了力量。

（3）合作共赢，共同发展

在当今快速变化的技术经济环境下，合作共赢已成为推动项目成功和共同发展的关键因素。"交通预测之眼"项目正是基于这一理念，通过跨学科团队的紧密合作和与外部合作伙伴的协同创新，实现了技术的突破和市场的应用。

① 跨学科团队的协同创新　"交通预测之眼"项目团队由交通工程、计算机科学、数据分析等多个学科的专业技术人员组成。这种跨学科的团队结构不仅丰富了项目的视角和解决方案，也为技术创新提供了多元化的思路和方法。多元合作是创新突破和项目成功的关键。项目团队通过整合各领域知识，加速了解决方案的应用，并通过建立开放合作平台和创新生态系统，促进了知识的交流和技术的融合。

② 与企业和机构的合作　项目的成功不仅依赖于团队内部的努力，还需要与外部合作伙伴进行紧密合作。"交通预测之眼"项目与相关企业和机构合作，共同推动交通流预测技术的发展和应用。这种合作模式不仅为项目提供了更多的资源和技术支持，也为合作伙伴带来了新的市场机会和技术优势。通过这种合作，项目能够更快地将技术创新转化为实际的产品和服务，实现技术的市场化和商业化。

③ 提高项目知名度和影响力　为了进一步扩大项目的影响力，项目团队积极参加行业展会和论坛，展示项目成果。这种积极参与行业活动的做法不仅提高了项目的知名度，也为项目团队提供了与行业专家和潜在客户交流的机会。通过这些交流，项目团队能够更好地了解市场需求，调整项目方向，优化产品和服务。

总的来说，"交通预测之眼"项目通过跨学科团队的协同创新、与企业和机构的合作、提高项目知名度和影响力，实现了合作共赢和共同发展。这种合作模式不仅推动了项目的成功，也为参与各方带来了长远的利益，同时也为社会创造了价值。

（4）商业变现，模式创新

在当今的科技驱动型经济中，将科研成果转化为具有商业价值的产品是实现创新成果市场化的关键。"交通预测之眼"项目正是基于这一理念，通过深度研究和技术创新，成功将实验室中的算法转化为实际的交通预测服务，实现了科技成果的商业价值。

① 技术市场化与商业价值释放 "交通预测之眼"项目相较于其他交通软件，其优势在于对交通网络状况的深入研究和全面完整的路网信息收集，这使项目在专业性、权威性、可靠性和可信性方面具有明显优势。项目通过将这些研究成果转化为实际的交通预测服务，不仅满足了市场需求，也实现了技术的市场化，释放了科技成果的商业价值。这一过程体现了技术转化的重要性，即把实验室中的科学发现或技术创新转变为可生产、可销售的产品或服务的过程，这是科技成果市场化过程中至关重要的一步。

② 多元化盈利模型 为了实现持续盈利，"交通预测之眼"项目采用了多元化的盈利模型。项目通过提供定制化服务和出售核心数据等方式，实现了收入的多元化。这种创新的盈利模型设计是确保企业在长时间内实现财务稳定和增长的前提和关键。通过探索新的商业模式和收入渠道，企业能够更好地满足客户多样化的需求，同时保持稳定的现金流。

③ 技术升级与领域扩展 项目团队不仅满足于当前的成就，还基于现有产品服务进行技术升级和领域扩展。这种持续的创新和改进是企业适应市场变化、保持竞争力的关键。项目通过拓展产品涉及面并延伸出其附属功能及附属产品，如与各类拼车、打车软件合作，构建网上平台，进一步扩大了服务范围和市场影响力。

"交通预测之眼"项目的成功案例展示了如何通过商业变现和模式创新，将科技成果转化为具有实际商业价值的产品。项目通过深入研究和技术创新，实现了技术的市场化，并通过多元化的盈利模型和持续的技术升级与领域扩展，实现了持续盈利和市场竞争力的提升。这一过程不仅为项目本身带来了商业成功，也为整个行业提供了宝贵的经验和启示。

4.5.2 "钓鱼乐"——科技赋能传统运动

"钓鱼乐"项目旨在利用科技手段赋能传统钓鱼运动，为钓鱼爱好者提供全新的体验，并推动钓鱼运动的普及和发展。项目团队开发了电子感应触觉反馈浮漂系统，通过触觉反馈替代视觉观察，解放垂钓者的双眼。同时，配套智能手环和"钓鱼乐"APP，提供实时智能钓鱼辅导、社区功能等，打造软硬件结合的一站式服务。项目成功地将科技创新与钓鱼运动相结合，为钓鱼爱好者带来了便利和乐趣。

（1）需求驱动，痛点导向

钓鱼运动逐渐呈现大众化、年轻化、休闲化的发展趋势，其参与群体不仅关注垂钓本身，更期待丰富、便捷的用户体验。然而，传统垂钓方式长期以来面临诸多挑战，例如长时间注视浮漂带来的视觉疲劳，以及高技术门槛阻碍了初学者的加入。由此，以"需求驱动"和"痛点导向"为核心原则的钓鱼辅助产品应运而生，通过技术创新赋能钓鱼体验的全面升级。

传统垂钓的痛点分析：

① 视觉疲劳与专注力消耗 传统垂钓要求钓鱼者全程注视浮漂，以判断是否有鱼上钩。长时间的集中注意力不仅容易造成视觉疲劳，还限制了钓鱼者同时进行其

他活动的可能性，削弱了其休闲性质。

② 技术门槛高　对于初学者来说，垂钓涉及对浮漂运动规律的判断、装备的选择等，存在较高的学习曲线，阻碍了更多新手的加入。

③ 运动单一性　垂钓作为一种静态运动，缺乏互动性与趣味性，年轻一代的休闲需求难以得到完全满足。

（2）科技赋能，创新产品

在新时代技术变革的背景下，钓鱼行业也迎来了新的发展契机。本项目通过整合互联网、大数据、云计算等前沿技术，全面提升传统垂钓方式的效率与趣味性，为行业注入了创新活力。以电子感应触觉反馈浮漂、智能手环和"钓鱼乐"APP三者合一的形式，构建了一个软硬件结合的一站式钓鱼服务系统，实现了技术赋能的未来导向。

① 软硬件结合：打造全新垂钓生态

a.电子感应触觉反馈浮漂：感知精准，解放双眼。项目的核心产品之一是电子感应触觉反馈浮漂系统（图4-37）。该系统利用传感器模块、蓝牙传输模块及加速度感应技术，将传统钓鱼依赖视觉观察浮漂的模式转变为通过触觉感知浮漂状态。系统能够实时监测浮漂在水中的运动状态，将鱼咬钩的信息精准传递至智能手环或智能手机，彻底解放垂钓者的双眼。这种设计不仅缓解了垂钓时的视觉疲劳，更让用户在钓鱼过程中能兼顾阅读、社交等活动，提升了用户体验。

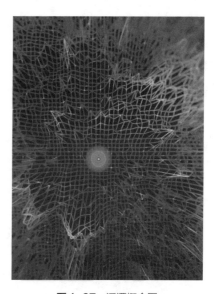

图4-37　浮漂概念图

b.智能手环：个性化反馈，实时互动。智能手环（图4-38）是系统的重要信息接收与反馈端。手环通过振动马达结合数据处理模块，根据鱼咬钩的强弱提供不同振动模式提醒垂钓者。例如，大鱼咬钩时振动频率强而急，小鱼则以轻微振动提醒。这种个性化的振动模式不仅让垂钓者更易判断扬竿时机，还体现了项目对用户细节体验的重视。

c."钓鱼乐"APP：功能丰富，社群互动。"钓鱼乐"APP（图4-39）作为服务系统的核心软件平台，集多种功能于一体。除了接收浮漂信息并进行智能化处理，APP还提供实时钓鱼教学、社区交流、技巧分享、水域推荐等功能。用户可以通过APP获取钓鱼技巧视频、组建垂钓团队，甚至根据地理位置获得推荐水域的信

图4-38　智能手环概念图

息，实现钓鱼活动的全方位覆盖。尤其对于新手用户，可以通过APP的辅助快速掌握钓鱼技巧，降低了学习门槛，增强了参与感（图4-40）。

图4-39 APP部分界面

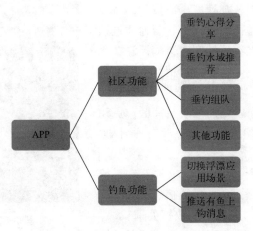

图4-40 APP功能介绍

② 技术迭代：精益验证驱动产品优化 项目团队注重以用户体验为导向，通过市场反馈和数据验证不断优化产品功能。例如，在用户使用过程中发现，智能手环的振动模式对不同用户的敏感度存在差异。项目团队根据反馈调整了振动模式的快慢、频率范围，使之更加符合用户需求。与此同时，APP的界面设计和功能模块也根据用户习惯进行了多次迭代优化，如增加了"垂钓成绩记录""一键分享钓鱼动态"等功能，为用户提供更便捷的操作体验。

此外，团队对硬件技术的可靠性进行了深入研究，采用低功耗、高稳定性的蓝牙模块，实现了长时间续航的目的。同时，通过数据处理算法的优化，提升了浮漂运动信号的识别精度，使钓鱼信息传递更加及时、准确。

③ 团队优势：年轻力量与创新思维结合 项目团队由高校在校生组成，具有强

大的学习能力和执行力。团队成员背景多样，分工明确，在硬件研发、软件开发、市场推广等方面优势互补。许多成员在大学期间多次参与国家级、省级创新创业竞赛，积累了丰富的实战经验，为项目的成功奠定了坚实的基础。

同时，团队注重与外界资源的合作与交流。例如，通过与在读研究生探讨钓鱼行业的技术发展趋势，团队吸收了更加专业的意见和思路，从而优化产品设计。指导老师的全程参与则为团队提供了宝贵的技术支持，帮助团队克服了许多关键技术难题。此外，团队还通过线上问卷和线下调研，与钓鱼爱好者建立直接联系，深挖用户需求，完善了项目规划。

④ 前沿技术的整合应用：构建钓鱼行业新蓝图 本项目的创新之处不仅体现在产品本身，更在于其对前沿技术的整合与应用。以互联网和大数据为基础，通过分析用户行为和钓鱼场景数据，APP能够智能推荐钓鱼技巧和水域信息。云计算技术则为大规模数据处理提供了可能，为项目未来扩展到更广泛的用户群体奠定了技术基础。

展望未来，团队计划进一步探索物联网（IoT）技术，将更多智能设备整合进钓鱼服务系统。例如，与智能穿戴设备企业合作，开发集成更多功能的手环；结合地理定位技术和环境监测数据，为用户提供更精准的垂钓方案；甚至通过AI技术，打造个性化的钓鱼模式，实现全场景智能钓鱼体验。

通过科技赋能与持续创新，本项目成功打造了一套面向未来的智能钓鱼生态系统。电子感应触觉反馈浮漂、智能手环和"钓鱼乐"APP的三位一体设计，不仅解决了传统垂钓的痛点，也为行业发展提供了全新的解决方案。这一项目的成功实践，不仅是科技与传统运动结合的典范，也为其他行业的智能化升级提供了宝贵的参考意见。

（3）市场定位，精准推广

在智能钓鱼服务的构建过程中，市场定位和推广策略起到了关键作用。本项目以15~40岁的钓鱼爱好者为目标群体，特别聚焦于新手和年轻用户，通过清晰的市场定位、全面的推广规划，以及线上线下相结合的渠道策略，构建了一套立体化的营销体系。

① 明确目标市场：满足细分需求

a.年轻化和新手群体：钓鱼运动的新势力。传统钓鱼爱好者往往以中老年群体为主，但随着钓鱼运动逐渐大众化、年轻化，15~40岁的年轻人正在成为钓鱼市场的重要增长点。他们对科技产品更为敏感，对趣味性、便利性有更高要求。本项目的电子感应触觉反馈浮漂、智能手环和"钓鱼乐"APP，不仅降低了钓鱼的技术门槛，还提供了丰富的互动功能，特别适合刚入门的钓鱼新手和对体验要求较高的年轻用户。

b.产品差异化满足多层次需求。项目不仅针对新手，也兼顾了经验丰富的垂钓者。通过提供不同专业程度的渔具和定制化的技术支持，满足用户从入门到进阶的全流程需求。例如，新手用户可以通过APP学习垂钓技巧，而高级用户则能通过智能手环和浮漂的精准反馈优化钓鱼策略。

② 精准的市场定位：分阶段策略规划　项目初期就明确了市场定位和发展方向，制定了分阶段的发展策略。

a.初期：占领核心市场。在产品研发初期，主要面向对智能浮漂有浓厚兴趣但缺乏相关产品的空白市场，锁定初级钓鱼用户以及科技爱好者。通过集中性市场策略，以低价高质的定位迅速占领市场。此阶段重点打造品牌知名度，扩大产品的认知范围。

b.中期：扩大用户群体。随着产品逐步迭代和用户基数扩大，项目开始推广更多附加功能的产品，例如支持多种场景的浮漂模式、带有健康监测功能的智能手环等。与此同时，进一步细分市场，为不同层次的用户提供定制化服务。

c.后期：全生态布局。项目成熟期以形成垂钓生态为目标，通过深度整合产品功能、拓展智能渔具生态链，服务覆盖全国并向国际市场延伸，进一步巩固行业领先地位。

③ 推广策略：线上线下联动，全渠道覆盖

a.线上推广：高效触达目标用户。"钓鱼乐"APP作为线上销售和用户交流的主要平台，承担着多项功能：

（a）销售渠道：提供智能浮漂、手环等硬件的在线购买服务，并对产品进行详细介绍。用户可以根据个人需求选择不同档次和功能的渔具。

（b）内容传播：通过短视频、直播和图文教程推送钓鱼技巧，满足用户学习需求，增强用户黏性。

（c）社区互动：搭建垂钓者的线上社区，支持用户发布钓鱼动态、组队活动等内容，形成高黏性的用户社群。

此外，项目团队积极利用各类社交媒体和电商平台进行宣传，如通过微信公众号、小红书和抖音推广产品亮点，结合钓鱼相关话题吸引目标用户的关注。

b.线下体验：增强用户信任与互动。在线下，项目以体验店和旗舰店为核心，构建了实体接触点：

（a）体验店：让用户直接试用产品，通过现场展示和互动演示，增加产品的直观吸引力。

（b）旗舰店：集中展示项目的全系列产品，提升品牌形象和用户信任。

线下店铺的建立，不仅能吸引潜在用户，还能为老用户提供售后服务，增强品牌黏性。

④ 多元化营销手段：扩大品牌影响力

a.多样化产品推广。针对不同产品特点，项目制定了差异化的营销方案。例如，智能浮漂的推广主打"解放双眼"功能，通过演示视频展现触觉反馈的高效性；智能手环则强调多场景适配和精准反馈；"钓鱼乐"APP的宣传则聚焦于智能化功能和社群价值。

b.赛事活动：提升品牌曝光度。项目团队积极参与和举办各类钓鱼赛事活动，将产品作为钓鱼比赛的指定装备，通过真实的使用场景向目标用户展示产品的价值。

这种方式不仅能够吸引更多用户尝试，还能增强品牌的专业形象和市场竞争力。

c.口碑效应：用户参与传播。通过打造高质量的产品体验和完善的售后服务，鼓励用户通过社交媒体分享使用心得，形成口碑传播。此外，定期举办线上挑战赛、垂钓心得评选等活动，增强用户参与感，进一步扩大品牌影响力。

⑤ 技术驱动的市场竞争力　通过持续的产品研发和技术升级，项目在市场中形成了独特竞争优势。

a.科技赋能，优化用户体验：智能浮漂和手环的高精准反馈，以及APP的全方位支持，为用户提供了传统渔具无法比拟的便利性。

b.多渠道覆盖，提升市场渗透率：线上线下结合的销售网络，确保了不同地区、不同需求用户的全面覆盖。

c.品牌形象与信任：通过比赛合作和线下展示，强化了产品的专业性，赢得了用户信赖。

⑥ 展望未来：打造垂钓新生态　未来，项目将进一步丰富产品线，探索更多场景化应用。例如，结合地理位置和大气数据，为用户提供智能垂钓建议；通过AI算法推荐个性化渔具组合；甚至在VR技术的加持下，打造虚拟钓鱼体验。此外，团队计划加强国际化布局，将我国的钓鱼文化与智能渔具推向全球。

通过精准的市场定位和创新的推广策略，项目成功吸引了大量用户并建立起品牌的初步影响力。未来，将持续以用户为核心，通过技术创新和深度服务不断完善智能钓鱼生态，开创钓鱼行业的新篇章。

（4）商业变现，可持续发展

本项目通过技术创新与市场化运营的深度结合，实现了从实验室技术到生产线产品的成功转化。在商业模式上，项目以积累流量、打造品牌及口碑为基础，通过多元化商业手段实现变现，并逐步构建起可持续发展的商业生态体系。以下将从核心盈利模式、全生态产业链建设及战略规划等方面展开论述。

① 核心盈利模式：多元化商业路径

a.私教课程：个性化服务的商业潜力。项目利用智能钓鱼设备和"钓鱼乐"APP的技术优势，开设针对不同经验水平的钓鱼私教课程。这些课程不仅为新手用户提供快速入门的指导，还为资深钓鱼爱好者提供进阶技巧训练。通过线上线下结合的教学模式，用户可选择直播、录播或面对面的教学方式，满足多样化需求。私教课程的收费模式灵活，按课时收费或提供订阅制会员服务，不仅增加了收入来源，也增强了用户黏性。

b.钓鱼赛事活动：打造品牌影响力。项目积极参与并举办区域性和全国性钓鱼赛事，将产品推广与活动运营相结合。例如，赛事指定使用智能浮漂和手环设备，通过真实场景展示产品功能，同时扩大了品牌的曝光度。赛事还结合"钓鱼乐"APP的社群功能，实时更新比赛动态，吸引更多垂钓爱好者关注和参与。通过赛事活动，项目成功将钓鱼运动与娱乐体验相结合，进一步拓宽用户群体。

c.广告电商：线上流量变现。"钓鱼乐"APP作为线上平台，既是产品销售渠道，也是广告资源的重要载体。平台不仅销售智能钓鱼设备，还引入与钓鱼相关的渔具、户外用品和休闲服饰等第三方品牌，形成综合性的电商生态。同时，APP通过分析用户数据，为合作品牌提供精准的广告投放服务。广告形式包括开屏广告、内容植入和定向推荐等，为平台创造了持续的收益增长点。

② 全生态产业链：从技术到市场的闭环建设　项目通过将线下钓鱼与互联网、大数据、云计算、新媒体等信息技术相结合，打造了"赛事运营＋内容平台＋智能化"的全生态产业链。这一模式不仅实现了线上线下双盈利，也为行业的数字化转型提供了示范。

a.智能化产品与技术服务的整合。项目以电子感应触觉反馈浮漂和智能手环为核心，通过软硬件结合，为用户提供一站式的智能钓鱼解决方案。同时，"钓鱼乐"APP进一步整合了技术服务，包括实时数据分析、钓鱼教学和社区互动功能，形成了产品与服务的闭环生态。这种整合为用户带来了更高效、更便捷的体验，同时提高了产品的市场竞争力。

b.内容平台驱动的用户参与。"钓鱼乐"APP不仅是产品的服务载体，也是内容平台。平台提供钓鱼技巧、赛事资讯、用户故事等丰富内容，吸引用户持续使用。通过社交化设计，用户可以在平台上分享垂钓心得、组建兴趣小组，进一步增强社区氛围。内容的持续输出不仅提高了用户黏性，也为广告和赛事活动提供了良好的传播渠道。

c.赛事运营的品牌拉动效应。钓鱼赛事是全生态产业链中的重要一环，能够有效提升品牌知名度和市场影响力。项目在赛事中不仅推广产品，还借助赛事数据收集用户反馈，为后续产品优化提供依据。通过与地方政府和行业协会合作，赛事活动还成功带动了相关旅游和餐饮产业的发展，进一步扩大了商业版图。

③ 战略规划：产品与服务双轮驱动　在业务发展上，项目采用了产品与服务双轮驱动的战略，注重资源发展、客户导向和地缘优势的利用，逐步实现全国辐射。

a.加速资源发展：构建竞争壁垒。通过持续投入研发和优化生产流程，项目在技术和产品质量上建立了明显的竞争优势。同时，依托云计算和大数据技术，团队建立了智能化的用户数据管理系统，为个性化服务和精准营销提供了技术支持。这种资源积累和优化不仅提升了企业的市场抗风险能力，也为长期发展奠定了基础。

b.客户导向：以需求为核心。在项目运营中，团队始终将用户需求作为首要关注点。从产品设计到功能优化，再到售后服务，均以用户体验为导向。例如，根据用户反馈调整智能手环的振动模式、优化APP界面的操作便捷性等，体现了精益验证的理念。通过持续关注客户满意度，项目在用户心中建立了良好的品牌口碑。

c.地缘优势：以点带面，辐射全国。项目充分利用区域资源优势，以钓鱼爱好者集中的长三角地区作为初期市场，通过密集的推广和用户服务积累了大量早期用户。在此基础上，项目逐步向全国市场扩展，通过线上平台满足不同地域的用户需求，实现从区域市场到全国市场的跨越。

④ 商业可持续发展：多维增长的未来愿景　为了实现长期的商业可持续性，项目在产品创新、生态服务扩展和社会责任强化等方面持续发力。

a. 持续产品创新。团队计划引入更多场景化功能，如夜间钓鱼模式、天气数据分析等，进一步提升产品的多样性和实用性。同时，探索物联网和人工智能技术在钓鱼设备中的应用，为用户提供更智能、更高效的垂钓体验。

b. 扩展生态服务。未来，项目将进一步拓展与钓鱼相关的服务领域，例如推出垂钓旅游路线、建立专业钓鱼俱乐部等，将钓鱼从一项运动发展为一种生活方式。同时，通过加强与地方政府和行业协会的合作，推动钓鱼行业的规范化和标准化发展。

c. 强化社会责任。项目致力于通过技术和服务改善用户体验，同时也关注环境保护和社会公益。例如，在赛事活动中倡导"绿色钓鱼"，鼓励参与者保护水域生态；在用户社区中推广环保意识，体现企业的社会责任感。

通过多元化的商业模式和全生态产业链的构建，项目实现了技术的市场化和商业的可持续发展。未来，团队将继续以用户为核心，以创新为驱动力，不断探索智能钓鱼行业的新可能，为垂钓文化的普及与发展注入更多活力。

参考文献

[1] 冯锋，李兴腾. 科技成果转化典型模式探讨——以中国科学院为例 [J]. 中国高校科技，2017（11）：4-6.

[2] 罗林波，王华，郝义国，等. 高校科技成果转移转化模式思考与实践 [J]. 中国高校科技，2019（10）：17-20.

[3] 张啸川，段婕，金惠宁. 创新创业背景下的高校技术转移模式——以陕西省为例 [J]. 中国高校科技，2017（11）：94-96.

[4] 赵旭. 大学科技城科技成果转化模式的选择与实现 [J]. 理论月刊，2013（1）：119-123.

[5] 邱峰. 论自主创新战略下的高校科技成果转化模式 [J]. 中国高校科技，2016（5）：79-81.

[6] 吴寿仁. 科技成果转化若干热点问题解析（十五）——如何选择科技成果转化方式 [J]. 科技中国，2018（8）：48-57.

[7] 张胜，宓洪乐，郭英远. 不确定性、知识距离和科技成果转化方式的选择 [J]. 中国科技论坛，2016（11）：110-114，133.

[8] 李强，暴丽艳. 职务科技成果转化收益分配比例与科研人员激励——基于委托-代理理论视角 [J]. 科技管理研究，2019，39（2）：233-240.

[9] 郭英远，张胜. 激励兼容的高校科技成果转化收益分配模式研究 [J]. 科学管理研究，2018，36（4）：17-20.

[10] 李进华，耿旭，陈筱淇，等.科技创新型城市科技成果转化政策比较研究——基于深圳、宁波政策文本量化分析［J］.科技管理研究，2019，39（12）：29-37.

[11] 何炼红，陈吉灿.中国版"拜杜法案"的失灵与高校知识产权转化的出路［J］.知识产权，2013，23（3）：84-88.

[12] 中华人民共和国教育部科学技术司.2017年高等学校科技统计资料汇编［M］.北京：高等教育出版社，2018.

[13] GERASYMENKO V, DE CLERCQ D, SAPIENZA H J. Changing the business model: effects of venture capital firms and outside CEOs on portfolio company performance［J］. Strategic Entrepreneurship Journal, 2015, 9（1）: 79-98.

[14] GHEZZI A, CORTIMIGLIA M N, FRANK A G. Strategy and business model design in dynamic telecommunications industries: a study on Italian mobile network operators［J］. Technological Forecasting and Social Change, 2015, 90: 346-354.

[15] ITAMI H, NISHINO K. Killing two birds with one stone: profit for now and learning for the future［J］. Long Range Planning, 2010, 43（2/3）: 364-369.

第5章
工程与市场
的无缝连接

5.1 工程技术与市场趋势的洞察

在当今高速发展的全球经济中，工程技术的演进与市场需求的变化正以前所未有的速度彼此交融，相互驱动。本节旨在深入探讨工程技术的发展与市场趋势的相互作用。本节内容着重分析了全球技术发展的最新动态和市场需求的变化趋势，揭示了工程技术在推动市场变革中的关键作用。通过对前瞻性市场分析方法的介绍，旨在帮助读者把握市场脉搏，预测未来技术发展方向。同时，针对工科学生如何识别市场机会这一问题，本节提供了实用的指导和建议，旨在培养工科学生的市场洞察力和创新思维能力，从而实现工程技术与市场的无缝对接，促进科技与经济的协同发展。

5.1.1 全球技术发展动向与市场需求变化

全球技术发展动向与市场需求变化之间存在着复杂而动态的关系，这种关系不仅推动了新技术的快速采用，也不断影响着市场格局的演变。这种双向互动的关系表明，技术创新往往是对市场变化的响应，同时又能引领市场进入新的发展阶段。例如，随着全球对环境问题关注的增加，可再生能源技术迅速发展，推动了一系列新的商业模式和市场机会产生。与此同时，数字化转型趋势的深化使许多企业纷纷加快技术引进和升级，以保持竞争力并满足消费者日益增长的个性化需求。因此，理解并预测全球技术发展动向与市场需求变化之间的互动，是成功制定战略、引领市场和实现可持续发展的重要前提。洞察这些趋势，不仅能帮助工科学生识别机会和规避风险，也为政策制定者提供了科学的依据来支持科技创新和经济发展。

（1）新兴技术领域的探索

新兴技术领域的探索正处于一个激动人心的时代，这些技术正在重新定义我们生活和工作方式。人工智能、区块链、量子计算以及可再生能源等技术展现出了强大的潜力，正在推动经济转型和社会进步。人工智能在自动化、数据分析和模式识别方面的突破，正在改变医疗、金融、制造业等多个领域的运营模式。区块链技术则凭借其去中心化和透明性，为金融交易、安全治理和供应链管理提供了创新解决方案。与此同时，量子计算的进展为我们解决当前计算能力不足的问题提供了新思路，特别是在药物发现、材料科学和复杂系统模拟等方面。而可再生能源技术的迅速提升，不仅加速了全球向清洁能源的过渡，也带来了能源生产和消费方式的革命。

① 人工智能与机器学习的最新进展　人工智能（AI）与机器学习（ML）的迅猛发展如今已成为驱动现代技术创新的核心力量，对多个行业产生了深远的影响。这些进步不仅提高了数据密集型领域的数据分析精度和效率，而且在计算机视觉、自然语言处理、医疗影像等多个领域实现了重要突破。例如，商汤科技的智慧医院项目是一个结合了人工智能和医疗技术的先进系统。这个项目旨在通过AI技术提升医疗行业的效率和质量。商汤科技开发了SenseCare智慧诊疗平台。这是一个高性能的辅助诊疗平台，集成了丰富的影像后处理技术和领先的AI算法（图5-1），并采

用了被称为"超级大脑"的多模态大模型。这个模型能够智能地分析多种数据模态，如医学文本、放射影像和病理图像，从而辅助医生进行跨科室、跨模态的复杂诊断。

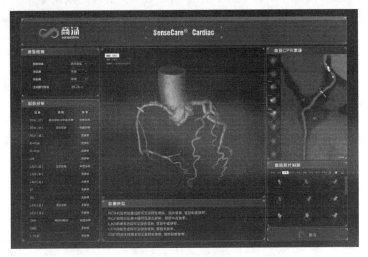

图5-1 SenseCare®心脏冠脉智能临床解决方案

随着人工智能与机器学习的不断革新，传统行业正在经历重构与升级，释放出新的生产力。同时，这些技术的应用也促进了行业标准和伦理规范的更新，以应对技术迅猛发展带来的潜在挑战。未来，AI 与 ML 将持续推动技术边界的拓展，为各行各业带来新的发展契机和转型动力。

② 高性能材料在工程领域的应用　高性能材料的研发和应用已成为现代工程进步的关键驱动力，为解决传统材料的局限性问题提供了创新路径。在航空航天、建筑以及电子通信等领域，高性能材料通过改进结构和功能特性，实现了前所未有的突破。以纳米技术为基础的材料科学进步尤其显著，该技术使原子和分子层面的材料性能调控成为可能。这样的微观操控能力不仅提升了材料的强度和韧性，还赋予其自我修复和智能响应等新特性。

例如，中国科学院开发的新型石墨烯材料，以其优异的导电性和强度，被应用于电池和导电涂层中，大大提高了这些产品的性能，延长了使用寿命。在建筑行业，高性能复合材料被用于建造超高层建筑和桥梁，这些材料能够适应极端天气和载荷条件，大大延长了结构寿命。在医疗领域，新型生物相容性材料的开发则推动了医用植入物的革命，使其更加耐用且与人体相容。随着研发的不断深入，高性能材料不仅提升了现有产品的性能，还将在未来催生出更多创新的应用，助力可持续发展的实现。

③ 量子计算的变革性突破　量子计算作为前沿计算技术的代表，正为我们突破经典计算能力的限制提供新的方向。国内在这一领域的探索和实践走在了世界前列，通过多个前沿项目展现了其在药物发现、材料科学和复杂系统模拟等方面的巨大潜力。

例如，蚌埠医科大学与本源量子计算科技（合肥）有限公司签署了战略合作协议，双方将共同致力于开发我国首个量子分子对接技术应用程序。该项目将借助我国独立研发的第三代超导量子计算机，利用量子计算的力量来加快小分子药物的开发进程，同时提升药物设计的效率。他们通过量子算法来高效满足分子对接过程中的各种需求，旨在协助科研工作者更深入地探究药物与蛋白质之间的互动原理，进而进行更加精确的结构优化。

④ 可再生能源技术的创新与发展　面对全球气候变化带来的严峻挑战，各国纷纷将可再生能源技术的创新作为重要发展战略，以期降低对化石燃料的依赖并减少温室气体的排放。在这一背景下，技术的进步不仅限于单一领域的提升，而是逐渐展现出系统集成和创新应用的巨大潜力。例如，青海电网的共享储能电站（图5-2）项目是我国在新能源和储能领域的一个重要创新。这个项目不仅提高了新能源的利用效率，还推动了储能产业的发展。

图5-2　青海电网共享储能电站

同时，太阳能技术的进步也令人瞩目。近年来，太阳能电池板的能量转换效率显著提高，得益于材料改良和制造工艺的创新。这一进步不仅降低了发电成本，提升了经济性，还推动了太阳能的广泛应用，从而加快了其在民用、商业建筑和工农业领域的普及。这种普及趋势不仅显示出技术突破的经济效益，也体现了社会对绿色、可持续发展路径的强烈需求。通过这些技术创新，可再生能源正逐步从补充性能源转向主导性角色，为构建更具韧性和可持续性的全球能源系统提供有力支持。

（2）全球市场需求演变

全球市场需求的演变正在深刻影响各国经济的发展轨迹以及企业的战略规划。在数字化、全球化和消费者意识不断增强的背景下，市场需求不再仅仅局限于传统的产品和服务类别，而是日益趋向于多元化、个性化和可持续性。数字化转型推动了消费者期望的转变，消费者不仅要求产品具有高科技含量和智能化功能，还期望与企业有更多的互动与体验。这一变化体现了技术进步对消费模式的深刻影响，而企业也因此被迫更新其商业模式以适应这一趋势。全球化使消费者更容易接触到来自不同文化和市场的产品，因此对品质、文化内涵以及个性化的要求更加突出。同时，随着人们对环境和健康的关注日益增加，可持续性成为市场需求的重要组成部分，影响着从原材料采购到生产过程再到终端处理的每一个环节。企业若能敏锐地捕捉这些需求的变化，便可以通过创新和调整策略在激烈的市场竞争中获得领先优势。

① 数字化转型下的市场需求　在全球范围内，数字化转型已成为经济和社会发展的重要引擎，深刻影响着企业的运营方式与消费者的生活方式。随着信息技术的迅猛发展，企业和消费者对智能化服务的需求呈现出爆发式增长。企业正通过数字化手段实现业务流程的精简、运营效率的提升和客户体验的优化，以保持竞争优势。数字技术不仅推动了传统产业的革新，还催生了许多新兴行业，为经济增长注入了新活力。

例如，华为公司通过大力推动5G通信技术的应用（图5-3），显著提升了数据传输速率和通信质量，这不仅改善了个人通信体验，也拓宽了工业互联网、物联网等领域的应用边界。5G技术的高速率、低延迟和广覆盖特性，为自动驾驶、远程医疗和智慧城市建设提供了稳定和高效的通信保障，开启了众多新经济增长点和商业模式。

图5-3　华为5G通信技术的应用

② 环境可持续性对市场的影响　随着全球气候变化问题愈加严峻，环境可持续性已成为市场关注的核心主题之一，推动着消费者行为和产业发展的深刻变革。市场对环保产品的需求正持续上升，从而引发了一场绿色创新浪潮。我国政府坚持绿色发展理念，出台了一系列严格的环保法规和政策，推动企业加速转型，发展绿色技术。这不仅是环境责任的体现，也是抢占市场先机的重要战略。

在汽车行业，新能源车的迅速普及便是环保趋势影响市场的典型例证。新能源车制造商比亚迪在技术研发上重金投入，致力于电池技术和新能源车整车性能的突破，使其产品符合日益严格的排放标准，同时满足消费者对高性能清洁交通工具的巨大需求。比亚迪的创新不仅体现在降碳足迹上，也在于提升用户体验和智能驾驶技术方面，为行业树立了标杆（图5-4）。

图5-4　比亚迪DM-i超级混动平台的EHS电混系统

③ 消费者行为变化与市场机遇　随着时代的发展和技术的进步，消费者行为发生了显著变化，个性化和社交化在消费体验中占据中心位置。这种变化促使企业重新评估和制定其产品及服务策略，以便更好地满足不断演变的市场需求。现代消费者期望产品不仅满足功能需求，还能与其价值观和生活方式相契合。这一趋势为企业创造了无数新的市场机遇，尤其是在智能科技和数字化互动方面。

小米公司通过其智能家居产品体系（图5-5）的创新设计，精准捕捉到了消费者对智能互联设备需求的飙升趋势。通过提供全方位的智能家居（如智能音箱、家庭安防设备和智能家电）解决方案，小米公司不仅让用户享受到便捷的现代生活方式，同时也满足了用户对产品定制化和系统整合的高标准要求。这种策略使小米公司能够在竞争激烈的市场中脱颖而出，为广大消费者提供多样化的选择。

（3）技术与市场的互动关系

技术与市场之间的互动关系是推动现代经济和社会进步的关键动力，二者的交互影响构成了创新生态体系的重要组成部分。技术进步为市场带来新产品、新服务，颠覆了传统行业运营模式，并为企业创造了新的增长机会，如同互联网的兴起改变了零售、媒体等行业的运营模式。同时，市场需求的变化则引导着技术发展的方向，通过消费者反馈、竞争压力和行业趋势，驱动企业在技术研发上做出调整和创新。这种良性循环的关系确保了技术和市场不断自我更新，适应外部环境变化，并不断满足社会的多元需求。因此，深刻理解技术与市场的互动关系有助于企业制定技术创新的战略，也为政策制定者提供了推进科技与经济协调发展的理论依据。

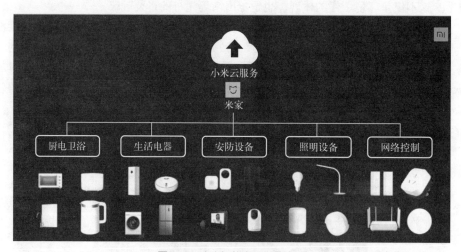

图5-5　小米智能家居产品体系

① 技术创新推动市场变革　技术创新作为现代经济发展的重要驱动力，正在从根本上提升市场效率并重塑行业价值链。通过技术的深度应用，各行各业的运作方式和商业模式发生了质的飞跃，催生了全新的竞争格局和市场结构。以阿里巴巴为例，其打造的综合电子商务生态系统，凭借强大的大数据和云计算能力，不仅实现

了商业流程的智能化和自动化，也彻底颠覆了传统零售行业的运营模式。

阿里巴巴通过整合线上线下资源，构建起完善的数字化服务网络（图5-6），这种创新模式大幅提升了供应链效率，缩短了产品流通周期。此外，借助云计算技术，阿里巴巴为零售企业提供了强大的数据分析和决策支持工具，使得个性化营销和用户体验提升成为可能。

这种技术驱动下的市场变革并不仅限于零售业，在金融、物流、制造业等多个领域也引发了广泛变动。技术创新如人工智能、区块链等的引入，为这些行业创造了新的价值创造模式，推动了商业活动的智能化和协作化。企业必须顺应这一趋势，积极拥抱新技术以提升运营效率和增强竞争优势。唯有如此，才能在日益复杂的市场环境中脱颖而出并实现持续增长。

图5-6 阿里巴巴数字化服务网络

② 市场需求引导技术研发方向　市场需求的变化经常为技术创新指明方向，促使企业不断调整研发战略以应对新的挑战和机遇。尤其是在共享经济的飞速发展中，满足消费者对便利性和高效性的需求成为技术研发的核心目标。美团作为国内生活服务平台的领先者，在这种背景下，积极投入智能配送和大数据分析的技术研发，以不断提升用户体验和运营效率，在激烈的市场竞争中维持其领先地位。

美团通过智能配送系统的研发，利用大数据和人工智能实现了路径优化、配送员调度和时间管理的自动化，不仅大幅缩短了餐饮配送时间，还提高了配送资源的效率。此外，美团在无人配送技术（图5-7）领域的前瞻性探索正在为构建新一代智能物流体系提供关键技术支撑。这种前瞻性技术不仅在降低企业运营成本方面发挥作用，也为城市交通和环境管理提供了解决方案。

市场需求的导向性也激励美团在用户体验的其他方面进行创新，例如支付流程的便捷化、多业态的商品选择和服务的跨界整合。技术研发在这一背景下不再是孤立的行为，而是和市场需求紧密结合的动态过程。这种互动不仅推动了行业的技术进步，也加快了技术成果的商业化步伐。通过精准把握市场变化的脉搏，美团不断创新产品和服务，创造更大的用户价值，同时稳固了市场领先地位。美团的策略为其他行业树立了榜样，证明市场需求引导下的研发策略是企业实现可持续增长的重要保障。

图5-7 美团利用无人机配送

③ 技术与市场的协同发展 技术与市场的协同发展是现代经济中不可忽视的一股力量，它助力于构建一个长效的创新生态系统，为社会的可持续发展提供重要支撑。在这个过程中，技术创新和市场需求协同发展，形成一种良性循环，使社会各个方面都能从中受益。清华大学的"未来城市空间"研究项目（图5-8）便是这种协同发展的一个典范，项目旨在通过在智能交通和智能建筑等领域的技术集成与创新，打造一个高效、公平、宜居的城市环境。

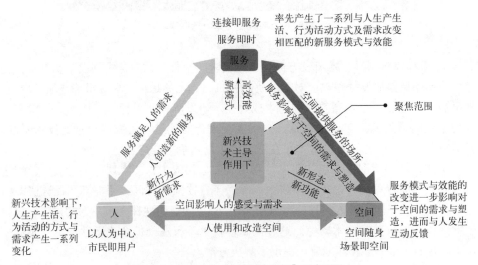

图5-8 清华大学"未来城市空间"研究项目

该项目以满足现代社会对可持续发展的需求为导向，积极推动前沿科技在城市管理和基础设施中的应用。在智能交通方面，项目通过部署先进的交通管理系统，利用大数据和物联网技术，实现城市交通的实时监控和高效管理，以减少拥堵、降低排放，提高通行效率。在智能建筑领域，通过绿色建筑材料和智能化系统的应用，不仅节能减排，还显著提升了居民的居住舒适度和安全性。

5.1.2　前瞻性市场分析方法

在现代商业环境中，准确预测市场趋势和变化是企业保持竞争力的关键。前瞻性市场分析方法通过对市场数据、技术创新和战略定位进行全面分析，为企业提供了有效的市场洞察结论和战略建议。

（1）趋势预测与市场分析

在现代市场中，信息的快速变化和复杂的外部环境使企业和研究人员面临着巨大的预测挑战。趋势预测和市场分析成为制定战略、优化资源配置以及提升竞争力的关键手段。本节将探讨数据驱动的市场预测、情景分析以及跨学科视角在市场分析中的应用。

① 数据驱动的市场预测方法　数据驱动的方法借助于当前的信息技术浪潮（包括机器学习、数据挖掘和大数据分析等技术），以处理和分析海量的历史数据。此方法能够识别出传统分析手段难以发现的市场模式和消费者行为趋势，为企业提供更为精准的预测工具。利用数据驱动的方法，企业能够动态地调整策略，实时地响应市场变化。同时，减少了人为猜测和偏见的影响，使决策更加依赖于数据证据。

机器学习算法，如回归分析、随机森林、神经网络等，都在数据驱动的市场预测中得到了广泛应用。它们通过不断学习和调整模型参数，提高了预测的准确性。国内的电商巨头阿里巴巴，通过分析海量用户购买数据和浏览行为，利用机器学习技术来预测未来的消费趋势。这不仅帮助其优化库存管理，还能精准制定广告策略，显著提升用户转化率。阿里巴巴大数据体系结构见图5-9。

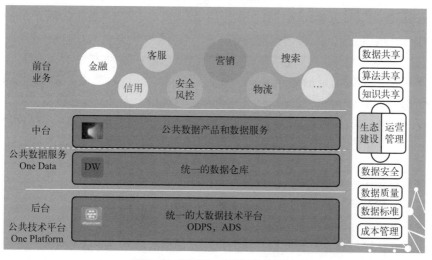

图5-9　阿里巴巴大数据体系结构

② 情景分析在市场预测中的应用　情景分析通过构建多种可能的发展路径，探讨在不确定条件下市场的未来走向。与数据驱动方法不同，情景分析更关注于定性分析和战略规划。情景分析通常从识别关键的市场驱动因素和不确定性开始，进而构建出若干可能的发展情景，如不同的政策环境、技术进步速度或社会变化等。这种方法能够帮助企业和决策者识别可能的风险和机会，促使其提前调整战略部署，提高抵御市场波动的能力。情景分析的一般步骤见图5-10。

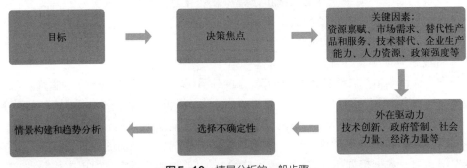

图5-10　情景分析的一般步骤

华为公司在面对美国技术封锁的情况下，运用情景分析方法来评估其芯片供应链的风险和机会。他们考虑了多种可能的情景。例如，情景一是美国持续升级技术封锁，华为无法获取关键芯片，在这种情况下，华为需要寻找替代供应商，或者自主研发芯片；情景二是美国放松技术封锁，华为可以继续与现有供应商合作，在这种情况下，华为需要加强供应链管理，确保芯片供应的稳定性和可靠性；情景三是全球芯片产业格局发生变化，出现新的芯片供应商，在这种情况下，华为需要积极寻求新的合作伙伴，拓展芯片供应链。通过情景分析，华为能够提前识别潜在的风险和机会，并制定相应的应对策略，从而增强其抵御市场波动的能力。

③ 跨学科视角下的市场趋势分析　跨学科的市场分析方法旨在通过融合不同领域的视角和理论，形成对市场趋势的全面理解。这种方法认为，市场环境是由多种因素交织而成的复杂系统。社会、技术、经济、生态和政治（Social，Technological，Economic，Ecological，Political，STEEP）因素的交互作用能够深刻地影响市场发展。通过跨学科的整合，企业可以识别到单一学科所忽视的趋势和挑战。这尤其适用于那些受到多重因素影响的行业，如可再生能源、制药以及高科技制造等行业。

新希望集团作为我国最大的农牧企业之一，运用跨学科视角分析市场趋势，制定农牧业科技发展战略。他们结合了生物学、农学、信息技术、经济学等多个学科的理论和方法，分析农牧业的发展现状和未来趋势。例如，随着物联网、大数据等技术的发展，智慧农业（图5-11）成为可能，如精准灌溉、智能养殖等；随着基因编辑、生物技术等技术的发展，生物育种成为可能，如抗病虫害、高产优质等。

环控传感器　照明系统　通风系统　料塔
光伏设备

推料机器人
清粪机器人

视觉识别系统

电动牛体刷
液压侧刮板系统
智能牛项圈
饮水碗

图5-11 智慧农业

(2) 创新扩散模型

创新扩散模型是一种用来描述和分析创新技术、产品或思想如何在一个社会系统中逐渐传播的工具。这个模型可以帮助企业优化其市场进入策略和资源配置，进而增加其在目标市场中的占有率。影响创新扩散的关键因素包括相对优势、兼容性、复杂性、可试性和可观察性。这些因素影响消费者对创新的接受程度，从而影响创新扩散的速度和深度。

创新扩散过程通常分为了解、兴趣、评价、试用和采用等阶段。通过分析这些阶段，企业可以确定在每个阶段中潜在消费者的行为特点和需求。这一过程的理解对于企业何时以及如何推出新产品而言至关重要，有助于最大化市场渗透并降低推向市场的风险。在了解阶段，企业需要确保潜在用户意识到产品的存在；在兴趣阶段，需要激励消费者产生购买动机；在评价阶段，消费者会权衡利弊；在试用阶段，提供机会让潜在用户体验产品；在采用阶段，消费者决定是否购买和持续使用。

小米公司在其智能手机市场中的成功推广便体现了创新扩散模型的应用。最初，小米通过互联网渠道以及饥饿营销策略吸引了一群技术爱好者，这些早期采用者发挥了关键的影响力。小米产品凭借物美价廉的相对优势以及良好的用户反馈，快速扩散至更广泛的市场群体。

小米的这种快速扩散与其产品的相对优势（高性价比）、兼容性（与安卓系统兼容）、可试性（通过小规模试生产和销售测试市场反应）和可观察性（通过用户和社区推广）等因素高度相关。这些因素帮助小米在竞争激烈的手机市场中快速提高了市场占有率，展示了创新扩散模型在实际市场分析中的价值。

（3）蓝海战略与市场定位

蓝海战略作为一种明确开创新市场空间、规避激烈竞争的战略工具，赋予企业通过创新实现差异化和低成本结合的竞争优势。在工科领域，这种战略方法尤其适合那些寻求技术突破和市场扩展的企业。

① 蓝海战略的核心思想　蓝海战略强调跳出传统竞争的红海，通过创造全新的市场空间，实现差异化和低成本的结合。其核心思想是，企业应该避免陷入同质化产品竞争的红海市场，而应该去创造尚未被竞争填满的蓝海市场。在这样的市场中，竞争对手寥寥无几，需求未被完全满足，从而使企业能够通过创新获得显著的竞争优势。

在实践中，这要求企业对自身及市场进行重新审视，识别出可以重塑行业边界的新元素。例如，通过引入新的产品特性、开发未开发的用户需求或重新定义产品的使用场景，创造出新的市场维度。

② 工程技术领域的蓝海市场挖掘　在工程技术领域，蓝海市场的挖掘需要结合深刻的技术理解和市场分析。企业或研究者需要识别出未被满足的市场需求，并通过技术创新来填补这些需求空白。这种方法不仅能帮助企业突破现有市场限制，还能为整个行业带来新的增长点。

具体而言，挖掘蓝海市场的关键在于技术和需求的结合——通过技术优势来满足那些尚未满足的市场需求。例如，通过研究新材料、提升产品性能、降低生产成本或提高使用便捷性，企业可以在传统市场之外挖掘出新的蓝海市场。

华为在通信设备领域的成功，部分归功于其在5G技术上的蓝海市场挖掘。通过对全球通信市场的深入分析，华为识别出对更快速度、更大容量和更低延时网络的未来需求，并投入大量资源开发5G技术。在这一领域，华为通过前沿技术创新，不仅抢占了市场先机，还在全球市场中获得了战略主动权。

③ 基于蓝海战略的市场定位方法　市场定位不仅仅是基于已经存在的市场参与，同时也是一个创造新需求的过程。企业通过蓝海战略可以重新定义产品价值、重塑市场边界，并以创新方式创建新需求，使自身脱离红海竞争，开创全新的市场空间。

具体操作包括：重新审视产品的核心价值要素，通过剔除、减少、增加创新或扩增产品特点来吸引新的消费群体；找出市场中尚未开发的客户类型或使用情境，通过以用户需求为核心，开发颠覆性产品或服务。

平安好医生通过将在线问诊服务扩展到大健康领域，创造了一套全新的商业模式。通过结合人工智能、大数据分析和医疗资源，平安好医生在医疗咨询之外，进一步将服务扩展至健康管理、药品配送及健康商城（图5-12）。其通过重塑市场边界，满足用户对便捷高效医疗服务的需求，从而以蓝海战略实现了企业的重新定位和市场优势的建立。

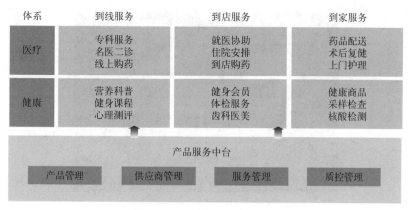

图5-12 平安好医生服务体系

5.1.3 工科学生识别市场机会的方式

在现代快节奏和技术驱动的经济环境中，工科学生不仅需要掌握扎实的技术知识，还需要具备识别和把握市场机会的能力。通过融入市场动态与技术创新、系统思维和创新视角，工科学生可以在科技与市场的交会点上发现新的机遇，并为未来的职业发展铺平道路。

（1）理解市场动态与技术创新的融合

工科学生在识别市场机会时，应特别关注市场驱动因素与技术创新是如何相互作用的。例如，新能源车市场的快速增长不仅仅是由于技术进步，还由于受到环保法规和消费者环保意识增强的驱动。这体现了市场需求和技术创新的融合，催生了新的产业机会。

① 技术扫描与市场映射：构建市场机会识别的矩阵　工科学生通常擅长技术研发，但识别市场机会需要对技术趋势进行敏锐观察和对市场需求进行深刻理解。技术扫描是指学生通过文献研究、专利分析和行业报告，识别出当前和未来可能影响市场的技术趋势。市场映射则是将这些技术趋势与市场需求相结合，寻找交集来构建机会矩阵。分析这些交集可以帮助学生定义开发策略。

中芯国际在半导体行业的成功部分归功于其对高端芯片需求的精确预测。通过跟踪全球半导体技术的最新发展，并深入研究国内市场对芯片的需求，中芯国际在核心技术上进行投资，满足了内需并在国际市场上占领了一席之地。学生需要学习从技术到市场的桥梁构建方法，以识别潜在的市场机会。中芯国际半导体芯片如图5-13所示。

② 从用户痛点出发：驱动技术创新与市场匹配的有效路径　识别市场机会的一种强有力方法是从用户痛点出发，推动技术创新来解决实际问题。这需要学生在产品开发初期进行深入的用户研究，采用调查、访谈等方式获取数据，了解用户的真实需求和未被满足的痛点，从而指导技术创新。

图5-13 中芯国际半导体芯片

　　支付宝通过识别用户在传统支付方式中遇到的痛点，创新推出了二维码支付（图5-14）。正是因为对用户痛点的精准把握和快速响应，支付宝成了全球领先的在线支付平台之一。工科学生可以通过这种方法，利用用户需求驱动技术创新形成有效的市场策略。

图5-14 支付宝二维码支付场景

　　(2) 基于系统思维的跨学科市场分析框架

　　工科学生应培养系统思维和跨学科视角，这有助于全面地理解复杂的市场环境并识别潜在的市场机会。通过构建跨学科的分析模型，学生可以发现传统分析中可能被忽视的机会。例如，智能家居市场的成功依赖于工程学、社会学、经济学的交叉分析。应用系统动力学方法还能帮助学生预测市场的发展趋势，识别长期战略机会。

　　① 构建跨学科分析模型以识别市场机会　在现代市场环境中，单一的学科视角可能无法有效识别市场机会。因此，工科学生应采用跨学科的方法，以构建综合分析模型来发现市场中的空白。这种综合性的分析能够充分考虑市场、技术、用户、社会等多方面因素，提高市场机会识别的准确性和有效性。

　　首先，构建跨学科模型的首要任务是识别相关学科的核心要素。其次，设计跨学科模型的关键在于确定各学科的核心指标，并在模型中建立它们之间的交互关系。在构建跨学科分析模型时，数据分析技术是不可或缺的工具。工科学生应运用大数据分析、机器学习等先进技术，对市场数据进行分析挖掘，发现潜在的市场需求和市场机会。

智慧城市的实现是跨学科整合的典型代表。以杭州的"城市大脑"为例，该项目通过数据整合和分析，优化城市管理和服务。这需要交通工程、信息技术、环境科学、社会学等多学科的协同合作。利用物联网技术，实时交通数据被用于调整信号灯周期，从而有效改善交通拥堵状况。这既是工程技术的应用，也是对社会经济需求的响应，即减少城市拥堵，提高居民生活质量和城市运行效率。成功实施一个跨学科模型需要多领域专家的协作，确保每个学科的输入都被有效地转换为模型的输出。这种协作可以通过组建多学科团队、进行跨学科培训以及使用协作平台来具体实现。

② 应用系统动力学方法预测市场趋势　系统动力学是一种基于反馈循环和时间延迟的建模方法，用于模拟复杂系统的行为和演化。这种方法在市场趋势预测中尤为有效，因为市场本质上是一个复杂系统，由多种相互依赖的因素构成。通过系统动力学模型，学生能够模拟市场变量之间的交互关系，分析动态变化的根本驱动因素，以及政策、技术和消费者行为等因素。

a.理解系统动力学基础：系统动力学通过建立反馈环路和存量流量图来描述系统中的相互作用。这种方法偏重于揭示系统的非线性动态和潜在行为变化。工科学生可以通过学习基本知识（如存量、流量、信息延迟）来掌握系统建模的基础。

b.构建市场模型：市场系统通常由多个参与者和变量组成，如供应商、消费者、政策制定者、市场价格等。通过识别关键变量和相互作用，学生可以构建系统动力学模型来描述市场的动态行为。例如，能源市场模型的构建应包括新技术的研发、政策激励、市场需求变化、资源供应等要素。

c.模拟与预测：一旦建立了市场模型，学生可以通过计算机仿真工具（如Vensim或Stella）进行模拟。通过调整不同变量和反馈循环，预测市场在不同条件下的变化趋势。这一过程帮助学生理解系统如何自然演化，并评估调整政策或战略的潜在后果。

d.策略制定：通过分析模拟结果，学生可以识别系统中可能的问题和机会。这不仅有助于制定短期决策，还能为市场长期发展策略提供依据。学生可以利用这些策略来创新技术解决方案或者优化市场营销策略。

例如，我国在推动太阳能市场的发展中，面临着政策补贴、技术革新和市场需求变化的挑战。通过系统动力学模型，将政策变化（如补贴下降）与市场反应（如投资减少、创新放缓）结合在一起进行模拟，预测市场可能的演进路径。通过模型，学生可以识别出政策调整后，市场中可能出现的滞后效应和反弹效应，从而帮助制定更为精准的激励政策和长期发展战略。

(3) 创新视角下的市场机会发掘策略

工科学生在市场机会识别中要从创新的角度出发，设计思维是一种有效的方法。

通过同理心了解用户痛点，从而在市场上发现并解决未被满足的需求。例如，流媒体平台正是通过识别传统电视机固定播出时间的痛点而兴起的。同时，实施颠覆性技术创新在市场上创造全新机会，如苹果公司通过智能手机的创新彻底改变了通信市场。

① 利用设计思维方法探索用户需求与市场潜力　设计思维是一种以人为中心的创新方法，帮助工科学生系统地探索用户需求和市场潜力。其核心在于理解用户、挑战假设及重新定义问题，以创造更具价值的产品或服务。通过设计思维，学生能够从用户角度出发，持续迭代，进而开发出更符合市场需求的创新方案。以下是利用设计思维方法探索用户需求的步骤：

a.对用户需求的深入理解：通过访谈、观察和用户故事等定性研究，积累对用户痛点和行为的同理心。工科学生在此阶段应保持开放、无偏见的态度，以挖掘潜在的、未被满足的需求。

b.定义问题：根据用户调研的结果，学生应提炼出明确的问题陈述。这一环节要求学生重新评估初始假设，消除主观臆断，确保问题准确反映了用户的真实情况。

c.头脑风暴与构思：广泛发散是设计思维中的关键步骤，鼓励学生不拘泥于传统思维，生成多种解决方案。这一过程强调创新思维的应用，提出可能的解决路径，以便进行后续的原型设计。

d.原型设计与测试：通过快速构建原型，学生将构思付诸于实践。这些原型不需要一开始就十分复杂，而是通过低成本的模型帮助验证和完善概念。用户反馈在此阶段尤为重要，指导学生迭代改进。

e.迭代改进：设计思维是一个循环的过程，通过多次迭代和用户反馈的反复验证，学生逐步优化产品或服务，以确保最终的市场解决方案能切实满足用户的需求。

拼多多通过设计思维，针对我国庞大的下沉市场用户群体，开发了一种结合社交元素和电商功能的购物平台。团队通过同理心研究，发现下沉市场用户对价格敏感，且喜欢通过社交网络分享和推荐商品。基于这些用户需求，拼多多重新定义了电商购物体验，推出了"拼团"模式，允许用户通过微信等社交平台邀请朋友一起购买，以实现更低的价格。拼多多下沉市场用户特征分析如图5-15所示。

② 实施颠覆性技术创新以创造新市场　颠覆性技术创新通过挑战现有市场的主导逻辑，能够从根本上改变行业结构并催生全新的市场。对于工科学生而言，理解并参与这种创新过程，不仅能帮助他们识别新的市场机会，还能增强他们在技术和商业创新中的竞争能力。

颠覆性技术是指那些能够破坏现有市场格局、促进新市场形成的技术。这些技术往往最初性能不如现有主流技术，但通过不断发展，最终在价格、性能或便利性方面具备竞争力，重塑市场格局。颠覆性技术的诱人之处在于能够为小规模的初创公司或创新团队提供新机会。

成功的颠覆性创新不仅需要科技突破，更需要合适的市场策略，重点在于识别和满足新兴或未被满足的客户需求。通过分析市场痛点及用户需求，开发出适宜的产品或服务原型，并不断完善以确保市场接受。

下沉用户特征	在移动互联网的表现

 线上消磨时间需求突出
生活节奏慢、通勤距离短，有更多的空闲娱乐时间，并且城市的休闲娱乐设施较少，娱乐方式少

对泛娱乐应用、资讯信息流应用需求大

 对价格和收益敏感
愿意花时间获取现金奖励，线上价格比线下价格足够低才会购买

现金奖励类新闻资讯APP及视频类APP等吸引大量用户

 对线下、实体店信任高
需要见证实物，才愿意购买商品；实体店工作人员推荐才愿意使用某应用

线下驱动线上应用，如支付结算应用构建各种线下场景，网上银行通过网点获客

 熟人社交影响大
愿意相信熟人推荐

社交属性突出的应用，如社交电商获得较快发展

图5-15 拼多多下沉市场用户特征分析

　　工科学生应专注于提高自身的创新能力和跨学科理解能力，以便能够在多变的市场环境中迅速识别和响应机会。这包括增强对技术趋势及其潜在市场影响的理解能力，学习如何通过原型设计、测试和迭代来推进创新，以及提升在不确定条件下工作的能力。

　　蚂蚁集团在金融领域的创新是区块链技术颠覆性应用的一个经典国内案例。蚂蚁链作为蚂蚁集团的一项区块链解决方案，已经在金融交易、供应链管理、智能合约等多个领域展现了颠覆性的市场潜力。蚂蚁链通过区块链技术（图5-16）改变传统金融服务的中介角色和信任机制，为企业提供了更加透明、可追溯、高效的服务。

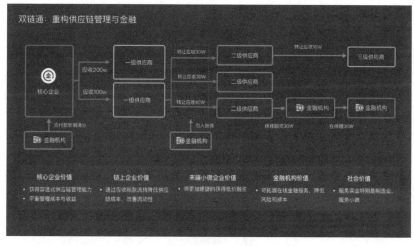

图5-16 蚂蚁链

如在跨境支付中，原本烦琐的核对与结算因其去中心化的特性而大大简化，从而开启了金融服务的新市场。对于工科学生而言，区块链技术应用的探索不仅限于技术本身，还包括如何突破传统市场的限制，创建与之匹配的新产品和服务。

5.2　用户导向的产品创新：从想法到实物

从想法到实物的用户导向的产品创新，强调了在产品开发过程中以用户为中心的重要性。首先，通过用户需求识别与验证，设计团队可以深入了解用户的真实需求和期望，并采用多种调研方法，如问卷、访谈和观察，建立用户画像并验证需求的可行性。其次，用户体验设计在产品开发中发挥着关键作用，遵循以用户为中心的原则，推动从概念设计到线框图和原型的逐步实现，确保设计的直观性和易用性。最后，通过快速迭代与原型测试的方法使团队能够在开发过程中及时反馈和调整，通过低保真和高保真原型进行测试，收集数据进行分析，从而优化产品。从整体上来看，此过程不仅提升了产品质量，也增强了用户满意度，实现了从创意到实际产品的有效转化。

5.2.1　用户需求识别与验证

（1）用户需求调研方法

在产品的开发过程中，准确识别用户需求是至关重要的一步。以下是几种常见的用户需求调研方法。

① 问卷调查　问卷调查（图5-17）是一种快速、广泛收集用户反馈的方法。通过设计一系列问题，可以系统性地了解用户的偏好、习惯和需求。例如，大众点评在初创时，创始人张涛通过设计问卷，收集了用户对于在线点评饭店的兴趣和意愿，这一调研结果成为日后大众点评商业模式的起点。

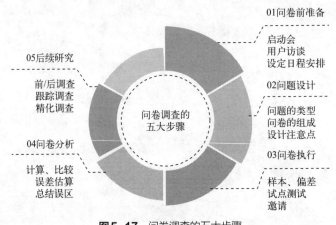

图5-17　问卷调查的五大步骤

② 深度访谈　深度访谈（图5-18）是一种更为深入的定性研究方法，适用于探索用户的潜在需求和动机。例如，农夫山泉在产品开发过程中，通过深度访谈或与消费者面对面交流，了解他们对饮用水品质、口感以及包装等方面的期望。由此，农夫山泉发现了消费者对健康、天然的饮用水有着强烈的需求，同时他们也希望产品的包装能够更加环保、便捷。基于这些发现，农夫山泉不断调整产品线，推出了多款满足消费者健康需求的高端饮用水产品，如婴儿水、天然矿泉水等。同时，农夫山泉也致力于改进包装，减少塑料的使用，推出更加环保的包装方案。这些调整不仅提升了农夫山泉的品牌形象，也进一步巩固了其在饮用水市场的领先地位。

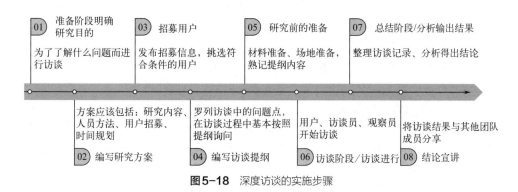

图5-18　深度访谈的实施步骤

③ 现场观察　现场观察是直接观察用户在实际环境中的行为。这种方法帮助设计团队理解用户在使用产品时遇到的实际问题。例如，海底捞通过现场观察发现，顾客在等待就餐时往往感到无聊和焦虑。基于这一发现，海底捞推出了丰富的等待区服务，如免费美甲、儿童游乐区、小吃零食等，极大地提升了顾客的等待体验，也增强了顾客对品牌的忠诚度。这一策略不仅解决了顾客等待时的痛点，还成了海底捞独特的竞争优势。

（2）用户画像的建立

用户画像的建立有助于更精准地理解用户需求和痛点，从而指导产品设计。以下是建立用户画像的两个关键步骤。

① 用户细分　用户细分（图5-19）是将用户群体按照特定属性或行为特征进行划分的过程。例如，滴滴出行在用户细分方面取得了显著成功。通过分析用户的出行数据，滴滴将用户细分为不同类型，如上班族、学生、商务出行者等。每个细分群体的出行需求和习惯不同，如上班族更倾向于早高峰打车，而学生则倾向于在下午放学后频繁使用。这一细分帮助滴滴针对不同用户群体推出定制化服务，如"顺风车"针对拼车需求的用户，"快车"针对日常通勤的乘客。

② 关键用户识别　关键用户识别是在用户细分的基础上，进一步识别出对产品设计影响最大的用户群体。例如，美团外卖通过用户行为数据和反馈，识别出了一批关键用户，包括年轻白领和家庭用户。这些用户不仅频繁使用外卖服务，还在平

台上积极进行评价和推荐。通过深入了解这些关键用户的需求，美团能够有针对性地推出活动和促销，如在周五和周末推出特价优惠，满足家庭用户的聚餐需求，或者推出健康餐单，吸引年轻白领的关注。关键用户的反馈还直接影响了美团的产品改进和服务优化，使其更符合市场趋势。

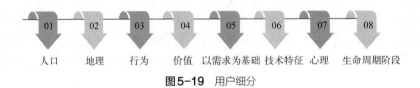

01	02	03	04	05	06	07	08
人口	地理	行为	价值	以需求为基础	技术特征	心理	生命周期阶段

图5-19 用户细分

（3）需求验证的方法

需求验证是确保产品设计符合用户需求的关键步骤。以下是几种常见的需求验证方法。

① 可行性分析　可行性分析（图5-20）是对产品设计方案进行技术、经济、社会等方面的评估，以确保其可行性。在开发一款智能家居产品时，需要对产品的技术实现难度、市场接受度、成本效益等进行全面分析，以确保产品的可行性。例如，华为在推出Mate系列之前，进行了深入的市场调研和可行性分析，评估了消费者对于高端商务手机的需求和接受度。最终，凭借其大屏幕、长续航、高性能等特点，成功地满足了商务人士的需求，在市场上获得了广泛认可。然而，值得注意的是，即使进行了可行性分析，也不能保证产品一定会取得成功。例如，柔宇科技在推出折叠屏手机（图5-21）之前，也进行了市场调研和可行性分析，但由于技术成熟度、市场接受度等多方面因素的影响，最终未能取得预期的成功。这提醒我们，在进行可行性分析时，需要全面考虑各种因素，并做好风险评估和应对措施。

图5-20 可行性分析的因素

图5-21 世界上首款商业化的可折叠智能手机

② 用户反馈收集 用户反馈收集是验证产品设计是否符合用户需求的重要手段。以下是几个成功和失败的著名案例。

成功案例：京东的用户反馈收集机制。

京东作为我国最大的自营式电商企业，其成功在很大程度上得益于完善的用户反馈收集机制。京东通过多种渠道收集用户反馈，如商品评价、客服咨询、退换货申请等。京东会对这些反馈进行深度分析，以识别产品和服务中存在的潜在问题，并据此进行改进。

a.商品评价系统（图5-22）：京东的商品评价系统允许用户对购买的商品进行打分和评论。这些评价不仅为其他用户提供了参考，也为京东提供了宝贵的产品改进意见。京东会定期分析这些评价，了解用户对产品的满意度和潜在需求，从而优化产品的选品和供应链管理。

图5-22 京东的商品评价系统

图5-23 "悠泊"微信小程序

b.客服咨询与投诉处理：京东的客服团队通过在线聊天、电话等方式为用户提供咨询服务，并处理用户的投诉和建议。京东鼓励用户提出宝贵意见，并承诺在收到反馈后尽快解决问题或改进服务。这种积极的用户反馈收集机制有助于京东不断提升服务质量，增加用户黏性。

c.数据驱动的产品改进：京东利用大数据和人工智能技术对用户反馈进行深度分析，以识别产品和服务中存在的潜在问题。例如，京东可以通过分析用户的搜索记录、购买行为和评价数据，发现用户对某类产品的特定需求或痛点，从而调整产品策略或优化用户体验。

这些措施共同造就了京东的成功，即始终将用户需求放在首位，通过持续的用户反馈收集和改进来提升产品和服务质量。

失败案例：悠泊。

悠泊（图5-23）是一家致力于解决大街上停车难问题的代客泊车服务公司。在将产品构想落实成移动应用之前，他们花费了一周时间开发出了微信上的MVP（最小可行产品），以此来验证一个基本假设，即用户是否愿意把自己的车托付给别人。然而，在MVP推出后，他们发现用户对于代客泊车服务的接受度并不高。这次失败的尝试让悠泊团队认识到，其产品构想并没有真正满足用户的需求。因此，他们不得不重新调整产品方向，寻找更符合市场需求的产品创新点。

5.2.2 用户体验设计在产品开发中的应用

（1）用户体验设计的原则

① 以用户为中心　以用户为中心的设计原则（图5-24）强调在整个产品开发过程中始终关注用户的需求和行为。设计者需要深入理解目标用户的特征、习惯和期望，通过调研和用户反馈来指导设计决策。这种方法确保产品不仅具备功能性，还能够提供愉悦和高效的使用体验。设计团队可以通过用户访谈、观察和测试等方式收集信息，确保产品设计能够真正解决用户的问题，提高用户满意度。

② 简洁和直观的用户界面　设计应简洁明了，使用户能够快速上手，不必花费过多时间在理解操作上。避免复杂的交互，注重内容和功能的呈现，以提升使用体验。

（2）用户体验设计流程

① 概念设计　概念设计是用户体验设计流程中的关键环节。在这一阶段，设计师将收集到的用户需求和市场调研结果转化为具体的设计思路和概念。团队需要针对不同的设计方案进行头脑风暴，创建初步的草图和故事板，以便更好地展现用户与产品交互的场景。在这个过程中不仅要考虑视觉效果，还要关注交互逻辑和用户情感，确保概念设计能够与用户的期望相契合。

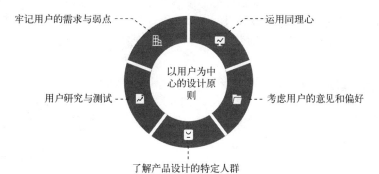

牢记用户的需求与弱点

运用同理心

以用户为中心的设计原则

用户研究与测试

考虑用户的意见和偏好

了解产品设计的特定人群

图5-24 以用户为中心的设计原则

② 线框图与原型设计 线框图与原型设计是将概念转化为可视化界面的过程。线框图通常是低保真的图示，描绘了页面的布局、信息架构和功能元素，帮助团队明确界面的基本结构。在此基础上，原型设计则进一步细化，通常会创建可交互的高保真原型，以模拟用户在实际使用产品时的体验。围绕这些原型可以进行用户测试、收集反馈、及时调整设计，从而确保最终产品能够满足用户需求。

（3）实际案例分析

① 成功案例 一个成功案例是小红书。小红书作为一种生活方式和购物分享平台，专注于用户的真实体验和互动。它提供了丰富的用户生成内容（UGC），使用户能够分享购物心得和发现生活方式灵感。小红书的开发过程中注重界面简洁和用户互动的便捷性，通过算法推荐和个性化内容展示，用户能够快速找到感兴趣的内容。同时，小红书积极采纳用户反馈，不断优化产品功能，例如推出"心愿单"（图5-25）和"种草笔记"功能，进一步增强了用户体验，赢得了用户的信任和忠诚。

另一个成功案例是小米的智能家居生态系统。小米以用户为中心，致力于提供高性价比的智能家居产品（图5-26），满足了用户对智能家居便捷性、舒适性和安全性的需求。通过构建智能家居生态系统，将各种智能设备互联互通，实现了智能家居的场景化应用，提升了用户体验。同时，小米注重产品的创新设计，不仅外观简洁美观，而且功能实用，符合现代家庭的审美和使用习惯。小米的智能家居生态系统受到了市场的广泛认可，用户数量不断增长，使其成为智能家居领域的佼佼者。

② 失败案例 一个例子是共享单车行业中的ofo。ofo曾是我国共享单车市场的领头羊，但在其快速扩张的过程中，忽视了用户体验和运维管理的重要性。车辆损坏严重、乱停乱放、押金退还难等问题频发，导致用户满意度大幅下降。同时，ofo在资金管理和风险控制方面也存在明显漏洞，最终因资金链断

图5-25 小红书的心愿清单功能

裂而倒闭。这个案例表明，在产品设计中，除了关注技术创新和市场需求外，还需要重视用户体验和运维管理，确保产品的可持续发展。

图5-26 小米的智能家居产品

图5-27 锤子科技的坚果手机

另一个例子是锤子科技的坚果手机（图5-27）。坚果手机在外观设计方面独具特色，吸引了众多消费者的关注。然而，在用户体验方面，坚果手机却存在诸多不足，如系统稳定性差、应用兼容性问题、售后服务不佳等问题让用户备感困扰。此外，坚果手机在市场竞争中未能找到准确的定位，导致销量一直不尽如人意。最终，锤子科技因资金链断裂和市场竞争压力大而陷入困境，坚果手机因此也未能成为主流产品。这个案例告诫我们，在产品的设计中，用户体验是至关重要的一环，忽视用户体验将付出沉重的代价。

5.2.3　快速迭代与原型测试的方法

（1）快速迭代的理念

快速迭代是现代产品开发的核心理念之一，它强调以用户为中心，通过不断地试错、反馈和调整来优化产品。以下是支撑快速迭代的两种重要方法。

① 精益开发　精益开发（Lean Development）（图5-28）源自精益创业（Lean Startup）的思想，它倡导"构建-测量-学习"的循环。在精益开发中，团队首先构

建一个最小可行产品（MVP），然后将其投放给早期用户，通过收集反馈来检验产品的效果，并根据这些反馈进行学习，以便快速迭代产品。这种方法有助于团队在资源有限的情况下，最大化地验证产品假设，降低风险。

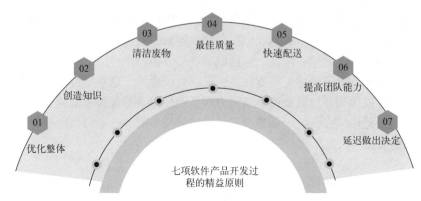

图5-28 七项软件产品开发过程的精益原则

② 敏捷方法　敏捷方法（Agile Methodology）（图5-29）则是一种以人为本、灵活应变的产品开发方法。它强调团队之间的紧密协作、快速响应变化以及持续交付价值。敏捷方法通过短周期（如两周或一个月）的迭代来推进产品开发，每次迭代结束时都会有一个可工作的产品增量。这种方法使团队能够迅速适应市场变化，及时调整产品方向。

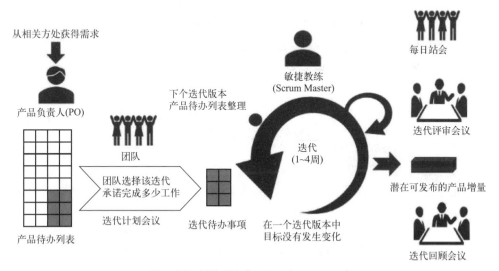

图5-29 敏捷方法（Agile Methodology）

（2）原型测试的类型

原型测试是产品开发过程中验证设计想法和获取用户反馈的关键步骤。根据保真度的不同，可以分为低保真原型测试和高保真原型测试。下面将通过著名项目实例来展示这两种原型测试类型及其在设计决策中的影响。

① 低保真原型

实例：微信小程序"跳一跳"。

在微信小程序"跳一跳"（图5-30）的开发初期，团队采用了低保真原型进行测试。这个原型仅包含了基本的游戏界面和跳跃逻辑，虽没有华丽的图形和音效，但足以让用户理解游戏的核心玩法。通过邀请一部分用户进行试玩，团队收集了大量的反馈，比如跳跃的节奏感、难度曲线、操作流畅性等。这些反馈促使团队对游戏机制进行了多次微调，比如调整跳跃的力度、增加道具系统以丰富游戏体验等。低保真原型测试让团队在投入大量资源开发高保真版本前，就能确保游戏的核心玩法受到用户的欢迎，大大降低了开发风险。

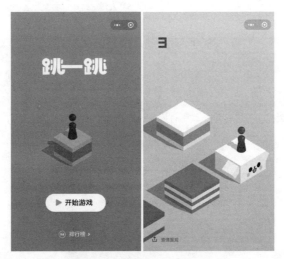

图5-30 微信小程序"跳一跳"

② 高保真原型

实例：知乎的问答界面优化。

知乎在优化其问答界面时，使用了高保真原型来模拟用户的互动和反馈。团队通过创建与最终产品相似的原型，进行了多轮用户测试，收集了大量的用户意见和数据。这些反馈帮助团队了解用户对界面布局、功能设置和交互体验的期望。

根据用户反馈，知乎团队优化了界面设计，使得用户更容易找到感兴趣的问题和答案，并提升了交互的流畅性。这些改进使用户在使用过程中的体验得到了显著提升，进一步增加了知乎用户的黏性。

（3）测试结果的分析与应用

① 数据收集与分析

a.初期调研与行为分析：在"蚂蚁森林"功能上线初期，支付宝团队通过行为数据分析和用户调研，获取了大量关于用户使用习惯的信息。他们发现，用户在进入"蚂蚁森林"后，在功能页面停留的时间往往较短，互动频率也不高。通过行为分析工具，团队确认了大多数用户缺乏对功能操作的直观理解，尤其是在绿色能量的积累和使用方面理解不够清晰。同时，用户对环保的兴趣驱动力存在多样化，有人关注环保公益，有人则更重视社交互动。

b.关键数据洞察：支付宝团队进一步细化了用户群体数据，发现不同年龄层的用户对"蚂蚁森林"的需求不同。年轻用户更倾向于社交互动，而年长用户则倾向于简化操作路径，专注于公益目的。此外，分析发现用户更乐于参与有即时反馈的功能，比如在朋友间进行"偷能量"互动。团队意识到，用户需要更直观的反馈机制和更丰富的互动形式，以维持长期使用的热情。

② 迭代改进策略

基于数据分析，支付宝团队针对不同用户的需求实施了多层次的迭代优化。

a.优化入口和操作流程（图5-31）：团队将"蚂蚁森林"入口移至支付宝首页，并调整操作界面，使其更直观易懂。新用户能更快捷地找到功能入口并上手，简化了绿色能量的积累和操作路径。通过用户引导，简化能量获取和使用的流程，提升了用户的体验流畅性。

b.社交互动升级（图5-31）：为了增加用户黏性，支付宝引入了"偷能量"的玩法，允许用户从好友的"能量树"中收集额外的能量。这个设计大大提高了用户的社交参与度，且让互动变得更加趣味化。此外，团队还推出了"组队种树"

图5-31 "蚂蚁森林"的支付宝首页图标和"偷能量"的玩法

等社交功能，用户可以与好友共同积攒能量种植树木，满足了群体参与的需求，增强了社交分享的趣味性。

c.环保成就激励与实地反馈（图5-32）：支持用户"云种树"后，可以在支付宝应用内追踪树木的实际种植进展，甚至可以看到其在荒漠化地区的具体位置。这种即时反馈极大地提高了用户的成就感和对环保的参与感。用户完成特定任务后还会解锁环保徽章和荣誉称号，帮助他们形成长期的使用习惯，同时也提升了用户对"蚂蚁森林"作为公益平台的认同感。

d.情感共鸣激励与故事传播（图5-32）：支付宝团队不仅利用数据优化产品功能，还通过数据调研发现用户对环保背后故事的兴趣，推动了"蚂蚁森林"与当地环保故事的结合，让用户体验到自己行为背后的社会意义。通过发布真实的公益视频、环保故事等内容，支付宝进一步增强了用户的情感共鸣，使"蚂蚁森林"成为连接用户与公益事业的桥梁。

图5-32 "云种树"功能和公益短片《种》

在原型测试的过程中，数据收集与分析是至关重要的一环。团队需要通过各种手段（如问卷调查、用户访谈、行为记录等）来收集用户反馈和数据，并使用数据分析工具来揭示隐藏在数据背后的规律和趋势。

5.3 技术转移：从研究所到市场的挑战

5.3.1 技术转移的瓶颈与突破策略

技术转移是指将科研成果由实验室阶段推广到市场应用的过程。然而，这一过程往往面临诸多瓶颈。识别并克服这些瓶颈对于成功实现技术转移而言至关重要，同时也能为企业从中获取巨大利益提供坚实的基础。下面我们将从技术转移的主要瓶颈出发，结合具体案例，探讨相应的突破策略。

（1）瓶颈一：技术与市场需求脱节

技术与市场需求之间的脱节是技术转移过程中常见的瓶颈之一。研究人员通常专注于技术的创新性和先进性，而市场则关注技术能否解决实际问题，带来经济效益。这样的错位常导致技术成果止步于实验室阶段，难以商业化应用。

解决技术与市场需求脱节的问题需要采取多方面的策略。首先，企业需要建立一个有效的市场调研机制，通过深入研究市场趋势和消费者需求，确保技术发展的方向与市场需求相匹配。这包括定期收集和分析市场数据，以及与客户进行直接沟通，了解他们的具体需求和期望。其次，企业应该加强与科研机构和高校的合作，通过产学研合作模式，将最新的科研成果转化为市场所需的技术解决方案。这种合作不仅可以加速技术的商品化和产业化，还可以帮助企业及时调整技术发展方向，以适应市场的变化。此外，企业还需要建立灵活的创新机制，鼓励内部员工提出创新想法，并为这些想法的实施提供必要的资源和支持。这种内部创新文化可以促进技术与市场的紧密结合，提高企业的竞争力。同时，企业还应该关注政策导向，利用政府提供的各种政策支持和资金扶持，推动技术的研发和市场应用。最后，企业需要建立一个反馈机制，及时收集市场对技术的反馈信息，并根据这些信息调整技术发展策略。通过这些综合措施，企业可以有效地解决技术与市场需求脱节的问题，实现技术的市场价值最大化。

以吉利汽车为例，吉利在发展过程中，敏锐地意识到消费者对节能环保汽车的需求。通过与沃尔沃的合作，吉利实现了技术创新与市场需求的结合。吉利将沃尔沃在安全和环保技术方面的优势与自身的市场敏感度相结合，推出了一系列成功的车型。这种对市场需求的准确把握，使得吉利在激烈的汽车市场中占据了一席之地。

（2）瓶颈二：缺乏资金支持

技术转移通常需要大量的资金投入，对于中小型企业而言尤其如此。研发阶段的资金主要来自科研机构或政府资助，而技术转移阶段的资金需求更为复杂且庞大。因此，资金的短缺成为制约技术转移的重要因素。

对于缺乏资金支持的企业可以通过多元化的融资渠道来解决资金短缺问题，如风险投资、政府补贴和银行贷款等。此外，还可以通过与大企业合作，实现资源共享，加快技术转移的步伐。蔚来汽车在发展初期，通过多轮风险投资，获得了充足的资金支持，使其能够在电动汽车技术研发和市场推广上加大投入，从而迅速打开市场，实现技术的有效转移。除此之外，蔚来还积极与腾讯、百度等公司开展战略合作，这也为其提供了强有力的资金和技术支持。

（3）瓶颈三：知识产权保护不力

知识产权保护不力不仅影响技术的市场应用，也可能导致技术泄露，侵蚀企业的竞争优势。许多技术转移项目在初始阶段忽视了专利申请和保护，导致技术容易被模仿或抄袭。

因此，企业应高度重视知识产权的管理与保护。在技术研发阶段，及时申请专利，保护核心技术。在市场投放阶段，企业应建立完善的知识产权管理体系，防止技术泄露。例如，华为在全球范围内拥有大量专利，其在材料研发、5G技术等方面的核心技术均受到严格的知识产权保护。通过建立完善的专利体系，华为不仅巩固了在全球市场中的竞争优势，也为技术转移和商业化应用提供了有力保障。

（4）瓶颈四：缺乏专业人才

在技术转移的过程中，专业人才的缺乏常常导致技术推广和应用受阻。对于兼具技术能力和市场意识的复合型人才，更是技术转移过程中的稀缺资源。

对此，企业可以通过内部培训和外部招聘相结合的方式，培养和引进复合型专业人才。此外，企业还可以与高校合作，设立专项课程和实习项目，为技术转移储备专业人才。例如，中兴通讯通过与多所大学合作，每年都会招收一批优秀毕业生进入公司。此外，中兴还设立了专项培训项目，培养员工的创新能力和市场意识。通过这种方式，中兴成功地推动了技术转移及市场化应用。

综上所述，技术转移是一个复杂的过程，充满了挑战和机遇。只有识别并有效克服其中的瓶颈，才能使技术实现真正的市场化应用。企业必须综合运用市场的敏锐感知，资金、知识产权和人才的保障这些策略。这不仅能推动技术转移的成功实现，还能为企业持续创新和发展提供不竭动力。

5.3.2　知识产权与商业化路径规划

在当今快速变化的时代，技术转移已成为推动科技创新和经济发展的关键因素。知识产权作为技术转移的核心，不仅保护了创新成果，也为商业化路径规划提供了法律基础，同时还关系到如何将技术顺利推向市场，实现经济效益的最大化。本节内容将探讨知识产权管理的重要性以及有效规划商业化路径的策略，并结合相关企业的案例，阐述如何将理论实践化。

（1）知识产权的重要性

知识产权通常包括专利、商标、版权和商业秘密等。其核心作用在于保护技术创新者的合法权益，防止竞争对手的不当使用，同时为技术商业化奠定法律基础。在技术转移的背景下，知识产权管理不仅是法律问题，更是商业策略的组成部分。

首先，在促进技术交易方面，知识产权的确立使技术成果有了明确的归属和价值，便于在市场上进行交易和流通。其次，知识产权的排他性为创新提供了有效的激励，确保了创新者能够从其创新中获得经济回报，从而进行更多的研发投入。再者，知识产权作为资本化技术成果，通过专利技术评估和定价，将技术成果转化为资本，实现其经济效益，例如前文中所提到的华为通过申请大量专利，不仅保护了自身技术，也为其在全球市场竞争中占据了一席之地。专利的合理布局使华为在技术许可与合作中拥有更大的谈判优势。最后，知识产权也在保护创新成果方面发挥着巨大作用。知识产权通过专利、商标、版权等形式，保护了科研成果不被非法复制和使用，确保了研发者的利益。

（2）知识产权管理策略

知识产权管理策略是确保知识产权得到有效保护、利用和转移的关键。知识产权管理策略应当从技术研发阶段开始，贯穿于整个技术生命周期。合理的策略包括专利申请、商标注册、版权登记以及商业秘密保护等多个方面。对专利的全面管理不仅仅包括申请注册，还包括定期审查、监控侵权行为和实施专利组合策略。只有这样才能确保企业在市场竞争中处于有利位置。具体可以从以下四方面进行说明。

① 建立清晰的版权管理体系　明确版权权属和授权范围，包括作品类型、地域范围、使用方式等，并确定版权许可方式和价格。建立版权登记管理机制，确保版权作品权属和授权的明确性和合法性。建立版权维权机制，为版权持有人提供侵权投诉、维权、诉讼等服务。

② 建立版权保护的监测机制　制定版权保护的监测标准，包括版权内容的类

型、格式、数量等关键因素的审查。建立版权内容库，包括已注册的版权作品、假冒版权信息、网络传播的侵权作品等。建立版权保护机制，一旦监测到侵权情况，就及时采取（如通知侵权行为者、追究法律责任等）措施。

③ 建立版权管理的协调机制　包括政府主导和产业自律两种机制。政府发挥主导作用，制定政策，加强版权保护的宣传和监管；产业自律则是产业内部自律性管理，建立行业标准和行业信誉体系等。

④ 制定企业专利保护策略　通过专利布局，在重点业务领域有针对性地树立市场壁垒，阻止或延缓竞争对手进入市场。健全专利信息查询制度，尤其在产品更新速度快的领域做到优先审查。分析现有技术存在的问题，围绕既有问题罗列解决方案，以此作为专利申请的出发点。推进专利与标准融合，使专利成为嵌入国际标准、国家标准、行业标准的必要专利。

以小米为例，小米在智能家居领域的技术创新中，坚持将新产品的核心技术申请专利。在产品开发的初期阶段，小米就着手构建知识产权保护体系，确保技术转移在法律方面无障碍。这种提前规划与管理，保障了小米的技术可以顺利实现商业化，进而迅速占领市场。

（3）商业化路径的有效规划

在确保技术受到知识产权保护的基础上，企业还需精心规划其商业化路径。商业化路径规划是指从技术研发到市场投放的过程中，制定一系列战略步骤，以实现技术的市场价值。该路径通常包括市场调研、产品开发、市场推广和销售策略等一系列环节。市场调研的目的在于了解目标市场的实际需求、竞争态势以及客户偏好，从而制定针对性的商业化策略。这一环节的成败直接影响产品在市场中的接受程度。产品开发应根据市场调研结果，结合企业自身技术优势进行。其关键在于将技术优势转化为产品优势，实现差异化竞争。而合理的市场推广以及销售策略是商业化路径的重要组成部分，其中包括定价策略、品牌推广和渠道分销等。企业需要根据市场变化，灵活调整策略以保证产品的市场竞争力。

以比亚迪企业为例，比亚迪在新能源汽车领域，通过市场调研发现了消费者对环保和节能汽车的需求，结合自身在电池技术方面的优势，开发出具有市场竞争力的产品。在市场推广阶段，比亚迪通过与政府合作、品牌推广、合理定价及扩展销售网络，成功地将技术转化为市场产品，奠定了在新能源汽车市场的领导地位。

（4）知识产权与商业化路径结合的意义

知识产权与商业化路径的有效结合，是技术转移成功的基础。企业通过知识产权保护技术创新的法律权益和精心设计的商业化路径，实现了技术的最大市场价值。这种结合不仅促进了技术的应用，也增强了企业的竞争力。阿里巴巴在电商平台及云计算等技术领域，通过知识产权的严格保护和商业化路径的规划，实现了技术的广泛应用和商业利益的平衡。通过知识产权的全面保护，阿里巴巴常常在市场竞争中能够立于不败之地。而其精准的市场调研、产品开发、推广策略，更使得这些技术能够快速进入并占领市场。

综上所述，在技术转移的过程中，知识产权与商业化路径的结合有助于确保技术创新的保护与价值的实现。合理的知识产权管理策略为技术转移保驾护航，而有效的商业化路径规划则保障了技术的市场成功。通过上文所举的一系列企业案例，可以看到我国企业在知识产权与商业化路径探索上的成功经验，为其他技术创新提供了有益的借鉴。这一双管齐下的方法，无疑是技术转移迈向成功的关键。

5.3.3 校企合作在技术商业化中的角色

在技术转移的过程中，校企合作作为连接研究机构与市场的重要桥梁，扮演着不可或缺的角色。其不仅跨越了学术研究与产业应用之间的鸿沟，还快速促进了技术的商业化应用。本节将详细探讨校企合作的意义、运作模式以及成功的关键要素，结合我国典型企业的案例，厘清校企合作如何在技术商业化过程中实现共赢。

（1）校企合作的意义

校企合作是指高校和企业在技术研发、人才培养、项目合作等方面形成的合作关系。其主要目的是充分利用高校的科研实力和企业的市场资源，实现技术创新和商业化的"双赢"。通过合作，企业可以获得最新的科研成果和专业技术支持，而高校则能与市场实践相结合，提高科研成果的转化率。中科曙光公司与清华大学的紧密合作便是校企合作成功的典范。通过与清华大学进行合作，中科曙光在高性能计算领域取得了长足进展（图5-33）。高校的科研基础与企业的市场需求相结合，不仅推动了技术的产业化应用，也为企业赢得了市场竞争力。

图5-33 中科曙光新型计算机

（2）校企合作的运作模式

① 联合研发　校企双方共同开展研究项目，基于高校的科研能力与企业的市场经验，进行技术创新。这种模式能够快速实现科技成果的转化，提高市场竞争能力。例如，腾讯与北京大学合作成立的联合实验室，专注于人工智能和大数据领域。通过这种合作模式，腾讯能迅速将北京大学的前沿科研成果应用于实际产品的开发中，提升了科技创新能力。

② 技术转让　高校将研究成果以专利、技术许可等形式转让给企业，企业通过进一步研发和市场推广，实现了技术的商业化应用。例如，华东理工大学将其研发的药物新技术转让给上海医药。通过这一模式，企业不仅降低了研发风险和成本，也能借助高校的技术突破，提高产品在市场中的竞争优势。

③ 人才培养　高校为企业培养专业人才，通过共同开发课程、实习项目等方式，培养具有实践能力的创新型人才。例如，百度通过与北京航空航天大学合作，设置大数据和人工智能方向的专项课程。借此，百度不仅获得了高素质的技术人才，也帮助学生掌握了适应市场需求的实用技能。

（3）校企合作成功的关键要素

校企合作要想取得成功，需要一系列关键要素的支持，这些要素能够确保合作的有效性和持续性。

① 建立信任　高校与企业双方必须建立在相互信任的基础之上。这种信任不仅体现双方对合作价值的认同，也体现对对方能力和诚意的充分信赖。只有基于信任的合作，才能让双方在技术共享、资源配置和风险管理方面协同一致，从而实现共同目标。

② 目标明确　在合作开始前，双方需要明确合作的具体目标，并制订详细的合作计划和实施方案。这包括明确项目的商业化路径、技术发展方向以及双方的权责分工等。一个清晰的目标能帮助双方在合作过程中聚焦于终极成果，减少资源的浪费和不必要的摩擦。

③ 高效沟通　双方应建立定期的沟通和反馈机制。通过会议、报告和研讨会等形式，及时分享项目进展和遇到的困难。这不仅有助于快速解决问题，也能增强双方在合作中的信任感和协调性。

④ 政策支持　政府的支持可以通过多种形式来体现，比如提供资金资助、税收优惠，以及对知识产权的保护等。这些政策能够为校企合作营造一个良好的外部环境，降低合作风险，提高合作效率。

⑤ 长期视角　校企合作不应局限于短期的利益驱动，应以长期发展为目标。双方应考虑在技术创新和市场拓展上的战略合作，持续推动技术升级和产品研发，实现合作的可持续发展。

综上所述，校企合作的成功依赖于多方面因素的综合作用。建立在互信基础上的明确目标、顺畅的沟通机制、政策的有力支持以及长期发展的视角，都是实现有效合作的重要保障。这些要素相辅相成，为校企合作提供了坚实的基础，并推动技术商业化的成功实施。

校企合作在技术商业化过程中，既是促进科技成果转化的重要途径，又是提高企业竞争力的有效手段。通过以上案例，可以看到校企合作能够在技术创新和市场应用之间架起一座稳固的桥梁。这种合作不仅在技术层面增强了企业的竞争优势，也在人才培养和资源整合方面提供了可持续发展的动力。未来，随着技术和市场的进一步融合，校企合作必将在推动技术商业化中发挥更为重要的作用，为科技进步和经济发展贡献更大的力量。

(4) 校企合作的案例

纽莱（N-life）假肢有限公司的创业历程，堪称校企合作与产学研结合的经典范例，充分展示了其在新型现代假肢产业中的创新地位。作为一家高科技企业，纽莱假肢有限公司依托于雄厚的专业人才储备和科研基础，专注于生产带触觉的肌电假手、智能下肢假肢等产品，并在国内技术领域处于领先地位。

① 与高校深度合作　在产品研发的初期，纽莱假肢有限公司就与杭州电子科技大学"射频电路与系统"教育部重点实验室展开了深入合作，研究基于表面肌电（SEMG）信号的手部多运动模式识别技术。通过对SEMG信号能量强弱的判断，团队成功开发出能够识别手部动作的系统（图5-34）。这种合作不仅促进了科研成果的快速转化，也使纽莱公司在假肢产业中具备了显著的技术优势。

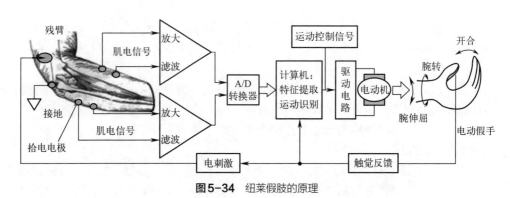

图5-34　纽莱假肢的原理

该公司的核心技术之一是"二自由度肌电假手实时控制装置"，已经获得了国家发明专利，这标志着纽莱公司在技术创新方面的重大突破。此外，公司在"膝上假肢的运动力学信息获取与多运动模式控制方法研究"方面，成功申请到了国家自然科学基金，并获得了自适应智能膝上假肢关键技术专项的"国家863计划"经费支持。这些国家级的项目和资金不仅证明了技术的先进性，同时也体现了校企合作对于推动国家科技进步的重要作用。

② 产学研结合的典范　纽莱假肢有限公司的成长不仅依赖于技术优势，还得益于产学研模式的有效利用。与杭州电子科技大学建立的紧密合作关系，实现了科研与产业的无缝对接。学校为企业提供了科研平台和实验设施，企业则为学校提供了丰富的实践平台和市场应用场景，这种合作模式促进了科学研究与实际生产的深度融合。

通过技术转移，学校的科研成果迅速转化为企业的实际产品。这一步是产学研模式中至关重要的一环，直接促进了技术的商业化，使科研成果更快地服务于市场。在这一过程中，纽莱公司不仅是技术的受益者，还成了高校科研资源与产业需求间的重要桥梁。

③ 培养创新人才　纽莱假肢有限公司不仅在技术领域与高校合作，还积极为杭州电子科技大学的学生提供实习和就业机会。这一举措实现了学生理论知识与实践经验的结合，也为企业储备了未来发展所需的后备人才。学生们在企业的实践中不仅能够应用所学，更有机会参与实际的产品研发和市场拓展，为他们未来的职业发展奠定了坚实基础。

综上所述，纽莱假肢有限公司的创业历程充分体现了校企合作的独特优势，尤其是在产学研结合方面，企业、高校和研究机构之间的紧密合作大大推动了科技成果的产业化和创新技术的广泛应用。这种合作模式不仅加快了技术的发展与应用，也为学生提供了重要的实践平台，同时为企业的发展提供了丰富的人才与技术支持。这一成功经验为其他科技型企业与高校的合作提供了重要的参考，充分展示了校企合作的巨大潜力。

5.4　创新模式与价值创造的探索

在全球化进程的加快和科技发展迅速的大环境中，创新模式与价值创造已成为企业保持竞争优势的关键因素。通过对创新模式与价值创造的探索，企业不仅能够在经济层面获益，还能够带动社会进步，并为行业树立新标准。以下几个方面的探索为现代化企业提供了重要的理论和实践指导。

5.4.1　开放式创新与协同创造

创新是提升竞争力的核心要素，但没有企业能够在创新方面做到面面俱到。随着全球化进程的加速，客户需求日趋复杂和多样化，将知识封闭在企业内部的"暗箱"中已经不再适用。在当前的商业环境中，灵活运用来自企业内部和外部的创意与知识比以往任何时候都更加重要。在这样的背景下，"开放式创新"概念应运而生，旨在解释如何打破"暗箱"的束缚，实现知识共享和价值创造。

开放式创新的理念由亨利·切萨布鲁夫提出，它打破了传统闭门造车的研发模式，强调企业应积极利用外部资源、技术和创意，将外部创新引入企业内部。同时，企业也应当向外输出自身的知识与技术，与外部伙伴协同合作，共同创造价值。协同创造不仅仅局限于企业间的合作，还包括与消费者和终端用户的互动。这种互动有助于企业更全面地了解市场需求，从而开发出更具竞争力的产品和服务。

（1）双边市场视角下的开放式创新

开放式创新与知识产权之间的关系在双边市场视角下具有特殊的复杂性和动态性。双边市场，又称为双向市场，通常指涉及两个互相关联的用户群体的平台市场，如买家与卖家、用户与开发者等（图5-35）。在这个环境中，开放式创新需要充分考虑知识产权的管理与保护，以实现有效的价值创造和捕获。以下是双向市场视角下开放式创新与知识产权的考虑因素。

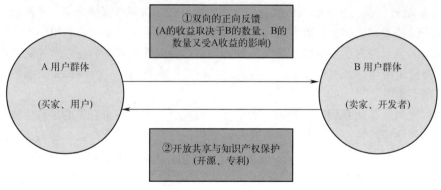

图5-35 双边市场机制

① 平衡开放与保护　在开放式创新模式中，企业需要找到开放共享与知识产权保护之间的平衡点。企业必须确保在开放的合作过程中，核心知识产权不被滥用或无意中泄露。在双边市场中，企业也需要小心管理与潜在竞争者的关系。这涉及如何利用知识产权策略，与合作伙伴一起开发新产品和服务，而不影响自身市场地位。

② 激励机制的适当鼓励　在双向市场中，平台需要设计合适的激励机制，鼓励外部合作伙伴和用户参与创新。这可能涉及需要为创造者提供足够的知识产权保护，同时也允许其他用户和开发者使用和改进这些创新。

③ 平台角色　在双边市场中，平台运营商通常充当调解人角色，监督知识产权的使用情况。他们需要确保平台上的所有活动都符合相关的知识产权法律和政策。

腾讯对其核心知识产权进行战略性保护，通过专利申请和维护，确保腾讯的技术不被外部滥用，也会通过法律与政策来保障开放合作中的知识产权不被泄露。与此同时，腾讯积极参与和支持开源社区，通过贡献代码和技术，与全球开发者一同推动技术进步。在这个过程中，腾讯既能从开源社区中获益，又能确保其关键技术的安全性。通过这种方式，腾讯在促进开放式创新的同时，确保了知识产权的保值和增值。另外，腾讯通过开放平台策略，与成千上万的开发者和创业公司建立合作关系。这种开放策略使其能够借助外部创新的力量，丰富其生态系统的内容和服务，同时也为开发者提供了巨大的市场机会。这不仅推动了腾讯自身的持续创新能力，还对我国互联网行业的技术进步起到了积极的推动作用。

(2) 由内而外的开放式创新管理

在实施开放式创新时，尤其是在管理复杂的风险项目时，采取由内而外的开放式创新策略可以帮助企业更好地协调内部资源和外部合作，从而更有效地应对挑战。以下是一些关键步骤和案例要点。

① 明确目标和范围　在启动复杂的开放式创新项目时，首先需要明确创新的目标和范围。这包括确定业务目标、技术需求和市场机会。企业需要清晰地定义项目的边界，以确保所有利益相关者往同一方向上努力。

② 建立多元化团队　组建包含来自不同部门和学科的团队，以带来多样化的视

角。这种多元化的团队结构可以促进创造性思维和创新解决方案的生成。

③ 实施灵活的项目管理　采用敏捷或其他灵活的项目管理方法，以快速适应市场变化和满足项目需求。通过定期的迭代和反馈循环，项目团队可以在开发过程中不断优化产品和解决问题。

小米公司在进入消费电子市场后，明确以"高性能且价格合理"的智能设备为目标。它聚焦于满足全球消费者的多样化需求，逐步扩展到包括智能家居、生活方式产品在内的广泛产品线，清晰定义其业务目标和市场机会。其研发团队包括来自市场、设计、用户体验等不同领域的人才，共同开发出符合用户需求的创新产品。在研发过程中，小米采用敏捷开发模式，如最小可行产品（MVP）等方式，不断快速迭代产品。这允许小米根据消费市场的反馈和技术进步迅速更新产品特性和设计，以保持其产品的竞争力。

以小米发布的SU7 Ultra为例（图5-36），这款跑车级轿车经历了"项目立项—原型车开发测试—量产车技术落地"的大致步骤。原型车在耗费巨额资金、实现快速的迭代后，为了验证其强劲的性能，与专业赛事团队合作进行了赛事化改装，然后前往德国纽北赛道，在专业车手的驾驶下获得最速四门车的殊荣。而在量产车的生产中，整体的设计还要经过驾驶体验、成本控制方面的考虑，在多行业领域专业人员的努力下，才最终推出了这款重磅之作。

我国的某些企业也在积极地应用开放式创新。如美的公司创造了"创意与创新走群众路线"的开放模式，即向消费者征询新产品创意，并请消费者参与到产品前期的研发活动中来，让研发人员准确地把握消费者的需求，以适时互动完善新产品。春兰集团不仅拥有国内企业界最大的全球开放式创新平台，还于2004年率先建成了赶超世界最新技术的企业博士后开放式创新基地，以吸引全球"智库"中的一流科研人才，整合世界最新科技创新成果，从而取得能支撑春兰新产业的产生或现有产业更新换代项目的突破。但是国内大量的企业仍然在进行封闭式创新，以及进行大量的重复研发投入，这不但导致了恶性竞争，而且造成了大量的浪费。开放式创新是国内企业界亟须吸取的理念与应用的实践。

图5-36　小米SU7 Ultra的量产车型

5.4.2　商业模式创新：从产品思维到平台思维

传统的商业模式往往以产品为核心，强调通过产品销售实现利润，是典型的产品思维。然而，在互联网和数字化技术的推动下，平台思维逐渐成为一种新兴的商业模式。平台思维将企业视作一个连接供需双方的桥梁，提供一个开放的市场空间，允许多个参与者进行创新和价值交换。典型的平台包括电商平台、社交媒体平台和共享经济平台等。这种模式不仅能够降低企业的运营成本，还能通过网络效应实现规模化增长。

（1）产品思维的局限与平台思维的优势

传统的产品思维聚焦于单一产品的设计、制造和销售。企业投入大量的资源到研发和生产中，期望通过产品的销售来获取利润。这种模式往往具有较高的固定成本和较长的生产周期，以及相对较低的市场灵活性。企业的成长依赖于不断推出新产品，这往往也意味着较大的风险和不确定性。

而平台思维将企业转变为一个连接供需双方的生态系统。具体来说，通过将多方参与者（如消费者、开发者、第三方服务提供商）聚集在一起，实现创新和价值交换。其存在以下优势特征。

a. 降低运营成本：平台能够通过聚合资源和能力共享来降低单个企业的运营成本。例如，通过集成支付系统和物流服务，电商平台能够让成千上万的中小商家轻松进入市场。

b. 增强用户参与和依赖：平台通过不断优化用户体验和服务创新来吸引和留住用户。用户生成的内容和社群互动进一步丰富了平台的生态。

c. 实现网络效应：平台越大，吸引力越强。更多的用户和服务提供商将加入平台，形成正反馈循环。这意味着规模化增长和边际成本递减成为可能。

实现从产品思维到平台思维转型的一个典型例子就是海康威视（Hikvision）。海康威视最初成立于2001年，专注于数字视频监控产品，提供配备摄像头的硬件设备（图5-37），以满足企业和公共部门的安全监控需求。公司在研发上进行了大量投入，以保持产品在视频监控技术和质量方面的领先地位，进而帮助海康威视在国内外市场上迅速扩大影响力。而随着数字化、网络化影响的逐渐加深，其布局开始向平台思维转化。海康威视逐步扩展其业务范围，不仅出售硬件设备，还发展出综合安防解决方案，集成视频监控、入侵检测、声学监控等多种功能。引入人工智能和大数据分析到产品和服务中，开发了Hikvision's AI Cloud平台（图5-38），提供开放的应用程序接口（API）和工具，支持第三方开发者在其平台上开发自定义应用。

这一案例展示了在一个高度专业化和竞争激烈的行业中，企业只有通过从单纯的产品制造商向创新型平台企业的战略转型，才有可能取得商业成功和技术领先地位。

（2）不同行业的平台分类

① 电商平台　例如天猫、京东和拼多多（图5-39），它们不仅销售自有产品，还提供一个开放市场供众多卖家在其平台上销售产品，以实现多方共赢。

2 系列智能网络摄像机

经济型AI通用智能，兼顾性能与性价比。主要包含智能警戒摄像机，适用于园区周界防范、重点区域入侵等警戒防范场景。经济型抓拍机，实现客群分……

了解更多

2 系列通用网络摄像机

通用产品，包含半球、筒机、枪机、海螺摄像机等多种产品形态，为工商企业、智慧建筑、文教卫等行业提供专用视频产品及服务。其产品包含星光级……

了解更多

5 系列通用网络摄像机

通用星光级产品，包含护罩、枪机、筒机、半球等不同产品形态，提供200W、300W、400W等分辨率选择，支持多种Smart事件检测功能。120dB超宽……

了解更多

5 系列智能网络摄像机

通用智能全彩网络摄像机，兼顾性能与性价比，融合臻全彩技术与智能周界，适用于园区周界防范、重点区域入侵等警戒防范场景及景区直播等。

了解更多

6 系列专用网络摄像机

产品包括鱼眼、车载及低空全景拼接、桌面双目、吊装双目等多目产品。其扩展细分垂直领域视频应用，为各行业提供专用视频产品及服务。

了解更多

7 系列智能网络摄像机

涵盖从单摄到多摄的多种形态产品，包含合智能、全结构化、泛智能、轻智能多等级智能产品。为用户提供更多、更优、更有效的数据，解决各行业视……

了解更多

图5-37 海康威视研发的多种差异化产品

图5-38 Hikvision's AI Cloud平台

图5-39 天猫、京东和拼多多占据电商平台的主流市场

这种平台模式不仅为消费者提供了更广泛的商品选择和更具竞争力的价格，还为中小企业和个体商家提供了进入市场的机会，降低了传统零售中的渠道成本。同时，平台通过大数据分析，可以更加精准地了解消费者需求，帮助卖家优化产品和营销策略。此外，这些平台利用其先进的物流网络和支付系统，提高了购物体验的便捷性和安全性。通过不断创新技术和服务，电商平台正在不断改变着人们的购物方式，并推动零售业的数字化转型。

② 社交媒体平台　例如微信和微博，通过用户互动和内容分享增加用户黏性，并通过广告和增值服务营利。

这些平台不仅为用户提供了连接朋友和家人的渠道，还创造了一个多元化的内容生态系统，用户可以在其中消费和创造内容。通过算法推荐，平台能够根据用户的兴趣精准推送内容，延长用户停留时间和提升活跃度。此外，平台为企业和广告提供了精准营销的机会，利用用户数据分析能够实现目标广告投放，从而提高广告投放的效率。

③ 共享经济平台　例如滴滴出行和Airbnb（图5-40），这些平台提供了信息和信任的中介服务，颠覆了传统的交通和酒店行业。

图5-40　滴滴出行和Airbnb

它们连接了资源提供者和用户，以去中心化的方式优化资源配置。滴滴出行通过整合私家车资源，为用户提供便捷的出行服务，解决了传统出租车行业的地域限制和供给不足问题。Airbnb则通过搭建信任机制和用户评价体系，使得个人房东可以将闲置房屋短期出租，打破了传统酒店行业的市场垄断。这些平台的成功在于创新性的商业模式和对用户体验的重视。通过用户评价和反馈机制，不断提升服务质量和信任度。这不仅提高了闲置资源的利用效率，也带来了经济和环境效益，为更多人提供了收入来源，减少了资源浪费。

④ 基于相关产品的平台服务　例如米家APP、SONY的Sound Connect APP，通过整合多种相关产品和服务，为用户提供了一站式的解决方案，提高了用户体验的便捷性和满意度。

这类平台通常会围绕某一核心需求，整合垂直领域内的各类产品和服务，打造一个生态系统。例如，从生活方式到工作需求，用户可以在同一平台上获取从产品购买、个性化定制到售后支持的一系列服务。平台服务的关键在于其强大的数据收集和分析能力。通过深入了解用户的偏好和消费行为，平台可以精准推荐相关产品和服务，提升交叉销售和向上销售的机会。此外，平台通常与各类服务提供商和第三方公司合作，扩展其业务范围。这样的合作关系不仅可以扩充平台的产品种类和可选择性，还能提高用户的留存率和忠诚度。

为了增加用户黏性和满意度，平台还会不断优化用户界面和服务流程，提供个性化的会员服务、积分奖赏计划以及专属优惠活动。此外，通过先进的客户关系管理系统，平台可以及时响应用户反馈和需求调整，确保持续改善用户体验。在推动商业增长的同时，这些平台服务正在形成新的商业生态，为企业和消费者带来更多的价值和创新机遇。

5.4.3 全球视角下的创新生态系统

在全球化背景下，创新不再是局部的、孤立的行为，而是需要放在全球视角下进行考量，构建一个创新生态系统。创新生态系统的概念强调不同国家、企业、科研机构和个人在一个高度互联的网络中协同作用，共同推动创新的发展。这种生态系统依赖于开放的市场环境、完善的知识产权保护制度、跨国的合作网络以及灵活的政策支持。

（1）技术转移和知识共享

有效的技术转移和知识共享是实现全球创新生态系统活力的关键点。构建有效的机制和平台，促进技术和知识在全球范围内的转移和共享，是保持创新生态系统活力的关键。这不仅能加速技术的商业化进程，还能推动知识的跨领域应用。

① 技术转移的多渠道路径　技术转移可以通过多种渠道实现，如专利许可、研发合作、技术咨询以及产学研结合等。这些渠道的多样性允许不同的创新主体根据自身的战略目标和能力选择最适合的路径，从而提高技术转移的效率。例如，学校和科研机构可以通过与产业界的联合研发项目，实现实验室技术的快速商业化。

清华大学的技术转移与知识产权管理办公室是为促进技术转移成立的专门机构（图5-41），旨在积极促成学术研究成果的商业化应用。该办公室通过专利申请、技术许可和技术合作项目，将实验室的创新成果转化为产业应用，为市场注入了新的活力。

图5-41 清华大学技术转移与知识产权管理办公室的组织架构

此外，还有美国国家航空航天局（NASA）技术转让计划。这一计划将其研发的众多技术应用到商业市场，提供免费的技术库和专利，鼓励企业和创业公司利用这些技术开发新产品和服务。这种知识共享方式不仅加快了技术的商业化，还对不同行业进行了启发。

② 国际合作中的挑战与机会　在全球视野下，技术转移与知识共享面临着诸多挑战，如文化差异、法律法规的差别以及知识产权的保护等。然而，这些挑战也带来了机会，通过优化国际合作框架和加强跨文化沟通，可以提高技术转移的成功率和效益。国际合作不仅有利于技术和知识的双向流动，还能带动全球范围内的创新热潮。

(2) 文化和人才交流

在全球创新生态系统中，多种文化的融合和跨国人才的交流可以带来丰富的创意和新颖的视角，推动创新的多样性。因此，鼓励国际化的教育和人才交流对激发新的创新活力至关重要。

① 多元视角促进创意生成　不同文化背景的人才带来多样化的视角和思维方式，这种多元性在面对复杂问题时具有特别价值。文化差异不仅可以激发从未被注意到的创新灵感，还能为解决问题提供多种可能的路径。通过跨文化团队的合作，企业和机构能够开发出更具包容性和全球市场潜力的创新产品和服务。

② 文化融合与企业创新文化　企业可以通过吸纳多元文化背景的员工，丰富其内部文化。这不但增强了企业的创新文化，而且提升了组织对多变市场的适应性。同时，前瞻性的企业往往会鼓励进行文化交流活动，如文化主题培训、国际工作坊等，以营造开放和包容的工作环境。

谷歌以其多元化的员工文化而闻名，积极吸纳来自不同文化和背景的员工。为了促进文化融合，谷歌在全球各地的办公室举办多种多样的活动。这些活动不仅丰富了员工的全球视野，也鼓励了不同观点的碰撞，从而激发出创意和创新。Flutter作为谷歌推出的一款工具类应用框架，其团队大概有10%的女性开发者，而全球女性开发者的平均水平大概是6%~7%。在Google长期以来提倡的DEI（多元、平等、共融）文化中，女性程序员以其独特的视角和沟通方式，为公司的多维度创新提供了新的启发。

(3) 政策和制度支持

各国政府在提供灵活的政策支持方面扮演着重要角色，这包括对研发活动的资助、税收优惠以及对创新产业的监管优化。完善的知识产权保护制度也是确保创新者能够安全分享和开拓新市场的基础。在推动文化和人才交流方面，可以通过制定灵活的移民政策、提升全球教育合作水平以及支持国际人才的生活和工作条件来助力。与此同时，也可以通过搭建国际合作平台，协调文化和共享教育资源，促进各国间的互惠互利。

新加坡的全球学校咨询计划（global schoolhouse initiative），通过与国际高等教育机构合作，鼓励全球顶尖大学在当地设立分校或附属机构。这一举措不仅提高了新加坡的教育水平和国际影响力，还吸引了大量国际学生和教育人才，促进了多元文化的交流。

现代企业在面对挑战和机遇时，应当充分利用开放式创新、商业模式创新和全球化创新生态系统的优势，以实现可持续的价值创造和增长。

5.4.4 云端协同工控网络智能防护平台

浙江龙华网络科技有限公司的团队首创研发了云端协同工控网络智能防护平台。与传统的工控安全防护设备相比，"龙华工控网络智能防护平台"融合了工控防火墙、入侵检测等技术，为客户提供集防护、检测、分析于一体化的工业网络安全解决方案，有效解决了当前硬件供应被国外厂商"卡脖子"的问题。

（1）聚焦社会需求与政策前景

工控系统安全防护是保障工业化与信息化融合战略安全实施的迫切需求，对保障国家安全和社会稳定具有重要意义。

工控领域遭受攻击的潜在威胁极大。一些国家关键领域工控系统遭到破坏，将会严重威胁国家经济安全、社会稳定和人民生命健康。而目前却尚无有效技术能够防御此类入侵攻击。团队针对这一巨大的市场空白，及时抓住了这一细分市场的机会，明确了公司目标和业务范围。

2015年5月《中国制造2025》指出，工业网络安全是推动工业化与信息化融合发展的基础保障。2017年底，工信部印发了《工业控制系统信息安全行动计划（2018—2020）》，强调了工业信息安全的重要性，并提出要加强高校科研团队参与，形成政产学研用高效联动的发展格局。由于相关政策的支持，团队逐步在这一方面潜心挖掘，为工业互联网发展赋能。

（2）产品思维与平台思维的交融

经过多轮开发测试、架构调整的技术积累和产品迭代，团队完成了第一代工控防火墙的设计与研发（图5-42）。经过进一步的研究，团队又逐渐确立形成了边界防护与主动检测相结合的第二代产品体系。最后通过大量测试，提出了搭载云时空关联分析平台的第三代工业网络安全防护方案，将原有的防火墙与入侵检测系统接入到云端平台。

现有的工业防火墙绝大多数依托国外的CPU、解析模块等软硬件设备。针对这种情况，团队基于龙芯体系架构特点进行了软硬件兼容设计，采用系统裁剪、交叉编译、软件移植的方法，将原有软件适配到国产龙芯CPU上。产品同时支持国产龙芯和Intel工控CPU，具有较高的软硬件自主可控性。这有效地解决了芯片选用"卡脖子"的问题，对于我国的工业互联网实现安全防护自主可

图5-42 第一代硬件产品原型

控而言具有战略性意义。

另外，相较于传统工控防护设备功能简单、无法协同工作的问题，本产品基于云端智能协同平台，建立多设备数据互通，以可视化数据形式实时展示网络安全态势，形成了智能协同新一代工业互联网安全防护系统。

（3）价值创造的创新

① 销售模式——项目制与产品制并行　龙华工业互联网安全服务系统的营销方式主要有项目制和产品制两种。项目制营销，即以项目合作或投标的形式开展，主要面向大型国企、工业互联网公共服务平台等。产品制营销，即以个体产品或产品组合为主直接销售，主要面向中小型企业。

在产品（Product）方面，龙华科技为消费者提供了可自主选择的软硬件产品配置方案。在价格（Price）方面，根据产品定制化的需求，采用成本定价法，对每个硬件配置和软件模块进行分离定价。

② 客户关系运作模式——创新"K-C-E"模式　充分利用现有产品和关系网络优势，该公司创新性地提出了"K-C-E"的客户关系运作模式，即关键意见领袖（KOL）示范、客户关系管理（CRM）、商业生态（Ecosystem）建设。

前期进行以KOL为核心的引导式推广。采取先导用户引导和权威用户示范两大方针。通过与一些大型国企的轨道交通六号线工程项目合作，进行试点试用，或是与相关行业组织达成营销联盟，如中山市工业互联网安全公共服务平台。

中期进行以CRM为核心的客户群体运营。目的是改善客户与企业交互时的体验。例如，通过自建门户网站、打造互动社区等措施，对客户关系进行管理。

后期会打造成熟的商业生态。首先是在上游发展合作支持伙伴，在下游扩展销售渠道，完成整体价值链的建设。然后建设安全可靠的品牌形象，以优质服务促品牌建设，真正以用户消费体验为根本，最大化满足顾客需求。

浙江龙华网络科技有限公司研发产品的案例，贴切地说明了开放式创新管理与价值创新探索对于企业的重要程度。明确目标范围、实施灵活的项目管理，能为产品研发降本增效。产品思维与平台思维的有机结合，以及顺应趋势的创新价值创造模式能给企业带来新的收益点。这些都为我们带来了深刻的理论与实践启示。

5.5　案例分享：实现技术与市场完美结合的实例

技术与市场的完美结合是创新成功的关键驱动力。技术提供了改善服务和创造新产品的可能性，而市场则提供了需求和商业化的方向。当技术创新精准地响应市场需求时，它不仅能够推动企业获得竞争优势，还能创造全新的市场空间，催生新的消费模式和价值网络。以下为实现技术与市场完美结合的具体案例。

5.5.1　数纺科技：数字化面料行业的开拓者

数纺科技是一家致力于数字化面料技术的创新型企业，其核心产品是智能面料匹配终端。该终端利用显微摄像头精确获取面料的多维度信息，如颜色、纹理、光泽、尺寸、成分和织法等，并基于面料仿真技术构建三维面料模型。通过虚拟现实和增强现实技术，数纺科技能够在虚拟模特上直接模拟出成衣的试穿效果，构建起"虚拟布料-模拟制衣-模拟模特试穿"的纺织业元宇宙。其成功研发并推出智能面料匹配终端，实现了从面料匹配到虚拟试衣的完整产业链覆盖，大大缩短了从草图到成衣的周期，受到面料交易商和设计师的广泛好评。

（1）精准洞察市场需求

数纺科技团队认识到，随着全球技术的发展，数字化面料行业正在迅速崛起，与市场需求的多样性和个性化趋势相吻合。数字化技术的应用使面料行业能够通过数码印花、数控裁剪等工艺生产出具有不同图案和质感的面料产品。这一趋势不仅推动了数字化面料行业的发展，也为数纺科技提供了巨大的市场机遇。

数纺科技通过分析全球纺织行业的规模（图5-43）和发展趋势，洞悉到数字化面料的快速发展与全球技术发展的趋势相吻合。数字化面料的出现，使得设计师能够更加灵活地表达创意，同时也满足了消费者对个性化产品的需求。数纺科技正是抓住了这一市场机遇，通过整合传统面料交易市场，打造数字时尚面料行业的新入口。

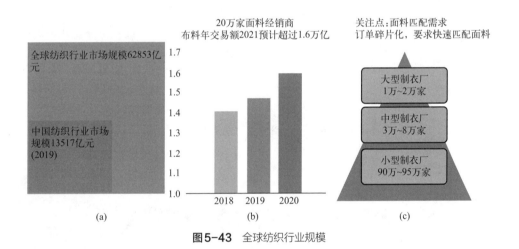

图5-43 全球纺织行业规模

传统面料交易市场面临着诸多挑战，如找布难、交易环节繁多、价格不透明等问题（图5-44）。这些问题不仅增加了供应链成本，也延长了交易周期，降低了市场效率。设计师们迫切需要一个能够快速匹配小批量、多样化和个性化面料的供应链，以支持设计工作。

针对这些痛点，数纺科技通过数字化改革，整合传统面料交易市场，推出了智能面料匹配终端（图5-45）。该终端利用数字图像检索、织法分析、成分检测和虚拟试衣等技术，重建3D面料、构建数字面料材质，并基于面料数据库进行高精度匹配，极大提高了面料交易的效率。这一创新解决方案不仅满足了设计师快速匹配面料的需求，也为面料供应商提供了一个高效、透明和低成本的交易平台。

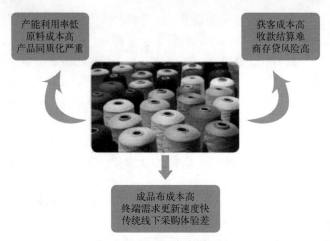

图5-44 纺织行业面临的痛点

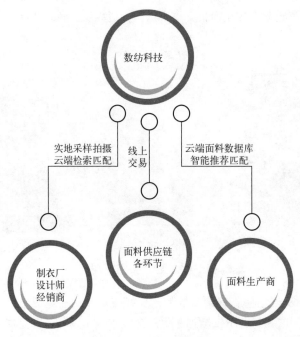

图5-45 产品的服务结构

数纺科技的智能面料匹配终端不仅满足了市场对快速变化的需求，还推动了产业升级，构建了数字面料行业的新入口。通过这一平台，设计师可以快速找到所需的面料，面料供应商可以更高效地管理库存和销售，从而降低了整个供应链的成本，提高了市场效率。

另外，在用户定位方面，数纺科技精准定位其目标市场为设计师、个体面料商和面料生产企业。针对设计师群体，公司提供智能面料匹配终端和虚拟试穿服务，以提高设计效率和准确性，满足他们对快速找到合适面料的需求；针对个体面料商群体，公司打造线上交易平台，减少对传统市场的依赖，解决客户开发难度大和价格不透明的问题；而针对面料生产企业则通过数纺科技的平台管理面料数据库和拓展线上销售渠道，降低成本并提升效率。数纺科技通过创新技术，不仅满足了客户对效率、成本和创新的需求，也推动了面料行业的数字化转型。

（2）技术创新与突破

数纺科技公司在面料仿真技术、虚拟试衣技术以及AI制衣等方面的技术创新和突破，展现了公司在数字化面料领域的领先地位。数纺科技的技术创新源于对市场需求的深入洞察。公司识别到服装企业对面料的多样化和个性化需求日益增长，同时设计师在寻找特定面料时面临诸多挑战。为了解决这些问题，数纺科技开发了智能面料匹配终端（图5-46），该终端利用显微摄像头和面料仿真技术，提供精确的面料识别和匹配服务，有效解决了"找布难"的问题。图像检索流程见图5-47。

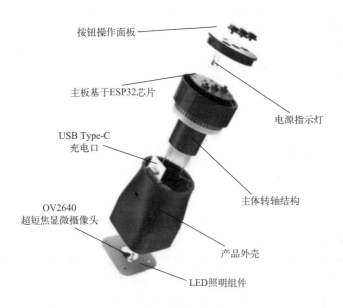

按钮操作面板

主板基于ESP32芯片

电源指示灯

USB Type-C
充电口

主体转轴结构

OV2640
超短焦显微摄像头

产品外壳

LED照明组件

图5-46 智能面料匹配终端示意图

数纺科技的技术创新不局限于理论层面，而是通过实际的技术突破来满足市场需求。公司通过构建包含30万种面料的数据库，实现了与实物供应商面料的绑定，这不仅提高了面料交易的效率，也降低了交易成本，满足了市场对于高效率和低成本的需求。这种技术突破与市场需求的紧密结合，使得数纺科技的产品在市场上具有明显的竞争优势。

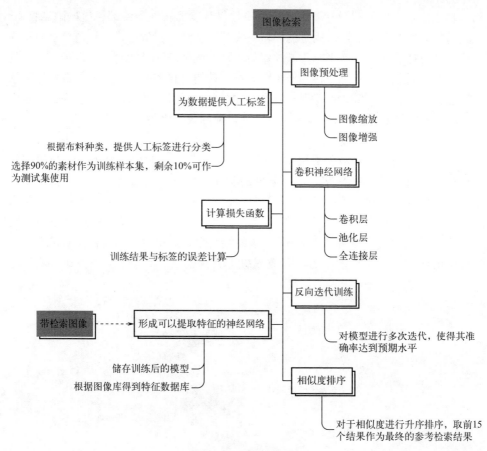

图像检索

图像预处理
　图像缩放
　图像增强

为数据提供人工标签

根据布料种类，提供人工标签进行分类
选择90%的素材作为训练样本集，剩余10%可作为测试集使用

卷积神经网络
　卷积层
　池化层
　全连接层

计算损失函数

训练结果与标签的误差计算

反向迭代训练

对模型进行多次迭代，使得其准确率达到预期水平

带检索图像 ---- 形成可以提取特征的神经网络

储存训练后的模型
根据图像库得到特征数据库

相似度排序

对于相似度进行升序排序，取前15个结果作为最终的参考检索结果

图5-47　图像检索流程

随着轻奢品牌的崛起和设计师对高端化需求的增加，数纺科技推出了虚拟试衣服务。这项服务利用数字化技术，使设计师能够在虚拟空间中展示服装效果，帮助他们更好地把握消费者需求和文化内涵，从而推动产品设计的差异化和高端化。虚拟试衣服务的创新不仅提升了设计师的工作效率，也为消费者提供了更加个性化和高端化的服装选择。

数纺科技的技术创新遵循了清晰的商业化路径。公司首先通过市场调研，深入了解行业现状和发展趋势，然后基于这些信息开发出符合市场需求的产品。通过与实物供应商的合作，数纺科技构建了庞大的面料数据库，为面料交易提供了便捷的线上平台。此外，公司还通过虚拟试衣服务，为设计师提供了一个全新的设计和试穿工具，进一步拓宽了公司的服务范围。

（3）商业模式与市场推广

数纺科技的商业模式基于开放式创新和协同创造的理念，通过与面料供应商的紧密合作，共同构建数字化面料库。这一合作模式不仅实现了资源共享，还促进了技术创新和市场拓展。数纺科技通过整合分散的面料信息资源，打破信息壁垒，实现供需双方信息的有效匹配。公司利用数字化技术，为面料交易商和设计师提供面料匹配和虚拟试衣服务，极大地提高了面料交易的效率和便捷性。

数纺科技采用了线上线下相结合的方式，通过线上平台提供服务，同时与面料生产商合作拓展线上销售渠道（图5-48）。这种模式不仅为用户提供了便捷的交易体验，也为面料生产商提供了新的市场机会。

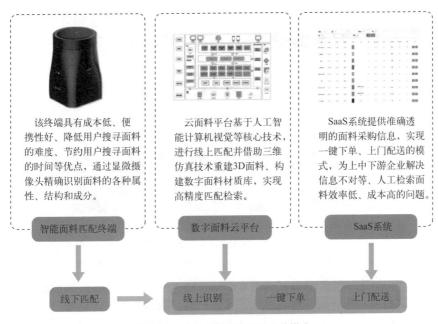

图5-48 线上线下相结合的商业模式

此外，数纺科技还利用三维仿真技术和虚拟试衣技术，为用户提供更丰富的选择和更便捷的体验，并计划利用虚拟现实和增强现实技术，构建面料行业元宇宙，为用户提供更沉浸式的体验，推动面料行业的数字化转型和可持续发展。

在市场推广方面，数纺科技采用线上线下相结合的多元化推广策略（图5-49），积极参与创业大赛和展览活动，通过社交媒体、线上直播和KOL合作等方式进行线上推广，并注重用户体验和互动，同时积极与面料生产商、服装设计师和电商平台等合作伙伴建立合作关系，共同推动数字化面料行业的发展，打造数字时尚行业的主入口。

同时，数纺科技针对不同客户群体提供个性化、多元化的产品和服务（如智能面料匹配终端、面料数据库、虚拟试衣服务和AI辅助设计等），并注重增值服务和售后服务（如数据分析和洞察、个性化推荐、定制化服务、产品保修、技术咨询服务和市场推广支持等），旨在为不同客户群体提供全方位的支持，提高工作效率，降低成本，从而推动数字化面料行业的发展。

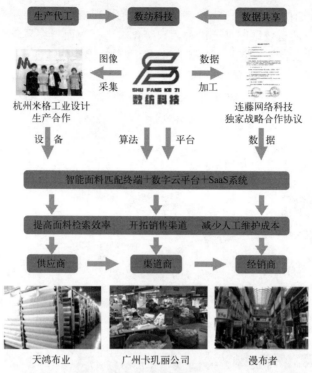

图5-49　数纺科技渠道推广模式

综上所述，工科学生在进行技术创新时，应深入了解市场需求和痛点，确保技术成果能够解决实际问题并满足市场需求。同时，技术创新是工程与市场结合的关键。工科学生应不断提升自身的技术水平和创新能力，敢于尝试新技术和新方法，以推动行业发展和市场进步。而一个成功的技术项目不仅需要有创新的技术成果，还需要有合理的商业模式和有效的市场推广策略。工科学生应关注市场动态和竞争对手情况，制定切实可行的商业模式和市场推广计划，以确保技术成果能够成功转化为商业产品。

5.5.2　心动身驰：脑卒中康复与智慧养老解决方案

"心动身驰"是一家专注于脑卒中康复与智慧养老解决方案的创新型企业。他们利用物联网、大数据和人工智能技术，为脑卒中患者和老年人提供了全方位的康复和养老服务。其核心产品包括智能康复设备、远程监控系统以及个性化康复计划等。其成功研发并推出了一系列智能康复设备和服务，帮助脑卒中患者和老年人提高生活质量，并且与多家医疗机构和养老院达成合作，将智能康复解决方案应用于实际场景中，获得了政府部门的支持和认可，还参与了多项智慧养老示范项目。

（1）特殊市场需求与定位

"心动身驰"项目良好地运用了工程技术与市场趋势的洞察来实现市场定位。项目团队不仅关注了全球技术发展的最新动态，还深入分析了市场需求的变化趋势，从而揭示了工程技术在推动市场变革中的关键作用。通过对前瞻性市场分析方法的运用，团队能够把握市场脉搏，预测未来技术发展方向，并据此指导产品开发。

在面对全球老龄化趋势加剧的背景下，"心动身驰"项目精准定位于脑卒中康复与智慧养老领域，这一市场的需求正随着社会结构的变化而日益增长（图5-50）。项目团队通过深入的市场调研和前瞻性分析，明确了其服务的目标客户群体——脑卒中患者和老年人，并针对这些特定群体的需求，开发了一系列智能康复设备和服务。

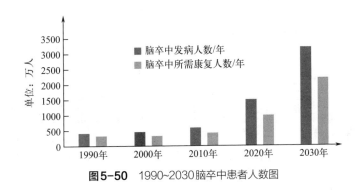

图5-50 1990~2030脑卒中患者人数图

首先，项目团队通过用户需求识别与验证，深入了解用户的真实需求和期望。团队采用了多种调研方法，如问卷调查、深度访谈和现场观察，建立了用户画像，并验证了需求的可行性。因此，团队识别出了脑卒中患者和老年人群在康复和养老方面的核心需求。调研发现，脑卒中、脊髓损伤等导致下肢不便的患者，常因无法获得规范有效的下肢康复训练而错失恢复肢体运动能力的最佳时机。这一发现揭示了现有康复解决方案的不足，即传统的下肢外骨骼康复机器人在灵活性和患者主动参与方面存在局限性。

针对这一问题，"心动身驰"团队深入调查了脑卒中运动康复的现状，并对比分析了市面上现有的下肢外骨骼康复机器人。团队发现，传统外骨骼机器人主要依赖被动训练方式，忽视了患者的主动意志在康复过程中的重要性（图5-51）。为了解决这些问题，项目团队决定采用全新的外骨骼控制算法与脑机接口技术，以提高康复训练的效率和效果。而在用户体验设计的应用上，项目遵循以用户为中心的原则，推动从概念设计到线框图和原型的逐步实现，确保设计的直观性和易用性。

此外，项目团队还采用了快速迭代与原型测试的方法，通过低保真和高保真原型进行测试，收集数据进行分析，成功开发出针对脑卒中康复与智慧养老领域的智能康复设备和服务，满足了市场和用户的需求。这些方法不仅提升了产品质量，也增强了用户满意度，实现了从创意到实际产品的有效转化。

项目	传统康复手段	普通外骨骼机器人	心动身驰机器人
康复训练方式	被动	被动	主动
康复训练成本	设备费:5万 康复服务费:40万+	设备费:60万~100万 康复服务费:10万	设备费:30万左右 康复服务费:5万
智能化程度	低	较低	高
数据存储	手动电脑录入	自动记录于本地	自动上传云端服务器
数据应用	记录康复情况	记录康复情况	记录康复情况,大数据算法,矫正模型

图5-51 与传统训练方式对比

（2）技术创新与集成应用

"心动身驰"项目在脑卒中康复与智慧养老领域取得了技术创新与集成应用的重要成果。项目团队通过深度融合物联网、大数据和人工智能技术，开发了一套创新的康复解决方案，旨在提升患者的康复效果和生活质量。

首先，在技术创新方面，"心动身驰"项目的核心产品是一套基于脑机接口技术控制的下肢外骨骼机器人控制系统（图5-52）。这一系统能够实现外骨骼机器人随着患者的思维意图进行相应的康复动作，不仅能够帮助患者的下肢肌体恢复，还能促进相关脑区运动神经的再生与修复，从而有效促进脑卒中患者的下肢运动功能康复（图5-53）。这一技术的应用，标志着在脑机接口领域的突破，为脑卒中患者的康复治疗提供了新的可能性。

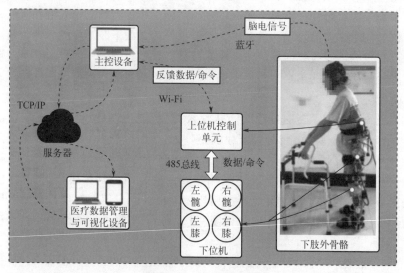

图5-52 产品系统流程

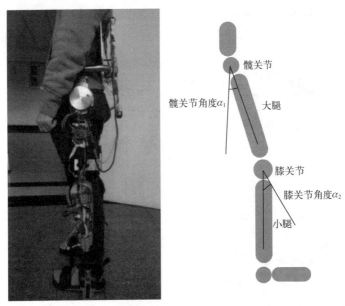

图5-53 可穿戴下肢外骨骼与下肢简化模型图

其次，在集成应用方面，项目通过实时监测患者的健康状况，并结合大数据分析，为患者提供了精准的康复建议和治疗方案。项目设计了外骨骼步态数据采集主控系统，通过串口连接下肢外骨骼，启用下肢外骨骼的数据采集功能，采集穿戴者的步态数据（图5-54）。它与医疗数据管理系统（图5-55）结合实现运动曲线可视化、患者康复疗效可视化、单次治疗可视化管理等功能。这种集成应用不仅提高了康复治疗的效率，也为患者提供了个性化的康复计划。通过智能康复设备的应用，患者的康复过程更加科学、系统，从而显著提升了康复效果。

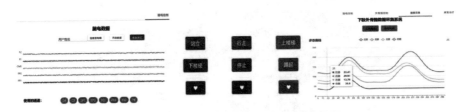

图5-54 外骨骼步态数据采集主控系统界面

然而，项目在技术转移方面存在挑战。将实验室的研究成果转化为实际可用的产品，是项目成功的关键。为了克服这一挑战，"心动身驰"团队采取了与医疗机构合作的策略，通过校企合作模式，实现了技术的有效转移。这种合作不仅加速了技术的商业化进程，也为技术的进一步研发和优化提供了实践平台。

在技术转移的过程中，"心动身驰"项目团队注重知识产权的保护，确保了技术创新的合法权益得到维护。同时，项目团队也积极规划商业化路径，通过市场调研、产品开发、市场推广和销售策略等一系列战略步骤，实现了技术的市场价值。

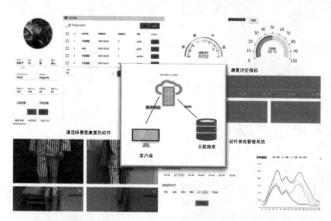

图5-55 医疗数据管理系统

（3）合作与共赢

"心动身驰"项目深刻认识到，在当今快速发展的全球经济中，工程技术的演进与市场需求的变化正以前所未有的速度彼此交融，相互驱动。因此，他们采取了开放式创新和协同创造的策略，与医疗机构、养老院等合作伙伴共同开发智能康复解决方案，共享市场资源和技术成果（图5-56）。这种合作模式不仅提升了"心动身驰"的市场竞争力，也为合作伙伴带来了更多的业务机会和收益，实现了合作与共赢。

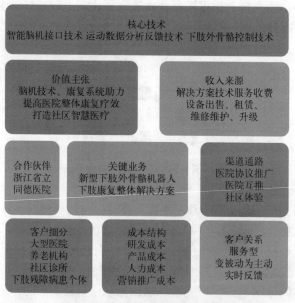

图5-56 "心动身驰"项目商业画布

在项目初期，"心动身驰"选择与具有相关资质的设备加工厂合作，生产出第一批产品。他们与本地的医院和医疗康复中心、养老中心建立联系，通过试用、展示等形式拿下相关订单，并根据订单进行生产，在区域内稳固市场地位。这一阶段的成功得益于前瞻性市场分析方法的应用（如趋势预测与市场分析，以及创新扩散模型的运用），这些方法帮助"心动身驰"准确把握市场需求，快速响应市场变化。

在项目中期，"心动身驰"进军城乡社区，通过调研选择社区示范点，打造智慧医疗新型社区。他们利用示范效应达成社区互推，打通社区市场，并以此形式同样打通各医院市场。这一阶段的实践体现了以用户为导向的产品创新理念，通过用户需求识别与验证，以及用户体验设计在产品开发中的应用，确保产品能够满足用户的实际需求。

在项目后期，"心动身驰"通过医院推广效果显现，获得了一批优良的个体用户，并加强与各医疗机构的联系，发展合作伙伴关系。同时，注重专利及知识产权的保护，牢固占领市场。这一阶段的成功得益于技术转移与商业化路径规划，以及校企合作。通过知识产权的有效管理和商业化路径的精心规划，实现了技术的市场价值最大化。

因此，这个案例给工科学生带来的启示是，对特定市场的深入研究可以帮助企业发现未被满足的需求，开发出有针对性的产品。而解决复杂的社会问题往往需要运用跨学科知识和技能，企业应积极与学校寻求合作。注重用户体验可以帮助产品更好地融入市场，提高用户的满意度和忠诚度。利用快速迭代和原型测试可以帮助企业快速响应市场变化，提高产品的适应性和竞争力。

参考文献

[1] 马锋，李文艺.创新的扩散：理论演进与研究进展［J］.新闻知识，2023（10）：19-26.

[2] KUMAR G，BHATIA P. Impact of agile methodology on software development process ［J］. International Journal of Computer Technology and Electronics Engineering（IJCTEE），2012，2：46-50.

[3] 中国科学院.新发展格局下科技成果转移转化的新变化［EB/OL］.［2024-11-21］. https：//www.cas.cn/zjs/202012/t20201231_4773012.shtml.

[4] 程贵孙，陈宏民，孙武军.双边市场视角下的平台企业行为研究［J］.经济理论与经济管理，2006（9）：55.

[5] 清华大学技术转移研究院.机构概况［EB/OL］.［2024-11-21］. https：//ott.tsinghua.edu.cn/gywm/jggk.htm.

[6] 吴庆华.列控系统网络安全防护体系构建与运营管理模式研究［J］.铁道通信信号，2024，60（12）：61-70.

[7] 李金花，顾小燕，朱伟明.虚拟仿真技术赋能丝绸服饰设计创新路径研究［J］.染整技术，2024，46（9）：60-65.

[8] 北京清华长庚医院.北京清华长庚医院牵头国家重点研发计划"面向脑卒中及相关重

症智能化康复的临床路径研究与康复系统研发"项目启动［EB/OL］．［2024-11-21］．https：//www.btch.edu.cn/xxdt/xwdt/85593.htm#.

[9] 陈春.技术预见与日本的成功实践［J］.世界科技研究与发展，2004（6）：87-90.

[10] 郝苑辰，解宇恒，唐建军.量子计算云平台的技术演进与发展趋势［J］.电信科学，2024，40（11）：114-124.

[11] 中国社会科学院工业经济研究所.面向未来重点产业和领域发展的工程科技需求分析——以医疗和能源领域为例［EB/OL］．［2024-11-20］．http：//gjs.cssn.cn/kydt/kydt_kycg/202211/t20221104_5559071.shtml.

[12] 于果，何易，李洁莉，等.脑卒中康复动机评估工具的COSMIN系统评价［J］.实用心脑肺血管病杂志，2024，32（11）：104-109.

[13] 黄旭，刘红英，闫雪凌.生成式人工智能的就业效应与应对策略［J］.当代经济管理，1-18.

[14] 卢亚丽，李靖宇.中原高速国际化发展系统动力学模型研究［J］.管理科学与工程，2018，7（3）：12.

第6章

创业团队的
构建与发展

6.1　选择合适的伙伴与建立高效团队

在工科领域的创业过程中，选择合适的合伙人和团队成员不仅是创业成功的基石，更是推动技术创新和实现长期发展的关键。一个高效的创业团队需要在技能、经验、价值观和目标方面形成高度的契合。

6.1.1　识别潜在合伙人的关键特质

在选择合作伙伴时，应深入剖析其专业背景。理想的合伙人应具备与项目紧密相关的深厚技术底蕴，并拥有创新思维的能力，这将极大地推动团队在技术领域的持续发展。同时，合作伙伴若能展现出清晰的决策力，将在项目的关键转折点提供精准的航向指引。需要着重指出的是，定期举行的团队研讨会和建立的反馈机制对于提升合伙人的沟通与协作技能而言至关重要。在面对技术难题时，合伙人应展现出坚定不移的毅力和灵活应变的能力，这一点同样不容忽视。

（1）能力与专长的评估

在构建工科创业团队的过程中，准确评估合伙人的技术素养、创新潜力及专业特长，是确保项目能够获得实质性技术援助及创新解决方案的基础。此评估环节至关重要，要求我们深入探究合伙人在工科领域的学术与实践背景，细致考量其在特定技术领域的经验与专业知识。此外，创新能力的强弱不容忽视，因为技术革新是推动工科项目走向成功的关键动力。因此，对合伙人的创新能力进行细致地甄别，将有助于确保团队在技术竞争中保持领先地位。

① 技术素养　技术素养是指合伙人在工科领域所具备的基本技术和知识水平。它通常涵盖基础知识、专业技能、实践经验、技术趋势感知四个方面（图6-1）。

图6-1　技术素养指标

② 创新潜力　创新潜力是指合伙人在面对未知和挑战时，提出新颖想法和解决方案的能力。它通常涵盖创造性思维、问题发现与定义、创新方法的应用、风险承担与适应能力等内容（图6-2）。

③ 专业特长　专业特长是指合伙人在特定技术领域所具有的深入知识和技能。它通常涵盖专业知识深度、技术专长广度、项目管理和领导力、持续学习和研究能力等内容（图6-3）。

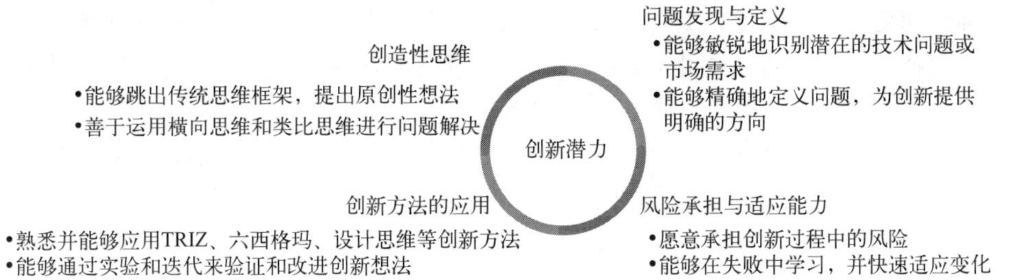

创造性思维

• 能够跳出传统思维框架，提出原创性想法
• 善于运用横向思维和类比思维进行问题解决

问题发现与定义

• 能够敏锐地识别潜在的技术问题或市场需求
• 能够精确地定义问题，为创新提供明确的方向

创新潜力

创新方法的应用

• 熟悉并能够应用TRIZ、六西格玛、设计思维等创新方法
• 能够通过实验和迭代来验证和改进创新想法

风险承担与适应能力

• 愿意承担创新过程中的风险
• 能够在失败中学习，并快速适应变化

图6-2 创新潜力指标

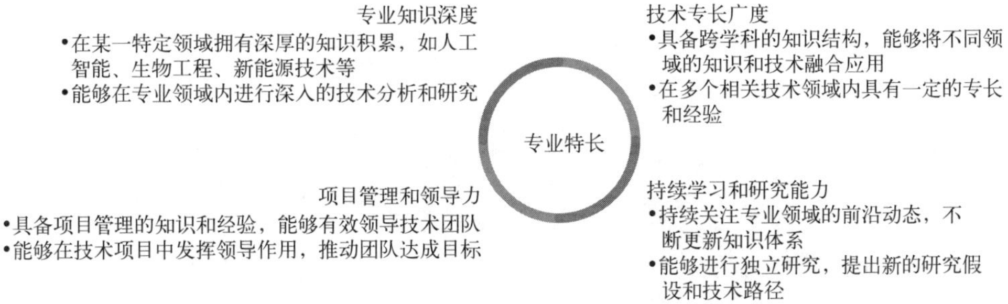

专业知识深度

• 在某一特定领域拥有深厚的知识积累，如人工智能、生物工程、新能源技术等
• 能够在专业领域内进行深入的技术分析和研究

技术专长广度

• 具备跨学科的知识结构，能够将不同领域的知识和技术融合应用
• 在多个相关技术领域内具有一定的专长和经验

专业特长

项目管理和领导力

• 具备项目管理的知识和经验，能够有效领导技术团队
• 能够在技术项目中发挥领导作用，推动团队达成目标

持续学习和研究能力

• 持续关注专业领域的前沿动态，不断更新知识体系
• 能够进行独立研究，提出新的研究假设和技术路径

图6-3 专业特长指标

在选择合伙人时，可以通过以上指标再结合能力评估模型来细化对合伙人的工作表现预期，综合考查候选人的实际能力。

（2）领导力与决策能力

在工程项目的实施过程中，领导力的作用至关重要。它不但直接关系到项目的顺利推进，而且对团队凝聚力和工作效率产生了深远影响。甄选具备卓越决策能力以及对复杂问题具有深刻洞察力的合伙人，是构建高效工程团队的关键。理想的合伙人应当展现出前瞻性思维，能够在资源有限的情况下高效地动员团队，确保项目目标的实现。具体而言，评估合伙人时应着重考查以下几方面能力。

① 能否准确识别项目中的关键问题　这要求合伙人具备深入的业务理解和技术知识，能够区分哪些是实现目标所必需的，哪些是可以优化的，哪些是次要的。合伙人应能够通过数据分析、风险评估和逻辑推理，识别出项目中的瓶颈和潜在风险点，从而优先解决这些问题，保证项目按计划顺利进行。

② 能否在不确定性中做出明智决策　工程项目中充满了不确定性，如市场变化、技术难题、资源限制等。优秀的合伙人应能够在信息不完整或情况不断变化的环境中，保持冷静，做出合理判断。这需要合伙人具备良好的问题解决能力、决策技巧和直觉判断力，能够在多种可能性中选择出最佳方案。

③ 能否激发团队成员的潜能，共同应对工程挑战　领导力不仅体现在个人的决策能力上，更体现在团队管理和激励上。合伙人应能够理解团队成员的需求和动机，通过有效的沟通和领导策略，激发团队成员的积极性和创造力。这包括建立清晰的

目标和期望，提供必要的资源和支持，以及创建一个鼓励创新和承担风险的工作环境。合伙人还应具备协调和调解的能力，能够在团队内部出现分歧时，有效地解决问题，保持团队的和谐与高效运作。

海尔领导力模型是海尔集团为了适应全球化品牌战略时期的需求，对卓越领导者应具备的领导力进行刻画和期望的一套体系。该模型由"两个纬度、一个核心"共9项领导力构成。海尔领导力模型（图6-4）通过具体的领导力及行为指标，为海尔集团的领导者提供了一个明确的发展方向和评估标准，以确保领导力的发展与集团的全球战略相匹配。

图6-4 海尔领导力模型

（3）沟通与协作能力

在多元化的创业团队中，沟通与协作是每个团队成员都必须具备的能力。合伙人必须能够有效交流各种观点，整合不同背景和技能的成员，以实现项目目标。

团队动态模拟是一种评估和优化团队成员互动的方法。它可以帮助管理者了解合伙人在团队中的表现，具体包括：

① 角色适应性分析　通过模拟团队工作环境，观察合伙人在不同角色下的表现，评估其适应性和灵活性。

② 协作效率评估　模拟团队协作任务，测量合伙人在协作过程中的效率，包括沟通能力、决策能力和问题解决能力等。

③ 冲突解决能力　在模拟中引入冲突情景，观察合伙人如何处理团队内部的分

歧和冲突。

腾讯公司的管理团队通过引入扁平化管理和透明化沟通机制，使得不同业务单元能够相互协作，并保持高效的信息流动，最终实现了业务多元化和技术协同的目标。腾讯通过减少管理层次，缩短信息传递的链条，使得信息能够更快地在组织内部流动，提升了沟通的丰富性；建立了开放的沟通环境，鼓励员工之间直接交流，确保信息的透明度和及时性。腾讯的不同业务单元能够有效地共享资源和信息，促进了跨部门的协作，实现了业务多元化和技术协同的目标。腾讯事业群组织架构如图6-5所示。

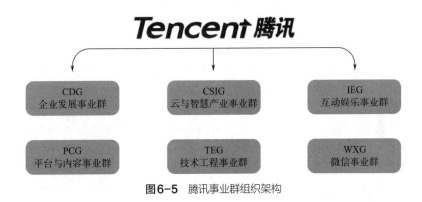

图6-5 腾讯事业群组织架构

（4）应对挑战的韧性

在工科创业过程中，经常会面临技术难题和市场动荡，在这种情况下，合伙人的韧性和抗压能力尤为重要。这些特质使他们能够坚持下去，并带领整个团队从失败中获得教训。

情感智能测评（图6-6）是一种评估个人理解、使用、管理自己和他人情绪能力的工具。为了解合伙人在压力环境下的自我调节能力，评估合伙人在团队中的情感激励和领导能力，可通过标准化情感智能评估测量工具、行为观察或同伴反馈等方式对合伙人的自我意识、自我管理、社会意识、关系管理等方面进行情感智能测评。

心理韧性（图6-7）培训是一种旨在提高个人在面对逆境、压力和挑战时的适应能力和恢复速度的培训项目。该培训能提升合伙人应对挫折和压力的能力，提高在困难时期的决策质量和问题解决能力，并培养积极心态和逆境中的成长思维。运用认知重构技巧培训内容来帮助合伙人识别和改变消极的思维模式，教授有效的压力管理和应对策略，如放松技巧、时间管理和目标设定，并提供工具和技巧，以帮助合伙人在压力状态下保持情绪稳定。采用理论学习与实践练习相结合的实施方式，如角色扮演、案例分析和模拟训练，或组织定期的工作坊和

图6-6 情感智能测评模型

图6-7 心理韧性

研讨会，以促进学习交流和能力持续提升。

在创业初期，字节跳动团队面临视频版权等多重法律压力，但其合伙人通过高韧性的心态和适应能力，带领团队成功克服挑战，并最终成为国际市场上的领军企业。字节跳动CEO梁汝波在2024年的年度全员会上强调了"始终创业"的重要性，这表明公司在面对挑战时，始终保持着创业时期的危机感和适应能力。

6.1.2 不同角色与技能的战略组合

团队成员的角色分配需基于其核心能力，技术专家可专注于创新开发，而具备管理才能的团队成员则关注资源分配与项目进度控制。其中，跨学科知识的引入常常能带来新的突破点和应用场景，成为推动技术前沿发展的重要助力。此外，为确保成员合作的流畅性，自始至终明确各角色的职责，保持良好的沟通渠道以整合各种理念和操作习惯，共同聚焦于项目目标。

（1）技术与管理的双重核心

在创业团队中，技术专长和管理能力的平衡组合是保持项目顺利推进的关键。技术专家通过研发新产品和解决技术难题推动创新，而具备管理才能的团队成员则需要确保资源得到合理配置，以推动项目在预算和时间框架内顺利完成。

技术专长使团队能够在项目中实施创新，并开发出具有竞争力的产品或解决方案。技术专家需要精通相关领域的知识，以应对复杂的技术挑战从而实现项目目标。专业的技术团队能够有效评估不同技术方案的可行性和有效性，从而选择最优的技术路径来实现项目目标。技术专长也有助于在开发过程中实施严格的质量控制，以确保产品或项目交付的质量符合预期标准。

管理能力是确保项目在预算和时间框架内顺利交付的基础。项目经理需要具备优秀的资源分配能力，以优化人力、财务和时间资源。管理者必须确保团队内外部沟通的效率与准确性，以维持团队的良好协作和协调。有效的沟通是避免误解和冲突并确保一致性的关键。管理能力还包括识别和管理项目风险，确保潜在问题被及时发现和处理，以减少对项目的负面影响。

工程项目常需要技术与管理的无缝合作。例如，技术专家可以确定项目的技术路线及可行性，管理者则需评估项目的商业可行性以及资源需求，并进行调整和协调。科大讯飞（图6-8）是全球知名的语音技术和人工智能企业，技术实力和市场影响力不断提升。利用语音技术和人工智能技术，为各个行业（如教育、医疗、金融等）提供解决方案，提升行业效率和服务水平。通过精细化的管理，保障技术团

图6-8 科大讯飞

队的研发效率和创新能力，为企业的技术领先地位提供支撑。因此，科大讯飞的成功离不开技术与管理的双重驱动。

（2）跨学科合作的优势

跨学科背景在技术创新中具有极大的促进作用，尤其是在解决复杂问题和推动前沿科技发展方面。通过组合多学科的知识、技能和方法，可以启发新的思维方式、发现新的应用途径，并创造出更具竞争力的解决方案。其主要的促进作用有以下几个方面：

① 整合多元视角　跨学科合作能够集成不同领域的视角和经验，多元化的思维方式可以挑战传统的解决方法并提出创新思路。

② 促进创新与灵感　各领域专家之间的交流和互动往往会激发灵感，尤其是在想法碰撞的过程中，能产生意想不到的创新方案。

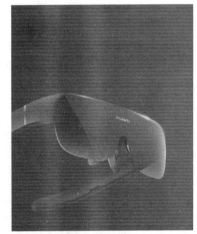

③ 解决复杂问题　现代技术挑战常常涉及多个学科，通过跨学科合作，可以利用各学科专长解决单一学科难以处理的复杂问题。

④ 加速技术转化　跨学科团队能够更有效地把基础研究成果转化为商业产品，推动技术从实验室快速过渡到市场。

华为的智能眼镜（图6-9）项目是跨学科合作的一个典型例子。该项目融合了光学、电子工程、计算机科学和设计学科的知识。光学工程师负责提升显示效果和视觉舒适度；电子工程师专注于电池寿命和设备小型化；计算机科学家致力于增强现实软件开发；设计师们则确保产品美

图6-9　华为智能眼镜

观、人性化。这种跨学科的整合使华为的智能眼镜在技术性能与用户体验上均处于领先地位。

（3）任务分工与职责明确化

在团队内部设立清晰的角色和任务分工是确保项目高效进行的重要手段。这样能够让每个成员专注于自身擅长领域，最大化地发挥其专业技能，从而提高整体工作效率和项目成功率。以下是一些方法和策略，能够确保有效的角色与任务分工。

① 职责明确化　为团队中的每个职位建立详细的职责描述，包括具体任务、目标和评估标准。职位描述应因项目的不同阶段或需求变化而动态更新。

使用责任矩阵［如RACI矩阵（图6-10）］，明确谁执行（Responsible）、谁负责（Accountable）、咨询谁（Consulted）和告知谁（Informed），从而避免角色重叠或职责空白。

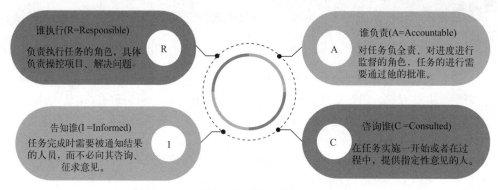

图6-10 RACI矩阵

② 能力匹配任务 定期进行团队成员的技能和能力评估，确保他们的职责与专业技能和兴趣相匹配。同时，通过了解每个成员的强项和软肋，个性化地分配任务，以激发团队成员的最大潜力。

③ 开放的沟通渠道 定期召开团队会议，确保所有成员对项目进展、优先级和角色变化有明确的了解。利用开放的沟通工具和平台保障团队间的即时沟通和信息共享，减少误解和信息滞后。

④ 制定清晰的目标和里程碑 采用SMART（Specific，Measurable，Achievable，Relevant，Time-bound）原则制定目标，以确保任务具有清晰的方向和标尺。设定项目的关键里程碑，以便监控进展和调整任务分配，从而保持项目在正确的轨道上。

⑤ 灵活的角色调整机制 在项目执行过程中，保持对任务和角色的灵活调整能力，以应对意外情况或新需求的出现。建立持续的反馈和复盘机制，鼓励成员提出改进建议，并根据反馈对任务和角色进行必要的调整。

假设有一个开发新软件项目的案例，项目包括需求收集、设计、开发、测试、部署和维护等阶段。涉及的角色有项目经理、产品经理、设计师、开发人员、测试人员和运维人员。图6-11展示如何使用RACI矩阵来分配职责。

阶段/角色	项目经理	产品经理	设计师	开发人员	测试人员	运维人员
需求收集	A	R	I	C	I	I
设计	A	C	R	C	I	I
开发	A	I	I	R	C	I
测试	A	C	I	C	R	I
部署	A	I	I	C	C	R
维护	A	C	I	C	C	R

图6-11 新软件项目开发RACI矩阵职责分配

（4）文化与性格匹配

在团队组建的初期，充分考虑团队成员的文化背景和性格特点是确保团队和谐运作的关键。一个多元化且和谐的团队不仅能提高工作效率，还能激发创造力和创新能力。以下是一些策略，能够确保形成一个和谐的工作环境。

① 文化背景的考量　实施多元文化认知和敏感性培训，帮助团队成员理解、尊重和欣赏彼此的文化背景，减少文化冲突；组织文化包容性团队活动，如跨文化节庆、国际美食日等，通过文化交流增强团队的凝聚力；提供语言学习工具和跨文化沟通策略，确保所有成员在语言和文化上都感到舒适并能有效交流。

② 性格特点的考量　利用性格测试工具如MBTI（Myers-Briggs Type Indicator）或大五人格（Big Five Personality Traits）（图6-12），帮助识别和理解每个成员的性格特点和偏好；根据性格测试结果和成员的个人偏好，分配合适的角色和任务，以发挥他们的长处；确保团队中有多种性格类型的平衡组合，例如将外向型和内向型、决策型和分析型的人才合理分布，有利用不同性格的人才在决策和执行方面发挥优势。

③ 建立开放的沟通文化　创建一个开放、安全的交流环境，鼓励成员表达观点、分享想法和提出疑虑，任何观点都能被平等地对待和仔细聆听；实行定期的双向反馈机制，使成员能够对团队合作和个人贡献进行建设性反馈，促进更好地理解和合作。

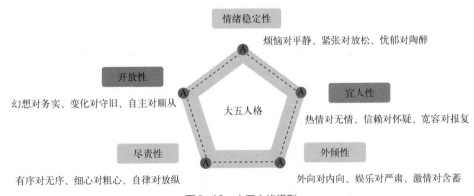

图6-12　大五人格模型

④ 制定共识的团队规则　团队应共同参与设定愿景和目标，使每个团队成员对目标达成共识，这是团队文化建设的基础；讨论并制定一套行为准则和价值观，明确什么样的行为是被团队接受的，什么是被拒绝的，这样可以减少误解和冲突。

海尔集团在全球化扩展过程中，其团队通过深入了解当地文化和习俗来确保新合作者的融入。海尔注重通过跨文化交流活动促进文化融合，并通过多元化团队培训增强文化敏感性。这种做法不仅增强了团队的全球执行力，还帮助创造了一个高度包容性的工作环境。

6.1.3 共同价值观和愿景的建立

共同价值观是团队内聚力的核心，它引导着团队的每一项决策与创新方向。通过明确沟通公司愿景，确保所有成员对目标有共同的理解和热情，从而推动了持续创新。为了顺应快速变化的工科环境，团队须具备战略远见，定期反思当前目标与市场动态的契合度，并在必要时进行战略调整，以维持团队的竞争力与技术领先性。

（1）企业文化的奠定

在创业初期，构建适应现代工科行业的企业文化是至关重要的。这种文化不仅能帮助公司吸引和留住顶尖人才，还能增强团队凝聚力并激发创新动机。以下是关于如何构建这种企业文化的详细描述：

① 明确愿景与价值观　明确公司在现代工科行业中的使命和愿景，将长远目标和发展方向传达给所有团队成员，从而形成统一的奋斗目标；制定并传播公司的核心价值观，如创新、合作、诚信和持续学习，这些价值观应渗透到企业的日常活动和决策中。

② 促进开放和协作　营造一种透明、平等的沟通环境，鼓励员工提出想法和意见。使用扁平化的管理结构减少层级，提高信息传递的速度和准确性；设计灵活的项目团队结构，鼓励跨部门和跨学科的合作，加强不同背景和技能员工之间的互动。

③ 激励创新与实验　实施激励措施，如创新奖、专利奖励等，以鼓励员工冒险尝试新方法并追求卓越；建立对失败较为宽容的文化，把失败视为学习过程的一部分，从而降低员工对创新风险的恐惧，鼓励大胆实验。

中车集团（中国中车股份有限公司）的企业文化以"正心正道，善为善成"为核心，推动企业在全球轨道交通装备制造领域的持续发展。公司强调技术创新，追求卓越品质，以高度的责任感来满足社会和客户的需求，同时注重整合全球资源与智慧，以实现更大范围的互联互通。中车集团的企业文化不仅引领其在行业竞争中保持优势，还践行了促进世界交通系统高效、安全、可持续发展的使命。

（2）愿景统一与动力传达

明确公司的愿景在任何组织中都具有至关重要的作用，特别是在初创公司和技术密集型行业。愿景不仅是企业未来的期望图景，更是一种强有力的动员工具，通过统一的愿景可以有效地激发团队的内驱力与创造力。以下是明确公司愿景的一些关键点：

① 清晰简洁　优秀的企业愿景应易于理解和传播。愿景应明确且易于全体员工和利益相关者理解，不需要复杂的解释。一个简洁的愿景更容易在公司内部广泛传播并产生共鸣。

② 具备激励性　优秀的企业愿景应具有感召力，并能够激励创新。愿景能激发员工的内在动力和热情，使他们乐于投入达到这一目标的工作中，还能激励员工超越目前的状态，鼓励创新和创造性思考。

③ 前瞻性　优秀的企业愿景应具有长期导向和方向性。愿景应描绘出公司未来

的理想状态，不仅着眼于眼前的问题，还能提供公司发展的策略指导，帮助制订中长期的发展计划。

④ 与公司核心价值观一致　优秀的企业愿景须与公司的核心价值观和文化保持一致，确保员工在追求愿景的过程中，始终遵循公司提倡的行为准则与伦理。

例如，美的集团的企业愿景是"科技尽善，生活尽美"。该愿景通过技术创新和产品质量提升改善人们生活的质量。这个愿景激励员工不断追求科技进步，在家电及智能家居领域探索新技术和解决方案。

(3) 定期审视和更新

建立一个强大的共同价值观和愿景，这将有助于形成一致的行动方向，提高团队的凝聚力和执行力，促进企业的长期成功和可持续发展。随着外部环境的变化，适时审视和更新价值观和愿景，能确保其时代性和激励性。

① 建立反馈机制　建立反馈机制的目的是确保企业的共同价值观和愿景能够得到员工的认同，并在实践中得到有效执行。企业可以通过匿名调查、开放式会议、一对一访谈、在线论坛等多种方式，鼓励员工提出对共同价值观和愿景的看法和建议。反馈机制的建立应保证定期性，例如，每季度或每年进行一次全面的价值观和愿景审视。对收集到的反馈进行整理和分析后，应向员工透明地展示处理结果和后续行动计划，以增强员工的参与感和信任感。反馈不应是一次性的活动，而应成为企业文化组成的一部分，鼓励持续对话和改进。

② 适应变化的修订　随着市场环境、技术进步、社会趋势等因素的变化，企业的战略目标会发生调整，而企业的共同价值观和愿景也需要相应地调整，确保与目标保持一致。

企业应定期进行外部环境扫描，识别可能影响企业的宏观和微观因素，并评估企业的当前状态，包括文化、能力、资源等，与共同价值观和愿景的契合度。之后，根据环境扫描和内部评估的结果，对共同价值观和愿景进行必要的更新。这可能包括对某些价值观的重新定义，或对愿景的调整。一旦确定了更新内容，就需要通过有效的沟通策略，向所有员工传达这些变化的原因和意义。而更新后的价值观和愿景需要重新整合到企业的日常运营、决策过程、员工行为准则中，确保能够在企业中得到实际应用。

例如，永业集团在庆祝成立30周年之际，开展了企业核心价值观的大讨论。通过座谈会、讨论会、问卷调查等方式，集团征集了120多条关于企业核心价值的建议。这些活动不仅回顾了集团的发展历程和成就，还围绕企业价值理念和未来目标愿景凝聚了共识。这显示了永业集团在关键时期如何通过审视和更新其核心价值观来推动高质量发展。

通过定期审视和更新，企业能够确保其共同价值观和愿景始终与企业的战略目标相一致，同时也能够激发员工的积极性和创造力，推动企业在不断变化的环境中保持竞争优势。

6.2 多元化团队的力量与挑战

6.2.1 多元化背景的创造性冲突

（1）多元化的优势与创新潜力

多元化团队在工科学生创业中展现出了独特的优势，其核心在于不同背景成员带来的多元化视角和思维方式。根据社会认同理论，团队成员的多样性能够促进非同质化信息的交流，这种异质性是创新的重要源泉。多元化不仅增加了团队的知识基础，还促进了跨界整合，使得团队能够更全面地理解市场需求，发现新的商业机会。此外，多元文化背景的成员在解决问题时往往能提出更多元化的方案，这种"思维碰撞"有助于突破传统框架，实现创新突破。

（2）创造性冲突的识别与管理

创造性冲突是多元化团队中不可避免的现象，它源于成员间观念、价值观和工作方法的差异。冲突管理理论指出，有效识别冲突的性质（任务冲突与关系冲突）是管理的第一步。任务冲突围绕工作目标和方法展开，通常对团队绩效有积极影响；而关系冲突则涉及个人情感，可能导致团队凝聚力下降。领导者需通过开放沟通、建立共同目标和使用调解技巧来管理冲突，确保冲突成为激发创意而非破坏团队和谐的源头。

（3）利用冲突推动创新

冲突管理的高级阶段在于将其转化为创新的驱动力。通过设立"安全区"鼓励开放讨论，团队可以利用冲突中的不同意见作为创意的催化剂。领导者应鼓励团队成员提出批评性反馈，同时采用头脑风暴、角色扮演等方法，让冲突成为新想法诞生的温床。此过程不仅促进了创新，还增强了团队的适应性和韧性。

（4）案例分析：格力的多元化创造性冲突

① 多元化的优势与创新潜力　晶弘冰箱的收购：

a. 背景：随着空调市场的日益饱和，格力电器开始寻求多元化发展。2010年，格力收购了合肥晶弘电器有限公司，正式拉开多元化序幕。

b. 优势与创新：晶弘冰箱为格力带来了新的产品线，拓宽了市场渠道。同时，格力将自身在空调领域的技术积累和管理经验应用到冰箱生产中，推动了产品的技术创新和品质提升。这一举措展现了多元化团队在跨界整合和创新方面的独特优势。

② 创造性冲突的识别与管理　格力与经销商的渠道冲突：

a. 背景：随着电商的兴起，格力传统的线下经销体系受到了冲击。为了应对市场变化，格力开始尝试线上销售，但这与部分经销商的利益产生了冲突。

b. 冲突识别：格力管理层及时识别到这一冲突，并意识到其可能对品牌形象和市场渠道造成负面影响。

c. 冲突管理：格力通过沟通协商，与经销商达成共识，逐步调整销售策略，实现了线上线下的联动发展。同时，格力也加强了对经销商的培训和支持，帮助他们适应市场变化，共同推动品牌发展。

③ 利用冲突推动创新　格力手机的研发：

a. 背景：为了布局智能家居生态链，格力电器决定进军手机市场。然而，这一决策在内部引发了激烈的争议和冲突。

b. 冲突：部分员工认为格力在手机领域缺乏经验和资源，盲目进入可能导致失败。而支持方则认为，通过跨界整合和创新，格力有可能在智能家居领域取得突破。

c. 创新：面对冲突，格力管理层没有回避或压制，而是鼓励团队成员充分表达意见和看法。通过深入地讨论和分析，格力最终决定继续推进手机项目，但调整了研发策略和市场定位。在研发过程中，格力充分借鉴了其他手机品牌的成功经验，并结合自身在智能家居领域的技术积累，推出了具有差异化竞争力的手机产品。

d. 成效：虽然格力手机在市场上的表现并未达到预期的高度，但这一过程中积累的跨界整合和创新经验为格力后续在智能家居领域的发展奠定了坚实基础。

6.2.2　文化差异下的协作与融合策略

（1）跨文化沟通的挑战

跨文化沟通是多元化团队面临的重大挑战。根据文化维度理论，不同文化背景下的人在权力距离、个人主义与集体主义、不确定性规避等方面存在差异。这些差异可能导致误解和冲突。因此，团队成员需提升跨文化敏感度，学习跨文化沟通技巧，如使用清晰直接的语言、避免文化刻板印象，以及积极寻求共同点和共识。

（2）构建包容性团队氛围

构建包容性团队氛围是缓解文化差异带来紧张情绪的关键。领导者应树立榜样，展示对所有成员的尊重和接纳，通过制定公平的团队规则、提供多元文化培训，以及庆祝不同文化背景的节日，营造一个让每个成员都感到被重视和支持的环境。

（3）冲突与协作的平衡

在文化差异的背景下，找到冲突与协作的平衡点至关重要。团队领导者需灵活运用冲突管理策略，同时强化团队协作机制，如通过团队建设活动加强成员间的相互理解和信任，设立跨部门合作项目促进知识共享。平衡的关键在于既保持团队的多样性和活力，又确保团队目标的统一性和行动的一致性。

（4）案例分析：字节跳动全球化团队

① 跨文化沟通的挑战与具体措施　字节跳动全球化团队面临的最大挑战之一便是跨文化沟通障碍。不同文化背景下的员工在沟通方式、语言习惯、思维方式等方面存在显著差异，这可能导致误解、冲突甚至合作破裂。

a. 多语言支持：字节跳动为海外员工提供多语言支持，包括工作邮件、内部通信、会议记录等多语言版本，确保每位员工都能准确理解公司信息和团队动态。

b. 文化大使计划：字节跳动设立文化大使角色，由来自不同文化背景的员工担任。他们负责在团队内部传播自己的文化知识，同时学习其他文化，成为文化交流的桥梁。

② 构建包容性团队氛围　字节跳动致力于打造一个包容性极强的全球化团队，让每位员工都能感受到尊重和接纳。

a. 领导者的示范作用：公司高层领导积极展示对不同文化背景员工的尊重和接纳，通过言行举止传递包容性价值观。

b. 公平的团队规则：制定公平、公正的团队规则，确保每位员工都能得到平等对待，无论其文化背景如何。

c. 多元文化培训：为员工提供多元文化培训，帮助他们了解不同文化背景下的价值观、信仰、习俗等，增进相互理解和尊重。

d. 庆祝多元文化节日：公司定期举办庆祝多元文化节日的活动，如春节、圣诞节、印度排灯节等，让员工在参与中感受到公司的包容性氛围。

③ 平衡冲突与协作的具体措施　字节跳动注重在文化差异背景下找到冲突与协作的平衡点，以实现团队的高效运作。

a. 灵活的冲突管理策略：公司采用灵活的冲突管理策略，如私下沟通、调解、协商等，及时解决团队成员之间的冲突和分歧。

b. 跨部门合作项目：公司设立跨部门合作项目，促进不同文化背景员工之间的知识共享和协作。通过共同完成项目任务，增强团队成员之间的信任和默契。

c. 团队建设活动：公司定期举办团队建设活动，如户外拓展、团队聚餐、文化沙龙等，增进团队成员之间的相互了解和信任。这些活动不仅有助于缓解工作压力，还能促进团队成员之间的情感交流和文化融合。

④ 技术辅助跨文化沟通

a. 智能推荐算法：字节跳动利用先进的智能推荐算法，根据员工的兴趣、背景等信息，为他们推荐相关文化知识和沟通技巧，帮助他们更好地适应跨文化环境。

b. 在线协作工具：公司采用多种在线协作工具，如 Slack、Zoom 等，方便全球员工实时沟通、协作和分享信息。这些工具打破了地理和时间的限制，提高了团队的协作效率。

通过以上具体措施的实施，字节跳动全球化团队成功克服了文化差异带来的挑战，实现了高效协作与融合。这些措施不仅增强了团队的凝聚力和归属感，还促进了公司的全球化发展。

6.2.3　实现多元化资源优化配置的方式

（1）团队资源的识别与分配

资源优化配置的第一步是准确识别团队内部的各类资源，包括专业技能、经验、人脉等。基于资源基础理论，团队应识别其核心竞争力所在，并根据项目需求合理分配资源。这要求领导者具备敏锐的洞察力和战略规划能力，以确保资源能够高效服务于团队目标。

（2）资源互补的最大化

多元化团队的优势在于资源互补。通过构建资源共享平台，鼓励成员之间的知识交流和技能互补，可以实现资源的最大化利用。此外，领导者应识别团队中的"关键人物"。他们往往能在特定领域发挥关键作用，通过合理配置这些关键资源，可以显著提升团队的整体效能。

（3）动态资源管理的实施

在快速变化的创业环境中，动态资源管理尤为重要。领导者需建立灵活的资源调度机制，根据市场反馈和项目进展及时调整资源分配。同时，应培养团队成员的适应性和灵活性，使他们能够在资源变化时迅速调整工作策略，确保团队始终保持高效运转。

（4）案例分析：清华大学x-lab的"艺妙神州"团队

清华大学x-lab的"艺妙神州"（图6-13）团队由清华大学生命科学学院的博士生何霆等人创立，专注于CAR-T细胞疗法的研发。团队在清华x-lab的支持下，迅速成长并获得多轮融资。他们致力于将创新的基因细胞药物技术应用于恶性肿瘤治疗，已取得显著临床成果（图6-14），并凭借其技术优势在国内该领域占据了领先地位。

图6-13 艺妙神州公司

① 团队资源的识别与分配　"艺妙神州"团队首先详细梳理了每位成员的专业技能、科研经验和人脉资源。基于这些资源，团队领导者进行了战略性的资源分配：

a. 专业技能：将具有特定技术专长的成员分配到相应的研发小组，确保技术难题得到有效解决。

b. 科研经验：利用资深成员的丰富经验，指导新手快速上手，加速研发进程。

c. 人脉资源：鼓励具有人脉优势的成员拓展外部合作，为团队争取更多的资源和机会。

血液瘤产品

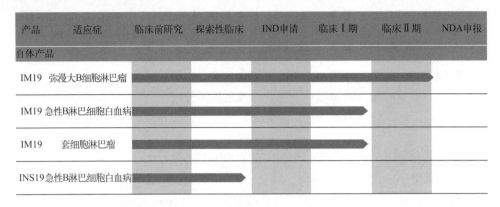

实体瘤产品

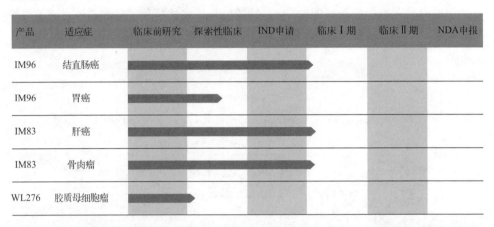

自免产品

图6-14 "一站式"基因细胞药物平台

② 资源互补的最大化　团队注重成员间的资源互补，通过以下方式实现资源的高效利用：

a. 共享平台：建立内部知识共享平台，促进成员间的信息交流和技术学习。

b. 关键人物配置：识别并重点培养技术专家、市场策划等关键人物，他们在各自领域都发挥着引领作用。

c. 跨部门合作：鼓励不同部门间的合作，打破专业壁垒，实现资源的整合与创新。

③ 动态资源管理的实施　面对快速变化的市场环境，"艺妙神州"团队采取了

动态的资源管理策略：

　　a. 灵活调度：根据市场反馈和项目进展，灵活调整资源分配，确保资源始终投向最需要的领域。

　　b. 成员培训：定期为成员提供培训，提升适应性和灵活性，使团队能够迅速应对资源变化。

　　c. 持续评估：对资源配置效果进行定期评估，及时调整策略，确保资源管理的持续优化。

6.3　领导力的构建与团队文化的形成

6.3.1　创业环境中的领导风格适配

（1）适应创业阶段的领导模式

　　创业过程通常会经历初创、成长、成熟等不同阶段，每个阶段对领导风格的要求不同。根据情境领导理论，领导者应根据团队成熟度和任务复杂度调整领导风格。在初创阶段，领导者需扮演"指导者"角色，提供明确的方向和支持；在成长阶段，则转变为"教练"角色，鼓励团队成员自我发展；在成熟阶段，则扮演"授权式"领导角色，让团队成员自主决策，激发创造力；而在成长阶段和成熟阶段之间出现的过渡阶段，当团队成员具备能力但缺乏信心时，则需要支持型领导加以调节（图6-15）。

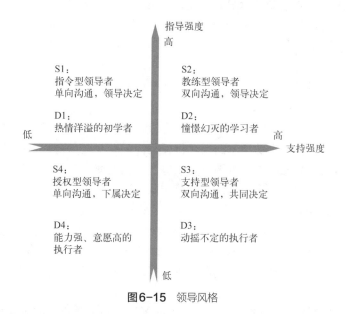

图6-15　领导风格

（2）团队需求与领导风格的匹配

　　领导风格的有效性很大程度上取决于与团队需求的匹配程度。领导者应深入了解团队成员的动机、能力和期望，选择最适合当前团队状态的领导风格。例如，对于追求成就感的团队，采用目标导向型领导；对于注重团队合作的团队，则采用参与式领导，以增强团队的凝聚力和归属感。

（3）从个性化领导到团队认同

个性化领导虽能体现领导者的独特魅力，但过度强调个性化可能导致团队分裂。因此，领导者在保持个性的同时，需强化团队认同。通过共同制定团队愿景、价值观，以及举办团队建设活动，增强团队成员之间的情感联系和共同目标感，实现从个性化领导向团队认同的转变。

（4）案例分析：海尔集团的张瑞敏

海尔集团作为我国家电行业的领军企业，其发展历程和领导风格备受瞩目。海尔集团的创始人张瑞敏，以其独特的领导风格和管理理念，带领海尔从一家濒临破产的小厂发展成为全球知名的家电巨头。张瑞敏的领导风格适配策略，为海尔的成功奠定了坚实基础。

① 领导风格适配策略　在初创阶段，面对激烈的市场竞争和产品质量问题，张瑞敏采取了铁腕管理手段，严格把控产品质量，展现出了强烈的铁腕管理与质量意识。他著名的"砸冰箱"事件，不仅向外界宣告了海尔对质量的零容忍态度，还深深激发了员工的质量意识。同时，张瑞敏还推行了一系列如"日事日毕、日清日高"的严格管理制度，确保企业运营的每一步都规范且高效。这种领导风格为海尔在初创阶段迅速站稳市场脚跟、建立起良好的品牌形象和市场口碑奠定了坚实基础。

在成长阶段，张瑞敏的领导风格也随之转变，更加注重市场导向与用户至上。他敏锐地洞察到市场变化，强调企业必须紧跟时代步伐，以满足用户需求为核心，不断推陈出新，提供创新的产品和服务。为此，他引入了"人单合一"的管理模式，将员工与用户的利益紧密相连，极大地激发了员工的积极性和创造力。这种领导风格的转变，不仅促进了海尔的快速成长和规模扩张，更使其在竞争激烈的家电市场中脱颖而出，占据了领先地位。

在成熟阶段，张瑞敏的领导风格再次升级，聚焦于全球化战略与文化融合。他以前瞻性的视野，积极推动海尔的国际化征程，借助并购、合资等多元策略，有力拓展了海外市场。与此同时，张瑞敏高度重视文化的交融与沟通，致力于构建一支既拥有国际视野又擅长跨文化交流的精英团队。这一领导风格的转变，不仅助力海尔顺利完成了全球化布局，更使其跃升为全球家电行业中极具影响力的领军企业。

② 团队需求与领导风格的匹配　张瑞敏在海尔企业中，始终注重团队需求与领导风格的匹配。他深知不同阶段的企业和团队需要不同的领导风格来支撑和推动。因此，他根据海尔的发展阶段和团队需求，灵活调整领导风格，确保企业能够持续稳健地发展。

③ 从个性化领导到团队认同　张瑞敏的领导风格虽然具有鲜明的个性化色彩，但他始终注重团队认同的构建。通过共同制定企业愿景、价值观和文化，增强了团队成员之间的情感联系和共同目标感。同时，他还注重与团队成员的沟通和交流，

了解他们的想法和需求，共同推动企业的发展。这种领导风格不仅赢得了团队成员的尊重和信任，还激发了他们的积极性和创造力。

张瑞敏作为海尔集团创始人，其领导风格灵活适配企业需求，为企业的稳健发展奠定了基础。他重视团队认同构建与沟通交流，激发团队的积极性与创造力。其领导策略不仅助力了海尔成功，也为中国企业领导者提供了宝贵借鉴。

6.3.2 团队文化的塑造与企业价值观的传达

（1）团队文化的初步构建

团队文化是团队精神的集中体现，对团队行为具有深远影响。团队文化的初步构建应围绕核心价值观展开，通过制定行为准则、设计工作环境、举办文化活动等方式，将文化理念渗透到团队的日常工作中。领导者的行为示范是文化塑造的关键，他们需身体力行，成为文化的传播者和践行者。

（2）企业价值观的建立与宣贯

企业价值观是团队文化的核心，它不仅指导团队行为，还是团队凝聚力的源泉。建立企业价值观需经过深思熟虑，确保其既符合行业特点，又能激发团队成员产生共鸣。宣贯过程应多渠道（包括内部培训、外部宣传、奖励机制等）并进，使价值观成为团队成员的共同信念和行为准则。

（3）文化传承与价值观的代际延续

文化的传承和价值观的代际延续是团队长期发展的关键。领导者应重视文化传承机制的建设，如设立文化基金、建立文化档案、举办文化节庆活动等，确保文化精髓得以保存和传递。同时，通过导师制度、内部晋升机制等，让新一代团队成员在实践中学习和传承文化，实现价值观的代际延续。

（4）案例分析：喜茶的品牌文化塑造与企业价值观传达

① 品牌文化的初步构建：灵感、酷、设计感的融合

a. 产品创新（图6-16）：喜茶从创立之初就注重茶饮的创新，不断研发新口味，如芝士奶盖茶、果茶系列等，满足消费者对新鲜感的追求。同时，设立专门的研发团队，定期举办创意工作坊，鼓励员工提出新想法，确保产品持续迭代升级。

b. 门店设计（图6-17）：门店风格以现代简约为主，融入艺术元素，打造具有设计感的休闲空间。每家门店都力求独特，结合当地文化特色，创造差异化体验。

图6-16 Vida Glow携手喜茶HEYTEA推出限定联名新品［Ocean's Glow］

图6-17 深圳中心书城"禅意"喜茶门店设计

c.消费者互动：利用社交媒体平台，定期发布新品预告、用户评价征集，加强与消费者的互动。举办线下活动，如品鉴会、DIY工作坊，让消费者亲身体验品牌文化。

② 企业价值观的建立与宣贯：真诚、热情、分享、创新

a.内部培训：制定详细的价值观手册，新员工入职时必须参加价值观培训，理解并认同企业文化。定期举办价值观研讨会，邀请老员工分享践行价值观的经验，加深员工对价值观的理解。

b.外部宣传：在社交媒体上发布品牌故事、员工故事，展现品牌背后的真诚与热情。合作开展公益活动（图6-18），如环保项目（图6-19），体现品牌的社会责任感和创新精神。

图6-18 喜茶和腾讯公益一块做好事　　　　**图6-19** 让可持续再生的绿色环保深入日常

c.激励机制：设立"创新奖"，奖励在产品、服务或管理方面有创新贡献的员工。评选"服务之星"，表彰提供优质服务的员工，强化热情服务的价值观。

③ 文化传承与价值观的深化：制度保障与实践融入

a.文化传承机制：建立品牌文化档案，记录品牌发展历程、重要事件和核心

价值观。实施"导师计划"，由经验丰富的老员工指导新员工，确保文化传承的连续性。

b.价值观深化措施：将价值观融入招聘流程，选择与公司价值观相契合的人才。在日常运营中，如供应链管理、产品包装设计上，体现环保和可持续发展的创新理念。鼓励员工参与社区服务，通过实际行动践行真诚与分享的价值观。

c.持续评估与改进：定期进行员工满意度调查，了解员工对价值观践行情况的反馈。根据市场变化和消费者需求，适时调整价值观的传播策略，保持品牌文化的活力。

综上所述，喜茶通过具体而细致的措施，成功构建了以"灵感、酷、设计感"为核心的品牌文化，并将"真诚、热情、分享、创新"的企业价值观深入人心。这些实践不仅增强了员工的归属感，还提升了品牌形象，为喜茶在茶饮市场的持续扩张奠定了坚实的基础。

6.3.3　领导者的自我提升与学习曲线

（1）领导者的自我反思与成长

自我反思是领导者成长的必经之路。领导者应定期评估自己的领导风格、决策质量和团队反馈，识别存在的问题和不足。通过参加领导力培训、阅读专业书籍、寻求导师指导等方式，不断提升自己的领导能力和管理智慧。自我反思不仅关乎个人成长，更是团队持续进步的基石。

（2）学习与适应能力的培养

在快速变化的创业环境中，领导者的学习能力和适应能力尤为重要。领导者应保持对新技术、新市场和新趋势的敏锐洞察，通过持续学习保持知识更新。同时，应培养自己的适应能力，能够在不确定的环境中迅速调整策略，带领团队应对挑战。这要求领导者具备开放的心态和不断学习的习惯，以及面对困难时的冷静和决心。

（3）应对挑战的心态与韧性

创业之路充满挑战，领导者的心态和韧性决定了团队能否在逆境中前行。领导者应培养积极乐观的心态，在面对失败和挫折时能够保持坚韧不拔的毅力。同时，应学会情绪管理，避免将个人情绪带入团队，影响团队士气。通过心理训练、团队建设活动等方式，提高自己的抗压能力和韧性，使自己在面对挑战时能够保持冷静和理智，带领团队走出困境，迈向成功。

（4）案例分析：小米公司的雷军

① 自我反思与成长：从实践中汲取智慧

a.深度自我评估：雷军会经常进行深度自我反思，具体评估自己在决策速度、团队沟通、产品创新等方面的表现，识别改进空间。

b.实战中学习：在小米初创期，雷军亲自参与产品设计讨论，如MIUI系统的迭代（图6-20），通过一线实践加深对用户需求的理解，优化产品策略。

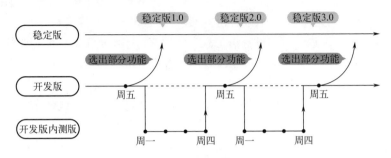

MIUI开发模式变更前

■ 稳定版代码主线 ■ 开发版代码主线

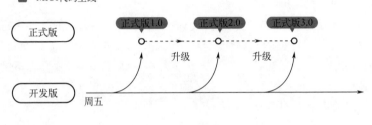

MIUI开发模式变更后
(基于Android 13的MIUI)

■ MIUI代码主线

小米社区
xiaomi.cn

图6-20 MIUI开发模式的变更

② 学习与适应能力：紧跟科技脉搏

a. 技术前沿探索：雷军定期参加科技论坛，如CES（国际消费类电子产品展览会）、MWC（世界移动通信大会），亲自了解最新科技趋势，如5G、AIoT，确保小米产品技术领先地位。

b. 灵活市场策略：面对智能手机市场竞争加剧的情况，雷军迅速调整策略，推出性价比更高的Redmi系列（图6-21），成功抢占市场份额，展现了强大的市场适应能力。

③ 应对挑战的心态与韧性：逆境中的领导力

a. 乐观面对挑战：2015年小米遭遇供应链危机，此时雷军保持乐观态度，亲自与供应商沟通，稳定供应链，并加强内部管理，提升效率。

b. 韧性文化建设：雷军倡导"逆风飞翔"的企业文化，通过组织"小米家宴"等团队建设活动，增强团队凝聚力，鼓励员工在挑战中寻找机遇。

图6-21 小米发布Redmi首款曲屏机型Note13 Pro+

④ 小米出海战略 在小米国际化进程中，面对不同市场的文化差异和竞争环境，雷军亲自参与市场调研，了解当地用户需求，同时组建本地化团队，灵活调整产品策略和营销策略，成功进入印度、欧洲等市场，展现出了强大的学习和适应能力，以及在挑战中保持韧性的领导力。

综上所述，雷军作为小米的领导者，通过具体的自我反思、持续学习科技前沿知识，以及在挑战中保持乐观和韧性的心态，不仅促进个人不断成长，还带领小米从一家初创企业发展成为全球知名的科技企业。

6.4 团队沟通与协作的优化

6.4.1 高效沟通机制与工具的选择

在现代企业中，团队沟通与协作的效率直接影响到企业的创新能力和市场竞争力。建立高效的沟通机制，并合理选择沟通工具，成为提升工作效率、激发团队创造力的关键因素。本节将探讨如何构建高效沟通机制，分析工具选择的重要性，并结合案例来说明这些方法在实践中的应用。

（1）高效沟通机制的构建

高效沟通机制是指在企业内部通过制度、流程等方式，确保信息在团队间能够及时、准确地传递。一个良好的沟通机制不仅保证了信息流动的顺畅，还促成了团队成员之间的理解与协作。构建高效沟通机制主要涉及以下几个方面。

① 明确定义沟通渠道 在企业内部，合理定义并设置正式与非正式沟通渠道，是确保信息不会在传递过程中出现遗漏或失真的关键。比如，定期的部门会议、报告会和团队周报能提供正式信息传递的平台，而即时通信工具和社交平台则促进了非正式沟通。

② 透明化沟通流程　沟通机制要求流程透明，以便团队成员清楚信息流动的方向和方式。透明化的沟通流程能减少信息不对称，避免误解，从而提升团队决策的效率。

③ 建设反馈机制　鼓励开放的反馈文化，确保信息能够自下而上、自上而下地流通。通过反馈机制，可以及时调整决策和改进措施，避免因沟通不畅导致不必要的损失。华为公司通过建立清晰的沟通渠道和完善的反馈机制，实现了高效的内部沟通。公司定期举行的"蓝血十杰"座谈会，鼓励员工提出意见和建议，使管理层能够及时获取一线信息，这种开放的交流机制大大提升了决策效率。

（2）工具选择的重要性

在现代团队中，选择合适的沟通工具可以大大提高沟通效率。随着信息技术的发展，市场上涌现了各种各样的沟通工具，企业必须根据自身需求和特点选择最合适的工具。

① 即时通信工具　即时通信工具如Slack、Microsoft Teams和钉钉等，让团队成员之间的沟通更加快速、灵活。这些工具支持文字、语音和视频的多样化沟通形式，能够满足不同场景的沟通需求。

② 项目管理软件　项目管理软件如Trello（图6-22）、Asana（图6-23）和JIRA，可以帮助团队管理任务和项目，支持信息的集中化存储与共享，以及实时更新项目进度，确保团队协作的有序进行。

图6-22　在线项目管理工具Trello

③ 云存储与协作平台　使用Google Drive、Dropbox等云存储服务，可以实现文件的实时共享和协作编辑，保障团队成员在不同时间和地点都能高效协作。字节跳动在全球拥有大量员工，他们分布于不同国家和地区。为了实现高效的全球协作，字节跳动广泛使用Slack和内部协作平台Lark（飞书），确保信息在全球范围内无缝传递，并借助Google Drive增强团队协作。在这些工具的支持下，字节跳动维持了快速的产品迭代和创新能力。

图6-23 Asana 允许远程组织在项目上进行协作

（3）工具选择的具体策略

在选择合适的沟通工具时，企业应综合考虑多方面因素，如功能匹配、易用性、安全性以及成本与效益。这些因素共同决定了工具在实际使用中的效果和效率。

① 功能匹配　企业应根据团队的具体需求来选择合适的工具。对于以快速交流为核心的团队而言，即时通信工具如 Slack 或 Microsoft Teams 可能是理想选择。这些工具提供了丰富的交流方式，例如文字聊天、语音通话和视频会议，支持与其他应用的集成，可以满足日常沟通的全方位需求。而对于强调项目管理和任务跟踪的团队而言，Asana、JIRA 和 Trello 等工具则更为合适。这类工具提供任务分配、进度跟踪和团队协作等功能，能够帮助团队有效管理复杂的项目。例如，Airbnb 科技公司通常使用 Asana 来协调跨职能团队的项目，确保项目按时且高质量地完成。

② 易用性　工具的易用性直接影响到其在团队中的接受程度和使用效果。一个界面友好、操作简单的工具能够降低学习曲线，提高员工的使用积极性。然而，即便是易用的工具，企业也应提供必要的培训和支持，帮助员工快速上手，确保每个团队成员都能充分利用工具的全部功能。例如，Google 提供了详细的 Google Workspace 使用指南和在线培训资源，帮助用户充分掌握其产品的使用技巧，这不仅提高了工作效率，还提升了用户体验。

③ 安全性　在信息化时代，数据安全是选择沟通工具时的重要考量因素。对于数据安全要求高的企业而言，工具的选择应特别注意其数据加密和访问控制功能。例如，银行和金融机构在选择沟通平台时，通常会优先考虑具有端到端加密和严格用户权限管理的工具，以保护敏感信息免受不当访问或泄露。Signal 和 Mattermost 是备受关注的安全通信工具，因其强大的安全特性，常被用于需要高度保密的沟通环境中。

④ 成本与效益　每个企业在选择沟通工具时必须分析成本与效益之间的平衡。工具的选择应在满足沟通需求的同时，尽可能控制在预算范围内。免费工具如 Trello 或 Freemium 版本的 Slack 可以为预算紧张但仍需高效沟通的团队提供选择。而对于有

更高功能需求的企业而言，Microsoft Teams 或 Zoom 的付费套餐则可能是更合适的选择，因为它们提供了更多的专业功能，如更大规模的视频会议支持和更高效的文件共享能力。

企业可以通过对比不同工具的性价比，确保最佳的投资回报。高效的沟通机制和合适的工具选择是提升团队沟通与协作效率的两大关键因素。在信息技术迅速发展的今天，企业不仅需要构建清晰的沟通渠道和透明的沟通流程，还需要灵活采用不同的沟通工具，以适应复杂多变的市场环境。通过华为和字节跳动的案例可以看到，高效沟通的实践可以显著提升团队效能，为企业创造更多的价值。未来，随着技术的进步和沟通需求的演变，企业需要持续优化其沟通机制与工具，确保能够在激烈的市场竞争中立于不败之地。

6.4.2　冲突管理技巧与建设性解决方案

在团队沟通与协作的过程中，冲突是难以避免的。冲突管理的关键在于找出其根源，采用正确的方法进行处理，并将其转化为团队成长的动力。高效的冲突管理能够促进团队内部的信任与合作，提升整体的工作效率与创新能力。

（1）冲突的本质与类型

冲突是指团队成员之间由于目标、观点、需求或价值观的差异而产生的对立或争执。在团队环境中，冲突大致可分为以下几种类型：

① 任务冲突　任务冲突通常源于对工作目标、任务分配及优先级的不一致。这种类型的冲突如果处理得当，能够激发创新思维和深度讨论，从而提升团队的任务完成质量。

② 关系冲突　关系冲突往往涉及人际的紧张和摩擦，可能由于性格差异、沟通不畅或误解而引发。这种冲突若不及时解决，则会影响团队的和谐和工作效率。

③ 利益冲突　利益冲突涉及资源分配、个人利益与团队利益的矛盾，常常导致竞争和对立。这种类型的冲突需要妥善处理，避免破坏团队凝聚力。

在团队合作的过程中，冲突管理是确保项目成功的关键因素之一。不同的背景、经验和观念常会导致团队成员间产生意见分歧，因此，掌握有效的冲突管理技巧，能够帮助团队将潜在的冲突转化为建设性交流的机会。接下来将介绍几种关键的冲突管理技巧，并结合我国企业的案例进行说明。

（2）冲突的管理技巧

① 积极倾听　积极倾听是冲突管理中最根本的技巧之一，它强调通过认真聆听各方的观点与感受，加深对问题根源的理解。在处理任务分歧时，领导者应鼓励团队成员分享他们的看法和建议，探究他们各自的立场和诉求。通过倾听，团队能够识别出多样化的观点，进而找到调和冲突的最佳切入点和更为全面的解决方案。

② 情绪管理　冲突常伴随着情绪波动，管理这些情绪是解决冲突的关键。保持冷静、运用同理心理解对方的感受，可以减少沟通中的偏见和指责，营造一个理性的交流环境。在这样的氛围中，团队成员更能心平气和地参与讨论，有利于在冲突

中找到原因并提出有效的解决方案。

③ 设定共同目标　在冲突管理中，设定共同的团队目标至关重要。通过明确团队的共同利益，冲突双方可以更容易地消除分歧，找到合作的基础。强调团队的集体目标，不仅能够转移注意力，还能使团队成员朝着同一方向共同努力。这一策略将帮助冲突转化为产生创造性解决方案的契机。

④ 协商与妥协　协商与妥协是解决冲突的常用方法。在处理冲突的过程中，双方可以通过协商找到一个折中的方案，确保最大限度地满足各方的基本需求。在利益冲突中，适时的妥协不仅有助于缓和当前的矛盾，也有助于维护长期的合作关系和保持团队的整体凝聚力。

以海尔集团的发展为例，海尔集团在快速发展的过程中，常常面临技术研发和市场策略方面的内部冲突。然而，通过创建开放的讨论环境和举行定期的项目评估会议，海尔成功地将这些冲突转化为增长与创新的动力。公司的领导者积极倾听各个团队的建议，对来自不同职能部门的意见给予同等重视。在设定产品开发的共同目标时，海尔强调各个部门之间的紧密协作，以确保产品符合企业整体战略目标和市场需求。通过灵活的协商机制，公司能够找到创新与实用之间的最佳平衡点。这些冲突管理技巧使海尔在国内外市场上持续保持竞争优势，并不断推出符合消费者需求的卓越产品。

(3) 建设性解决方案

① 建立开放的沟通文化　创造一个安全且支持性的环境，鼓励团队成员自由表达真实想法，是实现有效冲突管理的重要基础。开放的沟通文化有助于减少误解和猜忌，使得冲突能够在萌芽阶段得到及时解决。这类文化通过倾听和理解增强了团队的凝聚力，从而促进了更高效的协作。

② 第三方调解　在某些情况下，冲突可能难以通过内部力量自行解决，此时引入第三方调解成为一种有效的选择。专业的管理者或者调解员可以提供客观的视角，帮助各方理清思路，促进对话，以找到各方都接受的解决方案。这样的介入不仅有助于解决特定问题，也是对团队未来冲突管理的一种学习和借鉴。

③ 定期反馈与评估　通过定期的反馈和评估，团队能够及时了解当前冲突管理策略的效果，并在必要时做出调整。评估过程有助于识别常见的冲突来源，从而在类似问题发生之前进行有效预防。这种过程性检查不仅改善了团队的工作氛围，还支持了企业的长远发展。

在我国电信行业的一家公司中，他们通过建立开放的沟通文化，邀请员工定期匿名提供反馈，以识别潜在的冲突与问题。面对复杂的项目团队冲突，公司倾向于引入第三方调解，以确保问题处理的公平性和透明度。这种系统化的方法不仅提升了团队的团结协作能力，也在不断创新中获得了卓越的业务成果。该公司通过这类积极主动的冲突管理策略，成功促进了内部和谐与可持续发展。有效的冲突管理不仅能够化解团队内部的紧张，还能将冲突转化为组织发展的推动力。通过积极倾听、情绪管理、设定共同目标、协商与妥协等技巧，以及建立开放的沟通文化和引入第三方调解等建设性解决方案，团队可以实现更高效的协作与创新。这些成功经验表明，冲突管理在现代企业中扮演着至关重要的角色，为其他公司提供了可供借鉴的范例。通过不断优化冲突管理策略，团队能够在激烈的市场竞争中保持优势，实现长期的可持续发展。

6.4.3　远程团队的协同工作策略

随着全球化进程的加快以及科技的迅猛发展，远程工作的模式已经成为现代企业的一种常态。特别是在疫情之后，许多公司意识到了远程团队的高效性和可操作性。若想最大化地发挥远程团队的效能，企业则需要建立一套完善的协同工作策略。这些策略不仅要保证团队成员之间的同步合作，还要提高整体的生产力和创新能力。以下是一些行之有效的策略。

（1）建立清晰的沟通渠道

沟通是远程团队有效运作的基石。为了确保团队成员能够随时共享信息，公司需要建立一套可靠且高效的沟通工具和渠道。例如，腾讯公司就充分利用其自主研发的企业微信，使得团队成员在不同的地理位置也能保持紧密联系。通过设立多样化的沟通渠道，包括即时聊天、视频会议和电子邮件等，企业能够保持信息的透明度，并减少沟通障碍。

（2）制定明确的目标与期望

为了让远程团队在工作中保持一致性，管理者必须为团队设定明确的目标和期望。目标应该是具体、可衡量、可实现、相关性强以及有时间限制的。在阿里巴巴这样的大型企业中，管理层通过设定季度目标并进行持续的绩效评估，使每个远程团队的成员都清楚自己的任务和贡献。这种清晰的目标设置不仅鼓舞了员工的士气，也确保了团队的整体方向与公司目标保持一致。

（3）利用技术促进协作

技术是远程协作的重要支撑。利用项目管理工具和协作软件可以帮助团队成员更好地共享资源和信息。例如，字节跳动的远程团队广泛使用飞书等协作工具，以帮助团队成员管理项目、分配任务以及跟踪进度。这些工具的使用不仅提高了工作效率，还促进了团队成员之间的积极互动。

（4）建立信任与团队文化

远程团队因缺乏面对面的接触，容易导致信任缺失。因此，企业需要在团队中建立一种信任的文化氛围。京东通过组织定期的虚拟团队建设活动和社交时间，帮助成员们增进了相互的理解和信任。同时，一种开放的文化也让团队成员感觉到他们的意见和建议被公司重视，从而提高了员工的参与度和忠诚度。

（5）灵活性与适应能力

远程工作的一个显著优势就是灵活性。企业需要鼓励团队成员在工作时间和地点上更具灵活性，从而提高他们的工作效率和满意度。华为在推行其远程工作策略时，以人为本，在允许的范围内给予员工最大的灵活性，这种做法不仅改善了员工的工作体验，还增加了公司的吸引力和竞争力。

（6）定期反馈与绩效评估

持续的反馈和绩效评估有助于保持远程团队的高效运作。通过建立一种持续反馈文化，像海尔这样的大型企业能够及时识别出团队面临的问题并加以解决。定期的绩效评估帮助员工明确自己的进步和需要改进的领域，从而不断提升个人和团队的效能。

远程团队的协同工作策略在推动企业发展的过程中扮演着关键的角色。通过建立清晰的沟通渠道、制定明确的目标、利用先进技术促进协作、培养信任文化以及增加灵活性，我国的企业正在高效地管理和运营远程团队。这些策略不仅提高了工作效率，还助力了创新的产生，为企业在全球市场中取得竞争优势提供了坚实的基础。随着时代的不断发展，远程团队的战略协同将变得更加成熟和重要。

6.5　持续的激励与绩效管理

组织行为学（Organizational Behavior）是系统地研究个体和群体在组织中的行为、态度和绩效的学科。它研究的核心内容包括与个体的心理和行为相关的组织因素，以及这些因素对组织绩效的影响；也包括了个体在组织中的行为如何影响其绩效和职业成功，如何提高组织的效率和效能，以及增强组织的适应性和生存能力。

而激励与绩效是组织行为学中的两个关键要素，它们之间有着密切的关系。激励是指通过特定的奖励和激励机制，激发员工内在的工作动力和外在的工作表现。有效的激励策略促使员工在工作中发挥更大的潜力，提高工作质量和效率。合理的激励策略可以优化员工的绩效表现，同时提升整体的组织有效性。

6.5.1　动态激励体系的设计与实施

从马斯洛的需求层次理论出发，人的行为动机是由一系列需求所支配的，从较低层次到较高层次分成生理需求、安全需求、社交需求、尊重需求和自我实现需求五类。另外，美国心理学家赫茨伯格提出的双因素理论中指出（图6-24），引起人们工作动机的因素主要有两个：一是保健因素，二是激励因素。只有激励因素才能够给人们带来满意感，而保健因素只能消除人们的不满，但不会带来满意感，两者相辅相成。

综上可以得出，在激励员工时，管理者需要针对员工的需求给予合理的报酬，并且奖品必须能在一定程度上满足员工的需求，同时工作目标应在一定程度上是具有挑战性的；工作上的满足与精神上的鼓励将会更有效地激发人的工作热情。在管理中，应特别注意处理好物质鼓励与精神鼓励的关系，充分发挥精神鼓励的作用。由此引出了动态激励体系的概念，以及其是如何设计与实施的。

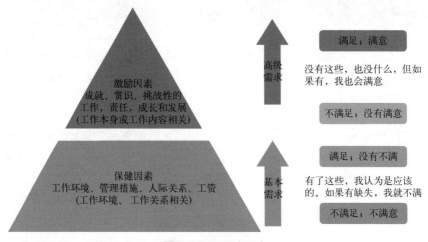

图6-24 双因素理论

动态激励体系的设计与实施是一个复杂的过程，需要通过适应性和灵活性的激励机制来支持组织的长期战略目标。这个过程涉及从战略、策略到具体方案的各个层面，确保激励体系与组织整体目标保持一致，再从平衡、竞争、激励、成长四个维度选择合理有效的薪酬激励策略，并能够有效响应内外部环境的变化。以下是对动态激励体系设计与实施的扩展说明。

（1）战略层面的考虑

① 明确战略目标 激励体系的设计应以组织的战略目标为导向。理解并明确组织希望通过激励机制实现的具体目标，如市场份额扩大、技术创新或客户满意度提升等。

② 对齐战略与激励 确保激励机制所推动的员工行为与组织的战略需求高度一致。例如，如果组织战略强调创新，那么激励机制就应该鼓励创造性思维和风险承担。

（2）策略层面的选择

在战略目标明确的基础之上，设计适合的策略，确保激励体系具有平衡性、竞争性、激励性和成长性。

① 平衡性 确保不同层级和职能部门之间的激励公平，并考虑短期与长期激励的平衡，避免因过分强调短期目标而忽视长期战略。

② 竞争性 设计具有市场竞争力的薪酬结构，以吸引和保留优秀人才。定期进行市场薪酬调查，确保薪酬水平符合行业标准。

③ 激励性 选择能够有效激励员工的薪酬结构，结合内在激励和外在激励因素，如绩效奖金、股权激励以及非现金激励（荣誉、奖励机会等）。

④ 成长性 关注长期激励，支持员工的职业发展和个人成长，如提供教育发展计划或职业晋升机会。

（3）方案层面的实施

在策略形成之后，需要通过清晰的政策和方案将之具体化，确保其有效执行。

① 具体化政策　制定明确的激励政策和程序，确保员工理解激励机制如何运作，包括评价标准、奖励分配和反馈机制。

② 数字体系和文字方案　设计详细的薪酬结构和激励方案，以数据和文档形式呈现，包括设定关键绩效指标（KPI），明确绩效评估周期，以及奖励和晋升机制的操作细则。

③ 灵活调整　动态激励体系需要能随着外部市场变化和内部组织需求进行调整。企业应建立定期回顾和调整机制，确保激励策略始终与组织战略相符并适应环境变化。

（4）案例：海尔集团的创新型激励体系

海尔集团是全球领先的家电制造商和物联网生态系统提供商。为了保持创新和市场适应能力，海尔实施了被称为"人单合一"的管理模式（图6-25），这是一种高度灵活和动态的激励体系。在该激励体系下，海尔具有人单合一、自主经营体、扁平化组织结构、公开透明的绩效考核等特点。

① 人单合一　每个员工（人）都要有明确的市场目标（单），员工的努力与市场需求紧密对接。通过这种机制，海尔希望将每个员工的个人价值贡献直接与客户价值和市场绩效挂钩。

② 自主经营体　海尔拆分了传统的科层制组织，建立了多个自主经营体（小微），这些小微有较高的自主权，包括自主制定发展目标和分配资源等。每个小微的盈利情况与员工的收入直接相关，增强了员工的主人翁意识。

③ 扁平化组织结构　管理层级减少，使员工能够拥有更多的决策权和责任感，这不仅加快了响应速度，还激励员工在个体价值实现方面追求创新和高效。

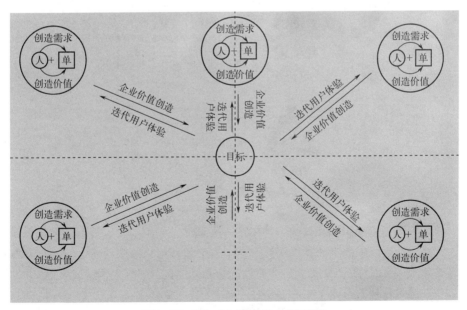

图6-25　海尔"人单合一"的管理模式

④ 公开透明的绩效考核　海尔所有小微单元的绩效结果都是透明的，每个小微的业绩与其收益直接挂钩，员工的薪酬、奖金依据其所在小微的绩效而定。这样的体系促使每个单元积极应对市场变化，及时调整策略。

海尔的这种动态激励体系显著提高了员工的动力和创造力，使其在复杂的全球市场环境中保持竞争力。通过人单合一的理念，海尔不仅激发了内部的创新精神，还推动了企业文化的整体变革，使组织更加灵活、敏捷。这种高度灵活和动态的模式使企业能够快速适应市场变化，并在激烈的竞争中持续保持创新的动力，成为全球范围内企业变革和管理创新的典范。

6.5.2　效能评估与反馈的持续循环

（1）绩效与绩效管理

绩效（Performance）是指个体、团队或组织在一定时期内，在特定的工作岗位或任务中所表现出来的行为和达到的成果，通常包括任务绩效、周边绩效、创新型绩效等不同维度，可以大致分为个人、部门和组织绩效（图6-26）。

因为绩效有着多因性、多维性以及动态性等特点，呈现出复杂多变的特征，所以需要科学系统的方法论指导绩效的评估和运用，这就引出了绩效管理的概念。

图6-26 绩效的大致分类

绩效管理是管理组织绩效的一种体系，强调通过组织结构、技术、经营体系和程序等手段确定组织战略并加以实施。在个人绩效和组织绩效两者之间，有多方不同的观点，有人认为个人绩效是绩效管理的核心，但也有部分人不这么认为。

（2）绩效管理的循环

效能评估与反馈的持续循环是绩效管理的核心环节，其目的是确保组织和个人在实现目标过程中保持一致性和前瞻性。这一循环包括绩效计划、绩效辅导、绩效考核与绩效反馈四个环节，每个环节都具有独特的功能和重要性。

① 绩效计划　绩效计划的制订首先需要运用SMART（具体、可衡量、可达到、相关、时间限制）原则设定目标，明确组织目标和个人目标，确保两者的一致性。然后就是角色和责任的定义，清晰界定员工的职责和期望，确保每个人了解任务及对组织目标的贡献。这一步骤实施的过程中要格外注意资源的分配和规划，确保员工拥有完成目标所需的资源、培训和支持。

② 绩效辅导　这一步骤中最重要的是保持持续沟通，在工作过程中，通过定期一对一会议或团队会议，提供持续的沟通渠道，讨论进展和挑战。其次是通过辅导和培训，为员工提供指导与支持，帮助员工克服困难，提高能力，增强信心，确保他们能够顺利完成预定目标。同时也要根据实际进展和外部变化，灵活调整计划和策略，以确保目标的可达到性和相关性。

③ 绩效考核　绩效考核是一套正式的结构化制度，用来衡量考核并影响与员工工作有关的特性、行为和结果，了解员工的发展潜力，以实现员工和组织的共同发展。作为绩效管理的重要环节，通常使用可靠的数据和信息来评估绩效，包括定量和定性的指标，并会通过定期的、阶段性的正式考核，以全面了解员工的表现。在考核过程中需要秉持公平公正的原则，以确保考核过程的透明度和公正性，避免偏见和主观判断。

④ 绩效反馈　绩效反馈通常是通过建设性反馈、发展建议、行动计划进行的。首先，要及时提供积极和改进反馈，肯定员工的成就，并指出改进的空间。然后，提供具体的建议，帮助员工理解如何提高绩效。最后，基于反馈，制订后续的个人发展计划，明确下一步行动的步骤和时间框架。

（3）案例：腾讯内部的效能评估与反馈循环

作为全球最大的互联网公司之一，腾讯在不断追求技术创新与市场拓展的同时，非常注重企业内部的效能评估与反馈循环，以确保其庞大的组织体系高效运作。

① OKR（目标与关键成果）体系　腾讯采用OKR体系（图6-27）进行组织和个人目标设定。通过让员工在季度之初设定挑战性目标并定义关键结果，腾讯实现了目标透明化和责任到人，确保每个人的工作方向与团队及公司目标一致。

② 360°反馈机制　腾讯在员工评估中引入360°反馈系统，允许员工从多维度（包括来自同事、下属、上级

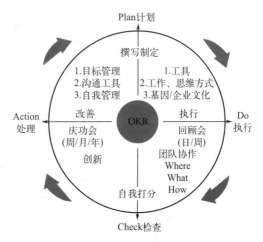

图6-27 OKR（目标与关键成果）工作法

和自评）的角度获取全面反馈，帮助员工更好地识别自己的优势和需要改进的领域。

③ 常规绩效对话　管理者与员工之间的对话不仅限于年度或季度考核，而是鼓励持续、开放的绩效对话，确保员工及时获得指导和支持。

6.5.3 衡量成功与处理失误的机制

在企业中，衡量成功和处理失误的机制是管理的重要组成部分，关系到企业能否有效实施战略并保持持续改进。其中，衡量成功的机制主要涉及绩效考核环节和激励控制环节，而处理失误的机制主要包括失误处理流程、根本原因分析以及持续改进机制。

（1）绩效考核环节的具体方法

绩效考核是绩效管理模型发挥效用的关键，建立公平公正的评估系统则是绩效考核的首要前提。只有对个人和组织的绩效做出准确的衡量，才能对业绩优异者进行奖励，对绩效低下者进行鞭策。它有如下几种方法：

① 目标管理　目标管理指的是根据组织战略规划，运用系统化的管理方式，把各项事务展开为有主次的、可控的、有效的和高效的管理活动，同时激励员工共同参与，以实现组织和个人目标。其中，个人绩效和公司战略目标紧密联系，根据企业战略目标，层层分解事务到组织、部门和个人。

② 平衡计分卡　平衡计分卡（图6-28）是从财务角度、顾客角度、内部业务流程角度、学习与发展角度四个方面来衡量绩效的。首先，从财务角度一方面考核企业的产出，另一方面考核企业未来成长的潜力；再从顾客的角度和内部业务流程考核企业运营情况参数，充分把公司的长期战略和短期行动联系起来，把远景目标转化为一套系统的绩效考核指标。这个方法的核心是通过财务、顾客、内部业务流程、学习与发展四个方面指标之间相互驱动的因果关系，达到企业目标。

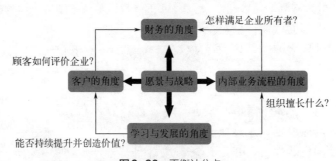

图6-28　平衡计分卡

a.财务角度：财务角度是传统绩效考核的唯一指标，也是平衡计分卡的重要指标。企业必须以盈利为生存和发展的基础，而且必须使企业所有者的投资得到回报。财务指标主要从财务收益状况、资产营运状况、债务偿还、发展能力等几个方面进行衡量。

b.顾客角度：顾客角度关注企业的顾客如何评价企业，顾客对企业提供的产品品牌、质量、价格、服务、产品的更新等方面是否满足他们的需要的心理期望。考核指标有市场份额、客户保有率、客户获得率和客户满意度等。

c.内部业务流程角度：内部业务流程角度即确定组织擅长什么，这是平衡计分卡区别于传统绩效考核方法的特征之一。平衡计分卡从满足企业投资人和客户需要的角度出发，并从价值链上针对内部业务流程进行分析，提出了四种绩效性质的考核指标即质量导向的考核、基于时间的考核、柔性导向考核和成本指标考核。

d.学习与发展角度：学习与发展角度关注企业能否持续提高并创造价值，平衡计分卡强调未来投资的重要性，注重企业内部员工系统和业务流程的投资，强调通过员工的学习提高自身素质，提高企业的创新能力和发展核心力，持续创造价值。考核指标有新产品开发循环周期、新产品销售比率和流程改进效率等。

③ 关键绩效指标　关键绩效指标（Key Performance Indicator，KPI）考核是通过对工作绩效特征的分析，提炼出的最能代表绩效的若干关键指标体系，并以此为基础进行绩效考核的方法。

KPI必须是衡量企业战略实施效果的关键指标，其目的是建立一种机制，将企业战略转化为企业的内部过程和活动，以不断增强企业的核心竞争力和持续地获得高效益。

（2）激励控制环节

激励控制环节通常是指在管理和组织行为学中，用于调动员工积极性和提高工作效率的机制和过程。这一概念涉及使用各种激励措施来影响员工的行为，以达到组织的目标。激励控制环节的具体方法需要根据组织的特点和员工的需求进行定制，它的具体实施主要包括以下几个方面：

① 财务激励　财务激励使用与业绩挂钩的奖金制度，激励员工超额完成任务，或者根据表现定期或不定期加薪。还有一种为股权的激励，为员工提供公司股票或期权，激励员工关注长期发展。

② 非财务激励　非财务激励更多的是表现在个人名誉、情感满足等非物质方面，如通过员工表彰大会、颁发荣誉证书或奖杯等方式认可优秀员工的贡献，抑或是在公司通信中突出员工成就，或在会议上公开赞扬。

③ 其他　除上述的财务、非财务激励之外，其他方面的激励涉及工作环境的优化改善（弹性工作时间、远程办公、优良办公设备、休息区域）、团队组织文化（团建活动、员工决策）、福利制度（健康保险、带薪休假）等。

（3）处理失误的机制

① 失误处理流程　失误处理流程是一套用于识别、记录、分析和解决企业中失误的方法，它的目标不是单纯为了找出运行过程中的错误并进行问责，而是最小化负面影响，防止类似问题再次发生。在整个流程过程中通常会经过初步评估以及划分优先级，以确保流程的严谨科学，符合企业运行规范。

② 根本原因分析　根本原因分析（root cause analysis，RCA）是要确定问题或

失误背后的实际原因，帮助组织识别并消除导致问题的基本因素，往往具有以下两种分析方法。

a.5Whys分析：连续问5个"为什么"来指导发现更深层次的原因；将主要类别（如人、机器、材料、方法、测量和环境）分支到鱼骨图（因果图）上，即将一些元素可视化来识别问题的各个可能影响因素。

b.故障树分析（FTA）：以一种树状结构展示因果关系，讨论和识别一个复杂系统中的失误原因。

③ 持续改进机制　持续改进机制是失误管理系统的核心闭环环节，其目标是通过系统化的方法将问题转化为改进机会。该机制与失误处理流程、根本原因分析形成有机联动，具体包含以下内容。

a.PDCA循环驱动改进。

（a）Plan（计划）：根据根本原因分析（RCA）的结果，制定改进方案（如优化流程、更新工具、调整资源分配），明确改进目标、责任人与时间节点。

（b）Do（执行）：在小范围或试点场景中实施改进措施，确保风险可控。

（c）Check（检查）：使用量化指标（如失误重复率、处理时效、成本损耗）评估改进效果，对比改进前后的数据差异。

（d）Act（处理）：若改进有效，将其标准化并推广至全组织；若未达到预期，启动二次RCA并优化方案，进入下一轮PDCA循环。

b.持续改进文化塑造。

（a）建立全员参与机制。设立"改进提案制度"，鼓励员工上报潜在风险或优化建议；定期评选优秀改进案例并给予奖励。

（b）搭建能力培养体系。为管理者提供持续改进方法论培训；针对一线员工开展防错技术（Poka-Yoke）培训，提升自主改善能力。

（4）案例：海底捞的员工评估机制

海底捞作为近几年中国最知名的火锅连锁品牌之一，以其过分热情的服务而闻名。其在全国乃至全世界快速扩张的同时，能够保持其菜品质量好和员工素质高，这归因于海底捞建立的一套有效机制来衡量成功和处理失误。

① 客户满意度指标　海底捞非常注重客户的就餐体验，为此特别建立了一套完善的客户反馈系统。通过实时收集客户的意见，海底捞能够精准地衡量客户满意度，并将其作为门店成功与否的重要指标。

② 训练与晋升体系　分店成功的标准不仅仅限于财务表现，还包括员工能力的提升与职业发展。海底捞为每位员工提供了明确的晋升路径和丰富的培训机会，以培养员工的专业素养和服务能力。其有一整套晋升渠道，即"员工—领班—后堂经理—一级大堂经理—店长—区域经理"，在每个职位下还包含着很多的分级标准。

③ 开放的员工通道　员工被鼓励报告工作中的问题和建议，企业则承诺对报告的问题进行调查和处理。这种做法不仅改善了运营，还提高了员工的主人翁意识和积极性。

6.6 案例分析：成功的团队合作与领导经验

在创业的过程中，成功的团队合作与有效的领导经验是决定一个创业团队能否立足于激烈竞争市场的关键因素。在本小节中，将以杭州智律法律有限公司的"智律"智能合同拟定平台和"智脑"——基于知识图谱的大数据管理平台为例，深入分析它们在创业初期如何通过良好的合作和卓越的领导实现蓬勃发展。

6.6.1 "智律"智能合同拟定平台

"智律"智能合同拟定平台是一个利用人工智能技术，为用户提供便捷、高效的合同拟定服务的平台（图6-29）。平台由来自计算机科学、人工智能、法律、管理等多个领域的专业人才组成的多元化团队开发，并得到了知名律所的支持。平台通过机器学习算法和大量真实合同数据，实现了合同自动拟定和审核，并提供了一对一服务和连线律师功能，满足不同用户的需求。其成功不仅依托于创新的人工智能技术和精准的市场定位，更在于其背后高效的创业团队。

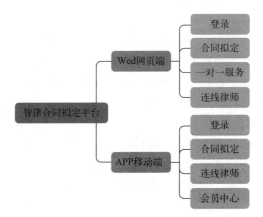

图6-29 "智律"智能合同拟定平台产品功能

（1）团队构建：多元背景，专业互补

智律智能合同拟定平台的成功始于团队的精心组建。团队领导者黄烈具有计算机科学背景，与法学、管理学和传媒学等领域的专家共同奠定了项目的技术与法律基础。在这一过程中，团队领导者展现了识别合伙人关键特质的能力，并通过不同角色与技能的战略组合，以及共同价值观和愿景的建立，为项目的顺利进行打下了坚实的基础。

① 多元团队结构　"智律"团队汇聚了计算机科学、人工智能、法学等多个学科领域的专业人才，构建了一个跨学科、多元化的团队架构，为平台的技术研发及产品更新迭代提供了坚实的智力支持。团队领导来自计算机科学领域，具备深厚的编程功底和技术理论基础。而在新媒体专业背景成员的贡献下，项目界面设计得以

优化，显著提升了用户的交互体验。来自信息管理与信息系统专业的成员，凭借其项目管理和市场分析能力，确保了团队的高效运作与市场定位的精确性。法学专业成员的加入，为团队提供了专业的法律顾问服务，保障了合同文本的合法性及规范性。此外，团队还涵盖了人工智能、会计、计算机科学与技术等专业的学生，形成了专业互补、背景多样的团队特征。

② 后备团队支持 "智律"团队通过结合不同专业领域的成员，形成了一个跨学科的合作模式。技术专家、法律顾问、市场分析师和设计师的协同工作，确保了项目在技术实现、法律合规、市场推广和用户体验方面的全面覆盖。

在人才方面，"智律"团队与高校达成合作，引入高校研究生学生团队，并聘请高校教师作为项目指导老师。在技术方面，团队与北京三清智库科技开发有限公司进行联合开发，借助其丰富的技术经验和研发实力，为智律平台提供技术支持和保障。在法律方面，公司与上海君悦律师事务所、北京盈科律师事务所等知名律所合作，为平台提供专业的法律审核服务，保证合同的准确性。在市场方面，团队将线下服务网点拓展到更多地域，并积极与各大高校法学院、律师事务所、企业机构开展合作，建立长期友好的合作关系，为平台的推广和发展提供更广阔的市场空间。

(2) 领导经验：明确目标，分工协作

在团队领导方面，"智律"团队展现了出色的领导力和协作精神。团队负责人黄烈不仅具备技术专长，更有着清晰的战略眼光和敏锐的市场洞察力。他带领团队明确了项目的核心目标——打造一款高效、准确、规范的智能合同拟定平台，并根据团队成员的专业特长进行了合理的分工。

① 独特的领导风格 "智律"团队负责人展现出独特的领导者风格，在充满挑战的创业环境中，他带领团队朝着共同目标稳步前进，取得了显著的成绩。他结合公司的实际情况，制定了符合公司发展的总战略（图6-30）。他不仅是团队的领导者，更是团队的精神支柱，为团队的成功发展提供了强有力的保障。

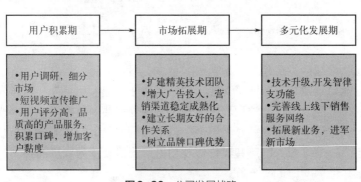

图6-30 公司发展战略

负责人以其前瞻性的视野和敏锐的市场洞察力，准确把握行业发展趋势和用户需求。他深刻理解合同拟定领域面临的痛点，即效率和准确性不足，以及"合同陷阱"层出不穷。负责人作为团队核心，展现了卓越的领导力，能够有效地协调资源，分配任务，并推动项目进展。他注重沟通，及时解决团队遇到的问题，并带领团队克服困难取得成功。

② 明确的目标和愿景　领导者应清晰地阐述团队的目标和愿景，并让团队成员理解其意义和价值，激发他们的工作热情。"智律"团队认为具有生命力和竞争力的公司必然要拥有其独特的公司文化，因此其十分注重公司企业文化培育，提出"用法律保护每一位客户合法权益"的企业使命、"客户为本，法律至上"的企业宗旨、"成为中国人工智能法律行业的领跑者，做客户信赖的伙伴"的企业愿景。

"智律"团队这种强调创新、效率和用户至上的价值观，在团队文化中得到了很好的体现，并在项目开发和客户服务中传达给了所有利益相关者。由于团队成员共同认同利用人工智能技术提高合同拟定效率和准确性的愿景，因此其也成了团队合作的基石。共同的价值观和目标使团队在面对挑战时能够保持一致性和动力。

③ 授权与赋能　领导者应赋予团队成员足够的自主权，以此激发其潜能和创造力，并鼓励他们实现个人价值。因此，领导者采取开放式管理策略，为团队成员提供了广阔的决策空间，鼓励他们在工作中展现个人特色和创新思维，以实现个人价值与团队目标的统一。

同时，领导者特别注重对团队核心成员领导力的培养，通过定期的领导力培训和实践锻炼，增强其组织和协调能力（图6-31）。在"智律"团队中，通过精准识别每位成员的职责和优势，领导者巧妙地将资源和任务进行合理分配，确保每位成员能在最适合的岗位上发挥最大效用。这种授权与赋能的做法，不仅优化了资源配置，还极大地提升了团队的整体效能和创新能力。

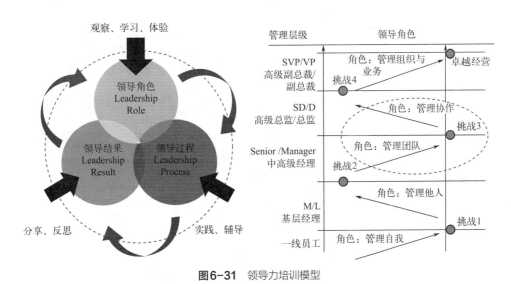

图6-31　领导力培训模型

（3）团队合作：共同进退，持续创新

"智律"团队在合作过程中，始终保持着高度的凝聚力和创新力。团队成员之间建立了良好的沟通和信任机制，无论是遇到技术难题还是市场挑战，都能共同面对、共同解决。这种共同进退、持续创新的团队合作精神，为"智律"智能合同的成功提供了源源不断的动力。

① 高效沟通 "智律"团队建立了线上沟通平台和线下会议制度（图6-32），确保团队成员之间的信息畅通，并及时解决团队内部的冲突。团队采用了多种沟通工具，如视频会议、项目管理软件等，以确保信息的快速流通和团队成员之间的有效沟通。即使成员分布在不同地点，也能通过在线协作平台和定期的远程会议，实现有效的远程协作。

图6-32 线上沟通平台和线下会议制度相结合

② 积极应对挑战 "智律"团队最先是一家大学生创业公司，有着同类大学生在创业过程中普遍存在的管理经验缺乏、管理方式单一、管理理念落后、组织结构不合理、企业治理体系不完善等不足之处。

因此，"智律"公司首先建立健全规范的公司管理体系，根据公司实际需求，不断优化公司组织架构，并聘用具有管理经验和相关知识的优秀管理人才，协助公司进行治理；其次，制定了完善的公司管理章程，各部门分工明确，职责清晰，责任落实到人，搭建员工和管理层之间的沟通渠道和反馈途径，避免出现管理漏洞；之后，为增强公司内部的凝聚力和员工的归属感，注重培育企业文化，进行了员工的专业技能和公司理念培训，提高员工工作积极性；最后，管理层也不断加强学习，采取了先进的管理模式和管理方法，并将理论知识应用于管理实践中，提高自身管理能力。公司管理体系与企业组织能力建设如图6-33所示。

③ 跨部门合作 由于"智律"团队汇聚了来自计算机、自动化、管理、人文艺术、法学等多个领域的优秀人才且他们来自不同部门，需要协同完成项目任务，因此团队建立了跨部门协作机制（图6-34），确保项目顺利进行。

技术实现与法律规范的融合是智律项目面临的重大挑战。团队成员之间经历了多次的讨论和交流以理解彼此的专业知识和思维方式，最终找到最佳的解决方案。比如技术人员需要与法律专家合作，确保合同生成过程符合法律法规的要求，避免出现潜在的法律风险。这种跨专业合作不仅考验了团队成员的专业素养，也锻炼了他们的沟通能力和协作精神。"智律"APP合同拟定界面见图6-35。

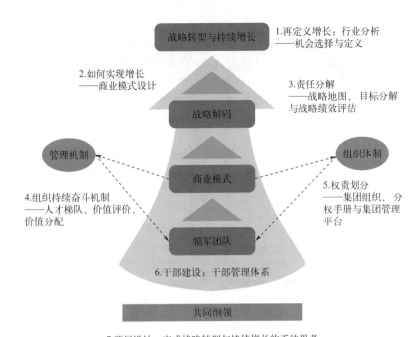

图6-33 公司管理体系与企业组织能力建设

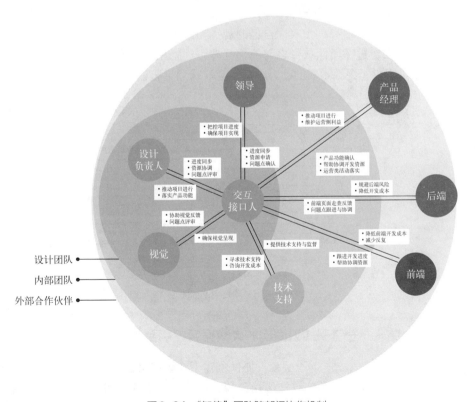

图6-34 "智律"团队跨部门协作机制

图6-35 "智律"APP合同拟定界面

"智律"团队注重建立开放、包容的沟通环境。团队成员来自不同的文化和学术背景,拥有不同的知识体系和思维方式。为了促进团队成员之间的有效协作,"智律"团队鼓励开放交流,尊重多样性,并建立有效的沟通机制。例如,团队定期召开项目会议,让每个成员都有机会表达自己的观点和建议,共同解决问题。这种开放式的沟通环境不仅促进了团队成员之间的相互理解,也激发了他们的创新思维,为项目的顺利推进提供了源源不断的动力。项目会议计划见图6-36。

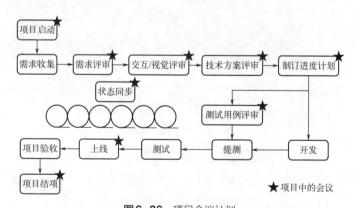

图6-36 项目会议计划

6.6.2 "智脑"——基于知识图谱的大数据管理平台

"智脑"是一个大数据管理平台,提供了基于知识图谱实现的"智能分诊挂号、相似病例治疗方案推送、药物过敏滥用预警、医院医嘱质控"四大功能,针对传统的挂号就医流程（图6-37），即挂号、诊断、开药、病愈后存档过程中的痛点进行了优化（图6-38）。

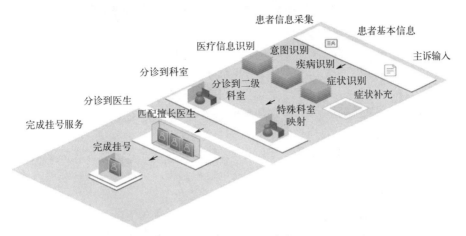

图6-37 传统挂号服务全流程

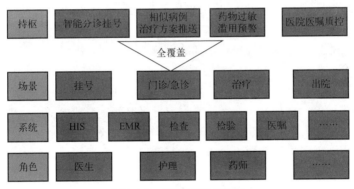

图6-38 智脑产品功能概述

（1）扁平化到事业型的组织架构

在团队的成立初期，智脑公司采用直线型的组织结构（图6-39），由总经理直接向董事会负责，层级扁平化，权责明确，便于管理且节省沟通成本。

图6-39 智脑公司成立初期的直线型组织结构

① 扁平化的组织结构　扁平化的组织架构是一种减少管理层级、强调分权和自主性的组织结构形式。这种架构通过减少或移除中间管理层，鼓励直接沟通和协作，

提升决策速度和组织灵活性。这种形式被广泛应用于初创企业、创新型公司以及强调开放文化的组织。它具有以下的显著特征：

a.沟通效率提高：由于管理层级减少，信息能够在上下级之间快速传递，减少了误解和延迟。

b.管理成本降低：精简管理层级降低了企业的运营成本，即减少了高管薪资开支。

c.员工负担加重：权力分散的同时也意味着责任增加，部分员工可能会感到压力过大。

d.管理监督难度加大：在缺乏明确的层级管理下，监督任务和目标的执行可能会变得更加复杂。

后期随着市场成熟与公司的发展规模壮大，为了满足企业的成长需求和实现长期战略目标，智脑公司逐渐转为采用事业型组织结构，其间经历了管理层级的重新设计和职能的再分配。

② 事业型的组织结构　事业型组织架构是一种以产品线、区域或客户群为基础划分的组织结构形式。在这种架构中，每个事业部相对独立，拥有自己的资源和决策权，能够快速适应其所服务的市场或客户需求。事业部通常负责从产品研发到市场营销的完整业务流程。从扁平化到事业型的转型通常需要经过以下几个步骤：

a.评估现状：分析现有扁平化架构的优缺点，识别效率低下、资源重复或战略不协调的地方。

b.划分事业单元：根据产品线、地域、客户群或市场需求，将组织划分为多个相对独立的事业部。例如，按产品划分为家电事业部、消费电子事业部；按地区划分为北美事业部、亚洲事业部；按客户类型划分为企业客户部、个人客户部。

c.赋予事业部自主权：为每个事业部配备独立的管理团队，负责制定战略、分配资源和管理绩效。

d.建立跨事业部的协调机制：设置总部职能部门（如财务、法务、人事）进行指导和监督，确保事业部的目标与企业整体战略一致。

e.明确事业部间的资源分配和协同：制定清晰的资源分配规则，避免不同事业部之间发生冲突或资源浪费。

f.调整绩效考核体系：将绩效指标从个人或团队维度调整为事业部维度，强调利润、市场份额和运营效率等指标。

（2）动态变化的团队发展规划

企业的领导者需要根据整个社会需求的变化及企业自身的发展态势，动态调整团队发展规划，旨在应对团队在不同阶段面临的挑战和需求，并通过灵活的管理方式支持团队成长、目标达成和成员个人发展。

根据塔克曼的"团队发展四阶段模型"（图6-40），团队的成长通常被划分为形成阶段、动荡阶段、规范阶段和高效阶段四个部分。参考之前的理论，再参考自身的发展状况，"智脑"公司的领导层大致将企业的发展规划分为以下五个阶段：

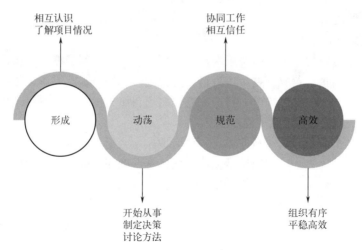

图6-40 塔克曼的团队发展四阶段模型

① 形成期 团队刚刚成立，成员之间并不熟悉，目标和角色也尚未明确。在这一时期，重点是建立团队目标、明确角色与规则，鼓励成员之间进行沟通。

② 动荡期 这个阶段冲突增多，团队成员就目标和方法产生了分歧。在这一时期，重点是加强冲突管理，建立解决问题的机制。

③ 导入期 2020~2021年（树立示范，建设品牌），团队协作和信任增强，成员开始高效工作。

④ 成长期 2022~2024年（扩大市场份额，提高盈利水平），团队运行高效，能够独立完成任务，推动创新和进一步的目标扩展。

⑤ 成熟期 2025~2026年（打造知名品牌，稳定市场地位），企业达到了最终的成熟阶段。在这一时期，重点是维持平稳高效的发展进程。

（3）不变的价值主张与持续扩展的商业模式

智脑致力于构建基于知识图谱的医疗智慧病历，一方面在诊前，减轻医院分诊压力，进行精细化分管；另一方面在就诊时，辅助医生做出诊断决策，并推荐用药，避免不合理用药。

为解决以上问题，智脑确立了"使分诊和诊断更高效、更精确"的价值主张，并始终坚持与加以弘扬。通过提供丰富的可视化展示界面，以及强大的分析功能，可快速将分散的海量医疗数据进行智能关联和分析挖掘，并将全量数据归一为医生、患者理解熟悉的语言和图形，最大化还原医疗数据的本质。这种对企业价值主张的坚守，使得智脑公司能长期保有优势区间，赢得用户的信任，在医疗领域占得一席之地。

同时，为了迎合消费者随着时间变化的需求和偏好，匹配企业发展的脚步，以及敏锐抓住技术的快速发展为企业提供的新盈利机会，企业需要在保证自身主体盈利模式的前提下，对其他新兴盈利模式进行扩展。智脑公司在企业不同的发展时期，采取了不同的盈利模式。

① 初创期盈利模式

a.产品与定制化：本产品调用次数由医院选择包月购买或按次出售，具体价格将参考医院的用量、营收、城市等进行差异化定价；同时，院方可以根据医生的需求提出定制化的要求，智脑公司将成立专门的项目组根据院方具体痛点优化对应算法，并收取相应的技术迭代费用。

b.后期维护服务：公司将在试用期派专业技术人员上门培训医生，以便最大程度地提高合作医疗机构的判断精度和优质医疗资源的使用效益。试用期结束后，若院方仍需培训服务或是出现维护问题，公司将收取一定费用。

c.打包出售：由于本产品与挂号机器、医疗就诊系统密切相关，公司将积极寻求与挂号机器供应商的合作，采取共同盈利模式，为医院提供"1+1 > 2"的效果。

d.合作模式：本产品可与医院合作用于分诊与辅助诊断开药，即医院提供传统挂号系统，公司提供算法并开发分诊、辅诊小程序，收取体检服务费。最后按照合同议定的配额进行分成。

② 成熟期盈利模式　在公司运营状况、财务状况稳定之后，产品建立了一定的影响力并留存了一定数量的核心用户，在保持并发展前期盈利模式的情况下，实现公司盈利模式的多元化发展。

比如与医学院合作，提供针对高校研究的教育版定制化系统。未来智脑将构建教育病例数据库，该数据库将收录实际产品应用中的最常见病例、合作医疗机构发现的疑难杂症/易误判病例，并且纳入药物关系网络、药物属性及对应病症等，从而方便、快速、有效地锻炼学生的实际诊断能力、药物应用能力。

企业如果只依赖一种收入来源，当市场需求下降或竞争加剧时，可能面临严重风险。智脑公司这种对盈利模式的有计划扩张，有助于分散收入来源、增加客户黏性以及延长产品生命周期。

"智律"智能合同以及"智脑"平台的成功案例为我们提供了宝贵的经验启示。首先，技术与市场的完美结合是项目成功的关键。团队不仅要具备扎实的技术基础，还要深入了解市场需求和变化，以技术驱动市场创新。其次，团队构建与发展是项目成功的核心。一个多元化、专业互补、紧密协作的团队能够为项目的快速发展提供有力支持。最后，领导力和团队合作精神也是项目成功不可或缺的因素。优秀的领导者能够带领团队明确目标、分工协作；而良好的团队合作精神则能够激发团队成员的积极性和创造力，共同推动项目的成功。

参考文献

[1]　海尔集团. 领导力发展手册 [EB/OL] . [2024-11-21] . https: //zhuanlan.zhihu.com/p/658634256.

[2]　36氪的朋友们. 腾讯组织架构调整这一年-36氪 [EB/OL] . (2019-09-19) [2024-11-

23］．https：//www.36kr.com/p/1724386754561.

［3］ BOYLE G J. Myers-briggs type indicator（MBTI）：some psychometric limitations ［J］．Australian Psychologist，1995，30（1）：71-74.

［4］ 张德．企业文化建设［M］．4版．北京：清华大学出版社，2023.

［5］ 程斌．组织内部的创造性冲突管理［J］．中外企业家，2016（4Z）：127-128.

［6］ 高效团队建设：提升团队凝聚力与执行力的方法_目标_协作_沟通［EB/OL］．［2024-11-23］．https：//www.sohu.com/a/773722555_100249013.

［7］ 曾懋．构建企业的动态激励体系［J］．销售与管理，2010（1）：73-74.

［8］ 张瑨瑄．科大讯飞段大为：探索AI赋能企业管理的新路径［EB/OL］．［2025-03-21］．https：//tech.chinadaily.com.cn/a/202111/11/WS618cc9baa3107be4979f7b9a.html.

［9］ 中国安全科学学报．企业安全生产管理责任矩阵应用［EB/OL］．［2024-11-23］．http：//www.cssjj.com.cn/CN/Y2010/V20/I1/118.

［10］ 于肖楠，张建新．韧性（resilience）——在压力下复原和成长的心理机制［J］．心理科学进展，2005，13（5）：658-665.

［11］ 杨彭，张捷．设计思维在突破式创新中的框架构建［J］．艺术设计研究，2023（6）：94-99.

［12］ 杨付，张丽华．团队沟通、工作不安全氛围对创新行为的影响：创造力自我效能感的调节作用［J］．心理学报，2012，44（10）：1383-1401.

［13］ 职场中的多元化与包容性：塑造更包容、更高效的团队_多元化的职业尝试的定义-CSDN博客［EB/OL］．［2025-03-21］．https：//blog.csdn.net/AquaDream/article/details/135214517.

［14］ 张志学，鞠冬，马力．组织行为学研究的现状：意义与建议［J］．心理学报，2014，46（2）：265-284.

［15］ 胡盛泽，杨华利，黄涛，等．基于情境-认知-技术三重视角的智能测评诊断框架，实践和应用［J］．远程教育杂志，2023，41（4）：45-55.

［16］ 孙晖．文化裂变：成长型企业文化建设指南［M］．北京：机械工业出版社，2024.

第7章
激活政策与资源的潜力

7.1　政策红利：分析与把握

在工科教育领域，政策红利不仅仅指向经济方面的收益，更涉及教育质量提升、科研成果转化和技术创新生态的构建等方面。有效把握政策红利，需要从宏观政策环境和微观执行策略两方面进行深入分析。

7.1.1　深度解析创新创业政策

（1）政策背景与目标

工科创新创业政策的背景是我国为提升自主创新能力、推动经济增长方式转型、加速从制造大国向制造强国转变而制定的战略举措。这些政策的目标是通过提供科研资金支持、建设技术孵化器，以及促进产学研合作，建立健全的创新创业生态系统，推动科技成果转化，培育具有国际竞争力的高科技企业和高素质工科人才，以增强国家在全球科技和产业中的竞争力。

我国正处于全球科技竞争日益激烈的状况下，为了在新一轮科技革命和产业变革中占据有利地位，国家发展战略的核心转向了创新型国家建设。这一战略旨在通过提升国家创新体系的能力，推动经济结构转型升级，实现可持续发展。

在这一过程中，工科人才扮演着至关重要的角色。他们是科技创新的推动者，具备将科学理论转化为实际应用的能力，是科技进步的关键。同时，工科人才也是产业升级的引领者，通过技术创新引领产业发展，提高产业链的附加值。此外，他们还是创业生态的构建者，能够创办高科技企业，促进科技成果转化。

为了培养和吸引更多具有创新精神和创业能力的工科人才，我国需要采取一系列措施。首先，要深化教育体制改革，培养跨学科、复合型工科人才。其次，加强科研平台建设，为工科人才提供良好的科研条件。同时，出台政策激励措施，如税收优惠、资金支持等，以激发工科人才的创新和创业热情。

因此，工科创新创业政策在我国的制定是基于经济发展、科技进步和全球竞争激烈等多方面因素的考量，这些政策为工科人才提供了创新创业的土壤和动力。良好的创新环境和政策支持为工科人才提供了实践和成果转化的舞台，进而促进经济结构的优化和国际竞争力的提升，共同推动中国向创新型国家迈进。

（2）关键政策措施

我国近年来出台了一系列与工科创新创业相关的政策，旨在推动科技成果转化，提升创新能力，培育创新创业生态系统。这些政策在科研资金、技术孵化器、产学合作等方面提供了多层次支持，形成了一个全面的支持体系，帮助工科创新创业项目克服从研发到市场化的多重挑战，推动形成一种持续健康的创新创业环境。

① 科研资金和创业支持　政府通过设立科研资金、提供税收优惠等多元化渠道，大力支持工科领域的创新创业活动。这些措施包括增加对基础研究和应用研究的财政投入，鼓励企业、高校和科研机构协同创新，以及为初创企业提供资

金补贴、贷款担保和创业指导等服务。在科研资金和创业支持方面的主要政策如表7-1所示。

表7-1 国家科研资金和创业支持的主要政策

政策及措施	内容
国家自然科学基金	通过为高校和科研人员提供资金支持，助力基础科研的推进与应用研究的开展，特别是在工科领域的关键技术研究和新兴领域创新
国家科技重大专项	如"863计划"和"973计划"等专项计划，集中力量突破新一代信息技术、先进制造、新材料等工科前沿领域的核心技术，为创业项目提供研发支持
高新技术企业认证与支持	经过国家认证的高新技术企业可以享受企业所得税减免、研发费用加计扣除等优惠政策，降低运营成本，激励企业进行创新研发
创新创业专项资金	各地政府设立创新创业专项资金，为本地的创新企业和初创工科公司提供资金匹配、贷款贴息等支持，还包括对在孵企业的租金补贴和初创项目资助
中小企业创新基金	科技部等部门设立创新基金，资助科技型中小企业的创新项目，促进科技成果商品化和产业化
政府引导基金	政府通过设立引导基金，吸引社会资本投资科技型初创企业，助力工科领域的创新创业项目
科技部重点研发计划	科技部通过重点研发计划，为符合条件的研发项目提供资金支持，目标是突破关键技术，培育新兴产业，推动科研成果转化
"双创"专项政策	根据"双创"政策，各地纷纷出台专项政策，为创业团队提供租金补贴、贷款贴息、创业培训补助等多方面财政支持
高校科技成果转化支持	政策鼓励高校建立成果转化基金，通过项目投融资、科技成果拍卖等形式，直接支持工科领域创新创业
金融支持措施	金融机构在政策引导下，为科技型企业提供信贷支持和融资担保，缓解初创企业融资难的问题

其中，国家自然科学基金主要鼓励基础研究和应用研究，特别是面向战略性新兴产业和国计民生的优先领域。国家自然科学基金的设立，旨在强化基础科学研究，促进科技创新。通过资助研究项目，为科研人员提供了探索新知识、新技术的机会，这对于初创企业来说尤为重要。例如"先进IC制造装备基础前沿"项目是国家自然科学基金指南引导类原创探索计划项目之一，旨在推动先进IC制造装备领域的基础研究和技术创新。

而国家科技重大专项是一系列针对高技术产业发展的计划，覆盖信息技术、新能源、智能制造等关键领域。这些专项直接支持工科创业活动，通过提供资金和资源，推动科技创新和产业发展。例如，工业和信息化部2024年8月发布《关于发布国家重点研发计划"高性能制造技术与重大装备"等16个重点专项2024年度项目申报指南的通知》。针对智能制造、新能源材料、信息技术等工科关键领域的研究项目，中央财政经费投入数亿元，用于支持基础前沿研究、技术开发、产业化等多个方面。

这些政策的实施，不仅为工科技术创新提供了资金保障，也为创业者搭建了从实验室到市场的桥梁，有效推动了科技成果的转化和产业升级。

② 技术孵化器和创新平台　我国政府高度重视通过建立技术孵化器和创新平台来培育工科创业项目。这不仅为初创企业提供了良好的成长环境，也推动了科技成果的转化和产业链的延伸。

政府通过为企业提供国家级科技企业孵化器和众创空间（图7-1）认证和支持，旨在规范和提升孵化器服务质量，更好地支持高新技术企业的发展。政府设立专项资金支持孵化器的发展，并对符合条件的孵化器和创新企业提供税收优惠政策。这鼓励了更多社会资本进入创新创业领域，降低了创业成本。为吸引潜力高的创新创业项目，政府通过补贴形式降低孵化器内企业的运营成本，使初创企业能够在资金压力较小的情况下进行技术研发和市场拓展。

图7-1　国家级孵化器和众创空间

国务院2017年9月发布的《国家技术转移体系建设方案的通知》旨在打造从科研到市场的一站式技术转移流程，以促进科技成果持续产生，推动科技成果扩散、流动、共享、应用并实现经济与社会价值。高校和科研院所被鼓励设立专职机构，以促进研究成果向市场产品的转移。这种技术转让活动通过专业化管理和运作，可以有效缩短科技成果的市场化周期。

例如，苏州工业园区（图7-2）在科创载体建设方面取得了显著成效。园区内已建成苏州生物医药产业园、纳米城、人工智能产业园等多个国资产业载体，占地面积约1600万平方米。这里集聚了40家省级以上科技企业孵化器和89家省级以上众创空间，成为培育科技型小微企业和高新技术企业的关键平台。

③ 产学合作和协同创新　政策强调推动高校与企业的深度合作，旨在通过整合学术研究与产业实践的资源优势，提升创新创业的整体能力。这种合作模式不仅促进了科研成果的快速转化和应用，还为工科创业者提供了实践平台、技术支持、市场对接等多维度的帮助。

图7-2 苏州工业园区

国务院办公厅2017年12月发布的《关于深化产教融合的若干意见》为工科创业提供了强有力的政策支持。该政策鼓励高校与企业共建实验室、研发中心，不仅为培养应用型工科人才创造了条件，也为工科创业者提供了实践的平台和资源。政府通过提供政策和资金支持，促进了教育链、人才链与产业链、创新链的有机衔接。例如，清华大学与华为共建的"清华-华为联合实验室"，在通信技术、人工智能等领域开展深度合作，推动了多项技术创新和产品开发。

"校企合作"旨在支持企业与高校联合开发关键技术，推动其产业化应用。这种合作模式为工科创业者提供了将科研成果转化为市场产品的直接路径。例如，杭州电子科技大学与阿里巴巴的合作历史悠久，双方在人才培养、科研合作、社会服务等方面建立了深厚的合作基础。杭州电子科技大学利用其在信息技术领域的优势，与阿里巴巴共同推动了云计算和大数据技术的发展。这些技术的应用不仅提升了电子商务的效率和智能物流的精确性，还促进了相关产业的创新和发展。

国务院2018年9月发布的《关于推动创新创业高质量发展打造"双创"升级版的意见》提出了推动科研院所、高校和企业协作创新的措施，为技术创新和创业提供了协同支持。这种多方协作的模式，为工科创业者提供了更为广阔的创新空间和资源网络。中国科学院与北京航空航天大学以及多家企业合作，共建了"智能制造创新中心"，在机器人技术、智能装备制造等领域取得了显著成果，推动了相关企业的技术创新和产业发展。

"双创"示范基地是政府推动创新创业升级的重要抓手，通过政策支持和资金投入，形成了有别于传统孵化器的全链条支持体系。基地内通常设有专门的创业教育和加速项目，通过导师指导、集中培训、投资对接等方式，帮助初创团队快速成长。而这些基地也鼓励高校与企业共同进行技术开发和商业化工作，从而实现"产学研"一体化，带动区域技术创新能力的整体提升。例如，杭州电子科技大学与中国移动（浙江）创新研究院合作，推动了多项工科科研成果的转化，如人工智能领域的创新项目。通过共建"九天"人工智能创新创业实践基地，杭州电子科技大学与中国移动（浙江）创新研究院在创新科技成果转化、创新创业项目孵化、创新创业活动举办及技术成果展示等方面开展了深入合作。

（3）政策结构与实施机制

工科创业政策的执行结构需要教育机构、企业和政府三者之间的密切协同合作。这种合作关系不仅影响政策执行的有效性，还对工科教育体系产生了深远的影响。

① 教育机构：技术研发与人才培养平台　教育机构，尤其是工科院校，承担着基础研究与高级人才培养的重任。大学和研究机构是技术创新的重要发源地，通过开展前沿科学研究和应用技术开发，为工科创业提供了新的知识和技术基础。许多高校设有科技园、孵化器和创业中心，为学生及校友提供了创业平台、技术支持和资源共享。这些设施不仅提供了实践机会，还鼓励学生将创新思想转化为商业成果。在国家政策影响的背景下，工科教育机构也在不断调整课程设置，增加创业课程和实践项目，培养学生的创新精神和创业能力。

② 企业：市场需求导向与技术应用载体　企业是技术应用的最终场所，对于工科创业而言，它们起到了连接市场需求与技术可能性的关键桥梁作用。企业提供实际的应用场景和技术反馈，帮助科研成果更好地适应市场需求。企业与高校合作，通过共建实验室、合作研发项目和提供学生实习等方式，推动技术转化和人才培养。企业的实际需求可以引导科研项目的方向，使其更具市场价值。许多企业拥有创投基金，积极投资于科技初创企业，为其提供资金支持和产业指导，推动创新项目的商业化。

③ 政府：政策制定与资源配置者　政府在政策层面制定战略目标，为工科创业提供法规保障和执行指导。同时，通过财政拨款、税收减免和专项资金，政府扮演着资源配置者的角色，以支持创新项目的发展。政府通过建立公共技术服务平台、科技园区和认证孵化器，为工科创业构建良好的外部环境，引导创业资源的有效配置。同时，政府负责监督政策执行效果与资源使用效率，通过绩效评估和政策调整，确保工科创新创业政策的初衷得以实现。

展望未来，随着产业技术需求的变化，工科创新创业政策可能更加注重深化产学研结合，促进知识流动和技术转移，进一步推动高校成为区域创新中心。尤其是随着数字化转型的深入，未来将在政策中加强对数字技术和智能化创新的支持，鼓励高校培养数字化时代的工程人才。

7.1.2　政策实施效果的评估与反馈

（1）效果评估框架的构建

工科创新创业政策实施效果评估框架的构建，旨在通过对政策投入、产出、效果、影响及可持续性等方面进行全面评估与反馈，形成一套科学、系统的评价体系，以量化与定性相结合的方式准确把握政策实施成效，及时发现不足，为政策调整与优化提供有力支持，进而推动工科创新创业活动的深入发展。

① 评估原则　在构建工科创新创业政策实施效果的评估框架时，核心的指导原则有助于确保评估的有效性、公正性和实用性。这些原则不仅提供了评估的理论基础，也帮助确保评估过程具有可行性和一致性。

a.科学性原则：依靠经过验证的理论和分析方法来进行评估，确保所使用的方法和指标经过科学研究的验证。科学性确保评估结果的准确性和可信性，帮助政策制定者理解实际效果，而不是得到失真的信息。

b.系统性原则：政策的影响是多层次和多方面的，因此评估应系统地涵盖从投入到产出以及最终影响的全过程。系统性使评估能够全面考虑各种因素之间的复杂互动，确保对政策效果的全面理解。

c.相关性原则：评估指标应直接与政策目标挂钩，以确保所测量的因素真正反映政策影响力和成功度。相关性保证评估过程聚焦于政策的核心目标，避免不必要的数据冗余和资源浪费。

d.可操作性原则：评估框架应设计得易于实施，包括能够获取的数据和简单明了的评估程序。可操作性确保评估不但在理论上可行，而且在实际中易于执行，确保评估在限制条件下能有效开展。

e.动态性原则：评估框架应该灵活，以适应技术发展和市场变化。动态性允许评估模型根据新的信息和条件进行调整，使其始终与最新的背景和需求保持一致。

② 评估指标体系　评估指标体系（图7-3）是框架的核心部分，定义了具体进行测量和分析的参数。这些指标需要涵盖政策的各个方面，从资源投入到最终社会影响，并应该量化和定性地反映政策的各项预期目标。

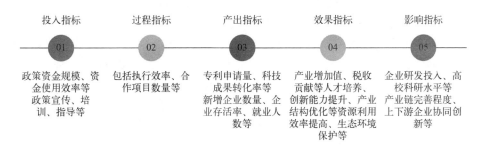

图7-3 评估指标体系

a.投入指标：衡量政策投入的资源，如资金、人力和技术设备。通过分析投入指标，可以评估资源配置的合理性和到位程度，了解政策实施的基础支持是否充分。

b.过程指标：关注政策的实际执行情况，包括执行效率、合作项目数量等。这类指标有助于分析政策实施过程中可能出现的障碍与优化空间，从而评估过程管理的有效性。

c.产出指标：产出指标主要测量政策实施后的直接成果，如新成立的企业数量和研发成果。产出指标为评估政策短期成效提供了具体的量化数据，直观展示了政策的直接影响。

d.效果指标：测量政策的进一步影响，如企业盈利增长和市场占有率提高。效果指标可以帮助理解政策对创新创业生态的激励作用，评估中长期影响。

e.影响指标：最终影响指标关注政策对整体社会和经济的更广泛影响，这包括对GDP的贡献、科技水平提升和社会可持续发展。这些指标通常比较综合，反映出政策带来的深远影响。

③ 数据收集与方法论　数据收集与方法论部分确保评估基于可靠的数据和分析技术。有效的数据收集和分析方法有助于得出可信且可操作的结论，为政策调整提供坚实基础。

数据收集包括获得定量数据和定性数据，通过统计数据、报告、访谈等方式，为评估提供基础信息。全面且准确的数据收集是评估活动有效进行的前提。定量数据是指利用统计数据和财务数据等获取客观信息，如企业成立数、专利数量等，以便量化政策效果。定性数据通过案例分析和专家访谈等获取主观评估，了解政策运行过程中难以量化的因素与影响。而长期跟踪数据是指建立持续的数据收集机制，确保能够监测政策效果的动态变化，跟踪长期影响。

选择合适的分析方法，如统计分析、比较分析和案例研究，确保能够有效解释数据并从中得出有意义的结论，有助于揭示数据内在的关系和政策效果的因果机制。统计分析方法是指使用回归、因子分析等技术分析数据，识别影响关系和趋势。比较分析方法是指通过与参考组或历史数据比对，评估政策效果的相对变化。案例研究方法是指深入分析特定案例，有助于从微观角度理解政策实施的具体细节和效果。

（2）反馈机制的建立与优化

建立与优化反馈机制是确保工科创新创业政策在实施过程中能够不断调整和完善的重要环节。作为政策执行的关键组成部分，反馈机制可以有效地收集和分析利益相关者的意见和经验，进而指导政策的动态调整，以适应变化的需求和环境。

① 反馈渠道　在工科创新创业政策的实施反馈中，建立多元化的反馈渠道至关重要。这意味着不仅要通过传统的问卷调查和意见箱收集学生、教师、企业及校友的意见，还应充分利用网络平台和移动应用，打造一个即时、互动的沟通环境。这样的渠道能够让工科院校、创业者和政策制定者之间实现信息的无缝对接，确保政策执行的不足能够被及时发现，从而为政策的完善提供有力的信息支持。

在我国一些创新创业示范高校的项目中，广泛采用了业内专家咨询委员会制度，使专家可以直接向学校管理层反馈意见，并通过研讨会、高校企业联盟等方式维持与企业之间的持续对话。这些措施确保了教育项目能够不断调整以反映最新的行业趋势和技术前沿。

② 反馈分析与处理　对于收集到的反馈进行系统分析，是政策调整的重要依据。这要求采用科学的方法，如数据挖掘、趋势分析等，来识别政策执行中的问题和不足。通过对反馈信息的深入分析，可以更准确地把握政策的影响力和实施效果，为后续的政策调整提供精准的依据。

③ 反馈结果的运用　反馈结果的运用是工科创新创业政策实施反馈机制的关键环节。将收集和分析后的反馈结果用于政策的调整和优化，能够显著提高政策实施的有效性。这意味着政策制定者需要根据反馈结果，及时调整政策内容、改进实施

策略，并通过持续的跟踪评估，确保政策能够更好地服务于工科创新创业活动，促进整个生态系统的健康发展。

7.1.3 个性化政策支持策略

个性化政策支持策略在创新创业环境中扮演着关键角色，尤其是在高校工科教育中。通过识别和满足特定需求，精确制定的政策可以有效促进创新活动的开展。

（1）高校工科创业需求分析

通过对高校工科创业需求的详尽分析，政策制定者能够有针对性地提供支持，确保政策资源被合理高效利用，从而极大提升创新创业活动的成果质量。这一策略不仅有助于提升高校创新能力，也能够在更广的范围内推动社会经济的发展。

① 教育与市场需求对接　高校工科专业的设置需要紧密对接市场需求，以确保培养的人才能够满足社会发展的需要。通过分析工科专业与当前市场需求的契合度，政策制定者可以确定哪些学科方向需要额外的政策支持，以弥补差距、促进有效的人才输送。

哈尔滨工业大学积极响应人工智能技术发展的趋势，成立了人工智能学院，并开设"AI+先进技术领军班"，致力于智能机器人、智能控制与决策等关键领域的深入研究。该学院依托哈工大在工程技术领域的深厚背景，通过跨学科合作，推动了人工智能技术在制造业、自动化等行业的广泛应用。同时，学院积极与国内外知名企业建立合作关系，为学生提供了丰富的实践机会和就业渠道，有效促进了AI技术从实验室到实际应用的转化。

② 学生与教师创业需求　在制定个性化政策支持策略时，了解工科学生和科研人员的创业兴趣和需求是至关重要的。通过调研，可以识别出哪些领域的创业活动最活跃，以及哪些方面存在障碍需要政策介入力图解决。

以华南理工大学为例，学校针对学生和教职工进行了广泛的创业需求调研，发现许多学生有强烈的创业意愿，但缺乏实践经验和商业运营知识。同时，教师在科技成果转化方面也遇到融资和市场分析的瓶颈。针对这些问题，华南理工大学启动了"实践出真知"项目，为学生提供创意工坊和企业孵化器，并为教师提供商业计划辅导和法律咨询服务（图7-4）。

（2）定制化支持方案设计

在高校环境中，设计定制化支持方案是促进创新创业活动的关键因素之一。高校不仅承担着教育和研究的任务，还逐渐成为创新和创业的重要源泉。因此，为了推动创业活动的成功和扩大影响力，政策制定者需要关注特定项目和人才的具体需求，从而设计出精确的、量身定制的政策。

① 战略资源配置　根据创业项目的需求，提供灵活的资源支持。例如，一些技术密集型项目可能需要高端实验设备和技术咨询，而其他类型的项目可能需要市场研究支持和商业化指导。

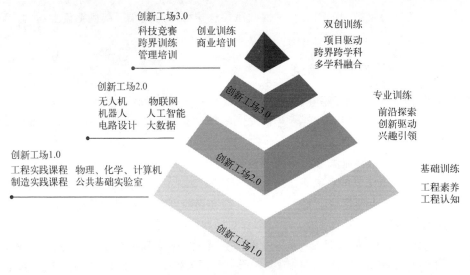

图7-4 华南理工大学创新工场

② 灵活的资金支持　通过创建不同类型的资金支持机制（比如种子资金、成长资金和风险投资）来满足初创项目在不同发展阶段的融资需求。这种资金支持策略可以帮助团队应对关键的财务挑战，从而专注于创新和市场拓展。

③ 个性化的指导与培训　提供量身定制的培训项目和辅导服务，以满足创业者在商业计划书撰写、市场进入策略以及法律财务咨询等方面的具体需要。比如，由有经验的创业导师或成功的校友担任导师，可以大大提升学生和教师创新创业的成功概率。

④ 产业对接与合作　促进高校与行业的深度合作，通过校企合作项目和实习计划，学生和科研人员能够在真实的产业环境中检验和优化他们的创新想法。

例如，中山大学科技园（图7-5）提供基于具体需求的定制化支持，帮助科研成果实现商业化。这些支持通常包括专业实验室的免费使用、对接风险投资以及定期地举行创业研讨会与推介会，有效地将校内的科研成果迅速推向市场。中山大学科技园不仅推动了多个创新项目的商业化进程，还为广东省带来了高技术就业岗位，成为当地高校推动产业技术升级的成功范例。

（3）实施机制与资源整合

在高校推进创新创业过程中，实施机制与资源整合是实现高效率与高效益的关键。通过搭建校企合作平台和优化校内外资源整合，高校可以大大增强其创新能力和科技成果转化率，为学生和教师提供更有力的支持。

① 校企合作平台搭建　建立高校与产业界的合作平台是高校推动技术创新和成果转化的重要途径。这样的平台不仅能够促进项目合作，还能够通过开放交流和资源共享实现技术的实际应用。政策重点应该放在鼓励产学研合作，使得学术研究能够快速适应市场需求，实现更高的经济和社会价值。

(a) 众创空间联合办公区

(b) 众创空间独立办公区

(c) 孵化器

(d) 加速器

图7-5　中山大学科技园

东南大学通过设立"东南大学、未来科技城基础设施安全低碳与智慧校企协同创新综合体"，与多家企业成功搭建了合作桥梁。该综合体定期举办产学研对接会，邀请企业参与高校科研项目的评估和开发。这种深入合作使企业能够直接从学校的科研成果中获益，同时也为学生和教师的项目提供了商业化渠道。

② 校内外资源整合　合理优化高校内部资源配置，并与外部资源（如政府基金、风险投资）有效对接，是提高创新创业项目成功率的重要策略。通过整合各种资源，可以为创新团队提供更多的支持，帮助其克服创业活动中的关键制约因素。

上海交大在校内外资源整合方面提供了一个成功范例。学校不仅充分利用自己在科研和教育资源方面的优势，还积极争取外部支持，与上海市政府、当地企业和国际风投机构建立了紧密的合作关系。尤其是在争取政府基金和风险投资方面，上海交大通过设立"交大创投基金"，为校友的初创企业以及在校孵化项目提供财政支持。这项基金为高校科技成果的市场化提供了强有力的金融支持，在此支持下，一个基于人工智能的医疗诊断项目迅速发展成了被主流医院采用的产品，为整个医疗行业带来了实际收益。

7.2　政府支持：应用与拓展

在工科学生的创业道路上，政府的支持如同一股强劲的助力，为创业者们提供了资金、政策、资源等多方面的扶持。本节将深入探讨政府资助计划的获取策略，帮助工科学生更好地理解和利用这些宝贵的资源，铺平创业道路。

7.2.1　政府资助计划的获取策略

政府资助计划是工科学生创业过程中不可或缺的一部分。为了成功获取这些资助，创业者们需要掌握一套系统的获取策略。

(1) 资助计划的信息搜集与筛选

① 信息搜集　工科学生首先需要通过多种渠道搜集政府资助计划的信息。这些渠道包括但不限于：

a.政府官方网站：如科技部、人力资源和社会保障部、国家发展改革委等部门的官方网站，这些网站会定期发布最新的资助政策、项目指南和申请通知。

b.创业服务平台：如各地创业中心、孵化器、加速器等，它们通常设有专门的政策咨询和资助申请服务。

c.行业协会和学会：这些组织经常与政府部门合作，提供资助计划的宣传和推广。

d.社交媒体和论坛：关注创业相关的社交媒体账号和论坛，可以获取其他创业者分享的经验和资讯。

在搜集信息时，工科学生应特别关注资助计划的类型、申请条件、资助额度、申请时间等关键信息。

② 信息筛选　面对海量的资助计划信息，工科学生需要进行有效的筛选。首先，根据自己的创业领域和项目特点，筛选出与自身相符的资助计划。其次，对比各个资助计划的申请条件、资助额度和申请难度，选择最适合的计划进行申请。

(2) 申请材料的准备与申请技巧

① 申请材料准备　申请政府资助计划需要提交一系列的材料，这些材料通常包括：

a.项目计划书：详细阐述项目的背景、意义、技术方案、市场前景等。

b.企业资质证明：如营业执照、税务登记证等。

c.团队介绍：包括团队成员的学历、专业、工作经验等。

d.财务报表：如资产负债表、利润表等，用于评估项目的财务状况和盈利能力。

在准备申请材料时，工科学生应确保材料的真实性、完整性和规范性。同时，注意材料的排版和格式，使其更加易于阅读和理解。

② 申请技巧

a.突出亮点：在申请材料中突出项目的创新性和市场前景，以及团队的技术实力和执行能力。

b.数据支撑：用具体的数据来支撑项目的可行性和预期效益。

c.逻辑清晰：确保申请材料的逻辑清晰、条理分明，使评审专家能够轻松理解项目的核心内容和优势。

(3) 申请流程与跟进管理

① 申请流程　政府资助计划的申请流程通常包括以下几个步骤：

a.注册与登录：在指定的申请平台上注册账号并登录。

b.填写申请信息：按照要求填写项目的基本信息、技术方案、市场前景等。

c.上传申请材料：将准备好的申请材料上传至平台。

d.提交申请：确认无误后提交申请，并等待审核结果。

② 跟进管理　在提交申请后，工科学生需要密切关注申请进度。一旦收到审核反馈或需要补充材料的通知，就及时响应并按照规定进行修改和补充。同时，与申请平台保持沟通联系，了解申请的最新进展和可能的结果。

（4）资助资金的有效使用

① 资金使用规划　在获得政府资助后，工科学生需要制订一份详细的资金使用规划。这份规划应明确资金的使用方向、使用额度、使用时间等，确保资金能够合理、有效地用于项目的研发、生产、市场推广等方面。

② 资金管理　在资金的使用过程中，工科学生需要建立健全的资金管理制度。这包括设立专门的账户用于管理资助资金、定期进行资金审计和财务报告、严格遵守相关法律法规和财务规定等。通过有效的资金管理，可以确保资金的安全性和合规性。

③ 资金效益评估　为了评估资金的使用效益，工科学生可以设定一些具体的指标和目标，如项目的研发进度、产品的市场占有率、企业的盈利能力等。通过定期对这些指标进行监测和评估，可以了解资金的使用效果，并及时调整资金使用规划。

（5）案例分析：政府资助武汉依迅北斗时空技术股份有限公司

① 背景介绍　武汉依迅北斗时空技术股份有限公司（简称"依迅北斗"）是一家由多名工科学生共同创立的高科技企业，专注于北斗导航技术的研发和应用。

② 政府资助的获取　在创业初期，依迅北斗面临着技术研发、市场推广等多方面的挑战，资金压力巨大。为了缓解资金压力并推动技术创新，依迅北斗积极申请并成功获得了多项政府资助计划的支持，包括国家及地方政府的创业扶持资金、科技创新基金等。

a.国家级资助。

●工信部物联网示范项目。

项目名称：基于北斗定位地图的车路协同智能驾驶示范项目。

入选时间：2021年。

资助内容：该项目入选了2021年工信部物联网示范项目名单，标志着依迅北斗在物联网领域的技术创新和应用得到了国家层面的认可。作为示范项目，依迅北斗有望获得工信部的资金、政策和技术支持，以推动该项目的进一步研发和应用。依迅北斗时空技术股份有限公司的无人驾驶接驳车见图7-6。

项目意义：该项目旨在通过北斗定位地图与车路协同技术的融合，实现智能驾驶的精准定位和安全行驶，对于提升我国智能交通系统的整体水平具有重要意义。

●国家级"专精特新"重点"小巨人"企业。

入选时间：2022年。

资助内容：依迅北斗成功入选了国家级"专精特新"重点"小巨人"企业名单，这是对公司在北斗导航领域专业化、精细化、特色化、新颖化发展成果的肯定。根据财政部、工业和信息化部印发的《关于支持"专精特新"中小企业高质量发展的通知》，入选企业将获得中央财政的奖补资金支持，以推动其高质量发展。

图7-6 依迅北斗时空技术股份有限公司的无人驾驶接驳车

资助金额与用途：虽然具体资助金额未公开披露，但根据通知内容，中央财政将在2021~2025年期间累计安排100亿元以上奖补资金，支持1000余家国家级专精特新"小巨人"企业高质量发展。这些资金将用于支持企业的技术创新、市场拓展、人才培养等方面。

项目意义：入选国家级"专精特新"重点"小巨人"企业名单，不仅提升了依迅北斗的品牌影响力和市场竞争力，还为其带来了宝贵的资金和政策支持，有助于公司进一步巩固和扩大在北斗导航领域的领先地位。

b.地方级资助。

●湖北省及武汉市的创业扶持政策。

资助背景：作为湖北省和武汉市的高新技术企业，依迅北斗享受到了地方政府提供的多项创业扶持政策。

资助内容：这些政策包括资金补贴、税收减免、人才引进等多个方面，为公司提供了全方位的支持。

●湖北省服务型制造示范项目。

资助背景：依迅北斗的"基于北斗精准时空大数据的智慧城市服务平台"项目，因其服务创新性和行业影响力，成功入选了湖北省服务型制造示范项目名单。

资助内容：该项目获得了湖北省人民政府的资金支持和政策推广，用于推动北斗精准时空大数据在智慧城市领域的应用。基于北斗精准时空大数据的智慧环卫综合监管云平台见图7-7。

图7-7 基于北斗精准时空大数据的智慧环卫综合监管云平台

●武汉市"千企万人"支持计划。

资助背景：依迅北斗还积极参与了武汉市"千企万人"支持计划的申报，并成功获得了相关支持。

资助内容：该计划旨在引进和培养高层次人才，为公司提供人才引进和培养的资金支持。

武汉依迅北斗时空技术股份有限公司在国家级资助的助力下，不仅获得了宝贵的资金支持，还享受到了政策方面的诸多优惠。这些资助为公司的技术创新、市场拓展和人才培养提供了有力保障，推动了公司的快速发展和壮大。同时，依迅北斗的成功案例也为其他企业在申请国家级资助方面提供了有益的借鉴和启示。武汉依迅北斗时空技术股份有限公司的产品之核心部件系列部分产品见图7-8。

高精度一体化GNSS接收机　　单北斗高精度全频低功耗模组　　高精度高可靠性组合导航模组

高精度双频低功耗模组　　　　北斗三号数传终端　　　　高精度GNSS一体化基准站

图7-8 武汉依迅北斗时空技术股份有限公司的产品之核心部件系列部分产品

7.2.2 公共服务平台的最大化利用

公共服务平台作为政府支持企业成长和技术创新的重要组成部分，为工科学生创业提供了宝贵的资源支持。这些平台涵盖了技术研发、市场推广、创业培训、投融资对接等多方面资源，有助于初创团队在成长初期减少运营成本，提高运营效率，并获得持续成长的机会。

（1）平台资源与服务概览

公共服务平台作为支持创新创业的重要载体，致力于为广大创业者提供一系列丰富多样、高效实用的资源与服务，其覆盖范围广泛，旨在全方位助力创业项目的孵化、成长与壮大。具体而言，这些资源与服务可细分为以下几个核心领域：

① 先进技术资源　为了降低创业初期的技术门槛和成本负担，许多公共服务平台特别设立了先进的研发实验室，并提供技术设备的租赁服务。这些设备往往涵盖了从基础科研到高精尖技术的全方位需求，使得工科背景的学生创业者能够以极低的成本甚至完全免费的方式，接触并使用到行业前沿的高端实验仪器与生产设备。这一举措极大地推动了产品创新与技术验证的进程，为创业项目的快速迭代与优化奠定了坚实基础。

② 全面信息资源库　平台通过整合行业内外多方资源，构建起了一个庞大的信息资源库。其不仅包含了最新的行业研究报告、市场动态数据、政策法规文件，还紧跟技术发展趋势，提供前沿技术动态与案例分析。创业者可以通过该平台，快速获取到关乎项目生死存亡的关键信息，从而更加精准地把握市场脉搏，制订科学合理的战略规划。

③ 专业培训与深度咨询服务　针对创业者在创业过程中可能遇到的各种挑战与问题，平台精心设计了系列化的创业培训课程，内容涵盖创业基础理论、商业模式构建、市场营销策略、财务管理等多个维度。同时，还提供一对一的政策解读、项目管理指导、知识产权保护咨询等专业服务，帮助创业者有效规避风险，提升项目管理能力，保护自身创新成果。

④ 多元化市场推广支持体系　为了提高初创企业的市场曝光度与品牌影响力，公共服务平台积极搭建多样化的市场推广平台。通过组织参与国内外知名展会、行业专题论坛、项目路演等活动，为创业者提供了直接展示项目成果、对接潜在客户的宝贵机会。此外，平台还可能利用自身网络资源，通过线上渠道进行项目推广，进一步扩大市场覆盖范围。

⑤ 畅通融资渠道与服务　为了解决初创企业融资难的问题，部分公共服务平台与多家投资机构建立了紧密的合作关系。它们不仅为优质项目提供直接的融资对接机会，还举办融资策略研讨会，邀请资深投资人分享融资经验，为创业者提供融资技巧培训和项目展示指导，助力创业者更有效地展示项目价值，提高融资成功率。通过这些综合措施，平台有效促进了资本与项目的精准对接，为创业企业的快速发展注入了强劲动力。

（2）平台合作与资源共享

在创新创业的广阔天地中，平台间的合作与资源共享显得尤为重要，它不仅促进了资源的优化配置，还极大地提升了创业者的成功概率。

① 平台间高效资源互通网络　各个公共服务平台之间建立起了一套完善的资源互通机制，这意味着创业者在一个平台上获取的服务和资源并不局限于该平台本身。通过平台的推荐与对接服务，创业者能够轻松地接触到其他平台的特色资源和优质服务。这种跨平台的合作模式，打破了信息孤岛，实现了资源的最大化整合与利用，为创业者提供了更为广阔的选择空间和更多的发展机遇。

② 全产业链深度合作生态　公共平台不仅关注单一环节的资源提供，更致力于构建一个涵盖研发、生产、销售等各个环节的全产业链合作生态。通过邀请不同领域的公司、科研院所加入，平台为创业者搭建了一个从创意萌芽到产品落地再到市场推广的全方位支持体系。这种深度的产业链合作，不仅缩短了产品从研发到市场的周期，还降低了创业过程中的不确定性和风险，为创业者提供了更加稳健的成长环境。

③ 活力四射的创新创业社群建设　为了营造浓厚的创业氛围和社群文化，许多平台积极打造创新创业社群，为创业者搭建了一个交流思想、分享经验的宝贵平台。通过定期组织沙龙、技术讲座、项目对接等丰富多彩的活动，这些平台不仅促进了创业者之间的深度互动，还加强了创业者与行业专家、投资人的紧密联系。这种社群文化的建设，不仅提高了信息共享和技术转移的效率，还激发了创业者的创新思维和合作精神，为创新创业生态的持续发展注入了源源不断的活力。

（3）平台活动与参与策略

公共服务平台作为连接创业者、投资人及行业专家的桥梁，定期策划并举办多样化的活动，旨在为工科学生创业者及其他创业群体提供一个广阔的展示与交流舞台。这些活动形式丰富多样，涵盖了创新大赛、项目路演、投融资对接会等多个层面，不仅为创业者提供了宝贵的展示机会，也促进了各方资源的有效对接与整合。为了更合理地参与这些活动，最大化地利用其带来的价值，创业者需要精心规划，采取以下策略：

① 明确参与目标，精准定位需求　在决定参与某项活动之前，创业者应首先进行自我审视，明确当前阶段的核心需求。这些需求可能包括但不限于：寻求资金支持以推动项目快速发展；渴望得到行业专家的技术指导，解决技术难题；抑或是希望拓宽人脉，寻找潜在的合作伙伴。清晰的目标定位能够帮助创业者更有针对性地选择活动，以及在活动中聚焦重点，高效利用有限的资源和时间，避免盲目跟风，确保每一次参与都能为项目带来实质性的帮助。

② 精心准备展示内容，凸显项目亮点　在项目展示环节，一份精心准备的项目介绍资料是吸引潜在合作方和投资人的关键。创业者需要围绕项目的核心技术优势、商业模式的创新性、市场潜力、预期的社会效益等多个维度，进行条理清晰、逻辑严密的阐述。同时，利用图表、视频、原型展示等多种手段，直观展现项目的独特

魅力和价值所在。此外，注意控制展示时间，确保在有限的时间内传达出最核心的信息，留下深刻印象。

③ 主动出击，积极互动，构建合作网络　活动的价值不仅在于展示，更在于交流与互动。创业者应充分利用活动提供的交流平台，主动与参会者建立联系，无论是投资人、行业专家还是其他创业者，都可能是未来重要的合作伙伴。通过积极参与讨论、提问、分享经验等，展现自己的专业素养和开放态度，同时倾听他人的见解和建议，从中汲取灵感和资源。在活动结束后，及时跟进有意向的合作方，通过邮件、电话或社交媒体等方式保持联系，逐步构建起稳固的合作网络，为项目的长期发展奠定坚实的基础。

（4）平台反馈与持续优化

平台的良性发展离不开用户的反馈。作为用户的创业者不仅可以为平台的资源配置、服务改进提供反馈，还可以主动参与平台的试点项目，帮助平台提升服务质量。创业者的积极反馈能够帮助平台更好地满足创业者（用户）需求，优化资源配置，增强服务效果，实现平台与创业者的共同成长。

（5）案例分析：深圳北站港澳青年创新创业中心——港澳青年创业的加速器与梦想舞台

在探讨公共服务平台如何深度助力创业，特别是针对港澳青年提供全方位支持的实践中，深圳北站港澳青年创新创业中心（图7-9）（以下简称"双创中心"）以其独特的定位、全面的服务以及显著的成效，成了一个不可多得的典型案例。

图7-9　深圳北站港澳青年创新创业中心

① 背景与定位　双创中心坐落于深圳北站交通枢纽的核心区域，自2021年初正式启用以来，便肩负着促进深港澳青年创新创业交流、推动科技成果转化、培育新兴产业的重要使命。它不仅是一个物理空间上的创新创业孵化器，更是一个集政策咨询、项目孵化、资金对接、市场拓展、人才培训等多功能于一体的综合性服务

平台。其目标是通过提供一系列专业、高效的服务，帮助港澳青年在深圳这片创新创业的热土上生根发芽，实现自己的梦想。

②平台特色与支持体系

a.一站式政务服务：双创中心内设有一站式政务服务窗口，为港澳青年提供从商事注册、税务咨询到政策解读等全方位的服务，简化了创业流程，提高了办事效率。

b.优惠的入驻政策：为了吸引更多的港澳青年团队入驻，双创中心提供了极具吸引力的优惠政策，包括两年免租、第三年租金减半的场地支持，以及根据项目质量给予的入驻补贴和生活补贴等。

c.专业的创业辅导：平台邀请了多位行业专家、成功创业者作为创业导师，为港澳青年提供一对一的创业辅导，帮助他们解决创业过程中遇到的各种问题。

d.丰富的交流活动：双创中心定期举办创业沙龙、项目路演、行业论坛等活动，为港澳青年创业者提供了一个展示项目、交流经验、拓展人脉的平台。

e.资金对接与融资支持：平台与多家投资机构建立了合作关系，为港澳青年创业者提供融资咨询、项目评估、资金对接等服务，帮助他们解决资金难题。

③成功案例：从梦想到现实的跨越——双创中心助力欧拉云数字科技成长

a.背景。欧拉云数字科技（深圳）有限公司（以下简称"欧拉云"）是一家专注于软件开发、三维数字图像设计等领域的创新企业。该公司由香港青年戴婕与其合伙人共同创立，于2021年8月入驻深圳北站港澳青年创新创业中心。

b.创业初期的挑战。戴婕表示，她的父母很早就来深圳发展，并取得了不错的成就。受到父母的影响，她也希望在大湾区寻找创业机会。然而，初创企业面临着资金短缺、市场不了解、团队建设等多重挑战。

c.双创中心的支持。

办公场地费用支持：双创中心为入驻企业提供前两年房租、物业管理费及水电费全免的优惠政策，极大地减轻了欧拉云的财务压力。

项目入驻补贴：符合条件的入驻项目可获得10万~30万元的入驻补贴，为欧拉云提供了宝贵的启动资金。

人才住房保障：双创中心还为入驻企业提供配套的人才住房，帮助欧拉云吸引了更多的优秀人才加入。

d.从梦想到现实的跨越。在双创中心的支持下，欧拉云迅速成长，业务涵盖了软件开发、三维数字图像设计等多个领域。

公司打造的"云"端看楼项目，通过VR（虚拟现实）、3D数据可视化等技术，为客户提供了全新的观看体验。

欧拉云不仅在市场上取得了良好的反响，还获得了多轮融资，进一步推动了企业的快速发展。

e.意义。欧拉云在双创中心的助力下，成功实现了从梦想到现实的跨越，充分展示了公共服务平台在支持创新创业方面的重要作用，也为其他创业者提供了宝贵的经验和启示。通过提供全方位的支持和服务，双创中心不仅降低了创业门槛和难度，还提高了创业成功率和市场竞争力，为深港澳青年创新创业交流合作搭建了坚实的桥梁。

7.2.3 地方特色政策的差异化应用

地方特色政策是指各地政府根据本地经济、文化、科技等特色，为鼓励和支持创业而制定的具有地域特色的政策措施。对于工科学生来说，深入了解并合理运用这些政策，能够显著提升创业的成功率。

（1）地方政策差异分析

地方特色政策是指地方政府结合本地经济、文化、科技等多方面特色，为激发创业活力、促进经济发展而量身定制的一系列政策措施。对于有志向创业的工科学生而言，无疑是一笔宝贵的财富。深入研究和合理利用这些政策，不仅能够为创业之路铺设更为坚实的基石，还能显著提升创业项目的成功率，助力梦想照进现实。

① 资金支持力度：开源节流，助力启航　不同地方政府在资金支持上的力度和方式各有千秋。一些地区为了吸引创业人才，可能提供丰厚的创业启动资金、低息或无息贷款，甚至对初创企业实施税收减免政策，以减轻创业初期的财务压力。而另一些地区则可能更侧重于长期投资引导，如设立风险投资基金，为具有成长潜力的项目提供持续的资金支持，或通过建立完善的融资担保体系，降低企业的融资难度和成本。工科学生在选择创业地点时，应根据自身项目的资金需求特点，寻找资金扶持政策最为匹配的地区，为项目的稳健发展奠定坚实的财务基础。

② 产业扶持政策：精准对接，加速成长　地方政府往往针对特定产业或技术领域，出台一系列具体的扶持措施，旨在打造产业集群，形成竞争优势。这可能包括建立产业园区、提供研发补贴、引进和培养专业人才，以及构建产学研合作平台等。对于工科学生而言，选择与自身项目紧密相关的产业扶持政策区域，不仅能够享受到更为专业的服务和资源支持，还能更快地融入产业链，加速项目的成长和扩张。

③ 市场准入与监管环境：宽松有序，降低门槛　不同地区对于新兴产业的监管力度和市场准入门槛也存在显著差异。一些地区为了鼓励创新，可能对新兴产业采取更为宽松的市场准入政策，简化审批流程，降低创业成本。而另一些地区则可能因监管严格，对新兴产业的合规要求更高，这虽然可能增加初期的运营成本，但也为项目的长期发展提供了更为规范的市场环境。工科学生在选择创业地点时，应综合考虑市场准入门槛与监管环境，寻找既有利于快速启动，又能保障项目合规发展的地区。

综上所述，地方特色政策是工科学生创业路上不可或缺的助力。通过深入分析不同地区的政策差异，选择与自身项目最为契合的政策环境，不仅能够享受到政策带来的实惠，还能在创业过程中少走弯路，提高成功率。因此，工科学生在规划创业之路时，应将地方政策作为一个重要的考量因素，充分利用政策红利，为自己的创业梦想插上翅膀。

（2）政策匹配与申请策略

对于工科学生创业者而言，在深入分析了地方政策差异，明确了各地政府为鼓励和支持创业所提供的特色政策后，下一步至关重要的是找到与自身创业项目最匹配、最能助力项目发展的政策，并精心制定一套切实可行的申请策略。这一过程不仅考验创业者的信息搜集与分析能力，还考验其规划与执行能力。以下是具体的申请策略步骤：

① 详细研究政策文件：深入挖掘，精准定位 首先，创业者需要耐心且细致地阅读相关政策文件，这是获取政策信息最直接、最官方的途径。在阅读过程中，应重点关注政策的适用范围，确保自身创业项目符合政策要求。同时，深入了解申请条件，包括但不限于企业类型、项目领域、团队资质等，以评估自身是否符合申请资格。此外，还要仔细研究政策的支持方式，比如是提供资金支持、税收优惠、场地租赁减免，还是给予研发补贴、人才引进奖励等，这将直接影响到申请策略的制定。

② 咨询专业人士：借力打力，获取权威指导 尽管政策文件是了解政策的基础，但其中的条款往往较为专业且复杂，仅凭创业者自身可能难以全面、准确地理解。因此，向当地政府部门、创业服务中心或专业咨询机构寻求帮助，成为获取最准确、最权威政策解读的重要途径。这些机构通常拥有丰富的政策解读经验和实际操作案例，能够为创业者提供个性化的政策咨询，帮助创业者更好地理解政策意图，规避申请过程中的潜在风险。

③ 制订申请计划：未雨绸缪，步步为营 在充分理解了政策内容和申请要求后，创业者需要着手制订详细的申请计划。这包括根据政策要求，准备相应的申请材料，如项目计划书、财务报表、技术证明、团队成员简历等，确保材料的真实性、完整性和针对性。同时，要合理安排申请时间，避免错过申请窗口，或因时间紧迫导致申请材料准备不充分。此外，申请计划还应包括与政府部门保持良好的沟通机制，定期或不定期地向相关部门反馈申请进展，及时解决申请过程中遇到的问题，确保申请流程顺利进行。

在申请过程中，创业者应始终保持积极主动的态度，与政府部门保持密切沟通。这不仅能够及时了解政策动态，避免因政策调整而影响申请进度，还能在遇到困难时，迅速获得政府部门的指导和帮助。同时，创业者还应注重申请材料的真实性和完整性，避免因信息不实或材料不全而被拒之门外。

（3）政策利用与效果评估

成功获得政策支持，对于创业项目而言，无疑是一股强大的推动力。然而，如何高效、合理地利用这些政策资源，并准确评估其效果，以确保项目能够持续、稳健地发展，是每位创业者必须面对的重要课题。以下是对这一过程的详细阐述：

① 合理规划资金使用：精打细算，效益最大化 政策支持的资金往往带有特定的使用条件和期望目标。因此，创业者首先需要深入理解政策资金的用途和限制条件，以确保资金的有效利用。这要求创业者制订详细的资金使用计划，明确资金将

用于哪些关键环节，如产品研发、市场推广、团队建设、设备购置等，并设定合理的预算。同时，要建立严格的财务管理制度，监控资金的实际流向和使用效率，避免浪费和滥用，确保资金能够发挥最大的经济效益和社会效益。

② 定期评估政策效果：依据数据，确保效果　为了准确了解政策对创业项目的实际支持效果，创业者需要设定一系列具体的评估指标。这些指标应涵盖项目进展速度、市场占有率、盈利能力、技术创新、客户满意度等多个维度。通过定期收集和分析数据，创业者可以清晰地洞察到政策带来的正面影响，如成本降低、收入增加、品牌影响力提升等，也能迅速识别出潜在的问题和挑战。评估结果不仅为创业者提供了调整策略的依据，也是向政府部门展示项目成果、争取更多支持的重要凭证。

③ 及时调整策略：灵活应变，持续优化　基于评估结果，创业者需要保持高度的敏感性和灵活性，及时调整创业策略和政策利用方式。这可能包括调整产品定位、优化市场策略、加强技术研发、拓展融资渠道等。调整策略的目的是更好地适应市场变化，充分利用政策资源，克服项目发展过程中的障碍。同时，创业者还应与政府部门保持密切沟通，及时反馈项目进展和遇到的问题，寻求政府部门的进一步指导和支持。

④ 积极参与政府活动：共享经验，提升能力　创业者还应积极参与政府组织的各类创业培训、交流活动。这些活动不仅为创业者提供了学习新知识、新技能的机会，还可以与其他创业者交流经验、分享心得。通过参与这些活动，创业者可以拓宽视野，了解行业最新动态，提升政策利用能力和项目管理水平。同时，与其他创业者的互动也能激发创新思维，促进合作机会的产生，共同推动创业项目的成长和发展。

综上所述，成功获得政策支持只是创业路上的一个起点，如何有效利用这些资源并评估其效果，才是决定项目能否持续稳健发展的关键。通过合理规划资金使用、定期评估政策效果、及时调整策略以及积极参与政府活动，创业者可以最大限度地发挥政策资源的效用，为项目的长远发展奠定坚实的基础。

（4）政策变动与应对策略

政策环境作为影响创业项目发展的重要外部因素，其变动性不容忽视。经济形势的起伏、产业结构的调整、社会需求的变迁，都可能促使地方政府对现有政策进行调整，或出台全新的政策措施。对于工科学生创业者而言，密切关注政策动态，灵活应对政策变化，是确保项目顺利推进、持续发展的关键。以下是如何有效应对政策变动的详细策略：

① 建立政策监测机制：眼观六路，耳听八方　为了第一时间捕捉政策变动的信息，工科学生创业者需要建立一套高效、灵敏的政策监测机制。这包括但不限于订阅政府相关部门的官方公告、新闻通讯，以及行业内的权威资讯平台；积极参加政府组织的政策解读会、行业论坛，与政府部门保持密切联系，获取第一手政策资讯。此外，还可以利用大数据、人工智能等技术手段，对政策信息进行智能筛选和分析，提高信息处理的效率和准确性。通过这一系列措施，确保创业者能够及时了解政策

变动的最新动态，为后续的决策打下坚实基础。

②评估政策影响：利弊分析，心中有数 当政策发生变动时，创业者能够迅速做出反应，如政策变动可能带来的影响进行深入分析。这包括带来的正面影响，如政策扶持力度的加大、市场准入门槛的降低、税收优惠的增加等，都有助于降低创业成本，提升项目竞争力。同时，也要关注可能带来的负面影响，如环保要求的提高、行业监管的加强、市场竞争的加剧等，可能给项目带来额外的压力和挑战。通过全面的利弊分析，创业者可以更加清晰地认识到政策变动对项目的影响程度，为制定应对策略提供有力依据。

③调整项目计划：顺势而为，灵活应变 基于政策影响的评估结果，创业者需要及时调整项目计划和发展战略，以确保项目能够顺应政策导向，持续稳健发展。这可能包括调整产品定位，以满足新的市场需求；优化资源配置，以适应政策调整带来的成本变化；加强技术研发，以符合新的行业标准；调整市场拓展策略，以规避政策限制或饱和的市场。在调整过程中，创业者应保持高度的灵活性和创新性，敢于突破传统思维，寻找新的增长点和发展机遇。

值得注意的是，政策变动是一个持续的过程，创业者需要保持长期的关注和监测。随着政策环境的不断变化，创业者应定期回顾和评估项目的发展状况，及时调整策略，确保项目始终保持在正确的轨道上。同时，也要积极寻求政府部门的指导和支持，利用政策资源为项目发展助力。通过持续地关注和动态地调整，工科学生创业者可以在激烈的市场竞争中保持领先地位，实现项目的长期稳健发展。

（5）案例分析：杭州的电子商务扶持政策

杭州，作为中国电子商务的领军城市，其电子商务扶持政策不仅全面且具有深度，充分展现了地方特色政策的差异化应用。下面将对杭州电子商务扶持政策进行深入的阐述。

①电商园区建设 杭州市人民政府高度重视电商园区的建设与优化，旨在打造集办公、仓储、物流、展示等功能于一体的综合性服务平台。具体措施包括：

a.投资建设：政府直接投资建设多个电子商务产业园区，如杭州高新区（滨江）的电子商务产业园（图7-10），为企业提供现代化的办公空间和完善的配套设施。

b.政策优惠：对入驻园区的电商企业给予租金减免、税收优惠等政策支持，降低企业运营成本。

c.服务配套：园区内配备专业的运营团队和服务机构，为企业提供工商注册、法律咨询、财务代理等一站式服务，帮助企业快速启动和运营。

②物流补贴与效率提升 针对电商企业对物流效率的高要求，杭州市人民政府推出了物流补贴政策，并采取措施提升物流效率。具体包括：

a.物流补贴：设立专项物流补贴资金，对符合条件的电商企业给予物流费用补贴，补贴比例可达物流合同费用的5%，单家企业每年最高可获得100万元补贴。这一政策有效降低了企业的物流成本。

图7-10 杭州高新区（滨江）电子商务产业园的华为杭州研发中心

b.优化航线补贴政策：改善临空经济示范区物流基础设施，吸引跨境电商物流企业来杭设立集货仓，打造跨境电商拼箱集货中心，提高货物集散能力。

c.推动多式联运：通过联动宁波舟山港、上海洋山港等港口，提升港口的集疏运能力，并通过开通中欧班列（杭州号），发展"跨境电商＋多式联运"模式，不仅缩短了物流时间，还降低了运输成本。

③ 电商人才培养与引进　杭州市人民政府深知人才对电商产业发展的重要性，因此采取了一系列措施培养和引进电商人才。具体包括：

a.校企合作：鼓励高校与电商企业合作，开设电商相关专业和课程，为学生提供实习实训基地和就业机会。例如，杭州高新区（滨江）与多家高校合作，共同培养电商人才。

b.人才培训：政府支持建立电商人才培训基地，定期举办电商人才培训班和讲座，提升电商从业人员的专业技能和综合素质。

c.人才引进：通过实施人才引进计划，吸引国内外高端电商人才来杭创业或工作。对符合条件的人才给予住房补贴、税收优惠等政策支持。

④ 跨境电商扶持与国际化拓展　作为我国首个跨境电商综合试验区，杭州市人民政府高度重视跨境电商的发展，并采取了一系列扶持措施。具体包括：

a.政策创新：探索跨境电商监管代码9710、9810的出口退税便利化措施，旨在简化通关流程，提高通关效率。

b.平台建设：支持跨境电商平台建设，鼓励企业开展跨境电商业务。对符合条件的跨境电商平台给予资金支持和政策优惠。

c.国际化拓展：支持跨境电商企业参加国际展会和交流活动，拓展海外市场。推动国内外企业与杭州卖家、供应商对接，促进国际贸易合作。

⑤ 政策效果与影响　杭州的电子商务扶持政策取得了显著成效。一方面，政策促进了电商企业的快速成长和集聚发展，涌现出了一批具有国际竞争力的电商企业和品牌；另一方面，政策也推动了电商产业与传统产业的深度融合和创新发展，为

经济转型升级注入了新的动力。此外，杭州的电子商务扶持政策还吸引了大量国内外投资和人才流入，进一步提升了城市的国际影响力和竞争力。

综上所述，杭州的电子商务扶持政策通过电商园区建设、物流补贴与效率提升、电商人才培养与引进、跨境电商扶持与国际化拓展等多方面的措施，充分展现了地方特色政策的差异化应用。这些政策不仅为电商企业提供了全方位的支持和服务，还促进了电商产业的持续健康发展，为杭州乃至全国的电子商务产业发展树立了典范。

7.3　社会资源的整合创新

7.3.1　社群网络的力量与合作机会

在当今数字化时代，社群网络已经成为推动社会资源整合与创新的重要力量。它不仅改变了人们的交流方式，也为企业和品牌提供了前所未有的合作机会。对于企业来说，如何利用社群网络的力量来整合资源，实现创新，是一个值得深入探讨的话题。

（1）社群网络的崛起

社群网络的崛起主要得益于互联网技术的发展和智能手机的普及。社群网络平台（如微信、微博、抖音等）在我国的广泛使用使人们能够随时随地进行信息交流和共享。这些平台不仅是社交工具，也逐渐演变为企业营销与合作的重要渠道。

微信就是一个典型的常用社群，微信作为我国最大的社交网络之一，不仅连接了个人用户，也为企业和品牌提供了与用户互动的平台。企业通过微信公众号、小程序等工具，不仅可以直达用户，还能通过数据反馈精准把握用户需求。这种高效的连接使品牌能够与用户建立更加紧密的关系，同时也为跨行业的资源整合提供了可能。

（2）社群网络的力量

① 信息传播的速度和广度　社群网络的一个显著优势在于其信息传播的速度和广度。例如，一个新品发布会的消息，可以通过微信朋友圈在几小时内传达给成千上万的潜在用户。这种快速、广泛的信息传播对品牌的知名度提升和市场推广有显著的促进作用。

② 用户参与和反馈　通过社群网络，企业能够更好地了解用户需求和市场趋势。这种双向交流增强了客户的参与感，同时也为品牌提供了真实、直接的用户反馈。以小米为例，其一直强调"参与感"，通过社群网络收集用户建议，推动产品优化和创新。

③ 创造社区价值　社群网络不仅是传递信息的渠道，更是创造价值的平台。企业通过建立品牌社群，不仅可以激发用户的品牌忠诚度，还可以通过社区活动促进用户之间的互动，从而形成一个有机的、活跃的生态圈。

（3）合作机会的探讨

社群网络为企业和品牌带来了众多合作机会，包括横向与纵向的产业合作、多品牌联动，以及用户与品牌之间的共创等。

① 跨界合作社群网络打破了传统行业壁垒，使得不同产业之间的合作更加方便与高效。海尔集团在其COSMOPlat工业互联网平台（图7-11）上与多个行业的企业进行跨界合作，实现了从家电制造到全产业链垂直整合的转变。

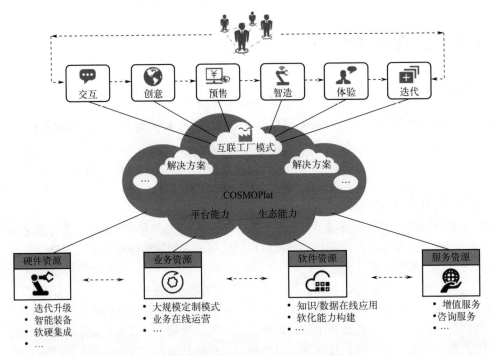

图7-11 海尔集团打造的COSMOPlat工业互联网平台

② 多品牌联动 在社群网络中，多品牌合作往往能够产生"1+1>2"的效果。例如，腾讯视频和麦当劳通过在社交平台上的联合推广，不仅提升了双方的品牌曝光度，也增加了用户的互动体验，从而实现了双赢。

③ 用户共创 社群网络为用户与品牌之间的合作提供了更多可能。用户不仅是品牌产品的消费者，还是品牌创新的参与者。阿里巴巴通过其天猫社区积极推动用户参与产品设计和反馈，以实现产品的快速优化和新产品的精准开发。

（4）挑战与未来展望

虽然社群网络带来了诸多力量与合作机会，但企业在利用社群网络时也会面临一些挑战，如信息的真实性、用户隐私保护以及社群活跃度的维持等。因此，企业需要建立一套完整的社群网络管理策略，以确保在信息快速传播的同时，能够有效应对这些挑战。

展望未来，随着技术的进步和用户需求的多样化，社群网络将在资源整合与创新中发挥更大的作用。通过更加精细化的用户分析和更加智能化的资源配置，企业可以在社群网络中实现更为高效的合作与创新。

总之，社群网络的力量是巨大的，它为企业提供了前所未有的合作机会。在这一力量的推动下，企业应不断探索与创新，以实现资源的整合与价值的最大化。我国企业和品牌在这方面已经迈出了坚实的步伐，未来势必将取得更为辉煌的成就。

7.3.2 非营利组织的支持与协作

非营利组织（Non-Profit Organization，NPO）是指不以营利为主要目的，而是以服务社会、促进公共利益、提供慈善服务等为目标的组织。

在当今社会，非营利组织（NPO）作为社会资源整合与创新的重要角色，正发挥着日益关键的影响力。与以营利为目的的商业机构不同，非营利组织的核心使命在于社会公益，它们通过资源的有效整合与利用，为社会问题的解决提供独特的支持与协作机会。在我国，随着社会的发展与公民意识的提升，非营利组织的作用愈发重要，不仅体现在公益项目中，还在与企业品牌的合作中显现出巨大的潜能。

（1）非营利组织的角色与优势

非营利组织之所以在社会资源整合中表现突出，得益于其灵活的组织形式和广泛的社群网络。这些组织通常聚焦于特定的社会议题，如教育支持、环境保护、健康医疗等，拥有深厚的专业知识和丰富的实践经验，能够敏捷地响应社会需求，通过策划和执行不同形式的公益活动来解决社会难题。

在我国，像"希望工程"这样的项目便是通过中国青少年发展基金会这一非营利组织的努力而广为人知的。"希望工程"的成功不仅在于其广泛的社会影响力，还因为它善于整合社会各界的资源，从企业捐赠到志愿者服务，将公益理念落实到具体的行动之中。

（2）非营利组织与企业的协作模式

与企业进行合作是非营利组织实现社会资源整合的重要模式之一。通过与企业的合作，非营利组织可以获得资金支持、技术援助和市场推广等方面的资源，而企业则可以借此提升其社会责任形象和品牌价值。这种双赢的合作模式在近年来得到了蓬勃的发展。

① 联合项目开发　非营利组织与企业合作开发公益项目，不仅提升公众对某一议题的关注度，还能带动企业员工的参与和企业形象的提升。例如，阿里巴巴集团与公益组织联合发起的"绿色星期一"项目，通过鼓励减少肉类消费来保护环境，得到了社会的广泛赞誉。

② 资源共享与互补　企业可为非营利组织提供资金与技术支持，而非营利组织则通过其在公益领域的专业经验为企业提供项目运营建议。这种资源共享与互补的形式在扶贫项目中尤为常见，如腾讯公益平台通过其技术优势帮助透明化慈善事业，搭建了捐赠人与非营利组织之间的桥梁。

③ 品牌共创 通过共同策划和推广公益活动，企业与非营利组织可以实现品牌共创，从而提高双方的社会影响力。例如，蒙牛乳业与壹基金合作的"壹起走"健康公益活动，通过运动募捐形式，不仅提高了公益活动的参与度，还扩大了双方品牌的社会认知度。

(3) 实践中的挑战与思考

尽管非营利组织与企业协作具有显著的优势，但在实践过程中，仍有许多挑战需要应对。其中最主要的包括利益协调、透明度管理以及可持续发展。

① 利益协调 涉及如何在企业商业目标与非营利组织公益目标之间找到平衡。非营利组织需要确保其核心使命不因企业的介入而偏离，同时企业也需在追求市场回报和履行社会责任之间取得平衡。

② 透明度管理 主要关注如何保障公益项目的透明运营。非营利组织和企业都需要在信息公开、资金使用等方面做到透明，以建立公众的信任。

③ 可持续发展 指合作项目如何在短期成效之后维持长期的社会影响力。非营利组织必须与企业一同规划，设计出具有长远价值的合作模式。

随着社会进步和技术发展，非营利组织与企业的合作将在许多新的领域展开。尤其是在大数据、人工智能等科技领域，非营利组织可以利用企业的技术资源来优化公益项目的实施，如利用数据分析来精准识别需求人群。

总之，非营利组织的支持与协作已成为社会资源整合与创新的重要渠道。很多企业和品牌已经在这一领域探索出许多成功的案例。未来，他们将继续在这一领域发挥重要作用，通过不断地合作与创新，共同推动社会的可持续发展。

7.3.3 民间资本的引入与激活

在现代化经济体系中，民间资本的引入与激活扮演着至关重要的角色。随着全球化进程的加速和国内市场的成熟，民间资本已经成为推动社会资源整合与创新的重要力量之一。我国作为一个经济高速发展的国家，其民间资本的活跃程度和创新力度在近年来表现得尤为突出。本节将探讨民间资本在社会资源整合中的贡献，以及如何进一步激活这些资本以促进经济和社会的可持续发展。

(1) 民间资本的定义与现状

① 民间资本的定义 民间资本通常是指由私人或非政府机构控制的金融资源，包括个人储蓄、私人投资基金、家族财富等。与国家资本和外资不同，民间资本更具灵活性和多样化，能够迅速响应市场变化和创新需求。

② 我国民间资本的现状 目前，我国的民间资本已具备相当规模，并在多个领域实现了深度渗透。从互联网创业到制造业升级，再到绿色能源和生物医药，民间资本的流动为各行各业注入了活力。

例如，随着"双创"政策的推动，大量创业者得到了风险投资和天使投资的支持。根据相关统计，近年来我国的风险投资基金总额和投资项目数量都稳居世界前列。

（2）民间资本在社会资源整合中的作用

① 提供创新资金　民间资本是推动企业创新的重要资金来源。以科技领域为例，阿里巴巴、腾讯和字节跳动等巨头公司的崛起都得益于早期民间资本的投入。这些资金帮助公司在产品研发和市场拓展方面获得快速发展。

② 支持产业升级　民间资本在帮助传统产业升级方面同样发挥了重要作用。以我国的制造业发展为例，我国的制造业从"世界工厂"向"智能制造"转变的过程中，大量民间资本通过风险投资和并购基金推动了机器人、人工智能等先进技术的应用。这些投入不仅提升了行业的生产效率，还促进了产业结构的优化和升级。

③ 推动绿色创新　在应对气候变化和资源可持续利用方面，民间资本也发挥着不可或缺的作用。例如，宁德时代作为全球领先的锂电池制造商（图7-12），在成长期获得了大量民间资本的支持，这使其能够加速技术研发与市场推广，从而推动新能源汽车行业的发展。

图7-12　宁德时代的储能电池

（3）激活民间资本的策略与案例

① 政策支持　政府应当进一步完善相关政策，为民间资本提供良好的投资环境。例如，减轻税收负担和简化审批流程将有助于减少资本的进入障碍。同时，通过建立多层次的资本市场体系，吸引更多的民间资本进入重点支持的行业和领域。

以上海自由贸易试验区成立为例，上海自由贸易试验区的成立为民间资本提供了更加开放和灵活的投资环境，大量民间资本通过自贸区进入金融、贸易和科技等领域，为区域经济发展带来了新的动力。

② 促进产融结合　推动实体经济与金融的深度结合，为民间资本进入实体经济创造更多机会。通过创新金融工具，如供应链金融、股权众筹等，帮助企业获得更多的发展资金。

例如，京东通过其供应链金融平台（图7-13），利用大数据、区块链技术，为中小企业提供了高效、透明的融资渠道。这不仅解决了中小企业融资难的问题，也吸引了更多民间资本的参与。

图7-13 京东供应链金融平台

③ 构建创新生态 政府、企业和社会组织应共同努力，构建开放式创新的平台和生态系统，鼓励民间资本投身高风险、高回报的创新活动。例如，通过高新区、产业园区的建设，吸引大量创业者与投资者进入，为创新活动提供支持。

深圳作为我国创新创业的高地，凭借其良好的创业环境和政策支持，吸引了包括大疆在内的大量高科技企业，这些企业背后都有民间资本的强力支持。

④ 提升投资质量 除了引入资本外，提高资本的使用效率同样至关重要。引导民间资本投向具有可持续发展潜力的领域，而不仅仅追求短期回报。同时，提升投资者的专业水平和风险管理能力，避免盲目投资导致的资本浪费。

以清华控股为例，清华控股通过其产业投资基金，专注于长期价值投资，推动了多个高科技项目的实施，为这些项目的持续发展提供了坚实的资金和技术支持。

(4) 挑战与前景

尽管民间资本在资源整合中展现了巨大的潜力，但在实际运作中也面临着诸多挑战，如市场信息不对称、投资风险高、法律法规不健全等。为此，需要多方共同努力，不断优化市场环境，完善法律制度，提高资本市场的透明度。

未来，随着科技的不断进步和市场的进一步开放，民间资本在促进社会资源整合与创新方面将会有更广阔的发展空间。通过不断激活和引导民间资本，将为经济和社会的可持续发展提供源源不断的动力。

总之，民间资本不仅是经济发展的重要推动力，更是社会资源整合与创新的核心要素之一。借助政策支持、市场开放、技术创新等多种手段，有效地引入与激活民间资本，将为新时代的经济繁荣和社会进步奠定坚实的基础。

7.4 企业与高校合作的新模式

企业与高校的合作模式在当前的社会浪潮中正在被重新定义，这种合作不再局限于传统的学术研究和单一的技术支持，而是发展为更具战略性、互动性和多样化的新模式，体现了双方对互惠共赢的追求。通过双向赋能，企业的实际需求引导高校的科研方向，高校的研究成果反过来也为企业注入新的动力。产学研协同创新平台的构建，以及创新实验室和孵化器的优势互补等新的合作模式，对企业和高校双方乃至整个社会的进步都有重要意义。

7.4.1 双向赋能：企业需求与高校研发

（1）企业需求的多样动态变化

在快速变化的市场环境中，企业面临的挑战不仅仅是严峻的压力，还包括不断变化的消费需求、技术进步、政策法规调整等不同方面因素带来的不确定性。

以国内的电动汽车制造为例，在可持续发展、注重环境保护、世界能源市场的不稳定影响中国能源安全的国际大趋势下，再加上特斯拉主导带动的电池技术的飞跃发展，我国制定了严格的汽车燃油消耗标准和新能源汽车积分制度。通过补贴购车费用、提供税收优惠等政策措施推动车企生产电动汽车，鼓励消费者购买电动汽车。因此，传统的汽车制造行业受到了颠覆性的冲击，转而开拓自身的产品线。在这一浪潮下，涌现了诸如理想、仰望等新兴的知名品牌，这足以说明企业乃至市场需求的动态变化。

企业需要具备高度的灵活性和适应能力，以应对不断变化的市场需求。这包括：快速响应市场变化的能力，以适应消费者偏好的市场需求变化和随着技术进步产生的产品生命周期概览；技术创新的驱动力，涉及人工智能、大数据、物联网等新兴技术的实际生产应用，以及基于"数字孪生"技术的产业数字化转型；客户需求的个性化与体验优化，消费者越来越期待定制化的产品和服务，注重品牌所代表的价值观，以满足其独特的偏好和需求。同时，用户体验在品牌忠诚度中的作用越来越重要，企业通过增强和优化用户体验可以显著增加用户黏性和提升用户满意度。

在上述的需求背景下，技术创新已成为企业保持竞争力的关键要素，而人才是其中的首要前提，因此也就引出了企业对技术创新和人才培养的迫切期望。

在技术方面，首先是期望通过在突破性技术上的研发，获取潜在的市场领先地位，如新产品的开发或是技术的革新优化。然后就是解决实际业务，如新技术、新产品如何能够落地，更好地与市场需求接轨。在前两步完成之后就是创新效益模型的建构，通过知识产权的共享与保护，商业盈利模式的创新开发与合理运用，创造出尽可能多的效益。

在高校人才培养方面，企业对人才的期望主要集中在三方面：复合型人才、实际行动能力以及"双创"精神（图7-14）。复合型人才对于企业来说，意味着具有技术与商业思维和良好的跨学科协作能力，这样的能力有利于产品的协作开发和落地。实际行动能力则是较为普遍且重要的，它强调理论与实践相结合，而非纸上谈兵。"双创"精神则是新时代下的创新标准，目前许多高校推出的"创新创业"学分规定就是针对这一能力而制定的。在技术发展迭代如此迅猛的今天，创新能力是高素质人才应具备的必要素养。

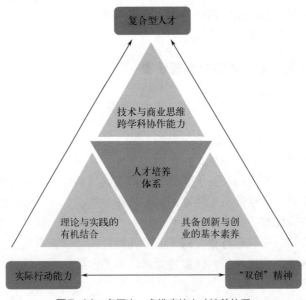

图7-14 多层次、多维度的人才培养体系

(2) 高校的前沿研发与资源优势

高校在基础研究和应用研究中的优势，主要体现在基础研究的投资积累和应用研究的产业化推动。不同于企业中的商业指标，高校通常具有相对独立的科研自由度，而基础研究通常以探索尚未被解答的科学问题为目标。这种研究为新理论、新方法和新知识的产生奠定了基础，进一步推动了科学前沿的发展，产生对现有技术的变革迭代。

高校本身拥有着成熟完善的高素质专业人才培养体系，如多层次培养体系、交叉学科的培养等，从多维度多方面对学生的综合素质进行把关。另外，在国家政府科研基金的支持下，高校通常拥有先进的科研设备与实验室，比如北京大学在自然科学和医学领域具有强大的科研实力。其生命科学学院和化学与分子工程学院均配备有先进的实验设施。北京大学实验室的共聚焦显微镜如图7-15所示。北大同时还建立了多个国家重点实验室，如量子材料科学中心和前沿计算研究中心。随着数字化技术的快速发展，高校充分利用技术平台的优势，在数字化研究方面走在了前沿。

如何将企业需求与高校研发合理且高效地联结，开创产学合作的新模式，实现双向的赋能，这就涉及产学研协同创新平台的构建，聚焦于通过项目合作实现企业解决方案与技术支持相结合，利用人才流动和交流实现知识转移。

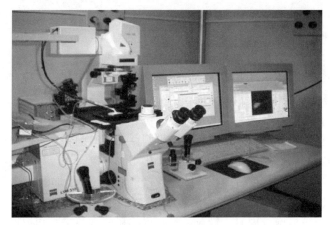

图7-15 北京大学实验室的共聚焦显微镜

7.4.2 产学研协同创新平台的构建

成熟的产学研协同创新平台已成为推动技术进步和产业升级的工具。它通过整合高校、科研机构和企业的重要资源与优势，促进知识共享和技术进步，从而加速创新进程。这种良好模式不仅提升了研发效率，还推动了成果的快速落地和市场化。

（1）协同创新平台的意义与价值

协同创新平台主要是能够打破知识壁垒，实现跨界协作，进行多元化资源的整合，同时又能加速技术扩散与推动创新生态系统的形成。

另外，此平台还能进行设施与设备共享，通过平台共享先进的科研成果，从而分摊创新成本，降低创新风险与成本。

（2）构建协同创新平台的关键

协同创新平台固然是实现技术进步和产业升级的手段，但要保证创新平台的高效运行，必须去关注合作机制、治理结构设计、知识产权保护措施以及利益共享机制等关键要素。

① 合作机制与治理结构设计

a.多方参与与分工：良好的创新平台通常涉及高校、企业、科研机构和政府等多方参与者。为了确保合作的顺利进行，各部门的角色和职责必须明确。例如，高校专注于基础研究和人才培养，企业提供市场需求和应用场景，科研机构进行技术测试与验证，而政府则提供政策支持和资金资助。

b.灵活的合作模式：根据项目的性质和参与方的需求，平台可以采用多种合作模式，包括战略合作伙伴、技术联合开发、合同研发和开放式创新等。这些灵活的合作模式有利于适应快速变化的市场环境，提升创新效率。

c.平台治理结构：为了确保平台的有效管理，应当设立一个由各方代表组成的治理委员会。该委员会负责制定战略目标、资源配置、合作协议和研发方向等重大决策。委员会成员包括高校专家、企业高管、政府官员和独立第三方顾问，以确保决策的公正性和科学性。

d.定期评估与反馈：建立科学的评估机制，定期对平台的运行状况、合作成果和创新成果进行评估。通过引入第三方评估机构或专家委员会，确保评估结果的客观性和公正性，并根据评估反馈不断优化平台的运行机制。

② 知识产权保护措施及利益共享机制

a.知识产权归属协议与技术成果保密机制：在协同创新平台的早期阶段，各参与方应共同确定知识产权的归属问题，并提出相关协议。协议应明确研发过程中产生的专利、技术秘密、软件著作权等的知识产权和使用权。同时，为了防止核心技术泄露，平台应建立严格的技术保密制度，包括签署保密协议、设立技术访问权限和实施信息加密等措施。同时，针对参与项目的科研人员进行知识产权的培训，提高其知识产权培训水平及知识产权保护意识。

b.收益分配模型：为了各相关方积极参与创新，平台应设计公平的收益分配方式。常见的分配方式包括基于研发参与比例、技术激励度和市场化成果等多种因素。平台可以根据市场推广的销售额与科研和科研机构进行利润拆分。另外，平台也可以采用股权激励的方式吸引优秀人才和团队参与创新项目。

（3）案例分析

① 林肯实验室 美国麻省理工学院（MIT）的林肯实验室（图7-16）是一个专注于尖端技术和系统的国防研发中心，常与美国政府和私人企业展开深度合作。创新领域涵盖航空航天、通信技术、人工智能等。

该平台以学院成果为依托，利用MIT的科研优势，与不同学科领域的专家合作，攻克重大科学技术难题，将学术研究与国家需求相结合，为美国国家安全和技术进步提供强有力的支持，而且实验室的研究成果在民用和商用领域也得到了广泛应用。

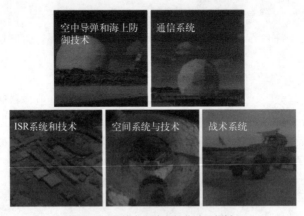

图7-16 林肯实验室部分涉及领域

② 产学研深度融合 西门子-同济工业4.0联合研究中心是一个典型的校企合作

平台，旨在利用双方的资源和优势，共同推进工业4.0相关领域的研究和应用。这种合作模式既促进了西门子在我国的技术创新，又提高了同济大学在工业4.0领域的科研实力。

工业4.0是指通过信息物理系统（CPS）来实现智能制造，强调制造业的数字化、网络化和智能化。西门子作为全球领先的工业企业，拥有丰富的自动化和数字化技术经验；而同济大学在工程技术领域拥有深厚的学术知识和科研能力。

该联合研究中心致力于开发和测试创新技术，这些技术涵盖了工业自动化、智能制造、物联网和大数据分析等方面。通过此合作项目，同济大学的学生和研究人员得以接触到西门子的先进技术和实用案例，提升实践能力和拓宽全球视野。同时，这一国际化平台使同济大学和西门子能够聚集全球专家和学者，举办国际会议和研讨会，促进学术和技术交流，进一步推动了跨文化的知识分享和技术进步。

7.4.3　创新实验室和孵化器的角色

创新实验室作为推动技术进步和应用落地的重要载体，正逐步成为企业和高校加速创新的关键平台。其功能不仅限于技术研发，还涵盖应用探索、人才培养、产业合作等多方面。而孵化器作为推动科技成果商业化的重要桥梁，帮助中小企业从创意理念到市场化应用提供全方位的支持。若将二者的优势天然结合，进行优势互补，则能够迸发出技术商业落地的潜在机遇。

（1）创新实验室的功能价值

创新实验室最基本且最重要的就是其在前沿技术研发领域不可替代的作用。它可以通过技术验证对技术进行快速求证迭代，推动前沿技术的突破，还可以凭借其开放式创新生态，实现技术的转移与产业化，加速技术的商业化进程。在技术研发的过程中，同时也完成了多领域复合型人才的培养与团队的建设。

除此之外，创新实验室能够结合企业实际需求开展创新研究，以此来精准对接企业需求，为企业进行定制化研发，快速响应市场的变化。推动企业内部创新，打造内部创新文化，促进跨部门协作，也是其附带的作用之一。

（2）孵化器在商业化过程中的作用

孵化器在商业化过程中的关键作用集中体现在其对初创企业成长提供的支持服务上。

在商业化前期，它能提供最为基础的设施与资源，比如灵活且经济实惠的办公空间、高速互联网连接、电话系统、打印机和其他办公必需品，甚至是3D打印机、实验室设备、专业软件和硬件工具等专业性较强的设备，以减少创业公司在初期阶段的开销和繁杂事务。

在商业化中期，它能提供咨询服务与创业指导。例如，提供法律咨询服务，帮助创业者理解相关法律法规，处理知识产权保护、合同协议、合规性和其他法律事务；协助初创企业进行财务规划、资金管理和税务优化等，使企业更好地掌握财务状况并规划未来投资。

在商业化后期，它能给予融资投资和市场推广方面的支持。例如，帮助初创企业准备并优化商业计划书、投资演示材料，为寻求种子资金或A轮融资做好准备；引导初创企业与潜在投资者建立联系，并在投资谈判和交易结构设计方面提供支持；制定和优化营销策略，制定有效的品牌传播方案，通过精准定位和与客户沟通建立强大的品牌形象，增强品牌的认知度和市场竞争力。

华中科技大学孵化器是国内高校推动科技成果产业化的重要平台。极米科技曾由华中科技大学的创业团队创立，专注于投影显示技术，而正是华中科技大学孵化器为极米提供了技术指导和市场化策略，帮助其获得市场认可，极米科技因此迅速成为国内投影设备市场的知名企业，并逐步向国际市场扩展。

Y Combinator（YC）则是全球范围内最著名的创业孵化器之一。它在创业界享有盛誉，成功孵化了许多如今家喻户晓的公司，如从一个小型平台成长为全球领先的旅行住宿品牌Airbnb（爱彼迎）、全球领先的云存储服务公司Dropbox等。

（3）创新实验室与孵化器的协作模式

① 共享资源与优势互补

a.技术研发与商业化资源的共享：在技术研发与商业化的过程中，共享资源的模式极大地提高了创新效率，并减少了开发成本和时间。创新实验室通常拥有先进的技术设备和实验设施。孵化器中的初创企业可以利用这些资源进行产品研发和测试。另外，实验室的技术平台，如模拟器、快速原型制作工具和数据分析软件，也可以通过孵化器的项目供给初创企业使用，这种共享可以显著降低单个企业的资本投入。孵化器能提供详细的市场调研和分析支持，帮助企业将创新实验室的技术与市场需求对接，从而提高产品市场成功的概率。结合实验室的技术洞察和市场调研，孵化器能够为企业提供具体的市场进入策略和商业化路径，提高技术研发成果的市场适应性。

b.人才与网络的共享：创新实验室通常汇聚了来自高校、科研机构和企业的顶尖专家。孵化器可以邀请这些专家为初创企业提供专业指导和战略建议，解决技术难题，并帮助其规划未来路径。定期组织培训计划、工作坊和讲座，能提升团队的技能和知识水平，帮助员工在快速变化的行业中保持竞争力。同时，人才交换计划允许实验室研究人员和孵化器企业员工互换角色，使双方都能获得宝贵的实地经验和新的视角。

② 联动效应下的商业机遇探索

a.从技术研发到市场验证的快速通道：在创新实验室与孵化器的联动效应下，建立"从技术研发到市场验证的快速通道"，加速技术从概念阶段过渡到成熟市场产品的进程，是许多初创企业获得成功的关键一步。以下是实现这一目标的一些策略：集成研发与市场策略，在研发阶段就引入市场分析团队，以确保开发的产品或技术始终与市场需求保持一致，然后采用快捷开发和原型测试的方式，快速迭代产品；早期市场验证，选择一部分试点用户提供早期产品，并收集用户反馈的宝贵市场验证信息，企业可以建立试点用户群，并在产品发布前进行小规模A/B市场测试，以探测市场对不同版本产品的反应。

酷家乐（Kujiale）是一家专注于提供在线家居设计服务的科技公司，成立于2011年。通过自主研发的3D云设计平台（图7-17），酷家乐致力于为家居行业的设计师、消费者和零售商提供快速高效的室内设计解决方案。

而在3D云设计这一功能上线之前，其首先推出了简化版的功能测试版本。这一早期版本聚焦于核心功能的实现，并收集用户的反馈意见，通过与专业室内设计师合作，在真实的设计项目中测试其工具的实用性和效率，及时进行产品的更新和功能增强，完成了正式进入市场前的产品验证。

图7-17 酷家乐3D云设计平台的部分界面

b.探索新兴市场与商业模式："信念应用场景挖掘"是一个较为抽象和高度概括的术语，通常涉及理念的形成和运用，指的是识别和利用信念（或核心理念）的实际应用场景与方式。其强调的是对个体或群体信念的深入了解和其在各种应用场景中的有效运用。这一过程有效促进了产品与服务的精准对接，实现了对信念应用下的新兴市场的探索。而创新实验室与孵化器两者的联动协作，也帮助企业开拓新的盈利模式，如推动从"产品思维"向"服务思维"转变的技术驱动的服务型商业模式；整合多方资源，创建一个生态系统，促进不同用户群体之间互联的平台化商业模式；能够将数据变现，以数据为核心资产的数据驱动的商业模式；为用户提供更高效的资源利用方式的创新共享经济模式等。

7.4.4 案例分析：杭州电子科技大学的校企合作

杭州电子科技大学聚焦国家和区域产业需求，坚持面向经济主战场，围绕浙江省"315"科技创新体系、"415X"先进制造业集群建设，深度挖掘服务国家区域发展新效能，实行高效高质的校企合作，推动科技创新与经济社会发展无缝连接、深度融合。学校同时也发挥了电子信息学科特色优势，对地方和产业的特色发展和数字化提升的共性需求积极开展科技赋能，大力实施地方研究院功能提升工程，推动教育、科研和人才一体化发展。

（1）校企共建科研平台

校企共建科研平台（如联合实验室和联合研发中心等）是高校与企业合作建立

的，以推动科研创新、技术转化和人才培养为目标的合作模式。在这一合作模式下，校企双方能充分地进行资源共享、科研创新和技术转化。通过共建平台实现资源共享，包括实验设备、技术专长和数据资源，从而提升了科研工作的效率和质量，高效的配置资源使双方可以更专注于研究，提高科研的深度和广度；联合实验室通常瞄准前沿科技问题，通过多学科合作和知识交流，引领创新性的发现；科研成果借助企业成熟的市场机制，可以快速转化为商业化的产品或服务，显著缩短了从实验室到市场的周期，这种快速转化，不仅提升了技术研发的经济效益，也增强了企业的市场竞争力，同时使高校的科研成果能更快地实现其社会价值。

杭州电子科技大学在平台的共建上实现了多学科、多领域、多层次的多维度合作，如学校电子信息学院与浙江晶通新能源科技有限公司成立的"杭电-晶通光能联合实验室"、与杭州微纳科技股份有限公司成立的"杭电-微纳智能人机交互技术研发中心"，材料与环境工程学院与浙江金环宝生物技术有限公司成立的"杭电-金环保环境微生物技术研发中心"，人文艺术与数媒学院与浙江金保科技有限公司成立的"杭电-金保智能物联网环保装备研发中心"等多达百项的合作平台项目。

（2）校企地方合作动态

杭州电子科技大学不仅与华为、大华、卧龙等龙头企业签订了全面战略合作协议，开展深度合作，推进创新链、产业链的深度融合，助力浙江省"万亩千亿"未来产业快速发展，还进行多层次、多形式的合作推进地方发展，为产业的数字化赋能。

2022年，杭电与杭州安恒信息技术股份有限公司签署战略合作协议，双方依托各自资源优势，探索并建立更广泛的合作交流新机制和新途径，实现更高层次的资源共享，努力培养网络空间安全领域高素质专业技术人才，共同打造科教、产教深度融合的"综合体"。杭电在安恒信息选聘了6位具有丰富实践经验的专家，作为网络空间安全学院专业学位研究生企业导师。后续双方负责人又签署了"安恒星计划奖学金捐赠协议"，安恒信息将向我校捐赠设备、软件等用于网络空间安全学院科研和人才实训等，并设立"杭州电子科技大学安恒教育基金"，助力双方合作顺利开展。

杭州电子科技大学与吉利汽车的校企合作，重点围绕汽车电子、智能驾驶和新能源汽车等领域开展。杭电定期邀请吉利的专家到校园进行技术讲座，更新行业动向和技术潮流。与此同时，吉利也会针对杭电的教师和学生开设技术培训课程，以此帮助大学生进一步了解行业标准及未来发展趋势。2023年，杭州电子科技大学与吉利集团联合打造的智能汽车产教融合空间正式成立。该空间涵盖了汽车博物馆、新技术展示区以及汽车三电系统和智能网联技术等多个前沿实验室。通过深度合作，校企双方致力于创新人才培养模式，旨在培养具备高素质和复合能力的车辆工程专业人才。

（3）校企合作的成果展现

杭州电子科技大学积极开展校企合作，主要合作单位包括湖州科峰磁业有限公司、嘉兴市科峰磁电股份有限公司、湖州乐通电子科技有限公司等。校企双方在抗电磁干扰（EMI）领域展开了深入研究与技术合作。学校凭借自身在抗电磁干扰基础研究、材料分析、工艺技术方案制定以及配方与性能关系研究等方面的优势，结合企业在市场信息和应用方面的专长，共同推动产品技术达到国际领先水平。通过此次合作，双方不仅成功促成了全球最大的抗电磁干扰材料产业集群和基地的建立，还在合作过程中实现了互利共赢。科峰公司部分产品展示见图7-18。

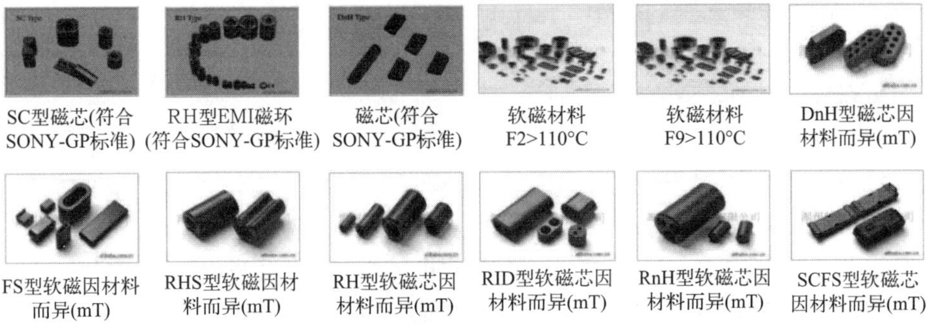

SC型磁芯(符合 SONY-GP标准)　RH型EMI磁环 (符合SONY-GP标准)　磁芯(符合 SONY-GP标准)　软磁材料 F2>110℃　软磁材料 F9>110℃　DnH型磁芯因 材料而异(mT)

FS型软磁因材料 而异(mT)　RHS型软磁因材 料而异(mT)　RH型软磁芯因 材料而异(mT)　RID型软磁芯因 材料而异(mT)　RnH型软磁芯因 材料而异(mT)　SCFS型软磁芯 因材料而异(mT)

图7-18 科峰公司部分产品展示

在校企合作过程中，杭州电子科技大学依据企业反馈的技术需求以及市场对抗电磁干扰材料的性能指标，特别是电子信息产品对高频吸波铁氧体材料的要求，以市场为导向展开了研发工作。当研发完成后，相关成果会在企业进行规模化生产。为顺应电子信息产品小型化、高频化、轻量化以及高性能的发展趋势，杭电成功研发了一种新型高频吸波铁氧体材料。这种材料主要攻克了传统NiZn材料在30MHz以上频段对噪声电磁波吸收效果不佳的难题，能够有效吸收30~1000MHz频率范围内的噪声电磁波，满足了高端电子信息设备（如智能手机、商用计算机等）在电磁兼容方面的严格要求。在微观结构和配方等方面，该新型材料实现了创新与突破，具备良好的高频吸波性能以及较高的铁磁共振频率，显著提升了对高频噪声电磁波的吸收效果。校企双方合作内容包括：

a.合作研究抗电磁干扰微观结构与工艺技术和配方的关系以及对材料的晶粒结构、晶粒大小、晶粒分布、气孔率等的影响。

b.合作研究材料微观结构的形貌以及晶粒的大小、分布、形状、气孔等对电磁波的吸收效果和影响。

c.合作研究提高材料对噪声电磁波的吸收效果。

d.合作研究批量生产过程中降低工艺技术途径的制造成本。

7.5　案例应用：资源整合成就卓越创新

本节将以杭州尼富医疗科技有限公司为例，深入分析其如何通过资源整合策略，在兽用和人体无针注射器领域取得卓越创新，并探讨其经验教训对工科创业的启示。本节将重点关注尼富医疗利用产学研合作、政策资源、市场拓展和人才资源等多方资源，实现技术突破、市场拓展和社会效益提升。

随着我国畜牧业的快速发展和人民生活水平的提高，对动物疫病预防和人体注射安全性的需求日益增长。传统注射器存在交叉感染、疼痛感强、效率低等问题，已无法满足当前的需求。因此，开发安全、高效的无针注射器成为迫切需要。在此背景下，杭州尼富医疗科技有限公司应运而生，该公司成立于2010年，致力于研发和推广适用于动物和人体的无针注射器，以解决传统注射器的弊端，推动畜牧业发展和提升公共卫生安全水平。

（1）产学研合作：技术突破的引擎

产学研合作是工科创业的重要途径，高校和科研机构拥有强大的研发实力和人才优势，可以为企业提供技术支持和人才保障。尼富医疗与高校和研究机构的合作，是其创新成功的关键因素之一。公司与杭州电子科技大学等高校的合作，不仅加速了技术创新，还为公司提供了人才和技术支持。通过产学研协同创新平台，尼富医疗构建了创新实验室和孵化器，推动了技术的快速转化。

① 与高校合作　尼富医疗与杭州电子科技大学、浙江大学等高校展开深度合作，充分利用高校在无针注射器技术领域的研发实力和人才优势，进行产品创新和技术突破。通过产学研合作方式，尼富医疗获得了无针注射器核心技术，并成功研发出适合中国市场的兽用和人体无针注射器产品（图7-19）。这些产品在性能方面与国际先进水平接轨，并在价格方面具有显著优势。

首先，尼富医疗与高校共同建立了无针注射器研发平台，将高校的科研力量与企业实践经验相结合，进行联合研发和技术攻关，推动产品创新和技术突破。例如，在喷射压力测试平台搭建、微型射流孔设计等方面，高校的专家团队提供了重要的技术支持和指导，帮助企业实现了产品性能的优化和提升。这种合作模式不仅加速了产品研发进程，也推动了无针注射器技术的进步。

其次，尼富医疗与高校合作开展了人才培训和实践教学，为企业输送高素质人才。例如，公司研发团队中的成员大多来自合作高校，他们在校期间接受了系统的专业知识和技能培训，并参与了大量的科研项目，具备较强的研发能力和实践经验。此外，高校也为尼富医疗提供了实习基地和实践教学平台，帮助学生将理论知识应用于实际工作，为企业培养了熟悉行业技术和市场需求的研发和管理人才。

最后，尼富医疗与高校共同开展科技成果转化项目，将高校的科研成果应用于企业产品研发和生产，提升产品技术含量和市场竞争力。例如，基于国外无针注射技术的基础，公司在设计、制造及灌装技术方面进行了改进，使无针注射技术的优势更加突出，并通过产品创新，大大降低其生产成本，真正使这项技术国产化。

这种合作模式不仅为尼富医疗提供了强大的技术支撑和人才储备，也促进了高校科研成果的转化和应用，实现了企业与高校的双向赋能，为企业带来了经济效益和社会效益，为推动我国医疗器械行业的发展做出了积极贡献。

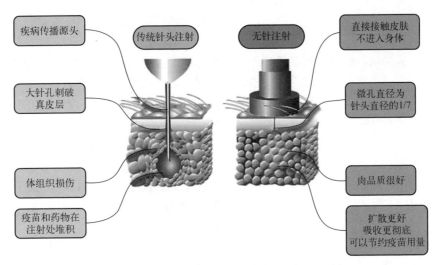

图7-19 尼富医疗无针注射与传统针头注射效果对比

② 与科研机构合作 尼富医疗科技有限公司深知,科研成果是推动企业发展的原动力。因此,公司积极与浙江省医学科学院等科研机构建立紧密的合作关系,共同致力于无针注射器技术的创新与提升(图7-20)。这种产学研一体化的合作模式,为尼富医疗带来了多方面的优势。

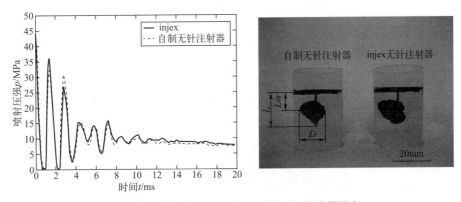

图7-20 尼富医疗与浙江省医学科学院开展产品测试

a.前沿技术获取:科研机构拥有丰富的科研经验和专业的技术团队,能够为尼富医疗提供最新的科研成果和前沿技术。例如,尼富医疗从浙江大学、杭州电子科技大学等科研机构引进了无针注射技术的相关专利和研究成果,并结合自身设计、制造及灌装技术进行改进,使无针注射技术的优势更加突出。

b.技术难题攻克:通过与科研机构的合作,尼富医疗能够邀请专家学者担任企业顾问,为企业提供专业指导和咨询服务,帮助企业解决了技术难题和产品研发过程中的瓶颈问题。例如,尼富医疗在研发过程中遇到了微型射流孔加工难题,通过与杭州电子科技大学机械工程学院的专家合作，最终成功解决了这一问题，使产品性能得到了提升。

c.产品测试与验证：科研机构的专业能力能够为尼富医疗的产品进行严格的测试和验证，确保产品的可靠性和安全性。例如，尼富医疗的无针注射器产品经过了大量的临床试验和动物试验，证明了其有效性、安全性和舒适性，为产品的市场推广提供了有力保障。

d.行业趋势把握：通过与科研机构的合作，尼富医疗能够及时了解行业发展趋势和技术发展方向，把握市场机遇，确保产品始终处于行业领先地位。例如，尼富医疗通过与浙江省医学科学院等科研机构的合作，了解到无针注射技术在临床医疗及家庭保健方面的应用前景，并以此为导向，不断研发新产品，拓展新市场。

③ 与医疗机构合作　尼富医疗深知临床试验和产品验证对于无针注射器产品的重要性，因此积极与浙江大学附属第二医院等医疗机构合作，开展临床试验和产品验证工作。这种产学研医的合作模式，不仅提高了产品的市场竞争力，也为患者提供了更安全、有效的治疗选择，推动了无针注射器技术的临床应用和发展。

通过与临床专家合作，尼富医疗确保了产品的可靠性和安全性。专家们对产品的设计、制造工艺、使用方法等方面进行了严格审查，并提出了改进建议，确保产品能够满足临床需求。例如，在与浙江大学附属第二医院的合作中，专家们对尼富医疗的人体无针注射器进行了临床试验，评估其安全性和有效性。结果表明，该产品能够有效减轻患者的疼痛感，并降低交叉感染的风险，为临床治疗提供了新的选择。

另外，尼富医疗还通过与临床专家合作，不断完善产品性能，使其更符合临床需求。专家们根据临床实践经验，对产品的设计、功能等方面提出了改进建议，帮助尼富医疗不断优化产品性能。例如，在与浙江大学附属第二医院的合作中，专家们建议尼富医疗在人体无针注射器中加入剂量调节功能，方便患者根据自身情况进行调整。尼富医疗采纳了专家的建议，并成功开发出具有剂量调节功能的无针注射器，进一步提升了产品的使用体验。

尼富医疗的产学研医合作模式，也为患者提供了更安全、有效的治疗选择。通过与临床专家合作，尼富医疗能够及时了解患者的需求，并根据患者的反馈不断改进产品，使其更符合患者的需求。例如，尼富医疗的人体无针注射器，不仅可以用于糖尿病患者的胰岛素注射，还可以用于其他需要皮下注射的药物，为患者提供了更便捷的治疗选择。

(2) 政策资源：创业发展的助推器

政策资源是工科创业的重要支撑，国家和地方政府出台了一系列支持创新创业的政策，企业应充分利用这些政策资源。尼富医疗积极利用国家和地方政府的创新创业政策，为自身发展提供支持。

① 政府资助　杭州尼富医疗科技有限公司在无针注射器的研发过程中，得到了国家"十一五"科技支撑计划的显著支持。这一国家级的科技资助计划，为尼富医

疗的研发团队提供了宝贵的资金援助和关键的技术支持。具体来说，国家"十一五"科技支撑计划的支持表现在以下几个方面：

a.资金援助：国家"十一五"科技支撑计划为尼富医疗提供了必要的研发资金，这笔资金对于初创企业来说至关重要，它不仅缓解了公司在研发初期的资金压力，还为后续的研发和市场推广提供了保障。

b.技术支持：该计划还带来了关键的技术支持，通过与国内外科研机构合作，尼富医疗能够接触到更前沿的技术和更专业的指导，这极大地推动了无针注射器技术的研发进展。

c.科研成果的快速转化：得益于国家"十一五"科技支撑计划的支持，尼富医疗能够将科研成果快速转化为实际产品。公司的研发团队已经取得了国家发明专利，样品已完成试制，正在进行测试。

d. 加速产品市场化：国家"十一五"科技支撑计划的扶持，加速了无针注射器产品从实验室到市场的进程。尼富医疗的无针注射器产品不仅在技术上取得了突破，而且在市场推广和应用方面也取得了实质性进展。

② 地方政策支持　尼富医疗科技有限公司在创业初期，充分利用了浙江省高新技术促进条例等地方性政策，有效地获取了创业资金支持和税收优惠。根据《浙江省高新技术促进条例》规定，以高新技术成果作价入股创办高新技术企业的，其知识产权所占注册资本的比例由出资各方依法约定。尼富医疗通过专利技术入股的方式，增加了知识产权在注册资本中的比重，从最初的18.75%增加到25.25%，这不仅显著降低了创业初期的成本负担，还为公司的发展提供了坚实的政策保障和资金支持。

这些政策的差异化应用，使得尼富医疗在创业初期能够更加专注于产品研发和市场推广。公司通过专利技术入股，不仅增强了知识产权的比重，也体现了地方政策对高新技术企业成长的重要推动作用。例如，公司在创立第三年年初，专利技术入股增加了150万元，达到了250万元，这一举措不仅增加了公司的注册资本，也反映了公司对知识产权的重视和投入。

此外，尼富医疗还享受了税收优惠政策，如"免征企业所得税2年"，这为公司在创业初期提供了税收减免，降低了财务压力，使得公司能够将更多资金投入到研发和市场推广中。这些政策的运用，提高了公司创业成功的概率，加速了产品研发和市场推广的进程，为尼富医疗的快速发展奠定了坚实的基础。

③ 公共服务平台　尼富医疗科技有限公司在其发展过程中，充分依托杭州市内的高校和科研机构，通过与这些单位紧密合作，获得了宝贵的技术支持和市场信息。公司与浙江大学、杭州电子科技大学等建立了广泛的合作关系，这些合作关系不仅为尼富医疗的研发团队提供了强有力的技术支持，也为其产品创新提供了丰富的资源。

为了更有效地进行技术研发和产品创新，尼富医疗还积极利用技术转移中心和孵化器等公共服务平台。这些平台为公司提供了一个与行业内其他企业和研究机构进行信息交流和资源共享的场所。通过这些平台，尼富医疗能够及时了解行业的最新技术动态和市场趋势，从而及时调整研发方向和市场策略，以适应市场的变化。

此外，尼富医疗通过公共服务平台接触到的潜在客户和合作伙伴，为其产品的市场推广和销售提供了有力支持。这种依托于公共服务平台的发展模式，帮助尼富医疗在激烈的市场竞争中保持了技术优势，并推动了我国无针注射器技术的发展。这不仅为尼富医疗在行业中的技术进步和产业升级作出了贡献，也帮助公司更好地实现了其"科技服务社会"的企业宗旨，为畜牧业和医疗卫生事业作出了更大的贡献。通过这种模式，尼富医疗能够持续为社会提供更安全、更高效的医疗产品和服务。

（3）市场拓展：创新成果的转化

市场拓展是工科创业的关键，企业应进行市场调研，制定精准的市场营销策略，积极拓展市场。尼富医疗积极拓展市场，将产品推广到全国乃至全球市场。其无针注射器在市场上取得了显著的成功，不仅打破了国外产品的垄断，还因其价格优势、技术创新和完善的售后服务体系，迅速占领了市场份额（图7-21）。此外，无针注射器的推广使用，也带来了显著的社会效益，如提高了注射的安全性和便捷性，减少了医疗垃圾等。

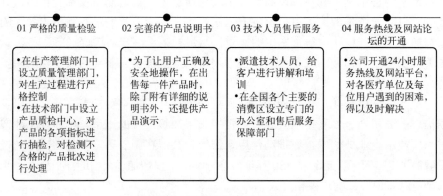

图7-21 尼富医疗产品售后服务体系

① 技术突破　尼富医疗科技有限公司通过其在无针注射技术领域的技术突破，成功地在市场中取得了领先地位。公司的无针注射器技术以其生物安全性、疫苗效率高、食品安全可靠性等显著优势，为畜牧业和医疗注射领域带来了革新。无针注射器使用方便、注射安全、注射时无疼痛感、注射效率高以及注射后药物吸收率高等特性不仅提升了产品的性能，也增强了其在市场上的竞争力。

尼富医疗的无针注射器技术源于国内外一流科研团队的多年研究，其掌握了无针注射技术的核心原理和关键技术。公司自主研发的微型射流孔设计、弹簧复位装置和推进器等部件，在性能上与国际领先水平相当，甚至在某些方面更具优势。例如，与国外同类产品相比，尼富医疗的无针注射器操作更便捷、药物吸收更快、注射时间更短，同时价格仅为国外同类产品的六分之一，这一价格优势使公司产品在市场竞争中占据了领先地位。对于畜牧养殖业和医疗领域来说，价格往往是影响产品选择的重要因素。尼富医疗凭借其价格优势，能够满足更广泛的市场需求，为更多用户带来福音。

尼富医疗的无针注射器填补了国内无针注射器市场的空白，打破了国外产品对国内市场的垄断。公司产品不仅应用于兽用疫苗注射，还拓展至人体胰岛素注射、疫苗注射、麻醉注射等领域，展现出了广阔的应用前景。同时，尼富医疗加大了对研发的投入，不断提升产品性能和性价比，为用户提供更优质的药物输送解决方案。尼富医疗公司产品结构见图7-22。

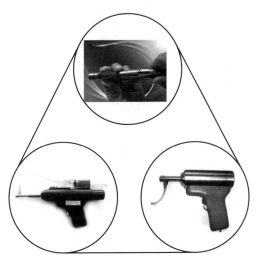

图7-22 尼富医疗公司产品结构

② 渠道扩展　尼富医疗科技有限公司在销售策略上采取了多元化的渠道建设，以确保其无针注射器产品能够迅速占领市场并拓展到全国乃至全球（图7-23）。公司建立了直销和分销相结合的销售网络，通过省级、市级、县级经销商等多级分销渠道，以及网络直销的方式，将产品推广到目标市场及意向客户。这种销售网络的建立，充分发挥了经销商在市场开拓上的优势，加强了公司对初期市场的控制，同时也扩大了市场范围。

此外，尼富医疗还与药物制造商进行合作，通过在一次性无针注射筒（安瓿）上预先灌注药物，利用药物制造商的销售渠道进行推广。这种捆绑销售的策略不仅为公司提供了较大的利润空间，同时也为医疗机构提供了便利，提升了产品的市场竞争力。

为了提高产品知名度和市场占有率，尼富医疗还积极参与各类医疗器械展会。通过展会，公司能够直接与潜在客户接触，展示产品的优势和特点，吸引经销商加盟，从而提高品牌的知名度。这种参与专业展会的促销策略，不仅有助于公司产品的推广，也为企业的长期发展奠定了坚实的基础。

综上所述，尼富医疗的多元化销售策略，不仅有助于快速占领市场，还为企业的长期发展和市场扩张提供了有力支持。通过这种策略，尼富医疗能够在竞争激烈的医疗器械市场中占据一席之地，并为公司的持续成长和创新提供动力。

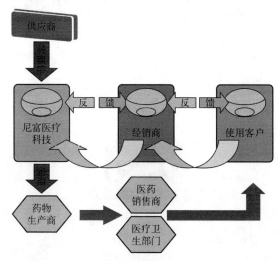

图7-23 尼富医疗多元化的销售网络

③ 社会效益　尼富医疗的无针注射器产品，以其创新的射流注射技术，显著提升了注射过程的安全性，有效避免了传统针头注射可能带来的交叉感染和医疗垃圾问题（图7-24）。该产品不仅减少了医疗垃圾的产生，降低了对环境的污染，还有助于保护公共卫生，减少因不安全注射引起的疾病传播。无针注射器的推广使用，对于提升医疗行业的整体环保水平和公共健康安全具有重要意义，是医疗注射领域的一大进步。

传统注射器存在着诸多安全隐患，如针头交叉感染、医疗垃圾处理不当等。据世界卫生组织统计，全世界每年约50%的注射治疗是不安全的。而无针注射器通过高压射流将药物注入皮下组织，无须使用针头，从根本上消除了交叉感染的风险。此外，无针注射器可以反复使用，只需定期更换弹簧，即可大幅减少医疗垃圾的产生，降低对环境的污染。

尼富医疗科技的无针注射器产品，在兽用和人用领域都展现出了巨大的潜力。兽用无针注射器可以有效避免动物疾病传播，提高疫苗接种效率，保障动物和人类健康。人体无针注射器则可以消除注射疼痛，降低注射风险，提高患者依从性，特别适合糖尿病患者等需要长期注射的人群。

（4）人才资源：企业发展的基石

人才资源是工科创业的核心，企业应注重人才培养，为员工提供培训和发展机会，打造一支高素质的团队。公司拥有一支由经验丰富的技术专家和市场营销人员组成的核心团队，为公司的发展提供智力支持。同时，尼富医疗注重人才培养，为员工提供培训和发展机会，提升团队整体素质。

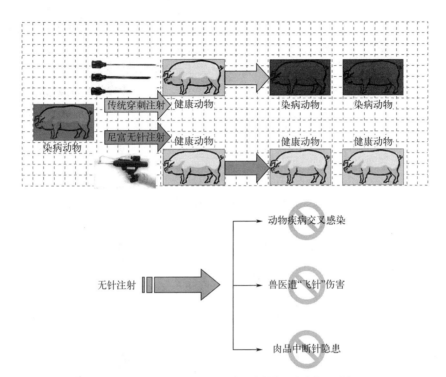

图7-24 无针头注射与传统针头注射使用安全情况对比

① 人才储备　人才是企业发展的核心竞争力。因此，尼富医疗积极与高校开展深度合作，构建全方位的人才储备体系，为企业可持续发展提供坚实的人才保障。高校人才的专业技能和创新能力为尼富医疗的研发和生产提供了强有力的智力保障，推动了公司技术的不断进步和产品的持续优化。

尼富医疗与杭州电子科技大学建立了紧密的合作关系，无针注射器项目的初创团队来源于共同开展的校企合作项目成员。项目成员由杭州电子科技大学硕士研究生和博士研究生组成，团队成员在机械设计、电子工程、生物医学工程等领域具有丰富的专业知识和实践经验，为产品的研发和生产提供了专业支撑（图7-25）。团队成员技术总监研究方向为"利用电磁力驱动的无针注射系统的控制研究"，在无针注射器技术领域拥有丰富的研发经验，带领团队研发出了用于动物疫苗注射的第二代无针注射系统，并积极推动第三代压电型产品的开发。

同时，尼富医疗与高校建立人才输送机制，优先录用优秀毕业生，为公司发展储备人才梯队。公司积极吸纳高校应届毕业生，为他们提供良好的培训和发展平台，帮助他们快速成长为行业精英。公司设立针对应届毕业生的招聘渠道，如校园招聘会、毕业生就业网站等，为学生提供更多的就业机会，帮助学生找到理想的工作岗位。尼富医疗为应届毕业生提供多元化的职业发展平台，包括研发、生产、销售、市场、人力资源等各个岗位，让学生可以根据自身兴趣和能力选择发展方向，实现个人价值。

尼富医疗在合作高校设立实习基地，为学生提供实践平台，让学生在真实的职场环境中学习和成长。尼富医疗还与高校合作开展实习项目，让学生在真实的职场环境中学习和实践，提前适应职场环境，为毕业后顺利就业奠定基础。同时，公司还设立了奖学金，奖励在无针注射领域表现优异的学生，激发学生创新热情，吸引优秀人才。

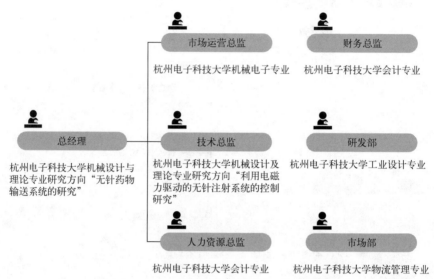

图7-25 尼富医疗无针注射器项目团队核心成员

② 人才战略　尼富医疗高度重视人才培养和团队建设，致力于为员工提供全面的培训和广阔的职业发展平台。公司通过组织定期的专业技能培训和职业规划指导，不断提升员工的专业能力和综合素质。此外，公司还鼓励员工参与科研项目和创新活动，以实践促学习，增强团队的创新能力和凝聚力。这种人才优先的发展战略不仅增强了员工的忠诚度和满意度，也为公司的持续发展和行业竞争力提供了坚实的人才保障。

尼富医疗建立了完善的内部培训体系，定期组织员工参加专业技能培训、管理知识培训和团队建设活动，提升员工的综合素质和团队协作能力，并邀请行业专家和学者进行授课，为员工提供专业技能培训和职业规划指导，帮助员工提升专业能力。此外，公司还鼓励员工参加各类职业技能培训和认证，鼓励员工不断学习，提升自身价值。

尼富医疗鼓励员工参与科研项目和创新活动，为员工提供广阔的创新平台和激励机制。公司设立了创新基金，支持员工开展技术创新和产品研发，并设立奖励制度，对取得成果的员工进行表彰和奖励。这种创新激励机制激发了员工的创新活力和团队凝聚力，为公司发展注入了源源不断的动力。

尼富医疗科技有限公司的成功实践揭示了工科创新创业中资源整合的重要性，展现了通过政策利用、政府支持、社会资源整合以及产学研合作等多维度创新策略的强大力量。即使是技术密集型的医疗设备领域，也能够通过有效地结合各方资源、持续的技术创新和市场导向的策略，实现快速成长和市场突破。这为其他工科领域的创业者提供了宝贵的经验，即在创业过程中，不仅要注重技术创新，还要充分利用政策红利、政府资源和社会资本，以及与高校和研究机构紧密合作，共同推动科技成果的产业化和市场化。

参考文献

[1] 周聃，魏艳，薛芳秀，等.新工科背景下国际"双创"育人模式改革［J］.高教学刊，2024，10（32）：82-86，91.

[2] 工业和信息化部.关于发布国家重点研发计划"高性能制造技术与重大装备"等16个重点专项2024年度项目申报指南的通知［EB/OL］.［2024-8-9］.https://www.gov.cn/zhengce/zhengceku/202408/content_6967574.htm.

[3] 国家自然科学基金委员会.关于发布2024年度国家自然科学基金指南引导类原创探索计划项目——"先进IC制造装备基础前沿"申请指南的通告［EB/OL］.［2024-10-29］.https://www.nsfc.gov.cn/publish/portal0/tab442/info93758.htm.

[4] 国务院.关于印发国家技术转移体系建设方案的通知［EB/OL］.［2017-9-26］.https://www.gov.cn/zhengce/content/2017-09/26/content_5227667.htm.

[5] 韩熠宗.高校专创融合的师生共创激励机制研究［J］.知识文库，2024，40（22）：111-114.

[6] 关于深化产教融合的若干意见［EB/OL］.［2017-12-5］.https://www.gov.cn/zhengce/content/2017-12/19/content_5248564.htm.

[7] 李杰.大数据专业创新实践平台建设及应用研究［J］.软件导刊，2025，24（1）：164-168.

[8] 陈洁.科创企业创业之路：科研技术到商品的转化路径［C］//2024新质生产力视域下智慧建筑与经济发展论坛论文集（二）.天地科技股份有限公司，2024：2.

[9] 韩哲哲，唐晓雨，高宪花.应用型高校人工智能专业产学研教育模式探索与实践［J］.科教文汇，2024（22）：83-86.

[10] 商量."双创"实践教育在高职工科类专业的育人模式探究［J］.科教文汇，2024（22）：162-165.

[11] 周伟.产学研"合璧"，科技成果落地生"金"［N］.青岛日报，2024-11-19（1）.

[12] 杨玉秀.社群经济的形成机理与发展路径：基于强弱关系的视角［J］.深圳大学学报（人文社会科学版），2024，41（4）：77-85.

[13] 吴嘉钧.社群经济下零售终端的数字化运营之路［J］.科技经济市场，2024（3）：31-33.

[14] 张铎，迟文婷.数字经济时代私域流量的发展趋势研究［J］.长春市委党校学报，2023（6）：15-20.

[15] TUCKER C R , ROBINSON J S , LIYANAGE L C , et al. Bridging academia and enterprise: a framework for collaborative success [J] . Journal of the Knowledge Economy, 2024（prepublish）: 1-58.